Politik Wirtschaft

Politik und Wirtschaft für die Realschule, Gesamtschule und Sekundarschule

Band 7/8

Bearbeitet von
Johannes Deeken
Barbara Hansen
Carsten Hinz
Nicola Huhn
Constantin Klitsch
André Kost
Robert Löffler
Isabelle Penning
Christin Richter
David Schäfer
Oliver Schulz
Veronika Simon
Teresa Tuncel

Nordrhein-Westfalen

C.C.BUCHNER

#Politik Wirtschaft – Nordrhein-Westfalen

Politik und Wirtschaft für die Realschule, Gesamtschule und Sekundarschule

Band 7/8

Bearbeitet von Johannes Deeken, Barbara Hansen, Carsten Hinz, Nicola Huhn, Constantin Klitsch, André Kost, Robert Löffler, Isabelle Penning, Christin Richter, David Schäfer, Oliver Schulz, Veronika Simon, Teresa Tuncel

Zu diesem Lehrwerk sind erhältlich:
- Digitales Lehrermaterial **click & teach** Einzellizenz, Bestell-Nr. 700781
- Digitales Lehrermaterial **click & teach** Box (Karte mit Freischaltcode), ISBN 978-3-661-70078-6
- **Politik: Differenzierungsheft** 7/8, ISBN 978-3-661-70072-4
- **Wirtschaft: Differenzierungsheft** 7/8, ISBN 978-3-661-82249-5

Weitere Materialien finden Sie unter www.ccbuchner.de.

Dieser Titel wird auch als digitale Ausgabe **click & study** unter www.ccbuchner.de erscheinen.

1. Auflage, 1. Druck 2021
Alle Drucke dieser Auflage sind, weil untereinander unverändert, nebeneinander benutzbar.

Dieses Werk folgt der reformierten Rechtschreibung und Zeichensetzung. Ausnahmen bilden Texte, bei denen künstlerische, philologische oder lizenzrechtliche Gründe einer Änderung entgegenstehen.

Die Mediencodes enthalten ausschließlich optionale Unterrichtsmaterialien. An keiner Stelle im Schülerbuch dürfen Eintragungen vorgenommen werden. Auf verschiedenen Seiten dieses Buches finden sich Verweise (Links) auf Internetadressen. Haftungshinweis: Trotz sorgfältiger inhaltlicher Kontrolle wird die Haftung für die Inhalte externer Seiten ausgeschlossen.

Redaktion: Meike Rademacher, Marius Rossmeissl
Layout, Satz und Illustrationen: Wildner + Designer GmbH, Fürth
Druck und Bindung: Firmengruppe Appl, aprinta Druck, Wemding

www.ccbuchner.de

ISBN 978-3-661-**70077**-9

Inhalt

Service-Anhang

Übersicht: Gemeinsam aktiv

Übersicht: Methoden

Zur Arbeit mit dem Buch

1 Jedes Kapitel beginnt mit einer **Auftaktdoppelseite**.
Material und offene Aufgaben ermöglichen euch eine erste Annäherung an die Inhalte des neuen Kapitels. Dabei könnt ihr auch zeigen, was ihr schon über das Thema wisst. Außerdem hilft euch ein kleiner Einführungstext, einen Überblick zu bekommen. Über welches Wissen und Können ihr am Ende des Kapitels verfügt, könnt ihr ebenfalls nachlesen.

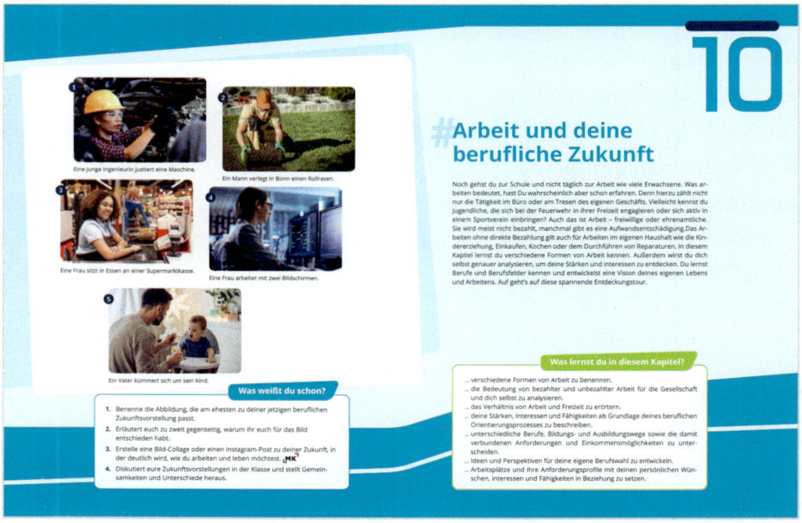

1 Eine junge Ingenieurin justiert eine Maschine.

2 Ein Mann verlegt in Bonn einen Rollrasen.

3 Eine Frau sitzt in Essen an einer Supermarktkasse.

4 Eine Frau arbeitet mit zwei Bildschirmen.

5 Ein Vater kümmert sich um sein Kind.

Was weißt du schon?

1. Benenne die Abbildung, die am ehesten zu deiner jetzigen beruflichen Zukunftsvorstellung passt.
2. Erläutert euch zu zweit gegenseitig, warum ihr euch für das Bild entschieden habt.
3. Erstelle eine Bild-Collage oder einen Instagram-Post zu deiner Zukunft, in der deutlich wird, wie du arbeiten und leben möchtest. MK
4. Diskutiert eure Zukunftsvorstellungen in der Klasse und stellt Gemeinsamkeiten und Unterschiede heraus.

10

#Arbeit und deine berufliche Zukunft

Noch gehst du zur Schule und nicht täglich zur Arbeit wie viele Erwachsene. Was arbeiten bedeutet, hast Du wahrscheinlich aber schon erfahren. Denn hierzu zählt nicht nur die Tätigkeit im Büro oder am Tresen des eigenen Geschäfts. Vielleicht kennst du Jugendliche, die sich bei der Feuerwehr in ihrer Freizeit engagieren oder sich aktiv in einem Sportverein einbringen? Auch das ist Arbeit – freiwillige oder ehrenamtliche. Sie wird meist nicht bezahlt, manchmal gibt es eine Aufwandsentschädigung.Das Arbeiten ohne direkte Bezahlung gilt auch für Arbeiten im eigenen Haushalt wie die Kindererziehung, Einkaufen, Kochen oder dem Durchführen von Reparaturen. In diesem Kapitel lernst du verschiedene Formen von Arbeit kennen. Außerdem wirst du dich selbst genauer analysieren, um deine Stärken und Interessen zu entdecken. Du lernst Berufe und Berufsfelder kennen und entwickelst eine Vision deines eigenen Lebens und Arbeitens. Auf geht's auf diese spannende Entdeckungstour.

Was lernst du in diesem Kapitel?

... verschiedene Formen von Arbeit zu benennen.
... die Bedeutung von bezahlter und unbezahlter Arbeit für die Gesellschaft und dich selbst zu analysieren.
... das Verhältnis von Arbeit und Freizeit zu erörtern.
... deine Stärken, Interessen und Fähigkeiten als Grundlage deines beruflichen Orientierungsprozesses zu beschreiben.
... unterschiedliche Berufe, Bildungs- und Ausbildungswege sowie die damit verbundenen Anforderungen und Einkommensmöglichkeiten zu unterscheiden.
... Ideen und Perspektiven für deine eigene Berufswahl zu entwickeln.
... Arbeitsplätze und ihre Anforderungsprofile mit deinen persönlichen Wünschen, Interessen und Fähigkeiten in Beziehung zu setzen.

2 Auf den ersten zwei Seiten im Kapitel wird euch immer ein Weg vorgestellt, über den ihr weitgehend selbstständig das Kapitel bearbeiten könnt („**Gemeinsam aktiv**")! Dazu müsst ihr euch projektartig mit den Materialien und Inhalten des Kapitels auseinandersetzen und abschließend ein Produkt dazu erstellen.

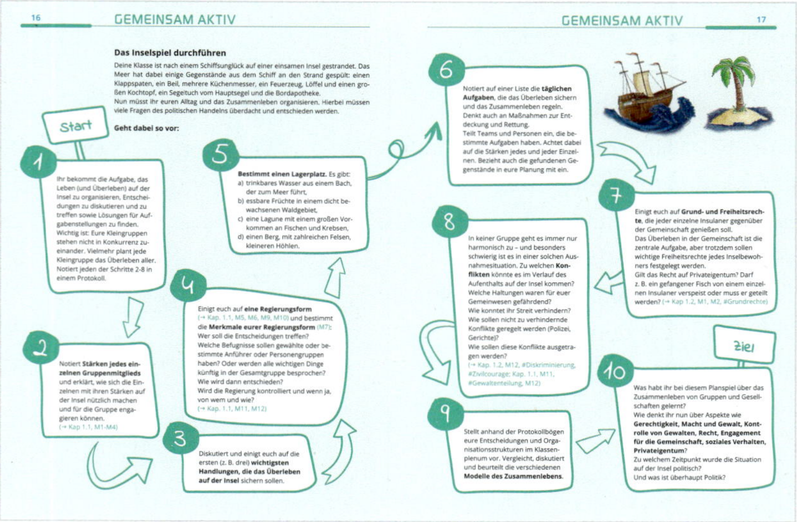

16 GEMEINSAM AKTIV

Das Inselspiel durchführen

Deine Klasse ist nach einem Schiffsunglück auf einer einsamen Insel gestrandet. Das Meer hat dabei einige Gegenstände aus dem Schiff an den Strand gespült: einen Klappspaten, ein Beil, mehrere Küchenmesser, ein Feuerzeug, Löffel und einen großen Kochtopf, ein Segeltuch vom Hauptsegel und die Bordapotheke.
Nun müsst ihr euren Alltag und das Zusammenleben organisieren. Hierbei müssen viele Fragen des politischen Handelns überdacht und entschieden werden.

Geht dabei so vor:

Start

1 Ihr bekommt die Aufgabe, das Leben (und Überleben) auf der Insel zu organisieren, Entscheidungen zu diskutieren und zu treffen sowie Lösungen für Aufgabenstellungen zu finden. Wichtig ist: Eure Kleingruppen stehen nicht in Konkurrenz zueinander. Vielmehr plant jede Kleingruppe das Überleben aller. Notiert jeden der Schritte 2-8 in einem Protokoll.

2 Notiert **Stärken jedes einzelnen Gruppenmitglieds** und erklärt, wie sich die Einzelnen mit ihren Stärken auf der Insel nützlich machen und für die Gruppe engagieren können. (→ Kap 1.1, M1-M4)

3 Diskutiert und einigt euch auf die ersten (z. B. drei) **wichtigsten Handlungen, die das Überleben auf der Insel** sichern sollen.

4 Einigt euch auf **eine Regierungsform** (→ Kap. 1.1, M5, M6, M9, M10) und bestimmt die **Merkmale eurer Regierungsform** (M7): Wer soll die Entscheidungen treffen? Welche Befugnisse sollen gewählte oder bestimmte Anführer oder Personengruppen haben? Oder werden alle wichtigen Dinge künftig in der Gesamtgruppe besprochen? Wie wird dann entschieden? Wird die Regierung kontrolliert und wenn ja, von wem und wie? (→ Kap. 1.1, M11, M12)

5 **Bestimmt einen Lagerplatz.** Es gibt:
a) trinkbares Wasser aus einem Bach, der zum Meer führt,
b) essbare Früchte in einem dicht bewachsenen Waldgebiet,
c) eine Lagune mit einem großen Vorkommen an Fischen und Krebsen,
d) einen Berg, mit zahlreichen Felsen, kleineren Höhlen.

GEMEINSAM AKTIV 17

6 Notiert auf einer Liste die **täglichen Aufgaben**, die das Überleben sichern und das Zusammenleben regeln. Denkt auch an Maßnahmen zur Entdeckung und Rettung. Teilt Teams und Personen ein, die bestimmte Aufgaben haben. Achtet dabei auf die Stärken jedes und jeder Einzelnen. Bezieht auch die gefundenen Gegenstände in eure Planung mit ein.

7 Einigt euch auf **Grund- und Freiheitsrechte**, die jeder einzelne Insulaner gegenüber der Gemeinschaft genießen soll. Das Überleben in der Gemeinschaft ist die zentrale Aufgabe, aber trotzdem sollen wichtige Freiheitsrechte jedes Inselbewohners festgelegt werden. Gilt das Recht auf Privateigentum? Darf z. B. ein gefangener Fisch von einem einzelnen Insulaner verspeist oder muss er geteilt werden? (→ Kap 1.2, M1, M2, #Grundrechte)

8 In keiner Gruppe geht es immer nur harmonisch zu – und besonders schwierig ist es in einer solchen Ausnahmesituation. Zu welchen **Konflikten** könnte es im Verlauf des Aufenthalts auf der Insel kommen? Welche Haltungen waren für euer Gemeinwesen gefährdend? Wie konntet ihr Streit verhindern? Wie sollen nicht zu verhindernde Konflikte geregelt werden (Polizei, Gerichte)? Wie sollen diese Konflikte ausgetragen werden? (→ Kap. 1.2, M12, #Diskriminierung, #Zivilcourage; Kap. 1.1, M11, #Gewaltenteilung, M12)

9 Stellt anhand der Protokollbögen eure Entscheidungen und Organisationsstrukturen im Klassenplenum vor. Vergleicht, diskutiert und beurteilt die verschiedenen **Modelle des Zusammenlebens**.

Ziel

10 Was habt ihr bei diesem Planspiel über das Zusammenleben von Gruppen und Gesellschaften gelernt? Wie denkt ihr nun über Aspekte wie **Gerechtigkeit, Macht und Gewalt, Kontrolle von Gewalten, Recht, Engagement für die Gemeinschaft, soziales Verhalten, Privateigentum**? Zu welchem Zeitpunkt wurde die Situation auf der Insel politisch? Und was ist überhaupt Politik?

3 Aufgebaut sind die einzelnen **Unterkapitel** ganz einfach:
Das Thema wird in der Überschrift und wenige Zeilen darunter erläutert.
Die **Materialien** sind immer mit „M“ gekennzeichnet und durchnummeriert.
Am Ende jeder Doppelseite ist ein Aufgabenblock platziert. Die **Aufgaben** zeigen euch, wie ihr mit den Materialien arbeiten könnt.
Natürlich lernt und arbeitet nicht jeder gleich schnell. Deswegen gibt es in der Randspalte oft **Hilfen** (H) oder auch **Zusatzangebote** (F) zu den einzelnen Aufgaben.
Das Symbol ◌ zeigt an, dass es dieses Material oder diese Aufgabe auch in einer einfacheren Variante gibt.

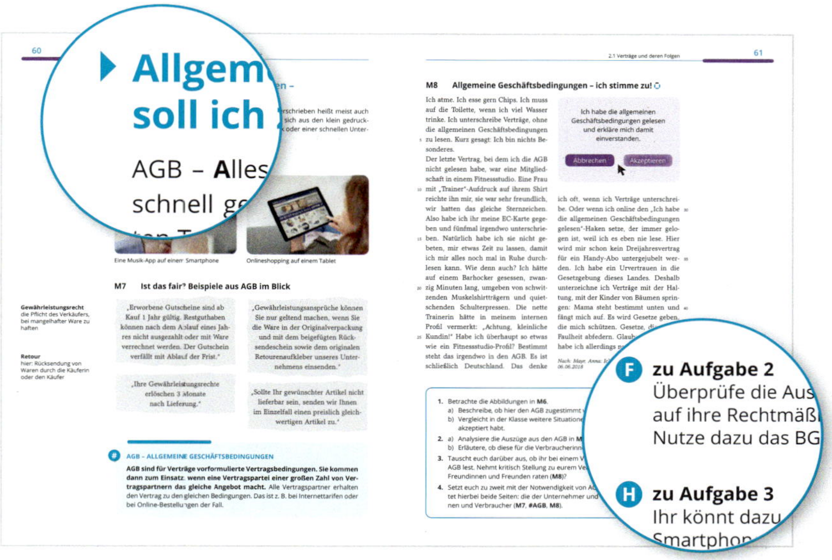

4 Ausgewählte wichtige Begriffe eines Themas werden in blauen Kästen als **Grundbegriffe** erklärt und mit einem # gekennzeichnet: Die Kernaussage findet ihr jeweils gleich zu Anfang, ergänzt um Details, Beispiele und Fachbegriffe.
Das ebenfalls blaue **Grundwissen** schließt jedes Unterkapitel ab. Hier werden die wesentlichen Inhalte zusammengefasst. Ihr könnt zur Nacharbeit oder zur Vorbereitung einer mündlichen oder schriftlichen Prüfung das Wichtigste nachlesen.

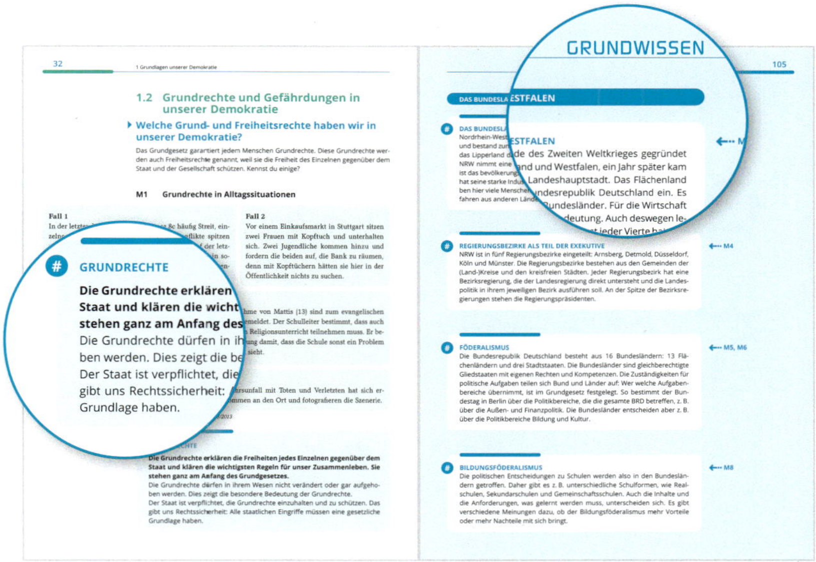

5 Im Fach Politik Wirtschaft sollt ihr aber nicht einfach Fakten auswendig lernen und wiedergeben. Ihr sollt euch kritisch und selbstständig mit Problemstellungen auseinandersetzen. Mithilfe der **Methoden** lernt ihr Schritt für Schritt, wie ihr strukturiert und selbstständig arbeitet.

6 Die Doppelseite **Training** und **Selbsteinschätzung** schließt ein Großkapitel ab. Hier könnt ihr euch selbst überprüfen und zeigen, ob ihr die erlernten Kompetenzen in einer konkreten Situation sinnvoll anwenden könnt.

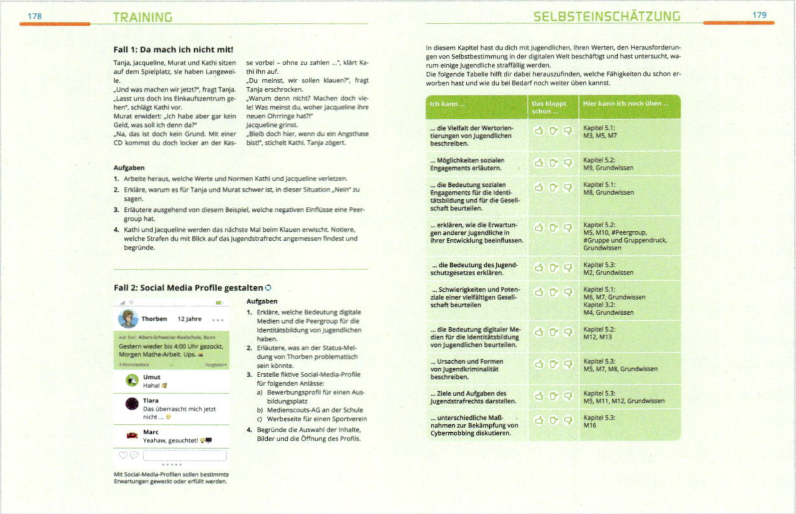

178 TRAINING

Fall 1: Da mach ich nicht mit!

Tanja, Jacqueline, Murat und Kathi sitzen auf dem Spielplatz, sie haben Langeweile.
„Und was machen wir jetzt?", fragt Tanja.
„Lasst uns doch ins Einkaufszentrum gehen", schlägt Kathi vor.
Murat erwidert: „Ich habe aber gar kein Geld, was soll ich denn da?"
„Na, das ist doch kein Grund. Mit einer CD kommst du doch locker an der Kasse vorbei – ohne zu zahlen ...", klärt Kathi ihn auf.
„Du meinst, wir sollen klauen?", fragt Tanja erschrocken.
„Warum denn nicht? Machen doch viele! Was meinst du, woher Jacqueline ihre neuen Ohrringe hat?!"
Jacqueline grinst.
„Bleib doch hier, wenn du ein Angsthase bist!", stichelt Kathi. Tanja zögert.

Aufgaben

1. Arbeite heraus, welche Werte und Normen Kathi und Jacqueline verletzen.
2. Erkläre, warum es für Tanja und Murat schwer ist, in dieser Situation „Nein" zu sagen.
3. Erläutere ausgehend von diesem Beispiel, welche negativen Einflüsse eine Peergroup hat.
4. Kathi und Jacqueline werden das nächste Mal beim Klauen erwischt. Notiere, welche Strafen du mit Blick auf das Jugendstrafrecht angemessen findest und begründe.

Fall 2: Social Media Profile gestalten

Mit Social-Media-Profilen sollen bestimmte Erwartungen geweckt oder erfüllt werden.

Aufgaben

1. Erkläre, welche Bedeutung digitale Medien und die Peergroup für die Identitätsbildung von Jugendlichen haben.
2. Erläutere, was an der Status-Meldung von Thorben problematisch sein könnte.
3. Erstelle fiktive Social-Media-Profile für folgenden Anlässe:
   a) Bewerbungsprofil für einen Ausbildungsplatz
   b) Medienscouts-AG an der Schule
   c) Werbeseite für einen Sportverein
4. Begründe die Auswahl der Inhalte, Bilder und die Öffnung des Profils.

SELBSTEINSCHÄTZUNG 179

In diesem Kapitel hast du dich mit Jugendlichen, ihren Werten, den Herausforderungen von Selbstbestimmung in der digitalen Welt beschäftigt und hast untersucht, warum einige Jugendliche straffällig werden.
Die folgende Tabelle hilft dir dabei herauszufinden, welche Fähigkeiten du schon erworben hast und wie du bei Bedarf noch weiter üben kannst.

Ich kann ...	Das klappt schon ...	Hier kann ich noch üben ...
... die Vielfalt der Wertorientierungen von Jugendlichen beschreiben.		Kapitel 5.1: M3, M5, M7
... Möglichkeiten sozialen Engagements erläutern.		Kapitel 5.2: M9, Grundwissen
... die Bedeutung sozialen Engagements für die Identitätsbildung und für die Gesellschaft beurteilen.		Kapitel 5.1: M8, Grundwissen
... erklären, wie die Erwartungen anderer Jugendliche in ihrer Entwicklung beeinflussen.		Kapitel 5.2: M5, M10, #Peergroup, #Gruppe und Gruppendruck, Grundwissen
... die Bedeutung des Jugendschutzgesetzes erklären.		Kapitel 5.3: M2, Grundwissen
... Schwierigkeiten und Potenziale einer vielfältigen Gesellschaft beurteilen		Kapitel 5.1: M6, M7, Grundwissen Kapitel 3.2: M4, Grundwissen
... die Bedeutung digitaler Medien für die Identitätsbildung von Jugendlichen beurteilen.		Kapitel 5.2: M12, M13
... Ursachen und Formen von Jugendkriminalität beschreiben.		Kapitel 5.3: M5, M7, M8, Grundwissen
... Ziele und Aufgaben des Jugendstrafrechts darstellen.		Kapitel 5.3: M5, M11, M12, Grundwissen
... unterschiedliche Maßnahmen zur Bekämpfung von Cybermobbing diskutieren.		Kapitel 5.3: M16

8.2 Wirtschaften im Zeichen der Nachhaltigkeit 265

Was zeichnet nachhaltige Produkte und Dienstleistungen aus?

Sicherlich kennst du die Situation: Du stehst vor dem Supermarktregal und möchtest ein bestimmtes Produkt kaufen. Dabei fallen dir ähnliche Produkte ins Auge: die irgendwie umweltbewusster und „grüner" aussehen. Für welches Produkt entscheidest du dich und warum?

M4 Grün – die richtige Wahl?

... Natur ... Das scheint nachvollziehbar, denn ein Spaziergang in der Natur lässt uns ruhiger werden und entspannt uns. So liegt es nahe, dass Unternehmen versuchen, Konsumentinnen und Konsumenten mit „grünen" Produkten und Dienstleistungen zu locken. Die Strategien der Unternehmen sind sehr unterschiedlich. ... werden u.a. in grünen oder ... aussehenden Verpackungen ...n, mit Siegeln oder besonderen ...ufdrucken (z.B. 100% natürlich, ...neutral usw.) versehen. Dabei tref... die Unternehmen auf eine zahlungsbereite Zielgruppe. Eine Umfrage des Instituts für ökologische Wirtschaftsforschung unter 1.034 Jugendlichen und jungen Erwachsenen im Jahr 2017 ergab, dass 71% der Befragten grundsätzlich bereit sind, für umweltfreundliche Produkte mehr Geld auszugeben. Ob die angebotenen Produkte wirklich nachhaltig hergestellt, transportiert und verpackt wurden, ist auf den ersten Blick nur schwer zu erkennen.

7 In #Politik Wirtschaft finden sich verschiedene Anregungen, wie die Lehrkraft der Vielfalt heterogener Lerngruppen am besten gerecht wird, z. B.:
- der kooperative und produktorientierte Lernweg „Gemeinsam aktiv"
- H- und F-Aufgaben in der Randspalte
- Materialien und Aufgaben in einer – häufig einfacheren – Variante

8 Über QR-Codes könnt ihr in verschiedenen Kapiteln **Erklärvideos** und vertiefende Materialien oder Anwendungen direkt ansteuern. Diese können außerdem über die Eingabe der Mediencodes im Suchfeld auf **www.ccbuchner.de** aufgerufen werden.

9 Zusätzlich zum Schulbuch finden sich in den **Differenzierungsheften #Politik** und **#Wirtschaft** Arbeitsblätter, die das Lernen in heterogenen Gruppen vereinfachen. Das Symbol kennzeichnet im Buch, zu welchen Materialien oder Aufgaben ein Zusatzangebot zur Verfügung steht. Dies können sein:

- Texte in einfacher Sprache
- Strukturierungshilfen
- Argumentationshilfen zu Aufgaben
- Vertiefungsangebote zur Kapitelfrage
- und vieles mehr…

Mithilfe des nebenstehenden QR- bzw. Mediencodes können die jeweiligen Materialien online eingesehen, heruntergeladen und ausgedruckt werden.

Differenzierungsmaterial zum Schulbuch

Mediencode: 70077-01

10 Über den nebenstehenden QR-Code kann eine **Synopse** abgerufen werden, in der die **Umsetzung des neuen Kernlehrplans** für die Sekundarstufe I an Realschulen in NRW deutlich wird.

11 Nordrhein-Westfalen hat einen sogenannten **Medienkompetenzrahmen** (MKR) erstellt. Die hier aufgeführten Medienkompetenzen werden in jedem Unterrichtsfach Schritt für Schritt fachspezifisch eingeführt. Das vorliegende Schulbuch #Politik Wirtschaft wird dies für euer neues Fach Politik Wirtschaft umsetzen. Das „Icon" zeigt euch an einigen Stellen im Schulbuch an, wo ihr Medienkompetenzen des Medienkompetenzrahmens trainieren könnt.
Dies geschieht vor allem in den Rubriken „Gemeinsam aktiv" sowie in den Aufgabenblöcken.
Der nebenstehende QR- bzw. Mediencode listet euch auf, an welchen Stellen im Schulbuch welche Medienkompetenzen trainiert werden können.

Umsetzung des Medienkompetenzrahmens

Mediencode: 70077-03

URLs aller verwendeten Materialien aus dem Internet

Mediencode: 70077-04

12 Als Ausdruck einer **geschlechtergerechten Sprache** werden im gesamten Schulbuch nach Möglichkeit die beiden Geschlechter abwechselnd und bewusst gleichwertig mal die männliche und mal die weibliche Form (auch im Plural) verwendet.
Häufig werden Paarformulierungen wie „Bürgerinnen und Bürger" oder neutrale Formen wie ‚Lehrkraft" gebraucht. Ausnahmen davon bilden zum Beispiel layouttechnische Gründe (Platzmangel), Fremdtexte oder die Beeinträchtigung der Lesbarkeit. Selbstverständlich sind auch in diesen Fällen Personen jeglichen Geschlechts gemeint.
Materialien ohne Quellenangaben sind von den Autorinnen und Autoren verfasst.

Was unter Demokratie verstanden wird, ist keineswegs immer eindeutig ...

Bundeszentrale für politische Bildung

Was weißt du schon?

1. a) Notiere mindestens drei dir bekannte und drei dir unbekannte Begriffe aus der Wortwolke.
   b) Erklärt euch in Kleingruppen die Begriffe gegenseitig und klärt offene Fragen in der Klasse.
2. Erstellt und begründet eine Reihenfolge der wichtigsten Merkmale, die eurer Ansicht nach zu Demokratie gehören.

1

#Grundlagen unserer Demokratie

Der Ausdruck „Demokratie" kommt aus dem Griechischen und bedeutet „Volksherrschaft". Demokratien sind also Herrschaftsformen, in denen die Macht und die Regierung vom Volk ausgehen. Welche Möglichkeiten der Beteiligung haben wir als Bürger? Welche Merkmale kennzeichnen Demokratien? Wie ist unsere Demokratie organisiert, damit die Macht im Staat aufgeteilt wird? Das erfährst du im ersten Teil des Kapitels.

Im zweiten Teil betrachten wir die wichtigsten Rechte und Freiheiten des Einzelnen und prüfen, welche Einstellungen unsere Grundwerte und unser Zusammenleben gefährden könnten.

Was lernst du in diesem Kapitel?

- ... Möglichkeiten gesellschaftlichen und politischen Engagements zur Weiterentwicklung von Demokratie zu beurteilen.
- ... eine Befragung durchzuführen und Diagramme zu politischem Interesse im eigenen Umfeld zu gestalten.
- ... Gewaltenteilung sowie Merkmale und Grundlagen von demokratischen Rechts- und Verfassungsstaaten darzustellen.
- ... das Spannungsfeld zwischen (innerer) Sicherheit und Freiheitsrechten zu beurteilen.
- ... die Gefährdung unserer Demokratie durch bestimmte Haltungen und Einstellungen zu beurteilen.
- ... Merkmale und Erscheinungsformen gruppenbezogener Menschenfeindlichkeit zu erläutern und Maßnahmen dagegen zu diskutieren.

Das Inselspiel durchführen

Deine Klasse ist nach einem Schiffsunglück auf einer einsamen Insel gestrandet. Das Meer hat dabei einige Gegenstände aus dem Schiff an den Strand gespült: einen Klappspaten, ein Beil, mehrere Küchenmesser, ein Feuerzeug, Löffel und einen großen Kochtopf, ein Segeltuch vom Hauptsegel und die Bordapotheke.
Nun müsst ihr euren Alltag und das Zusammenleben organisieren. Hierbei müssen viele Fragen des politischen Handelns überdacht und entschieden werden.

Start

Geht dabei so vor:

1

Ihr bekommt die Aufgabe, das Leben (und Überleben) auf der Insel zu organisieren, Entscheidungen zu diskutieren und zu treffen sowie Lösungen für Aufgabenstellungen zu finden. Wichtig ist: Eure Kleingruppen stehen nicht in Konkurrenz zueinander. Vielmehr plant jede Kleingruppe das Überleben aller. Notiert jeden der Schritte 2-8 in einem Protokoll.

2

Notiert **Stärken jedes einzelnen Gruppenmitglieds** und erklärt, wie sich die Einzelnen mit ihren Stärken auf der Insel nützlich machen und für die Gruppe engagieren können.
(→ Kap 1.1, M1-M4)

3

Diskutiert und einigt euch auf die ersten (z. B. drei) **wichtigsten Handlungen, die das Überleben auf der Insel** sichern sollen.

4

Einigt euch auf **eine Regierungsform** (→ Kap. 1.1, M5, M6, M9, M10) und bestimmt die **Merkmale eurer Regierungsform** (M7): Wer soll die Entscheidungen treffen? Welche Befugnisse sollen gewählte oder bestimmte Anführer oder Personengruppen haben? Oder werden alle wichtigen Dinge künftig in der Gesamtgruppe besprochen? Wie wird dann entschieden?
Wird die Regierung kontrolliert und wenn ja, von wem und wie?
(→ Kap. 1.1, M11, M12)

5

Bestimmt einen Lagerplatz. Es gibt:
a) trinkbares Wasser aus einem Bach, der zum Meer führt,
b) essbare Früchte in einem dicht bewachsenen Waldgebiet,
c) eine Lagune mit einem großen Vorkommen an Fischen und Krebsen,
d) einen Berg, mit zahlreichen Felsen, kleineren Höhlen.

6

Notiert auf einer Liste die **täglichen Aufgaben**, die das Überleben sichern und das Zusammenleben regeln. Denkt auch an Maßnahmen zur Entdeckung und Rettung.
Teilt Teams und Personen ein, die bestimmte Aufgaben haben. Achtet dabei auf die Stärken jedes und jeder Einzelnen. Bezieht auch die gefundenen Gegenstände in eure Planung mit ein.

7

Einigt euch auf **Grund- und Freiheitsrechte**, die jeder einzelne Insulaner gegenüber der Gemeinschaft genießen soll.
Das Überleben in der Gemeinschaft ist die zentrale Aufgabe, aber trotzdem sollen wichtige Freiheitsrechte jedes Inselbewohners festgelegt werden.
Gilt das Recht auf Privateigentum? Darf z. B. ein gefangener Fisch von einem einzelnen Insulaner verspeist oder muss er geteilt werden? (→ Kap 1.2, M1, M2, #Grundrechte)

8

In keiner Gruppe geht es immer nur harmonisch zu – und besonders schwierig ist es in einer solchen Ausnahmesituation. Zu welchen **Konflikten** könnte es im Verlauf des Aufenthalts auf der Insel kommen?
Welche Haltungen waren für euer Gemeinwesen gefährdend?
Wie konntet ihr Streit verhindern?
Wie sollen nicht zu verhindernde Konflikte geregelt werden (Polizei, Gerichte)?
Wie sollen diese Konflikte ausgetragen werden?
(→ Kap. 1.2, M12, #Diskriminierung, #Zivilcourage; Kap. 1.1, M11, #Gewaltenteilung, M12)

9

Stellt anhand der Protokollbögen eure Entscheidungen und Organisationsstrukturen im Klassenplenum vor. Vergleicht, diskutiert und beurteilt die verschiedenen **Modelle des Zusammenlebens**.

10

Was habt ihr bei diesem Planspiel über das Zusammenleben von Gruppen und Gesellschaften gelernt?
Wie denkt ihr nun über Aspekte wie **Gerechtigkeit, Macht und Gewalt, Kontrolle von Gewalten, Recht, Engagement für die Gemeinschaft, soziales Verhalten, Privateigentum**?
Zu welchem Zeitpunkt wurde die Situation auf der Insel politisch?
Und was ist überhaupt Politik?

1.1 Merkmale unserer Demokratie

Was ist politische Beteiligung?

Kennst du junge Menschen, die sich für unsere Gesellschaft engagieren? Und was ist politische Beteiligung? Es gibt viele Formen von gesellschaftlichem Einsatz.

M1 Welches Engagement ist wertvoller?

Ahmat – 13 Jahre, mag Fußball, spielt gerne Fortnite an seiner Play-Station

Frida – 13 Jahre, hört gerne Musik, mag es Freunde zu treffen und im Internet zu surfen

Frida: Ahmat, ich habe gehört, dass du morgen bei der Fridays-for-future-Demo wieder nicht dabei bist! Warum nicht? Wenn wir uns dort nicht für den Klimaschutz einsetzen, wo denn dann?

Ahmat: Freitags helfe ich immer als Betreuer dem Jugendtrainer einer Fußballmannschaft. Ich schaffe es sonst nicht zum Training. Fünfzehn Kinder, alle sechs und sieben Jahre alt – da werde ich wirklich gebraucht. Außerdem macht es mir Spaß!

Frida: Bekommst du dafür wenigstens ein paar Euro? Ich mähe den Rasen meiner älteren Nachbarin und bekomme dafür immer fünf Euro.

Ahmat: Nein, die Tätigkeit als Betreuer ist ehrenamtlich.

Frida: Boah, das würde ich nie machen. Dann wird man doch voll ausgenutzt, wenn man für seine Arbeit nicht bezahlt wird!

Ahmat: Ich sehe das anders. Der Spaß mit den Kindern reicht mir. Manchmal lese ich auch meiner Oma vor, weil ihre Augen so schlecht sind. Dafür erwarte ich auch keine Bezahlung.

Frida: Hm, meine Oma ist leider schon gestorben. Trotzdem meine ich, dass wir uns jetzt politisch engagieren müssen, um die Zukunft unserer Welt zu retten. Ansonsten ist es zu spät.

Ahmat: Dann hältst du dein Engagement für wertvoller als meines?

Frida: Irgendwie schon. Du engagierst dich zwar in deinem Umfeld. Aber richtige politische Beteiligung muss anders erfolgen, damit wir die Welt lebenswert gestalten.

Ahmat: Ich will auch eine Welt, in der wir gut zusammenleben! Und deshalb ist mein Einsatz für die Gesellschaft wichtiger als das bisschen Rumlaufen für den Klimaschutz.

Engagement
Einsatz

Ehrenamt
eine Tätigkeit für die Gesellschaft, für die man nicht bezahlt wird

M2 Wie kann ich mich politisch einbringen?

POLITISCHE BETEILIGUNG

Politische Beteiligung ist jeder Einsatz (also Engagement) für die Gesellschaft.
Ob man in eine Partei eintritt, an Demonstrationen teilnimmt, in Sozialen Netzwerken politische Themen verfolgt, im Freundeskreis politische Fragen diskutiert oder sich sozial engagiert – mit allen diesen Tätigkeiten nehme ich am politischen und gesellschaftlichen Leben teil und beteilige mich.
Ein wesentliches Merkmal politischer Beteiligung in unserer Demokratie ist es auch, wählen zu gehen.

AUFGABEN

1. Welches Engagement ist wertvoller?
   a) Benenne die Formen politischen und gesellschaftlichen Engagements von Ahmat und Frida (**M1**).
   b) Begründe mithilfe von **#Politische Beteiligung**, ob es sich um Formen politischer Beteiligung handelt.
   c) Diskutiert und begründet, welches Engagement ihr aus welchen Gründen für wichtiger haltet.

2. Lege eine Tabelle an und ordne die Formen der Beteiligung (**M1**, **M2**) folgenden Kategorien zu:
   – sich informieren,
   – seine eigene Meinung zum Ausdruck bringen,
   – sich organisieren und aktiv werden.

3. Diskutiert, ob bzw. welche Formen der politischen Beteiligung (**M1**, **M2**) sich für euch eignen und begründet eure Meinung.

F Diskutiert, ob ehrenamtliche Tätigkeiten bezahlt werden sollten.

Für welche Themen kann ich mich in meinem Umfeld engagieren?

An welchen politischen Themen haben Jugendliche Interesse? Und hat sich dir auch schon einmal die Möglichkeit geboten, dein direktes Umfeld mitzugestalten?

M3 Wofür wollen sich Jugendliche vor Ort einbringen?

Wichtigkeit der Möglichkeit mitzubestimmen vor Ort (Stand: 2012)

	sehr wichtig	eher wichtig		♂	♀	10-11 Jahre	12-13 Jahre	14-15 Jahre	16-17 Jahre
Freizeitgestaltung, z.B. Angebote von Jugendzentren und Vereinen	23	43	66	64	68	58	70	72	63
Sachen, die die Schule betreffen, z.B. was und wie unterrichtet wird, wie viele Schüler in einer Klasse sind, Schulordnung	22	36	59	56	61	57	60	63	55
Umweltschutz / Umweltpolitik, z.B. Sauberkeit vor Ort, Mülltrennung, Tierschutz	20	37	56	51	62	57	54	60	55
Stadtteilplanung / Stadtgestaltung, z.B. Spiel- und Bolzplätze, Grünanlagen	20	33	53	58	48	53	54	58	48
Sachen, die den Verkehr betreffen, z.B. Busse und Bahnen, Radwege	13	34	47	45	49	41	48	49	48

Sag mir bitte jeweils mit dieser Liste, wie wichtig es dir ist, dass du bei euch vor Ort dazu deine Ideen und Meinungen einbringen kannst. Basis: n = 830 Kinder im Alter von 10 bis 17 Jahren; Angaben in %

Deutsches Kinderhilfswerk e.V.: Umfrage zum politischen Engagement von Jugendlichen. Berlin 2012, S. 17

M4 Politisches Engagement in der Schule

Daniel Rupp und Torben Knaak haben in ihrer Schule einen Projekttag gegen Rassismus selbstständig organisiert und durchgeführt und berichten.

Wie seid ihr dazu gekommen, euch (...) politisch zu engagieren?

Daniel: Durch die Begegnung mit Flüchtlingen habe ich angefangen, mich intensiver mit Politik zu beschäftigen: Warum sind die eigentlich hier? Warum geht es ihnen so schlecht?

Was geschah in eurer Schule, als dort Geflüchtete unterrichtet werden sollten?

Daniel: Es gab keine Vorstellung, Schülerversammlung oder Information darüber. Die waren plötzlich einfach da. [...] Mir fiel auf, dass es immer häufiger Anfeindungen und Mobbing gegen Schüler*innen mit Migrationshintergrund gab und es auch zu gewaltsamen Übergriffen kam.

Hat eure Schule euch bei eurem Engagement für Flüchtlinge unterstützt?

Daniel: Nein, gar nicht. [...] Dann hat mich das benachbarte [...] Gymnasium, das sich seit Jahren für Demokratie und Zivilcourage einsetzt, zu seinem jährlichen Projekttag eingeladen. [...]

Da habe ich mich gefragt: Warum gibt es so einen Projekttag gegen Rassismus nicht an unserer Schule […]?

Torben: Schon in meiner Zeit als Schülersprecher in der 7. und 8. Klasse habe ich versucht, etwas auf die Beine zu stellen, habe eine Schülervollversammlung organisiert. Ich musste immer zur Schulleitung gehen und mit dem Schulgesetz argumentieren. Es war immer ein Kampf, bis die Schulleitung das genehmigte. […]

Wie habt ihr es geschafft, den Projekttag durchzusetzen?

Torben: Erst kamen Bedenken seitens der Schule – sie trauten uns das nicht zu […]. Wir haben auch mit dem Bürgermeister gesprochen. Der fand das Projekt gut. […] Beim Neujahrsempfang hat er betont, wie positiv er unsere Idee mit dem Projekttag fände. Da hat unsere Schulleitung den Projekttag genehmigt. […]

Wie hat die Schule den Projekttag angenommen?

Daniel: Die meisten rechtsorientierten Schüler*innen sind einfach nicht gekommen. […] Aber die Mehrheit der Schülerschaft ist gekommen und war begeistert. Wir haben am Projekttag auch Unterschriftenlisten für „Schule gegen Rassismus" ausgelegt […]. […] Bei den Projekten haben uns ca. 15 Prozent der Lehrkräfte unterstützt. Andere haben sich eher gesorgt, dass Fachunterricht ausfallen würde. […]

Was habt ihr aus euren Erfahrungen gelernt?

Daniel: Schule muss im Alltag eine Beteiligung und Mitwirkung der Schülerschaft ermöglichen und auch fordern. Das muss von der Schule gewollt und auch anerkannt sein.

Interview: Eikenbusch, Gerhard. In: Pädagogik: Politisches Engagement 4/2020, Verlagsgruppe BELTZ, S. 14ff.

Hier setzen Schülerinnen und Schüler der Gemeinschaftsschule Sonnenhügel in Völklingen mit einem Schweigemarsch ein Zeichen gegen Rassismus.

AUFGABEN

1. Analysiere die Grafik (**M3**).
2. a) Sammelt in Kleingruppen, an welchen Themen (**M3**) ihr Interesse habt.
   b) Überlegt euch Ansprechpartner, die euch über Möglichkeiten von Engagement in diesen Bereichen informieren können.
   c) Findet Beispiele aus eurem Heimatort/Umfeld, wie ihr euch in den Bereichen einbringen (engagieren) könnt.
   d) Begründet, welchen Personengruppen ein Engagement in diesen Bereichen nützlich wäre.
3. a) Nenne die Gründe der beiden Jungen, einen Projekttag gegen Rassismus zu organisieren (**M4**).
   b) Fasst zusammen, was die beiden bei diesem Projekt gelernt haben.
   c) Diskutiert, ob ein Projekttag wie in **M4** an eurer Schule möglich wäre.

H zu Aufgabe 1
Benenne die für Jugendliche wichtigsten politischen Mitbestimmungsthemen vor Ort.

F „Demokratie heißt, sich in die eigenen Angelegenheiten einzumischen."
(Max Frisch)
Erkläre dieses Zitat mit einem selbst gewählten Beispiel.

Welche Merkmale haben Demokratien?

Was bedeutet Demokratie für mich und inwiefern unterscheidet sich unsere Demokratie von anderen Herrschaftsformen? Zwar ist nicht in allen Staaten das Verständnis von Demokratie gleich, aber trotzdem gibt es Grundprinzipien, die für Demokratien gelten.

M5 Demokratie bedeutet für mich ...

„Unter Demokratie verstehe ich, dass sie dem Schwächsten die gleiche Chance einräumt wie dem Starken."
Mahatma Gandhi (1869-1948), indischer Politiker und Philosoph

„Demokratie ist die Notwendigkeit, sich gelegentlich den Ansichten anderer Leute zu beugen."
Winston Churchill (1874-1965), britischer Politiker und Nobelpreisträger

„Demokratie lebt vom Streit, von der Diskussion um den richtigen Weg. Deshalb gehört zu ihr der Respekt vor der Meinung des anderen."
Richard von Weizsäcker (1920-2015), deutscher Bundespräsident

„Demokratie darf nicht so weit gehen, dass in der Familie darüber abgestimmt wird, wer der Vater ist."
Willy Brandt (1913-1992), deutscher Bundeskanzler 1969-1974

„Demokratie bedeutet für mich ..."

Erklärvideos über Demokratie

Mediencode: 70062-04

M6 Formen politischer Herrschaft

Demokratie	Diktatur
Demokratie bedeutet Herrschaft des Volkes. Alle Bürger haben in einer Demokratie die gleichen Rechte. Die Bürger bestimmen in freien Wahlen, von wem sie regiert werden wollen. Auch der Staat muss sich an die geltenden Regeln halten, die in einer Verfassung niedergeschrieben sind. Unsere Verfassung heißt Grundgesetz. Sie sorgt dafür, dass die Macht im Staat aufgeteilt wird.	Eine Diktatur ist eine Herrschaftsform, in der eine einzeln regierende Person, der Diktator (oder eine kleine Gruppe von regierenden Personen), mit nahezu unbeschränkter Macht herrscht. Kein Parlament und kein Gericht kontrolliert den Diktator (oder die kleine Gruppe Herrschender). Ein Diktator kann Gesetze erlassen, ohne dass ein Parlament sie bestätigen muss.

M7 Merkmale einer Demokratie

Die unten genannten Merkmale kennzeichnen eine Demokratie. Je nachdem, wie stark diese Merkmale eingehalten werden, gelten Staaten als demokratisch oder nicht. Ungefähr nur jeder 5. Staat auf der Welt gilt als vollständige Demokratie.

1 **Rechtsstaatlichkeit:** Alles was der Staat tut, muss nach den Regeln der Verfassung und der geltenden Gesetze geschehen. Es gibt unabhängige Gerichte, die die Rechte der Bürgerinnen und Bürger schützen. Dazu gehören insbesondere auch die Grund- und Menschenrechte (z. B. Achtung der Menschenwürde, Gleichheit vor dem Gesetz, Recht auf Leben, Meinungsfreiheit…).

2 **Mehrheitsprinzip:** Die Mehrheit einer Gruppe oder Gemeinschaft entscheidet, wie was geregelt wird. Die unterlegene Minderheit erkennt den Willen der Mehrheit an. Dies muss aber in einem Rahmen erfolgen, der z. B. bestehende Gesetze befolgt und Rechte aller Menschen, auch der Minderheiten, berücksichtigt. Die unterlegene Minderheit hat dabei prinzipiell die Chance, sich bei den nächsten Wahlen/der nächsten Abstimmung durchzusetzen.

3 **Wahlen nach festgelegten Prinzipien:** frei (niemand darf zu einer Wahl gedrängt werden), geheim, gleich (jeder hat gleich viele Stimmen), allgemein (alle wahlberechtigten Bürgerinnen und Bürger dürfen wählen) und unmittelbar (Stimmen werden sofort gezählt). Es gibt eine Auswahl zwischen verschiedenen Kandidaten, Parteien, Programmen.

4 **Verantwortlichkeit der Regierung:** Die Regierung wird in regelmäßigen Abständen durch verbindlich festgelegte Verfahren (Wahlen) neu gebildet. Zur Regierungsmehrheit gibt es eine Opposition.

5 **Gewaltenteilung:** Die Macht im Staate wird geteilt zwischen denen, die Gesetze machen, denen die sie ausführen und denen, die die Einhaltung des Rechts kontrollieren.

6 **Gesellschaftliche Vielfalt:** Alle dürfen sich im Rahmen der geltenden Gesetze so verhalten und entwickeln, wie sie es möchten. Unterschiedliche Interessen und Meinungen sind erwünscht.

AUFGABEN

1. a) Erklärt euch gegenseitig in Partnerarbeit die Zitate aus **M5** und sucht Beispiele für die Aussagen.
b) Führt ein „Stilles Schreibgespräch" durch, indem ihr den letzten Satz aus **M5** vervollständigt: „Demokratie bedeutet für mich …".
c) Vergleicht euren vervollständigten Satz im Plenum mit der Definition in **M6**.

2. a) Nenne jeweils drei typische Kennzeichen der Herrschaftsformen in **M6**.
b) Erklärt die wesentlichen Unterschiede der Herrschaftsformen.

3. Erkläre mithilfe von Beispielen die sechs Merkmale einer Demokratie aus **M7**.

F **zu Aufgabe 3**
Untersuche, welche dieser Merkmale auch für das Zusammenleben in euren Familien, dem Freundeskreis und der Schule gelten können.

Welche Einstellungen haben Jugendliche zu Politik und Demokratie?

Wie groß ist das Interesse von Jugendlichen an Politik? Wie sehr unterstützen sie unsere Demokratie? In Umfragen wird dies untersucht, durch die Auswertung von Diagrammen und eigene Umfragen bekommst du Antworten.

M8 Was denken junge Erwachsene zu Politik?

a) Interesse an Politik

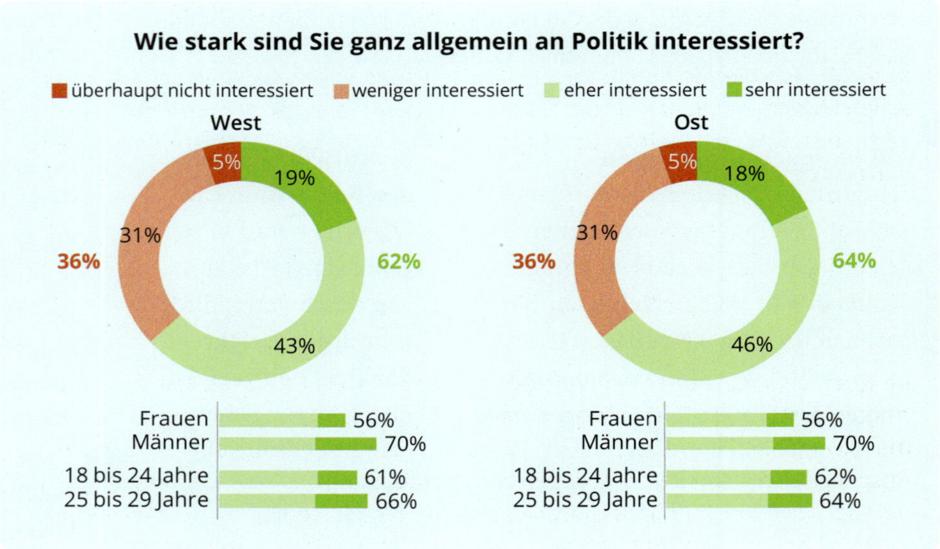

b) Aussagen zur Demokratie

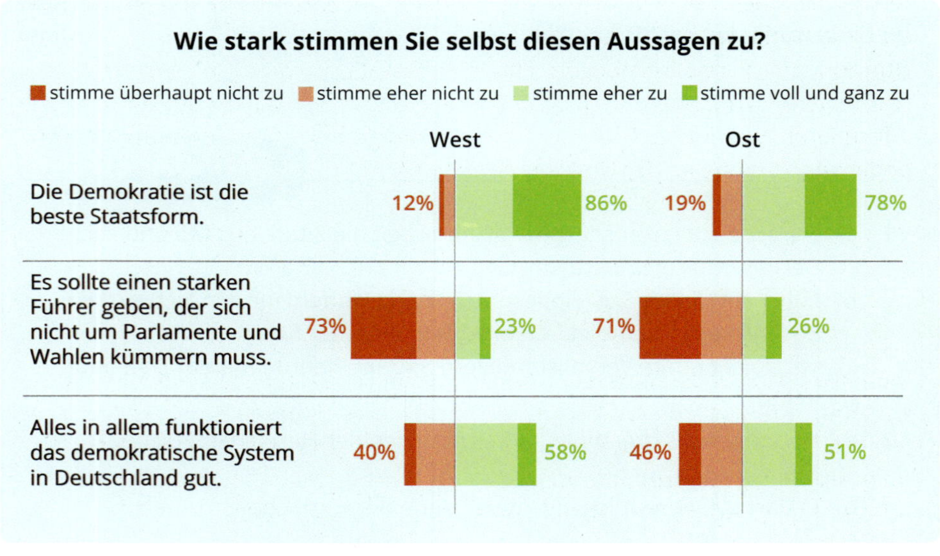

Basis: Alle Wahlberechtigten zwischen 18 und 29 Jahren. Fehlende Werte: anderes/weiß nicht/keine Angabe.
Faus, Rainer/Storks, Simon: Im vereinten Deutschland geboren – in den Einstellungen gespalten? OBS-Studie zur ersten Nachwendegeneration. OBS-Arbeitsheft 96. Frankfurt am Main 2019, S. 31, 33, 37

Eine Befragung durchführen

Worum geht es?

Wenn ihr herausfinden wollt, welche politischen Interessen eure Mitschülerinnen und Mitschüler haben, könnt ihr eine Umfrage bzw. Befragung durchführen. Hierzu können Interviews gemacht oder Fragebögen ausgegeben werden. In beiden Fällen müssen die Fragen genau vorbereitet werden.

Geht dabei so vor:

1. Schritt: Ziel und Zielgruppe festlegen

Für welche politischen Themen engagieren sich eure Mitschülerinnen und Mitschüler und wie stehen sie zu Politik und Demokratie? Interessant könnte auch sein, ob sich die Meinungen in den verschiedenen Jahrgangsstufen oder zwischen Mädchen und Jungen unterscheiden. Überlegt euch, ob es möglich ist, die komplette Schülerschaft zu befragen oder ob ihr bestimmte Klassen bzw. Jahrgangsstufen auswählt.

2. Schritt: Fragebogen gestalten

Im Kopf, also ganz oben im Fragebogen werden wesentliche Daten zu den Befragten ermittelt (z. B. Geschlecht, Alter, Jahrgangsstufe und evtl. weitere Merkmale).

Anschließend formuliert ihr Fragen zum politischen Interesse und Engagement der Jugendlichen. Ihr könnt „geschlossene" Fragen formulieren: In dem Fall gebt ihr Möglichkeiten zur Antwort vor, zum Beispiel zum Ankreuzen oder eine Skala, z. B. von 1 bis 4.

Bei „offenen" Fragen können die Befragten eine individuelle Antwort formulieren. Diese Fragen sind jedoch weniger einfach auszuzählen bzw. auszuwerten als die geschlossenen Fragen.

Nun könnt ihr euren Fragebogen schreiben. Denkt auch daran, einen kurzen Anredetext zu formulieren, um eure Mitschülerinnen und Mitschüler darüber zu informieren, wer ihr seid, warum ihr die Umfrage durchführt und um euch zu bedanken, dass sie an der Umfrage teilnehmen.

Tipps zur Frageformulierung
- Die Frage muss einfach und eindeutig zu verstehen sein. (Günstig ist es, die Fragen vorher mit einigen Personen auf Verständlichkeit und Klarheit zu testen.)
- Stellt keine Fragen, die schon eine Antwort nahe legen, z. B. „Findet ihr nicht, dass alle bei den Projekttagen aufräumen sollten?".

3. Schritt: Auswertung des Fragebogens

Die Antworten der geschlossenen Fragen werden ausgezählt (auch der Kopf des Fragebogens). Für jede Antwortmöglichkeit wird die Summe der Kreuze ermittelt. Stellt die Ergebnisse am besten in einem Diagramm dar (→ siehe **Methode: Diagramme und Schaubilder mithilfe von Excel erstellen**). Die Antworten der offenen Fragen könnt ihr zusammenfassen und aufschreiben.

Tipp
Umfragen lassen sich mithilfe der App Edkimo online durchführen und auswerten.

Diagramme und Schaubilder mithilfe von Excel erstellen

Worum geht es?

Mithilfe eines Diagramms oder Schaubilds lassen sich Zahlenreihen oder prozentuale Verteilungen anschaulich darstellen. Eine grafische Darstellung macht die Information für den Betrachter leichter verständlich. Dabei kann das Computerprogramm Excel hilfreich sein.

Ansicht einer Excel-Tabelle mit Diagramm

Mediencode: 70062-05

Geht dabei so vor:

1. Schritt: Daten in Excel einfügen

In einer Umfrage an deiner Schule hast du Umfragewerte ermittelt. Am einfachsten lassen sich geschlossene Fragen und ihre Antwortmöglichkeiten in Diagrammen darstellen. Übertrage jede Frage in eine kleine Tabelle: Dazu trägst du die Antwortmöglichkeiten (z. B. „sehr gut", „gut", „weniger gut", „gar nicht gut", „weiß nicht") in die Zeilen in Spalte A, die Werte daneben in Spalte B.

2. Schritt: Diagramm erstellen

Markiere die Antwortmöglichkeit und die Werte der Tabelle. Wechsle zur Registrierkarte „Einfügen" und suche die Kategorie „Diagramme". Hier findest du eine Vielzahl von Diagrammen, wie beispielsweise Säulen-, Torten-, Ring- oder Balkendiagramme. Entscheide dich für einen sinnvollen Diagramm-Typ und wähle diesen mit einem Klick aus.

3. Schritt: Diagramm beschriften und bearbeiten

Die markierten Werte werden nun als Diagramm dargestellt, die Antwortmöglichkeiten als „Legende". Du kannst der Grafik eine Überschrift geben, indem du in den „Diagrammtitel" einen Text einfügst. Die Grafik kann jederzeit bearbeitet und ergänzt werden.

H zu Aufgabe 1
Formuliere Aussagen, die du aus den Schaubildern ablesen kannst.

AUFGABEN

1. Analysiere die Einstellungen Jugendlicher zu Politik und Demokratie (**M8, Methodenglossar**).
2. a) Führt eine Umfrage z. B. in eurem Jahrgang der Schule durch (**Methode: Befragung durchführen**). Ermittelt die Werte für das Interesse an Politik (**M8a**), die Zustimmung zur Demokratie und die Zustimmung oder Ablehnung zur Frage nach einem starken Führer (**M8b**).
   b) Erstellt aus eurer Umfrage Diagramme (**Methode**).
   c) Vergleicht eure Ergebnisse mit denen in **M8**.
3. Demokratie braucht überzeugte und engagierte Demokratinnen und Demokraten. Nehmt Stellung zu dieser Aussage.

Wie ist unsere Demokratie aufgebaut?

In einer Verfassung stehen Grundsätze, die die Form eines Staates und Rechte und Pflichten seiner Bürger festlegen. Unsere Verfassung heißt Grundgesetz. Darin steht, wie unser Staat aufgebaut und organisiert ist und welche Prinzipien bei uns gelten sollen.

M9 Der Aufbau unseres Staates

In Artikel 20 des Grundgesetzes ist festgelegt, wie unser Staat aufgebaut ist.

a Regierende und die Rechtsprechung sind an Gesetz und Recht gebunden.

b Die Bundesrepublik ist ein demokratischer und sozialer Bundesstaat.

c Alle Staatsgewalt geht vom Volke aus.

d Die Gesetzgebung ist an die Verfassung gebunden. Es darf keine Gesetze geben, die gegen unsere Verfassung verstoßen.

e Die Staatsgewalt wird vom Volke in Wahlen und Abstimmungen ausgeübt.

f Besondere Organe der Gesetzgebung, der vollziehenden Gewalt und der Rechtsprechung üben die Macht aus.

Staatsgewalt
Macht des Staates, z. B. mithilfe von Polizei, Gerichten

Art 20 GG (1): Im 1. Absatz werden die Prinzipien Demokratie, Sozial- und Bundesstaat genannt.

Art 20 GG (2) Der 2. Absatz bezieht sich auf die Verteilung der Macht.

Art 20 GG (3) Der 3. Absatz bezieht sich auf den Rechtsstaat.

UNSERE VERFASSUNG: DAS GRUNDGESETZ (GG)

In einer Verfassung stehen die wichtigsten Spielregeln, die für das Zusammenleben der Bürger wichtig sind. Diese demokratischen Prinzipien (Artikel 20 GG) dürfen nicht verändert werden. Ganz am Anfang steht, dass die Menschen viele Grundrechte haben. Die Verfassung unseres Landes heißt Grundgesetz.
Der Kern unserer Verfassung ist unveränderbar. Man spricht auch von der „Ewigkeitsklausel" (Artikel 79 (3)). Unser Grundgesetz will so sicherstellen, dass eine Diktatur nicht möglich ist und wir ein demokratischer Staat bleiben.

M10 Umsetzung des Artikels 20 (GG)

Bundesstaat

2 Menschen, die wegen Armut nicht genug Geld zum Leben haben, werden vom Staat finanziell unterstützt.

1 Bei Wahlen und Abstimmungen entscheidet, was die Mehrheit will (Mehrheitsprinzip).

3 Zwischen dem Bund und den Bundesländern sind die Aufgaben aufgeteilt.

4 Jeder Arbeitnehmer ist krankenversichert. Die Krankenversicherung übernimmt weitgehend die Kosten für Behandlungen beim Arzt und Arzneimittel.

Sozialstaat

5 Die Gerichte entscheiden ohne Beeinflussung durch die Regierung oder andere Staatsorgane. Sie müssen sich nur an den Gesetzen orientieren.

Rechtsstaat

6 Die Bundesrepublik Deutschland besteht aus 16 Bundesländern.

Demokratie

7 Niemand darf für eine Tat bestraft werden, die vorher nicht durch ein Gesetz verboten war.

8 Das Volk und dessen gewählte Vertreter entscheiden durch Wahlen in der Politik.

AUFGABEN

1. Ordne den drei Absätzen des Art 20 GG in **M9** die sechs Aussagen darüber zu.
2. Erkläre die Begriffe „Verfassung“ und „Grundgesetz“ in eigenen Worten (**#Verfassung**).
3. Ordne den fett gedruckten demokratischen Prinzipien in **M10** jeweils zwei zugehörige Aussagen zu.

Wie funktioniert die Gewaltenteilung?

Wichtiges Kennzeichen einer Demokratie ist es, dass die Macht aufgeteilt ist. Eine Zusammenarbeit mag kompliziert sein. Aber die gegenseitige Kontrolle schützt. Kennst du das aus anderen Zusammenhängen?

M11 Die drei Gewalten

Damit das Zusammenleben zwischen Menschen in einem Staat gut funktioniert, muss es Gesetze geben. [...] Um zu verhindern, dass ein Mensch alleine über alle Gesetze entscheidet, sollen sich drei unterschiedliche Abteilungen, auch „Gewalten" genannt, darum kümmern. [...] Hier erst mal die groben Aufgabenbereiche der drei Gewalten: Die erste Gewalt ist die **Legislative**, die gesetzgebende Gewalt. Sie soll Gesetze machen, damit alle im Staat wissen, was erlaubt ist und was nicht. Die zweite Gewalt ist die **Exekutive**, die ausführende Gewalt. Sie soll die Gesetze im Alltag umsetzen und aufpassen, dass sich alle daran halten. Die dritte Gewalt ist die **Judikative**, die rechtssprechende Gewalt. Sie soll Menschen bestrafen, die sich nicht an Gesetze halten.
Diese drei Gewalten kontrollieren sich gegenseitig. Alle gucken einander auf die Finger, und stellen sicher, dass weder fiese Gesetze in Kraft treten, noch Menschen zu Unrecht bestraft werden.

Schiller, Mathilda, Redaktion Kindersache: Was ist Gewaltenteilung? In: www.kindersache.de, 30.03.2018

Erklärvideo zur Gewaltenteilung

Mediencode: 70062-06

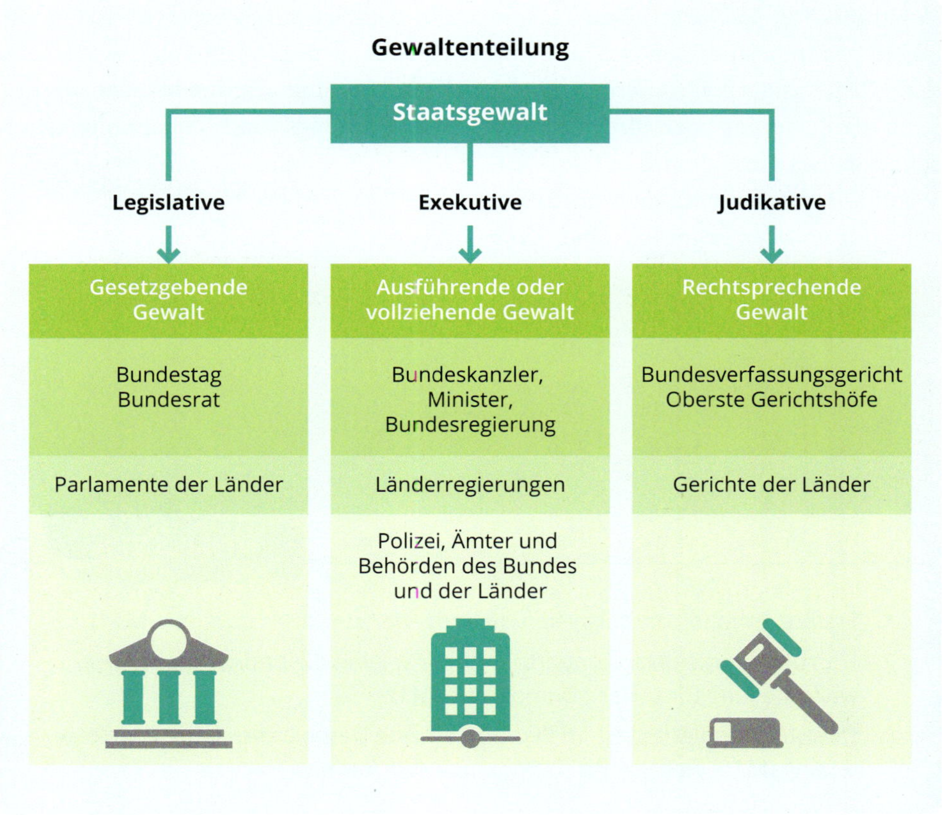

GEWALTENTEILUNG

Die Aufteilung der Macht ist ein wichtiges Kennzeichen einer Demokratie. Sie wird als Gewaltenteilung bezeichnet. Dadurch soll der Missbrauch von Macht verhindert werden.
Die Gewaltenteilung in die **Legislative** (z. B. gewählte Parlamente), **Exekutive** (z. B. Polizei oder Ministerien) und **Judikative** (verschiedene Gerichte) ist im Artikel 20 des Grundgesetzes festgelegt. In Deutschland sind die Gewalten nicht streng voneinander getrennt. Sie sind voneinander abhängig und können sich so gegenseitig kontrollieren.

M12 Eine Demokratie ohne Gewaltenteilung?

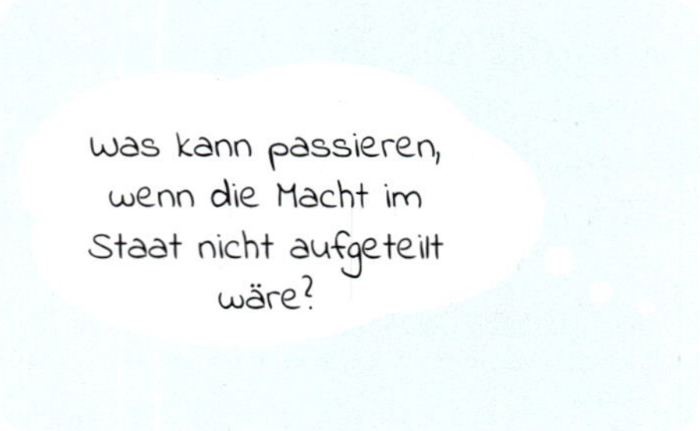

Wenn die drei Gewalten nicht voneinander getrennt sind, sondern alle von der Regierung kontrolliert werden, kann die Regierung auch über alles entscheiden, was in einem Land passiert. Wenn z. B. die Gerichte nicht mehr unabhängig von der Regierung sind, kann sie einfach entscheiden, wer weswegen ins Gefängnis muss. Wenn sich also jemand im Volk über die Regierung beschwert und ihr das nicht passt, kann die Regierung diesen Menschen einfach verhaften lassen. Außerdem kann sie verbieten, dass Menschen sich zum Demonstrieren verabreden. Es können also Gesetze verabschiedet werden, die eigentlich der Verfassung widersprechen. So sind die Rechte der Bürger, wie Meinungs- und Versammlungsfreiheit, in Gefahr.

Schiller, Mathilda, Redaktion Kindersache: Was ist Gewaltenteilung? In: www.kindersache.de, 30.03.2018

H zu Aufgabe 2
Bedenke die Arbeit von kritischen Journalistinnen oder Richtern, die gegen den Willen der Regierenden entscheiden.

H zu Aufgabe 3
Untersucht die Frage mithilfe der sechs Merkmale einer Demokratie in M7.

AUFGABEN

1. Erkläre anhand von Beispielen die Aufgaben der drei Gewalten (**M11**).
2. Begründe mit einem Lernpartner an Beispielen die Bedeutung von Gewaltenteilung für unsere Demokratie (**M12**).
3. Diskutiert und erläutert im Plenum, ob eine Demokratie ohne Gewaltenteilung (**M12**) eine „echte" Demokratie sein kann.

MERKMALE UNSERER DEMOKRATIE

POLITISCHE BETEILIGUNG

M1-M4

Die Bundesrepublik Deutschland ist als Demokratie organisiert. In einer Demokratie braucht es engagierte Bürger, die sich für die Demokratie einsetzen. Die Bürgerinnen und Bürger der Bundesrepublik Deutschland können sich auf vielfältige Weise politisch engagieren. Man kann sich an öffentlichen Debatten beteiligen, Vereine und Bürgerinitiativen beitreten, sich in Parteien engagieren oder an Demonstrationen teilnehmen. Auch soziales Engagement in Vereinen und der Freizeit kann dazu gerechnet werden. Eine besonders wichtige Beteiligungsform bleibt die Teilnahme an Wahlen.

DEMOKRATIE

M6, M7

Der Begriff Demokratie kommt aus dem Griechischen und bedeutet „Herrschaft des Volkes". [...] Demokratie heißt: Alle Bürger und Bürgerinnen haben die gleichen Rechte und Pflichten. Über sie herrscht kein Kaiser, auch kein König und kein General.

Alle Menschen dürfen frei ihre Meinung sagen, sich versammeln, sich informieren. [...] In einer Demokratie wählen die Bürger Personen und Parteien, von denen sie eine bestimmte Zeit lang regiert werden wollen. Und wenn die Regierung ihre Arbeit nicht zur Zufriedenheit seiner Bürger erledigt, kann das Volk bei der nächsten Wahl eine andere Regierung wählen.

Toyka-Seid, Christiane / Schneider, Gerd: Großes Lexikon, Hanisauland. Politik für dich. In: www.hanisauland.de, Abruf am 24.11.2020

GRUNDGESETZ UND GEWALTENTEILUNG

M9-M11

Das Grundgesetz (abgekürzt GG) ist die Verfassung der Bundesrepublik Deutschland. Das Grundgesetz gibt es seit der Staatsgründung der Bundesrepublik Deutschland im Jahr 1949. In ihm stehen die allerwichtigsten „Spielregeln" für das Zusammenleben der Menschen in Deutschland. Das Grundgesetz beginnt mit den Grundrechten. Diese gelten für alle Menschen und dürfen niemals abgeschafft werden.

Alle Behörden, Gerichte, alle Bürgerinnen und Bürger müssen sich daran halten. Kein Gesetz, das in unserem Land gilt, darf dem Grundgesetz widersprechen.

Das Grundgesetz regelt auch, dass die Macht im Staat aufgeteilt wird. Dies nennt man Gewaltenteilung. Gewaltenteilung ist ein wichtiges Merkmal von Demokratie.

Toyka-Seid, Christiane / Schneider, Gerd: Großes Lexikon, Hanisauland. Politik für dich. In: www.hanisauland.de, Abruf am 24.11.2020

1.2 Grundrechte und Gefährdungen in unserer Demokratie

Welche Grund- und Freiheitsrechte haben wir in unserer Demokratie?

Das Grundgesetz garantiert jedem Menschen Grundrechte. Diese Grundrechte werden auch Freiheitsrechte genannt, weil sie die Freiheit des Einzelnen gegenüber dem Staat und der Gesellschaft schützen. Kennst du einige?

M1 Grundrechte in Alltagssituationen

Fall 1
In der letzten Zeit gibt es in der Klasse 8c häufig Streit, einzelne Cliquen haben sich gebildet. Die Konflikte spitzen sich so zu, dass peinliche Fotos Einzelner, die auf der letzten Klassenparty aufgenommen worden waren, in ein soziales Netzwerk gestellt werden, um die jeweiligen Gegenspieler zu schädigen.

Fall 2
Vor einem Einkaufsmarkt in Stuttgart sitzen zwei Frauen mit Kopftuch und unterhalten sich. Zwei Jugendliche kommen hinzu und fordern die beiden auf, die Bank zu räumen, denn mit Kopftüchern hätten sie hier in der Öffentlichkeit nichts zu suchen.

Fall 3
Malina (16) hat sich für einen Aushilfsjob in einer Druckerei beworben. Im Bewerbungsgespräch teilt ihr der Chef mit, dass seine Druckerei auf dem absolut neuesten technischen Stand sei, man für diese Aushilfstätigkeit viel technisches Verständnis mitbringen müsse und er an eine männliche Aushilfe gedacht hatte.

Fall 4
Alle Kinder mit Ausnahme von Mattis (13) sind zum evangelischen Religionsunterricht angemeldet. Der Schulleiter bestimmt, dass auch Mattis am evangelischen Religionsunterricht teilnehmen muss. Er begründet seine Entscheidung damit, dass die Schule sonst ein Problem in ihrer Aufsichtspflicht sieht.

Fall 5
Ein schwerer Verkehrsunfall mit Toten und Verletzten hat sich ereignet. Reporter kommen an den Ort und fotografieren die Szenerie.

Hecht, Dörthe: Politik betrifft uns, 3/2013

 # GRUNDRECHTE

Die Grundrechte erklären die Freiheiten jedes Einzelnen gegenüber dem Staat und klären die wichtigsten Regeln für unser Zusammenleben. Sie stehen ganz am Anfang des Grundgesetzes.
Die Grundrechte dürfen in ihrem Wesen nicht verändert oder gar aufgehoben werden. Dies zeigt die besondere Bedeutung der Grundrechte.
Der Staat ist verpflichtet, die Grundrechte einzuhalten und zu schützen. Das gibt uns Rechtssicherheit: Alle staatlichen Eingriffe müssen eine gesetzliche Grundlage haben.

M2 Einzelne Grundrechte im Überblick

Auszug aus den Grundrechten des Grundgesetzes der Bundesrepublik Deutschland

Glaubens-, Gewissens- und Bekenntnisfreiheit
(1) Die Freiheit des Glaubens, des Gewissens und die Freiheit des religiösen und weltanschaulichen Bekenntnisses sind unverletzlich. [...]

Persönliche Freiheitsrechte
(1) Jeder hat das Recht auf freie Entfaltung seiner Persönlichkeit [...].
(2) Jeder hat das Recht auf Leben und körperliche Unversehrtheit.

Schulwesen
(1) Das gesamte Schulwesen steht unter Aufsicht des Staates. [...]

Ehe, Familie, Kinder
(1) Ehe und Familie stehen unter einem besonderen Schutze der staatlichen Ordnung. [...]

Versammlungsfreiheit
(1) Alle Deutschen haben das Recht, sich ohne Anmeldung oder Erlaubnis friedlich und ohne Waffen zu versammeln.

Brief-, Post- und Fernmeldegeheimnis
(1) Das Briefgeheimnis, sowie das Post- und Fernmeldegeheimnis sind unverletzlich. [...]

Vereinigung- , Koalitionsfreiheit
(1) Alle Deutschen haben das Recht, Vereine und Gesellschaften zu bilden. [...]

Gleichheitsgrundsatz
(1) Alle Menschen sind vor dem Gesetz gleich. [...]

Unverletzlichkeit der Wohnung
(1) Die Wohnung ist unverletzlich. [...]

Meinungs-, Informations-, und Pressefreiheit; Kunst- und Wissenschaft
(1) Jeder hat das Recht, seine Meinung in Wort, Schrift und Bild frei zu äußern und zu verbreiten [...].

Menschenwürde
(1) Die Würde des Menschen ist unantastbar. [...]

AUFGABEN

1. a) Entscheide spontan mit einem Lernpartner in den fünf Alltagsfällen aus **M1**, ob so gehandelt werden darf.
   b) Begründet eure Entscheidungen mit den entsprechenden Grundrechtsartikeln aus **M2**.
2. a) Erstelle eine Reihenfolge der für dich wichtigsten fünf Grundrechte aus **M2**. Beginne dabei mit dem für dich wichtigsten Grundrecht.
   b) Diskutiert und begründet eure Wahl in der Klasse mit Beispielen.
3. Erläutere mithilfe von **M2** und **#Grundrechte** die Bedeutung der Grund- und Freiheitsrechte für jeden einzelnen Bürger.

H zu Aufgabe 1
In manchen Fällen können auch mehrere Grundrechte betroffen sein.

F Recherchiere im Grundgesetz: In welchen Artikeln stehen die oben genannten Grundrechte?

Was, wenn sich Grundrechte ausschließen?

Darf ein Staat foltern, um Leben zu retten? Darf der Staat die Würde eines Opfers höher gewichten als die Würde eines möglichen Täters? Es ist in der Realtität nicht immer einfach, alle Grundrechte gleich zu berücksichtigen. Manchmal können Grundrechte sogar miteinander in Konflikt stehen. Was passiert dann?

M3 Folter im Rechtsstaat?

Karikatur: Mester, Gerhard, Baaske Cartoons, 2003

M4 Hintergrund „Der Fall Daschner"

Polizeipräsident Daschner informierte die Staatsanwaltschaft über sein Vorgehen.

Am 27. September 2002 wurde der 11-jährige Bankierssohn Jakob von Metzler entführt und – wie sich später herausstellt – ermordet. Schnell wird der Jurastudent Magnus Gäfgen festgenommen und von Polizisten verhört. Er war dringend tatverdächtig. Die Polizisten gingen davon aus, dass Gäfgen den Aufenthaltsort des Jungen kannte. Sie drohten ihm Gewalt an, falls er das Versteck des Jungen nicht verraten würde. Der zuständige Frankfurter Polizeivizepräsident Wolfgang Daschner hatte die Androhung von Gewalt angeordnet. Gäfgen lenkte daraufhin ein und nannte das Versteck des entführten Jungen. Man fand allerdings nur noch dessen Leiche.

Am 28.7.2003 wurde Magnus Gäfgen „wegen Mordes in Tateinheit mit erpresserischem Menschenraub mit Todesfolge […] zu lebenslanger Freiheitsstrafe als Gesamtstrafe verurteilt"

Landgericht Frankfurt am Main, Az. 5/22 Ks 2/03 3490 Js 230118/02

M5 Entschädigung für einen Kindermörder? Das Urteil

Der Täter Magnus Gäfgen hatte im Anschluss an seine Verurteilung den Staat auf Entschädigung verklagt. Nach verschiedenen Gerichtsverfahren hatte im Jahr 2012 abschließend das Oberlandesgericht Frankfurt/Main entschieden: Die Androhung von Folter im Fall des Kindsmörders sei weder gerechtfertigt noch zu entschuldigen, auch wenn sie das Ziel hatte, das Leben des Kindes zu retten. Deshalb wurden dem Täter 3.000 Euro Entschädigung zugesprochen. Die Richter beriefen sich in ihrer Argumentation auf die Menschenrechte. Nach dem Grundgesetz ist eine Vernehmungsmethode, die Schmerzen androht, verboten und strafbar.

M6 Kommentar zur Entscheidung des Gerichts

Der Mann hat ein Kind entführt und getötet. Er hat viel Schlimmeres getan, als ihm selbst widerfuhr. Er, der Mörder, musste nicht mehr als die Drohung eines Polizisten ertragen, ihm Schmerzen zuzufügen. 3.000 Euro für so einen? Und doch ist es eine gute Nachricht. Der Polizist hat das Unantastbarste verletzt, was der Staat, den er vertrat, garantiert: die Menschenwürde.

[...] Gäfgens Strafurteil hat dem Recht, auch dem des Opfers und seiner Angehörigen, Genüge getan. [...] Die Menschenwürde aber kann und darf selbst ihm deshalb niemand nehmen.

Wer das nicht ertragen möchte, möge sich vorstellen, selbst einmal in Verdacht zu geraten. Wenn wir Gewalt zum Erzwingen einer Aussage – also Folter – einmal billigen: Wer garantiert, dass es ausschließlich solche trifft, die sich später als schuldig erweisen? Wer die Menschenwürde schützen will, muss sie für alle schützen.

Hebel, Stephan; Recht und Gesetz für Gäfgen. In: Frankfurter Rundschau, 5.8.2011, © Alle Rechte vorbehalten. Frankfurter Rundschau GmbH, Frankfurt

AUFGABEN

1. a) Analysiere die Karikatur (**M3**, **Methode: Karikaturen analysieren**)
   b) Formuliere in wenigen Sätzen, welches Problem im Zusammenhang mit den Grundrechten thematisiert wird (**M2**).
2. a) Positioniert euch vor dem Hintergrund des Fall Daschner entlang einer Positionslinie zu der Frage: „Darf der Staat Folter androhen, um Leben zu retten?“ (**M4**).
   b) Erkläre, welche Rechte der Polizeipräsident Daschner in Folge der Festnahme Gäfgens (**M4**) abwägen musste.
3. Bereitet eine strukturierte Kontroverse (**Methode**) vor (**M4-M6**) und führt sie durch.
4. Nimm Stellung zum Kommentar zum Urteil „3.000 Euro für so einen? Und doch ist es eine gute Nachricht.“ (**M6**).

Darf der Staat in der Krise Grund- und Freiheitsrechte einschränken?

Pandemie
weltweite (Infektions-) Krankheit, die sich in kurzer Zeit stark verbreitet

Während der Corona-Pandemie wurden ab März 2020 wichtige Freiheitsrechte der Bürger in Deutschland vorübergehend eingeschränkt. Bald regte sich erster Widerstand gegen die Maßnahmen.

M7 Unser Leben in Zeiten der Corona-Pandemie

22.11.2020, Berlin, auf einer Demonstration gegen die Corona-Maßnahmen

Geschlossenes Geschäft in Köln, Frühjahr 2020

Zu anderen Menschen musste wann immer möglich ein Mindestabstand eingehalten werden.

Einige Nachbarländer, aber auch Bundesländer hatten ihre Grenzen geschlossen, wie hier Schleswig-Holstein, Frühjahr 2020.

M8 Innere Sicherheit oder Freiheit? Begründungen für die Einschränkung der Grundrechte

Um die Ausbreitung von gefährlichen Krankheiten wie COVID-19 zu verhindern, darf der Staat einige Grundrechte vorübergehend beschränken. Erlaubt sind diese zeitlich begrenzten Einschränkungen durch das Infektionsschutzgesetz (IfSG). Hier werden unterschiedliche Schutzmaßnahmen zur Seuchenbekämpfung geregelt. Die Sicherheit des Landes und das Recht bisher nicht infizierter Dritter auf Leben und körperliche Unversehrtheit (Art. 2

Grundgesetz) steht hier den Freiheitsrechten der Bürger gegenüber.

Der Staat darf Grundrechte aber nur einschränken, wenn dies verhältnismäßig ist. Die Maßnahmen werden also geprüft, ob sie a) **geeignet** (die Einschränkung der Pressefreiheit wäre ungeeignet, weil sich dadurch nicht weniger Menschen anstecken), b) **erforderlich** (Wissenschaftler halten Mindestabstand und Mundschutz für erforderlich, Waldspaziergänge sind hingegen unbedenklicher) und c) **angemessen** (im April 2020 durften trotz Infektionsrisikos Geschäfte geöffnet bleiben, die Lebensmittel und Medikamente verkaufen) sind.

M9 Eingeschränkte Grundrechte

Grundrechte	Einschränkungen während der Corona-Pandemie
Artikel 2 (GG): Freiheit der Person (1) Jeder hat das Recht auf die freie Entfaltung seiner Persönlichkeit [..] (2) Jeder hat das Recht auf Leben und körperliche Unversehrtheit. Die Freiheit der Person ist unverletzlich.	Kinos, Theater, Museen blieben lange Zeit geschlossen; Chöre und Vereinssport durften nicht stattfinden.
Artikel 8 (GG): Versammlungsfreiheit (1) Alle Deutschen haben das Recht, sich ohne Anmeldung oder Erlaubnis friedlich und ohne Waffen zu versammeln.	Demonstrationen durften nur stattfinden, wenn die Corona-Regeln eingehalten wurden.
Artikel 11 (GG): Grundgesetz: Freizügigkeit *(= man darf seinen Aufenthaltsort frei wählen)* (1) Alle Deutschen genießen Freizügigkeit im ganzen Bundesgebiet.	Grenzen von Ländern (Frankreich, Schweiz) und sogar zu anderen Bundesländern (z. B. Schleswig-Holstein) wurden geschlossen.
Artikel 12 (GG): Recht auf Berufsfreiheit (1) Alle Deutschen haben das Recht, Beruf, Arbeitsplatz und Ausbildungsstätte frei zu wählen.	Im März/April 2020 mussten viele Geschäfte und Gaststätten schließen, Beschäftigte konnten ihren Beruf nicht ausüben.

AUFGABEN

1. a) Beschreibe die Einschränkungen aus dem März 2020 (**M7**).
   b) Ordnet zu zweit den Bildern (**M7**) passende Grundrechte (**M9**) zu und begründet.
2. Erläutere die Begründungen, mit denen im März 2020 verschiedene Grundrechte außer Kraft gesetzt wurden (**M8**).
3. a) Arbeite heraus, welche Grundrechte sich in der Pandemie gegenseitig beschränkten.
   b) Überprüfe, ob die Grundrechtseinschränkungen zu Beginn der Corona-Pandemie im März 2020 verhältnismäßig waren (**M8**, **M9**, **Methode: Ein begründetes Urteil bilden**).

H zu Aufgabe 1a
Vergleicht eure Erfahrungen in der Coronakrise in Kleingruppen. Wie habt ihr diese Zeit mit eingeschränkten Freiheitsrechten erlebt?

Ein begründetes Urteil bilden

Worum geht es?

Zu vielen kontroversen tagespolitischen Fragestellungen werden spontan Meinungen gebildet. Dabei lassen wir uns oft von Emotionen leiten und urteilen „aus dem Bauch" heraus.
Um wirklich mitreden zu können, reicht ein solches Bauchgefühl meist nicht aus. Fundierte Urteile entstehen durch Information und Abwägung, durch Auseinandersetzung mit dem jeweiligen politischen Problem. Dieser Prozess wird durch das Wort „Urteilsbildung" beschrieben. Wie genau eine Urteilsbildung funktioniert, erfahrt ihr hier.

Geht dabei so vor:

1. Schritt: Spontanurteil bilden

Formuliert euer „Bauchgefühl" zur Problemfrage und begründet es kurz und knapp in maximal einem Satz. So verdeutlicht ihr eure erste Meinung zur Problemfrage.

2. Schritt: Informationen finden

Für eine fundierte Urteilsbildung braucht ihr mehr Informationen. Um diese zu ordnen, bietet es sich an, dass ihr zunächst gemeinsam in der Klasse nach bedeutsamen Kennzeichen (Kriterien) für die Urteilsbildung sucht.
Geeignete Kriterien für ein Urteil könnten sein:
- Vereinbarkeit mit dem Grundgesetz,
- eigene Wertvorstellungen (Freiheit, Solidarität, Umweltschutz ...),
- soziale Gerechtigkeit,
- Kosten- / Nutzen-Verhältnis,
- Durchsetzbarkeit ...

3. Schritt: Sachverhalte prüfen

Eure Kriterien sollen jetzt mit „Leben" gefüllt werden, d. h. ihr müsst Sachwissen erarbeiten und den Kriterien zuordnen.
Was spricht innerhalb eines Kriteriums für bzw. gegen die aufgestellte Problemfrage? Achtet darauf, stets beide Seiten zu betrachten, damit eure Urteilsbildung ausgewogen ist.

4. Schritt: Detailurteile bilden

Innerhalb jedes Kriteriums solltet ihr jetzt abwägen, welcher Seite (dafür / dagegen) ihr eher zustimmt. Stellt dabei die Argumente beider Seiten gegenüber und überlegt, was euch wichtiger ist oder für euch überzeugender scheint.

5. Schritt: Gesamturteil bilden

Betrachtet alle Detailurteile und bringt sie in eine persönliche Reihenfolge, indem ihr sie nach Relevanz (Wichtigkeit) durchnummeriert. Das soll euch ermöglichen, ein Gesamturteil zu bilden.
Dabei ist es wichtig, dass dieses Gesamturteil nicht dem Detailurteil im für euch wichtigsten Kriterium entsprechen muss. Auch die Anzahl der Pro- bzw. Kontra-Entscheidungen muss nicht ausschlaggebend sein.
Abschließend gilt es, euer Gesamturteil (innerhalb einer Erörterung) zu verschriftlichen.

6. Schritt: Bewertung der Urteile

- Stellt euch abschließend der Kritik eurer Klasse, indem ihr eure Urteile gegenseitig bewertet. Dabei sollte der Weg der Entscheidung im Mittelpunkt stehen, nicht die Entscheidung selbst.
- Reflektiert euer Urteil, indem ihr benennt, wie es zu eurer Entscheidung kam. Weicht sie vom Spontanurteil ab? Welche Kriterien hatten besonderen Einfluss auf eure Urteilsbildung und warum? Welche Argumente waren entscheidend? Fehlen euch noch Informationen für ein abschließendes Urteil?

Nach: Sander, Wolfgang: Fair Urteilen. In: www.egora.uni-muenster.de, Abruf am 01.03.2017

Formulierungshilfen für das Urteil:
- „Die Maßnahme … mag zwar wirksam sein, sie ist aber abzulehnen, da sie gegen den Grundwert … verstößt“
- „Würden die Maßnahmen umgesetzt, hieße dies …“
- „Ich stimme der Forderung nach … zu / nicht zu, da durch diese vor allem der Grundwert … gesichert / nicht gesichert wird, der mir am wichtigsten erscheint.“
- „Die Behauptung … trifft zu / nicht zu, da …“
- „Daraus folgt, dass …“
- …

Gefährden Rassismus und Diskriminierung den Zusammenhalt in unserer Demokratie?

Du kennst sicherlich Vorurteile gegenüber Einzelnen und ganzen Gruppen. Rassistische Einstellungen und Diskriminierungen sind auch bei uns verbreitet.

M10 Alltagserfahrungen in Deutschland

a) Berichte aus der Antidiskriminierungsstelle

In der Antidiskriminierungsstelle des Bundes wurden folgende Szenen häufig beschrieben.

Szene 1: Du bist eine Frau mit einem türkisch klingenden Namen. Du bewirbst dich für einen Bürojob und bekommst kein Vorstellungsgespräch. Personen mit einem gleichen Lebenslauf, aber einem deutschen Namen, würden mehrere Angebote erhalten.

Szene 2: Du hast dunkle Hautfarbe und sprichst mit Akzent. Deine Freundinnen und Freunde kommen problemlos in den Nacht-Club. Der Türsteher lässt nur dich nicht hinein.

Szene 3: Ihr seid eine Familie aus einem arabischsprachigen Land und habt endlich eine passende Wohnung für euch und eure drei Kinder gefunden. Von der Hausverwalterin wird euch jedoch mitgeteilt, dass ihr nicht einziehen könnt. Im Haus und in der Nachbarschaft gäbe es Nachbarn, die sich in der Vergangenheit über „Ausländer" und „ausländische Kinder" beschwert hätten.

b) Benimmregeln der Stadt Hardheim

Die Gemeinde Hardheim in Baden-Württemberg hat in einem „Willkommensbrief" (vom 06.10.2015) an Geflüchtete („Liebe fremde Frau, lieber fremder Mann") Benimmregeln für Deutschland formuliert. Darin finden sich folgende Aussagen:

„In Deutschland respektiert man das Eigentum der anderen."

„Deutschland ist ein sauberes Land und das soll es auch bleiben."

„In Deutschland bezahlt man erst die Ware im Supermarkt, bevor man sie öffnet." […]

„Wenn man (öffentliche) Toiletten benutzt, ist es hierzulande üblich, diese sauber zu hinterlassen."

„Junge Mädchen fühlen sich durch Ansprache und Erbitten von Handynummern und Facebook-Kontakten belästigt. Bitte dieses deshalb nicht tun!"

Gugel, Günther: Alltäglicher Rassismus. Bundeszentrale für politische Bildung (Hg.): Themenblätter im Unterricht (Nr. 110). September 2017, S. 6

RASSISMUS

Rassismus bedeutet, dass Menschen wegen angeblicher körperlicher oder kultureller Merkmale (z. B. Haar-/Hautfarbe, Sprache, Religion) ausgegrenzt, beleidigt oder sogar verfolgt werden.
Der Mensch wird also nicht als Individuum gesehen, sondern ihm werden aufgrund von Abstammung, Herkunft oder Hautfarbe bestimmte Verhaltensweisen zugeordnet, die ihn als minderwertig einstufen. Dies bezeichnet man auch als gesellschaftliches Vorurteil. Rassisten behaupten, dass die eigene „Rasse" höherwertig sei. Es gibt jedoch keine menschlichen Rassen, das ist längst widerlegt. Es gibt auch Rassismus, der ganz unbewusst im Alltag passiert.

Infofilm zu Rassismus

Mediencode: 70062-07

M11 Die Verbreitung Gruppenbezogener Menschenfeindlichkeit

Zustimmungen und Ablehnungen von Aussagen zur Gruppenbezogenen Menschenfeindlichkeit im Jahr 2014 (Angaben in Prozent)

Ich stimme ...	... überhaupt nicht zu	... eher nicht zu	... eher zu	... voll und ganz zu
Die meisten Langzeitarbeitslosen sind nicht wirklich daran interessiert, einen Job zu finden.	21,3	34	26,7	18,1
Durch die vielen Muslime hier fühle ich mich manchmal wie ein Fremder im eigenen Land.	44,3	24,2	15,7	15,8
Die meisten Obdachlosen sind arbeitsscheu.	37	42,1	14,4	6,5
Es ist ekelhaft, wenn Homosexuelle sich in der Öffentlichkeit küssen.	63,3	16,5	8,3	12
Es leben zu viele Ausländer in Deutschland.	36,5	26,4	20,2	16,9
Wenn Arbeitsplätze knapp werden, sollte man die in Deutschland lebenden Ausländer wieder in ihre Heimat zurück schicken.	53,9	27,9	10	8,2
Juden haben in Deutschland zu viel Einfluss.	63,4	23	8,5	5,2
Ich hätte Probleme damit, wenn sich Sinti und Roma in meiner Gegend aufhalten.	43,3	25,6	18,9	12,2

Klein, Anna / Groß, Eva / Zick, Andreas: Menschenfeindliche Zustände. In: Zick, Andreas / Klein, Anna: Fragile Mitte – Feindselige Zustände. Rechtsextreme Einstellungen in Deutschland 2014. Herausgegeben für die Friedrich-Ebert-Stiftung von Ralf Melzer. Bonn: Verlag J.H.W. Dietz Nachf. GmbH 2014, S. 67 f. (Auszug)

DISKRIMINIERUNG

Diskriminierung bedeutet die Benachteiligung und Herabsetzung von Menschen oder Gruppen, weil sie zum Beispiel eine andere Herkunft, eine andere Hautfarbe oder eine andere Religion als die Mehrheit haben. Hierfür sind häufig Vorurteile verantwortlich. Diskriminierung belastet stark den gesellschaftlichen Zusammenhalt.
Diskriminierende Äußerungen führen zu Erniedrigung und Ausgrenzung ganzer Gruppen, die mit uns zusammenleben. Zum Teil werden diese Gruppen auch im Umgang mit Organisationen und Behörden benachteiligt (wie z. B. Schule oder Polizei). Man nennt so ein Verhalten auch gruppenbezogene Menschenfeindlichkeit.

M12 Gefährdet Rassismus auch bei uns die Demokratie?

[Im Mai 2020] wurde in den USA der Schwarze George Floyd festgenommen. Bei dem Einsatz war ein weißer Polizist so brutal vorgegangen, dass Floyd im Anschluss daran gestorben war. [...] Solche gewaltsamen Polizeieinsätze von Weißen gegenüber Schwarzen gibt es in den USA immer wieder. [Danach gingen] viele Menschen in den USA auf die Straße und demonstrieren. Die Demonstranten [deren Bewegung „Black lives matter" genannt wird] wollen mit den Protesten darauf aufmerksam machen, dass Schwarze in den USA oft rassistisch behandelt werden, also wegen ihrer Hautfarbe stark benachteiligt werden.
[...] [A]uch in Deutschland und in anderen Teilen der Welt werden Menschen zum Beispiel wegen ihrer Herkunft, Hautfarbe oder Religion benachteiligt. [Auch] in mehreren deutschen Städten [sind] Tausende auf die Straßen gegangen, um gegen Rassismus und Polizeigewalt zu demonstrieren. [...]
Die Demonstrationen in Deutschland verliefen friedlich. In den USA kommt es teilweise zu heftigen Protesten und Gewalt.

Logo!, Stiller Protest gegen Rassismus. In: www.zdf.de, 06.06.2020

In der Shell Jugendstudie von 2015 zeigte sich, dass sich fast die Hälfte aller Jugendlichen mit Migrationshintergrund bei uns aufgrund ihrer Herkunft diskriminiert fühlt: fast ein Drittel aufgrund der Hautfarbe, jede vierte Person wegen ihrer Religion.

M13 Für ein tolerantes Deutschland

a) Den Austausch suchen

Schülerinnen und Schüler der Klasse 9c der Elly-Heuss-Knapp-Realschule in Köln präsentieren auf der Veranstaltung "Dialog suchen und ermöglichen" ihre Projekte zur Vermeidung von Antisemitismus (September 2019). Die Schule wurde hierzu von der Bezirksregierung eingeladen.

Kurzreportage: Wie Nicci Rassismus erlebt

Mediencode: 70062-08

b) Die Meinung zeigen

Ein Jahr nach dem Tod von George Floyd (M12) demonstrierten auch in verschiedenen deutschen Städten viele Menschen gegen Rassismus und Polizeigewalt und für die Freiheit und Gleichberechtigung aller Menschen ohne Diskriminierung (im Bild: Düsseldorf, 29.05.2021).

AUFGABEN

1. a) Beschreibe mit einem Lernpartner, wie du dich als Betroffener in den Szenen 1-3 bzw. beim Lesen der Benimmregeln fühlst (**M10**).
b) Erklärt, welche möglichen diskriminierenden Vorurteile bestehen.

2. Begründe, wann es sich um rassistische Diskriminierungen handelt (**M10**, **#Rassismus**).

3. a) Benenne die in **M11** genannten gesellschaftlichen Gruppen und diskutiert in der Klasse eure Haltung zu den Aussagen.
b) Überprüft in der Klasse, welche persönlichen Erfahrungen ihr mit den jeweiligen Gruppen habt.
c) Sammelt in Kleingruppen Argumente und Fakten gegen euch bekannte Vorurteile gegenüber diesen Gesellschaftsgruppen.

4. a) Benenne Gründe für die Demonstrationen in den USA und in Deutschland (**M12**).
b) Ermittelt in Kleingruppen mögliche Situationen, in denen bei uns Jugendliche mit Migrationshintergrund diskriminiert werden.

5. a) Positioniere dich auf einer Meinungslinie zur Frage „Gefährden Rassismus und Diskriminierung in Deutschland unsere Demokratie?“ (**M10-M13**). Begründe deine Meinung.
b) Diskutiert im Plenum mögliche Auswirkungen von Diskriminierung auf den Zusammenhalt in unserer Gesellschaft.
c) Sammelt Möglichkeiten, wie ihr euch für die Gleichberechtigung aller Menschen ohne Diskriminierung einsetzen könnt.

F Überprüft an Schimpfwörtern, die ihr vom Schulhof kennt, ob und welche gesellschaftlichen Gruppen damit diskriminiert werden – bewusst oder unbewusst.

Warum ist Zivilcourage für eine Demokratie wichtig?

Angenommen, du beobachtest diskriminierende Handlungen, womöglich körperliche Übergriffe. Wie verhältst du dich? Das Wort „Courage“ kommt aus dem Französischen und bedeutet „Mut“. Es gehört Mut dazu, sich für Menschen in Bedrängnis oder Schwächere einzusetzen.

M14 Wie würdest du reagieren?

Fall 1:
Du beobachtest mit einem Freund folgende Szene: Ein Junge mit Migrationshintergrund sitzt auf den Stufen einer Treppe. Zwei andere Jugendliche gehen laut redend auf ihn zu. Im Gespräch hörst du rassistische Beleidigungen. Die beiden beginnen, den Jungen zu schubsen, sie wirken kräftig und aggressiv.

Fall 2:
In der Nachbarwohnung ist eine Familie mit einem kleinen Kind eingezogen. Du hörst das Kind öfter schreien und die Mutter laut schimpfen. Du hast den Verdacht, dass die Mutter ihr Kind auch schlägt.

Nach: Gugel, Günther: Zivilcourage. Bundeszentrale für politische Bildung (Hg.): Themenblätter im Unterricht (Nr. 108). September 2017, S. 10

Hinsehen statt weggehen. Film zu Zivilcourage

Mediencode: 70062-09

ZIVILCOURAGE

Zivilcourage bedeutet, sich einzumischen, zu Wort zu melden, Unrecht und Diskriminierung entgegenzutreten. Nicht für die Durchsetzung eigener Anliegen, sondern für die Rechte und berechtigten Interessen aller.

[...] Zivilcourage gehört zu den unverzichtbaren Tugenden der Bürgerinnen einer Demokratie. Denn wer zivilcouragiert handelt, setzt sich für demokratische und freiheitliche Werte ein und verteidigt den öffentlichen Raum gegen Ungerechtigkeit. [Überzeugung, Mitgefühl und Anerkennung sind Gründe für Zivilcourage.]

Gugel, Günther: Zivilcourage. Bundeszentrale für politische Bildung (Hg.): Themenblätter im Unterricht (Nr. 108). September 2017, S. 5

M15 Kommentare und Posts zu Zivilcourage

Auch in Blogs und Sozialen Medien äußern sich Viele zu Zivilcourage.

Was hat man davon, ein Held der Zivilcourage zu sein, wenn man das eigene Leben verliert? Also ich würde nicht eingreifen.

Und wenn du selbst der Angegriffene bist, oder bedroht wirst?! Was würdest du dir von anderen wünschen? Was ist, wenn dann alle wegschauen?

Ich würde Folgendes aushalten, um anderen in der Not zu helfen: Verschmutzung meiner Kleidung, eine leichte körperliche Verletzung, einen finanziellen Nachteil, von Freundinnen verlassen werden, zu einer Geldstrafe verurteilt werden.

Nach: Gugel, Günther: Zivilcourage. Bundeszentrale für politische Bildung (Hg.): Themenblätter im Unterricht (Nr. 108). September 2017, S. 10

M16 Schule ohne Rassismus

Schule ohne Rassismus
Schule mit Courage

„Schule ohne Rassismus – Schule mit Courage" ist ein Projekt für alle Schulmitglieder. Es bietet […] die Möglichkeit, das Klima an Ihrer Schule aktiv mitzugestalten. Und zwar, indem Sie sich bewusst gegen jede Form von Diskriminierung, Mobbing und Gewalt wenden. Wir sind das größte Schulnetzwerk in Deutschland. Ihm gehören über 3.000 Schulen an. […]

Aus der Selbstverpflichtung: […]

„Wenn an meiner Schule Gewalt, diskriminierende Äußerungen oder Handlungen ausgeübt werden, wende ich mich dagegen und setze mich dafür ein, dass wir in einer offenen Auseinandersetzung mit diesem Problem gemeinsam Wege finden, uns zukünftig zu achten. Ich setze mich dafür ein, dass an meiner Schule einmal pro Jahr ein Projekt zum Thema Diskriminierungen durchgeführt wird, um langfristig gegen jegliche Form von Diskriminierung, insbesondere Rassismus, vorzugehen."

Aktion Courage e.V.: Schule ohne Rassismus, Schule mit Courage, 10 Fragen – 10 Antworten, www.schule-ohne-rassismus.org, Abruf am 30.11.2020

AUFGABEN

1. a) Benenne mit einer Lernpartnerin mögliche Verhaltensweisen in **M14**.
b) Begründet euer geplantes Vorgehen, indem ihr Vor- und Nachteile der Handlungsmöglichkeiten erläutert.
c) Beschreibt Erlebnisse, in denen Zivilcourage eine Rolle spielt.

2. a) Welchem Kommentar zu Zivilcourage würdest du am ehesten zustimmen (**M15**)? Begründe deine Meinung.
b) Diskutiert in der Klasse, welches Vorgehen ihr am sinnvollsten findet, um Bedrängten in einer Notsituation beizustehen (**M15**).

3. Diskutiert in der Klasse, ob ihr euch dafür einsetzen wollt, dass eure Schule eine „Schule ohne Rassismus – Schule mit Courage" (**M16**) werden soll.

Eine strukturierte Kontroverse führen

Beispiele für kontroverse Probleme:
- *Darf der Staat Folter androhen, um Leben zu retten (siehe Kap. 1.2)?*
- *Darf ein entführtes Flugzeug mit Passagieren abgeschossen werden, wenn Terroristen drohen, es in eine Wohnsiedlung abstürzen zu lassen?*
- *Darf ich einen Freund / eine Freundin verraten, wenn ich weiß, dass sie mit Drogen handeln?*

Worum geht es?

Bei einer strukturierten Kontroverse nehmt ihr ein schwieriges Problem von zwei Seiten in den Blick. Das Besondere an dieser Diskussionsform ist, dass ihr zu Beginn eine Position einnehmt, die nicht unbedingt eurer Meinung entspricht. Ziel der Methode ist es, Argumente von unterschiedlichen Seiten zu finden und besser zu verstehen, um so dein Urteil abschließend besser begründen zu können.

Geht dabei so vor:

1. Schritt: Vorbereitung der Argumentation

Die Streitfrage wird klar formuliert. Erst in Einzel-, dann in Partnerarbeit notiert ihr Argumente für die Position, die euch per Zufall zugeteilt wurde. Die einen Paare eurer Klasse sammeln Pro-Argumente, die anderen Kontra-Argumente.

2. Schritt: Vorstellung der Argumentation und Diskussion

Je ein Pro- und Kontra-Paar sitzen sich gegenüber. Ein per Zufall ausgewählter Schüler stellt die jeweils eigene Argumentation vor. Die Schüler diskutieren, dürfen aber nur die Position vertreten, die sie vertreten sollen.

3. Schritt: Wechsel der Positionen und Paare

Jedes Paar wechselt nun die inhaltliche Position. Wenn ihr zuvor die Pro-Seite vertreten habt, übernehmt ihr jetzt die Kontra-Seite. Als Paar entwickelt und notiert ihr erneut eine Argumentation. Nun wechselt ihr zu einem neuen Tischpaar, um euch eure unterschiedlichen Positionen wie in Schritt 2 gegenseitig vorzustellen.

4. Schritt: Den eigenen Standpunkt begründen

Nun kann die Gruppe (je 2 Paare) frei über das Problem diskutieren. Anschließend stellt jedes Gruppenmitglied zum Abschluss seine persönliche Position vor. Dabei darf niemand unterbrochen und auch nicht wieder diskutiert werden.

5. Schritt: Methodenreflexion

Hat sich deine Meinung im Laufe der Übung verändert? Bist du argumentativ sicherer geworden? Ist man nachdenklicher über andere Positionen geworden? Wie ging es dir, als du gegen deine Meinung argumentieren musstest?

GRUNDRECHTE UND GEFÄHRDUNGEN IN UNSERER DEMOKRATIE

GRUNDRECHTE

← M1, M2, M6, M8

Die Grundrechte sind besonders wichtige Rechte. Sie gelten für alle Menschen und sie stehen in unserer Verfassung, dem Grundgesetz.
Diese Rechte erklären die Freiheiten der einzelnen Bürgerinnen und Bürger gegenüber dem Staat und werden deshalb auch Freiheitsrechte genannt. Die Grundrechte dürfen nicht verändert oder gar entfernt werden.
Die Gleichberechtigung von Mann und Frau, die freie Meinungsäußerung sowie Religions- und Versammlungsfreiheit der Bürgerinnen sind nur einige wichtige Grundrechte.
Grundrechte können im Widerspruch zueinander stehen: So wurden während der Corona-Pandemie 2020 wesentliche Grundrechte u. a. mit der Begründung vorübergehend eingeschränkt, weil der Schutz des Lebens (Art. 2) höher einzuschätzen sei, als z. B. das Recht auf freie Wahl des Arbeitsplatzes (Art. 12).

DISKRIMINIERUNG

← M12

Wenn einzelne Menschen oder Gruppen benachteiligt werden, weil sie zum Beispiel eine andere Hautfarbe oder eine andere Religion haben, so werden sie diskriminiert.
Die Gründe dafür können sehr unterschiedlich sein. Oft spielen Vorurteile eine Rolle. So haben manche Menschen ohne Grund eine schlechte Meinung von Menschen fremder Herkunft oder mit fremdländischem Aussehen. Sie behandeln diese Menschen deshalb unfair und ungerecht. Das ist Diskriminierung.
Bei der Diskriminierung spielt oft auch das Geschlecht eine Rolle. So erhalten Frauen im Berufsleben manchmal weniger Gehalt oder Lohn als ihre männlichen Kollegen, obwohl sie die gleiche Arbeit tun. [...] Gegen Diskriminierungen muss sich eine demokratische Gesellschaft entschieden zur Wehr setzen.

Toyka-Seid, Christiane/ Schneider, Gerd: Großes Lexikon, Hanisauland. Politik für dich. In: www.hanisauland.de, Abruf am 24.11.2020

ZIVILCOURAGE

← M15, M16

Der Einsatz für demokratische und freiheitliche Werte beginnt schon im eigenen Alltag, z. B. wenn man sich für Schwächere einsetzt. Das kann ein Außenseiter in der Klasse sein, auch wenn man dann von anderen ausgelacht wird. Oder wenn man seine Meinung dagegen sagt, wenn jemand Witze über Schwächere erzählt.

Fall 1: Demokratie im Bild

Aufgaben

1. Beschreibe das Bild.
2. Erkläre das Bild und benutze dabei den Ausdruck „politische Beteiligung“.
3. Begründe mit Beispielen, warum politische Beteiligung so wichtig für unsere Demokratie ist.
4. Stell dir vor, in der Karikatur oben würde statt dem Wort „Demokratie“ das Wort „Macht“ stehen. Erkläre nun das Bild und benutze dabei den Ausdruck „Gewaltenteilung“.

Fall 2: Jogginghosen-Verbot an deutscher Schule

Jogginghosen und Leggins sind künftig unerwünscht am bilingualen Oskar-Kämmer-Gymnasium in Mittelfeld. Weil es sich um „keine angemessene Kleidung“ handele, müssten Schüler bei Verstößen künftig „den Schulhof sauber machen, Tische in der Mensa wischen oder Ähnliches“, hat Schulleiterin Alvira Ramazanova den Eltern per E-Mail mitgeteilt. [...] Das Verbot habe sie mit Lehrerschaft und Geschäftsführung abgestimmt, von den Eltern habe sie bisher nur positive Resonanz gehört. Für die Oberbekleidung gibt es [an dem privaten Gymnasium] Vorgaben, eine Art zeitgemäße Schuluniform, auf die sich die Eltern von Anbeginn an vertraglich verpflichten. [...] In den vergangenen Wochen sei vermehrt aufgefallen, dass unter der Oberbekleidung Jogginghosen und Leggins getragen würden, weshalb man sich zu dem Verbot entschlossen habe.

von Meding, Conrad, HAZ, 15.12.2019

Aufgaben

1. Benennt die Grund- und Freiheitsrechte, die in diesem Fall betroffen sind.
2. Diskutiert und beurteilt in Kleingruppen auch unter Bezug auf Grundrechte, ob die Schulleiterin grundsätzlich das Verbot aussprechen darf und sollte.
3. Diskutiert, ob ihr die angedrohten Strafen für angemessen haltet.

In diesem Kapitel hast du viel über politische Beteiligung, Merkmale einer Demokratie, Grundrechte und Gefährdungen unserer Demokratie gelernt. Mithilfe des Selbsteinschätzungsbogens kannst du überprüfen, was du kannst und weißt.

Ich kann ...	Das klappt schon ...	Hier kann ich noch üben ...
... Beispiele für politisches Engagement benennen und den Wert politischer Beteiligung erklären.	👍 ✋ 👎	Kapitel 1.1: M1, M2, M3, M4, Grundwissen
... Merkmale von Demokratie erkennen und benennen und von anderen Herrschaftsformen unterscheiden.	👍 ✋ 👎	Kapitel 1.1: M5, M6, M7, Grundwissen
... Informationen über Einstellungen von jungen Menschen aus Diagrammen und Schaubildern entnehmen und eigene Diagramme erstellen.	👍 ✋ 👎	Kapitel 1.1: M8
... den Aufbau unseres Staates mithilfe der Staatsstrukturprinzipien und anhand des Grundgesetzes erklären.	👍 ✋ 👎	Kapitel 1.1: M9, M10
... das Prinzip der Gewaltenteilung beispielhaft erklären und begründen.	👍 ✋ 👎	Kapitel 1.1.: M11, M12
... Grundrechte aus dem GG benennen, sie in Alltagssituationen erkennen und gegeneinander abwägen	👍 ✋ 👎	Kapitel 1.2: M1-M9, Grundwissen
... gesellschaftliche Vorurteile, Diskriminierungen und Rassismus als Gefährdung für unseren gesellschaftlichen Zusammenhalt und unsere Demokratie beispielhaft erkennen und benennen.	👍 ✋ 👎	Kapitel 1.2: M10-M13, Grundwissen
... Zivilcourage als Einsatz gegen Unrecht und Diskriminierungen beschreiben.	👍 ✋ 👎	Kapitel 1.2: M14-M16

				V							
			V	E	R	T	R	A	G		
				R							
				B							
				R							
		P	L	A	N	E	N				
				U							
				C							
				H							
				E							
				R	E	C	H	T			
				I							
		E	I	N	K	A	U	F			

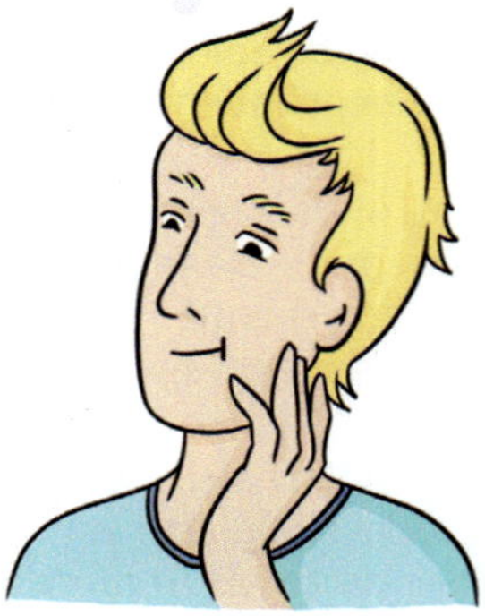

Was weißt du schon?

1. Ergänze passende Begriffe im Wortkreuz.
2. Erläutere, warum du diese Begriffe gewählt hast und wie sie mit dem Thema zusammenhängen.
3. Vergleicht eure Begriffe in der Klasse: Welche Begriffe sind besonders häufig genannt worden und wie erklärt ihr euch das?

2

#Wirtschaftliches Handeln als Verbraucherin und Verbraucher

Eine Brezel beim Bäcker, ein T-Shirt für den Sommer, ein neues Smartphone zum Vertrag oder Kosmetik für eine Party:
„Shoppen gehen" kann gleichzeitig Erlebnis, Lust, aber auch Frust sein. Vielleicht macht es dir Spaß, dich auf die Jagd nach dem besten Angebot in Geschäften oder im Onlinehandel zu machen. Aber wie sollst du dich in der Fülle von Angeboten zurechtfinden? Wer kann dich bei der Kaufentscheidung unterstützen und hast du online als Verbraucherin oder Verbraucher eigentlich andere Rechte und Pflichten als beim Einkaufsbummel in der Stadt?

Was lernst du in diesem Kapitel?

... wie Kaufverträge zustande kommen, was Allgemeine Geschäftsbedingungen (AGB) damit zu tun haben und welche Arten von Verträgen es gibt.
... was Schulden sind, warum sie notwendig sein können und welche es zu vermeiden gilt.
... wie du mit einem Haushaltsplan den Überblick über deine Finanzen behältst.
... wie du Kaufentscheidungen triffst und wo du dich über Produkte und Dienstleistungen informieren kannst.
... wie du Waren selbst testen kannst.
... welche Rechte du als Verbraucherin oder Verbraucher hast und wer dir bei der Durchsetzung deiner Rechte helfen kann.
... wie dein Online-Einkaufsverhalten von anderen beeinflusst wird und was du dagegen tun kannst.
... was du beim Umgang mit deinen oder Daten von Dritten (Informationen, Bilder ...) im Internet beachten solltest.

Ein Expertengespräch durchführen

Als Kinder und Jugendliche seid ihr auch aktiv als Verbraucherinnen und Verbraucher am Wirtschaftsgeschehen beteiligt. Egal, ob du dich in Geschäften oder auf digitalen Märkten bewegst, die zentralen Fragen bleiben gleich: Kann ich mir diese Anschaffungen leisten? Welche Arten von Verträgen gibt es und wie kommen sie zustande? Welche Folgen können aus diesen Verträgen für mich entstehen? Was tue ich, wenn ich Schulden habe? Wie werden meine (Online-)Kaufentscheidungen beeinflusst?
Im Laufe dieses Kapitel werdet ihr ein Expertengespräch planen, durchführen, auswerten und eure Erkenntnisse in der Klasse vortragen. Dazu könntet ihr Expertinnen und Experten in die Schule einladen oder sie vor Ort an ihrem Arbeitsplatz besuchen.

Geht dabei so vor:

Start

1

- Bildet Fünfergruppen
- Entscheidet anschließend, ob ihr in eurer Expertenbefragung einen thematischen Schwerpunkt legen möchtet, z. B. Bildrechte (Kap. 2.5)

2

Plant mit der Methode „Eine Expertenbefragung durchführen" (**Methode**) eine Befragung mit einer Expertin oder einem Experten für Verbraucherfragen.
Tipp: Eine Befragung muss nicht immer vor Ort stattfinden, eine telefonische Befragung wäre auch möglich und spart ggf. längere Wege.

Mögliche Ansprechpartnerinnen und Ansprechpartner könntet ihr z. B. bei der Verbraucherzentrale oder den Wohlfahrtsverbänden finden.

3

Um euch bestmöglich auf das Expertengespräch zu eurem Thema vorzubereiten, entscheidet euch zunächst für die wichtigsten Inhalte des Kapitels.
Verbraucherbildung ist wichtig! Auch wenn es thematisch nicht unmittelbar in die Vorbereitung eurer Expertenbefragung passt, solltet ihr unbedingt auch die folgenden Seiten berücksichtigen:

- Kap. 2.1, M1, M2, M5, M8, M9
- Kap. 2.2, M1, M3, M5, M6
- Kap. 2.3, M4

Hilfreich ist es zudem, alle **Grundwissen**-Seiten dieses Kapitels gelesen zu haben.

4

Führt das Expertengespräch mittels der entsprechenden Methode durch.

Denkt daran: Verhaltet euch stets respektvoll, höflich und freundlich. Schließlich nimmt sich jemand Zeit für euch und eure Fragen.

5

Beginnt nun mit der Zusammenfassung eurer Expertenbefragung. Erstellt zur Vorstellung eurer Ergebnisse eine Präsentation mit einem gängigen Präsentationsprogramm.
Folgende Fragen können euch helfen, die wichtigsten Fakten zusammenzutragen:

- Wer wurde befragt?
- Für welche Institution (Unternehmen, Verein etc.) arbeitet die Expertin/der Experte?
- Welche Aufgaben hat sie oder er?
- Wo lag euer thematischer Schwerpunkt?
- Welche Antworten haben euch am meisten überrascht?

Alternative zur Präsentation
Ihr könnt eure Ergebnisse auch in Form eines Podcasts besprechen. Wie das funktioniert, erfahrt ihr z. B. hier:

Mediencode: 82252-05

6

Tauscht euch über eure Erfahrungen und Erlebnisse aus.

- Was lief gut?
- Wo gab es Schwierigkeiten?
- Was würdet ihr beim nächsten Mal anders machen?
- Wo könntet ihr ein Expertengespräch noch anwenden?

Die Expertenbefragung

Worum geht es?

Eine Möglichkeit, um schnell an zuverlässige Informationen zu einem Thema zu kommen, ist es, eine Expertenbefragung durchzuführen. Um dabei möglichst viel zu lernen und zu erfahren, muss eine Befragung gut vorbereitet werden. Strukturierte Fragen helfen euch dabei, viele Informationen im Gespräch zu erhalten.

Geht dabei so vor:

1. Schritt: Vorbereitung der Fragen

	Beispiele	Hinweise / Tipp
Bildet Kleingruppen. Klärt folgende Punkte:		
Was möchtet ihr mit eurer Befragung herausfinden?	Wie kann ich mich vor Datenmissbrauch schützen.	Es bietet sich jedoch an, pro Gruppe andere Fragen zu bearbeiten. So erhaltet ihr mehr Informationen. z. B.: Onlineshopping, Datenschutz, Vertragswesen ...
Wen möchtet ihr befragen?	Der Berater oder die Beraterin	Je nachdem, wer euer Ansprechpartner ist, wird er euch über verschiedene Themengebiete etwas erzählen können. Vielleicht schlägt er oder sie sogar ein bestimmtes Thema vor.
Entscheidet euch für eine Befragungsart.	Es gibt verschiedene Möglichkeiten, eine Befragung durchzuführen: – schriftlich, z. B. mit einem Fragebogen in Papierform – in Form eines Interviews (persönlich, telefonisch)	Die schriftliche Befragung eignet sich insbesondere dann, wenn eine größere Anzahl an Personen befragt werden soll.
Sammelt geeignete Fragestellungen. Einigt euch anschließend auf die besten Fragen.	Formuliert eure Fragen so, dass sie möglichst kurz und eindeutig sind. Dabei könnt ihr offene und geschlossene Fragen stellen.	Wenn ihr offene Fragen stellt, erfahrt ihr oft noch weitere Informationen, nach denen ihr sonst nicht gefragt hättet. Der oder die Befragte hat dadurch mehr Möglichkeiten, interessante Aspekte zu nennen.
Gestaltet euren Fragebogen am Computer.		

2. Schritt: Vorbereitung des Interviews

	Beispiele	Hinweise / Tipp
Nehmt Kontakt zur Person auf, die ihr befragen möchtet (E-Mail, Telefon). Stellt euch freundlich vor und tragt euer Anliegen vor. Fragt die Person, ob sie die sich den Fragen stellen würde und ob ihr einen Interviewtermin vereinbaren könntet.	Nennt eure Namen, eure Schule, euer Thema und wofür ihr die Befragung durchführt.	Prüft zunächst Termine in eurer Gruppe, die ihr dann vorschlagen könnt. Gebt eine Einschätzung, wie lange die Befragung dauert. Ihr könnt die Fragen vorab per E-Mail zuschicken, damit sich die Experten vorbereiten können.
Ihr wollt das Gespräch digital aufnehmen? Fragt zuvor um Erlaubnis.	Video- oder Tonaufzeichnung	Prüft, ob und wie ihr die Aufnahme verwenden dürft. Muss dafür ein Dokument ausgefüllt werden?
Verteilt die Rollen im Gespräch. Schreibt die Antworten Stichpunktartig mit.	Wer stellt welche Frage? Wer schreibt wann mit?	Die Stichpunkte müssen kurz, aber später nachvollziehbar sein. Am besten teilt ihr euch das Mitschreiben untereinander auf, z. B. jeder eine Frage.

3. Schritt: Durchführung des Interviews

	Beispiele	Hinweise / Tipp
Erscheint pünktlich und vorbereitet zum Termin.		Habt alle Materialien dabei. Ist die Technik bereit? Sind die Rollen klar?
Führt das Interview durch.	Verfallt nicht in Panik, wenn etwas nicht wie vorgesehen klappt.	Verhaltet euch ruhig und konzentriert.
Bedankt euch am Ende für die Teilnahme an eurer Befragung.		Es ist nicht selbstverständlich, dass sich Experten Zeit für eine Befragung nehmen können, da sie in der Regel bereits viele andere tägliche Aufgaben haben.

4. Schritt: Auswertung

	Beispiele	Hinweise / Tipp
Fasst die Antworten zusammen und visualisiert sie.		Überlegt zuvor, welche Visualisierung geeignet ist, damit sie gut in eurer Präsentation wirkt.

2.1 Verträge und deren Folgen

Einen Kaufvertrag abschließen – leichter, als man denkt?

„Vertrag kommt von vertragen“ oder „ein guter Vertrag kann in der Schublade verschwinden“. An beiden Redewendungen ist etwas Wahres dran. Dazu müssen alle am Vertrag Beteiligten jedoch etwas beitragen.

M1 Wille, Einigung, Kaufvertrag

Lebensmittel auf dem Kassenband im Supermarkt

Pizzabestellung über eine Lieferservice-App

Unterschrift zur Mitgliedschaft in einem Fitnessstudio

 # KAUFVERTRAG

Wenn sich Verkäufer und Käufer über eine Sache, deren Eigenschaften und den Preis einig sind, schließen sie einen Kaufvertrag ab. Der Kaufvertrag kommt zustande, wenn beide Seiten ihren Willen zum Kaufgeschäft eindeutig zum Ausdruck bringen.
Dieser Vorgang wird auch „übereinstimmende Willenserklärung“ genannt. Willenserklärungen, die zum Kauf führen, können unterschiedlicher Art gestaltet sein: mündlich („Guten Tag, eine Flasche Wasser, bitte.“), schriftlich (Brief, E-Mail, ...), oder durch schlüssiges Handeln (den Einkauf auf das Kassenband legen).

M2 Wie kommt ein Kaufvertrag zustande?

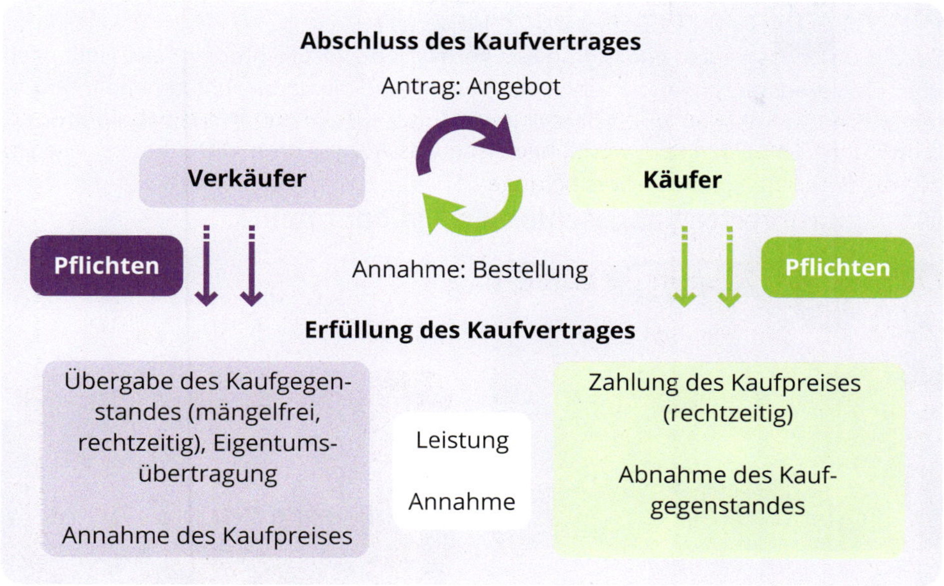

WIDERRUFSRECHT

Kundinnen und Kunden, die über das Internet eingekauft haben, haben das Recht, von ihrem Kauf zurückzutreten. Wenn sie die Ware erhalten haben, können sie 14 Tage lang das bestellte Produkt zurückschicken. Dazu müssen sie keine Gründe angeben. Kundinnen und Kunden dürfen das Produkt allerdings nicht benutzen. Sie dürfen es nur anschauen und prüfen.
Wenn der Wert unter 40 Euro liegt, muss man die Kosten für die Rücksendung selbst übernehmen, ansonsten werden sie vom Unternehmen übernommen. Ausnahme: Ein Onlineshop räumt explizit das Recht zur kostenlosen Rückgabe ein.

AUFGABEN

1. a) Beschreibe die Bilder in **M1**.
   b) Begründe, ob und wie ein Kaufvertrag zustande kommt (**#Kaufvertrag**).
2. a) Vergleiche, wie sich der Kauf im Laden (**M2**) vom Onlinekauf (**#Widerrufsrecht**) unterscheidet.
   b) Erläutere Folgen der verschiedenen Kaufarten für Käufer und Verkäufer.
3. Stelle den Ablauf und die Pflichten, die ein Kaufvertrag für beide Seiten mit sich bringt, anhand des Kaufs einer Spielekonsole dar (**M2**).
4. Diskutiert zu zweit, wann es sinnvoll ist, einen Vertrag schriftlich festzuhalten.

Vertragsabschluss – hast du an die Konsequenzen gedacht?

Sobald du etwas kaufst, gehst du dabei vertragliche Verpflichtungen ein. Gedanken über die Voraussetzungen für einen Kaufvertrag und die daraus entstehenden Pflichten und Folgen machen wir uns meist jedoch erst, wenn es zu Problemen kommt.

M3 Kaufvertrag abgeschlossen – ja oder nein?

Ich hätte gerne das Fahrrad von Steep für 1.300 € aus Ihrem Angebot – allerdings in Rot.

Das ist kein Problem, ich hab noch eines im Lager. Das kann ich Ihnen bis übermorgen hierher bestellen.

Abgemacht, dann hole ich es übermorgen bei Ihnen ab.

Wunderbar, das höre ich gerne. Bis übermorgen.

Hier sind die vereinbarten 1.300 €.

Herzlichen Dank!

Viel Freude mit Ihrem neuen Rad.

Vielen Dank!

M4 Welche Folgen haben Verträge?

(Mindest-) Laufzeit
z. B. Monatsticket für den Bus

Zusatzkosten
z. B. Zinsen

Pflichten
z. B. Zahlung oder Erbringung einer Dienstleistung

Automatische Verlängerung von Verträgen
z. B. KfZ-Versicherung

Pfändung
z. B. bei mehrfachem Zahlungsverzug

Zinsen
hier: ein prozentualer Betrag, der auf geliehenes Geld zusätzlich gezahlt werden muss

Pfändung
Beschlagnahmung, um Schulden zu tilgen

M5 Ein Urlaub mit Folgen

Ole und Yasmin freuten sich auf ihren Jahresurlaub. Gemeinsam planten sie Monate lang ihren Wellness-Aktiv-Urlaub und wollten dabei möglichst großen Komfort für möglichst wenig Geld herausholen. Und das klappte tatsächlich: Sie buchten eine Woche Urlaub an den *Xantener Seen* mit ihren neuen Fahrrädern, in einem eigenen Bootshaus direkt am Wasser. Das Angebot versprach top Wellness, reichhaltiges Essen und vieles mehr. Den Urlaub genossen sie in vollen Zügen. Beim Check-out kam dann aber das böse Erwachen: Der Reiseveranstalter berechnete neben dem Angebotspreis von 799 € eine ganze Reihe von Zusatzkosten. Zurück zuhause fragen die Eltern der beiden erstaunt: „Habt ihr euch nur die schönen Bilder des Angebots angesehen?"

Grundpreis Rabatt-Angebot	799€
Zzgl.	
Getränke zum Abendessen	250 €
Wellnessbehandlungen	320 €
Endreinigung des Bootshauses	125 €
Zuschlag sichere Fahrradverwahrung	60 €
Getränke und Snacks aus der Minibar	50 €
	805 €
Insgesamt	1.604 €

Minimal- und Maximalprinzip
Entweder setzt du deine Mittel so ein, dass du dir möglichst viele Wünsche erfüllen kannst (**Maximalprinzip**) oder du suchst dir ein bestimmtes Produkt aus und versuchst, dafür das billigste Angebot zu finden (**Minimalprinzip**).

AUFGABEN

1. a) Begründe, ob zwischen dem Kunden und dem Fahrradhändler (**M3**) ein Kaufvertrag zustande gekommen ist. Nutze für deine Begründung die Paragrafen §145, §147, §433, §929 BGB, die du auch im nebenstehenden Mediencode findest.
b) Analysiere, ob die Pflichten von allen Vertragspartnern erfüllt wurden.

2. Finde weitere Beispiele für Verträge mit Mindestlaufzeiten, Zusatzkosten und automatischen Verlängerungen (**M4**).

3. Stelle Vermutungen an, ob Ole und Yasmin die Zusatzkosten zahlen müssen (**M5**). Begründe deine Aussage.

Paragrafen für Aufgabe 1

Mediencode: 82252-06

F zu Aufgabe 2
Diskutiert, ob ein Urlaub mit einem Maximum an Komfort für möglichst wenig Geld nachhaltig sein kann.

Allgemeine Geschäftsbedingungen – soll ich zustimmen?

AGB – **A**lles **G**anz **B**anal? Nicht unbedingt. Schnell unterschrieben heißt meist auch schnell gekauft. Doch welche Verpflichtungen ergeben sich aus den klein gedruckten Texten, die wir regelmäßig mit einem schnellen Klick oder einer schnellen Unterschrift bestätigen?

M6 AGB lauern überall

Eine Musik-App auf einem Smartphone

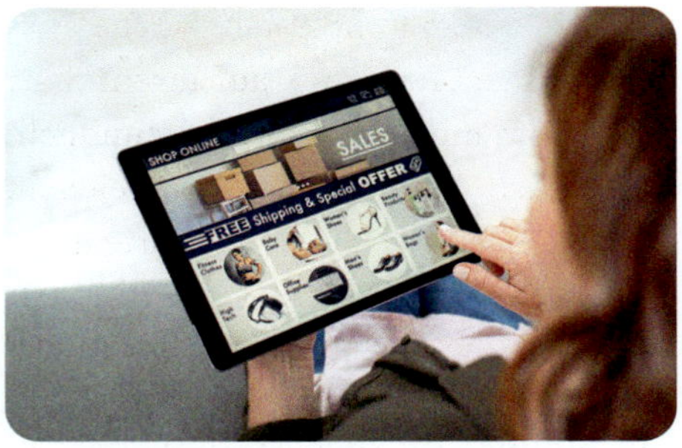

Onlineshopping auf einem Tablet

M7 Ist das fair? Beispiele aus AGB im Blick

Gewährleistungsrecht
die Pflicht des Verkäufers, bei mangelhafter Ware zu haften

Retour
hier: Rücksendung von Waren durch die Käuferin oder den Käufer

„Erworbene Gutscheine sind ab Kauf 1 Jahr gültig. Restguthaben können nach dem Ablauf eines Jahres nicht ausgezahlt oder mit Ware verrechnet werden. Der Gutschein verfällt mit Ablauf der Frist."

„Ihre Gewährleistungsrechte erlöschen 3 Monate nach Lieferung."

„Gewährleistungsansprüche können Sie nur geltend machen, wenn Sie die Ware in der Originalverpackung und mit dem beigefügten Rücksendeschein sowie dem originalen Retourenaufkleber unseres Unternehmens einsenden."

„Sollte Ihr gewünschter Artikel nicht lieferbar sein, senden wir Ihnen im Einzelfall einen preislich gleichwertigen Artikel zu."

AGB – ALLGEMEINE GESCHÄFTSBEDINGUNGEN

AGB sind für Verträge vorformulierte Vertragsbedingungen. Sie kommen dann zum Einsatz, wenn eine Vertragspartei einer großen Zahl von Vertragspartnern das gleiche Angebot macht. Alle Vertragspartner erhalten den Vertrag zu den gleichen Bedingungen. Das ist z. B. bei Internettarifen oder bei Online-Bestellungen der Fall.

M8 Allgemeine Geschäftsbedingungen – ich stimme zu!

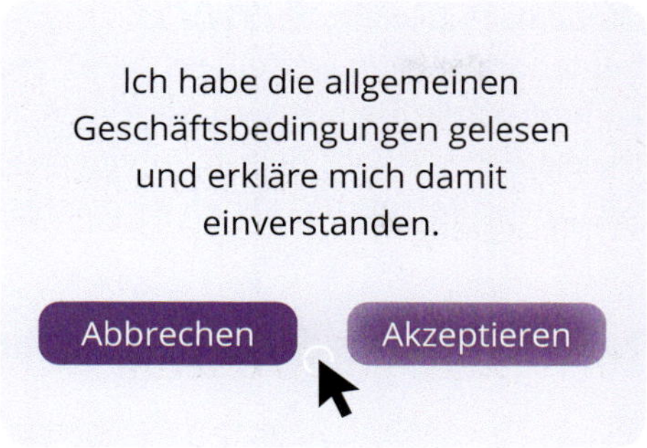

Ich atme. Ich esse gern Chips. Ich muss auf die Toilette, wenn ich viel Wasser trinke. Ich unterschreibe Verträge, ohne die allgemeinen Geschäftsbedingungen zu lesen. Kurz gesagt: Ich bin nichts Besonderes.

Der letzte Vertrag, bei dem ich die AGB nicht gelesen habe, war eine Mitgliedschaft in einem Fitnessstudio. Eine Frau mit „Trainer"-Aufdruck auf ihrem Shirt reichte ihn mir, sie war sehr freundlich, wir hatten das gleiche Sternzeichen. Also habe ich ihr meine EC-Karte gegeben und fünfmal irgendwo unterschrieben. Natürlich habe ich sie nicht gebeten, mir etwas Zeit zu lassen, damit ich mir alles noch mal in Ruhe durchlesen kann. Wie denn auch? Ich hätte auf einem Barhocker gesessen, zwanzig Minuten lang, umgeben von schwitzenden Muskelshirtträgern und quietschenden Schulterpressen. Die nette Trainerin hätte in meinem internen Profil vermerkt: „Achtung, kleinliche Kundin!" Habe ich überhaupt so etwas wie ein Fitnessstudio-Profil? Bestimmt steht das irgendwo in den AGB. Es ist schließlich Deutschland. Das denke ich oft, wenn ich Verträge unterschreibe. Oder wenn ich online den „Ich habe die allgemeinen Geschäftsbedingungen gelesen"-Haken setze, der immer gelogen ist, weil ich es eben nie lese. Hier wird mir schon kein Dreijahresvertrag für ein Handy-Abo untergejubelt werden. Ich habe ein Urvertrauen in die Gesetzgebung dieses Landes. Deshalb unterzeichne ich Verträge mit der Haltung, mit der Kinder von Bäumen springen: Mama steht bestimmt unten und fängt mich auf. Es wird Gesetze geben, die mich schützen. Gesetze, die meine Faulheit abfedern. Glaube ich. Gelesen habe ich allerdings noch keine.

Nach: Mayr, Anna: Ich stimme zu. In: www.zeit.de, 06.06.2018

AUFGABEN

1. Betrachte die Abbildungen in **M6**.
   a) Beschreibe, ob hier den AGB zugestimmt wurde.
   b) Vergleicht in der Klasse weitere Situationen, bei denen Ihr bereits AGB akzeptiert habt.
2. a) Analysiere die Auszüge aus den AGB in **M7**.
   b) Erläutere, ob diese für die Verbraucherinnen und Verbraucher fair sind.
3. Tauscht euch darüber aus, ob ihr bei einem Vertragsabschluss immer die AGB lest. Nehmt kritisch Stellung zu eurem Verhalten. Was würdet ihr Freundinnen und Freunden raten (**M8**)?
4. Setzt euch zu zweit mit der Notwendigkeit von AGB auseinander. Betrachtet hierbei beide Seiten: die der Unternehmer und die der Verbraucherinnen und Verbraucher (**M7**, **#AGB**, **M8**).

F zu Aufgabe 2
Überprüfe die Auszüge auf ihre Rechtmäßigkeit. Nutze dazu das BGB.

H zu Aufgabe 3
Ihr könnt dazu auf eurem Smartphone die AGB von Apps ansehen, denen ihr bereits zugestimmt habt.

Welche Vertragsarten gibt es?

Du denkst vielleicht, Verträge sind nur etwas für Erwachsene. Dabei hast du vielleicht heute, ohne es zu wissen, schon einen Vertrag abgeschlossen. Im normalen Alltag kommt nämlich einiges an Verträgen zusammen: das Bus- oder Bahnticket, Bibliotheksmitgliedschaft, Beitritt zu einem Sportverein oder auch beim Kauf von einem Geschenk. Rechtlich gesehen wird jedes Mal ein Vertrag abgeschlossen.

M9 Verschiedene Vertragsarten im Überblick

Kaufvertrag
Mietvertrag
SACHDARLEHENSVERTRAG
LEIHVERTRAG
Laufzeitvertrag
Schenkungsvertrag
ARBEITSVERTRAG

a Um dich besser auf den nächsten Vokabeltest vorbereiten zu können, möchtest du zu Hause einige Seiten in einem Nachhilfe-Buch von einem Klassenkameraden durcharbeiten.

b Da dir zum Backen von Pfannkuchen noch vier Eier fehlen und am Sonntag die Supermärkte geschlossen sind, hilft dir freundlicherweise deine Nachbarin aus. Dabei versprichst du, ihr am Montag vier neu gekaufte Eier zurückzugeben.

c Vor ein paar Tagen ist dir zu Hause aus Versehen eine Fensterscheibe gesprungen. Zur Reparatur wird ein Handwerker beauftragt.

d Dein bester Freund wohnt mit seiner Familie in einer Dachgeschosswohnung in der Nachbarschaft. Da der Familie diese Wohnung allerdings nicht gehört, zahlen die Eltern jeden Monat eine entsprechende Gebühr an den Eigentümer.

e Von deinem Lieblingscomputerspiel ist eine neue Version erschienen. Um es so bald wie möglich daheim spielen zu können, hast du bereits seit einiger Zeit dein Taschengeld gespart und kannst es dir nun endlich kaufen.

f Deine Schwester beginnt bald ihre Ausbildung zur Vermessungstechnikerin. Heute war sie zum Unterschreiben in ihrem Ausbildungsbetrieb.

g Zum Geburtstag erhältst du von deiner Oma einen Umschlag, in welchem sich ein Fünfzigeuroschein befindet.

M10 Nicht vergessen!

Morgen kündige ich endlich mein Abo im Fitnessstudio, ganz sicher! Die drei Monate sind schon wieder fast um und sonst verlängert sich mein Vertrag schon wieder um ein Jahr. Ich muss nur noch den Vertrag finden ...

LAUFZEITVERTRAG

Laufzeitverträge werden meist mit einem oder zwei Jahren Laufzeit angeboten. In der Regel verlängern sie sich nach der Laufzeit ohne Kündigung automatisch.
Dazu zählen zum Beispiel Verträge für Gas, Strom, Internet, Telefon und Fitnessstudios. Mindestlaufzeitverträge haben ihr Für und Wider. Wer sich einen Gefallen tun will, schaut sich regelmäßig nach neuen Tarifen um und vergisst nicht, alte Verträge mit schlechteren Bedingungen zu kündigen.

AUFGABEN

1. Beschreibe mit eigenen Worten, was du dir unter einem Vertrag vorstellst.
2. Erstelle zu den Vertragsarten eine Tabelle, in der du die Pflichten der jeweiligen Vertragspartner gegenüberstellst (**M9**).
3. a) Ordne die Vertragsarten in der Wortwolke den Beispielen zu (**M9**).
   b) Nenne Verträge, die im Alltag eher mündlich abgeschlossen werden.
4. a) Bewerte, weshalb schriftliche Verträge im heutigen Wirtschaftsleben unverzichtbar sind (**M10**).
   b) Schützen Verträge beide Vertragsseiten? Diskutiert zu zweit, wann ein Vertrag zum sogenannten Knebelvertrag wird.
   c) Erläutere Vor- und Nachteile von Laufzeitverträgen für Anbieter und Nachfrager.
5. Vergleiche Kaufverträge und Laufzeitverträge hinsichtlich der Willensbekundung zum Kauf und der Vertragserfüllung miteinander. Nenne die Unterschiede (**#Laufzeitvertrag**, **#Kaufvertrag**).

H zu Aufgabe 2
Verwende dazu die §§ 433, 535, 598, 516, 611BGB.

VERTRÄGE UND VERTRAGSARTEN

M1-M5 ··→ #

RECHTE UND PFLICHTEN BEI VERTRÄGEN

Es gibt viele Arten von Verträgen. Die bekanntesten sind der Kaufvertrag und der Laufzeitvertrag. Wie alle Vertragsarten bringen beide bestimmte Rechte und Pflichten für kaufende und verkaufende Personen mit sich. Beispielsweise müssen Käufer (pünktlich) für die erhaltene Ware oder Dienstleistung bezahlen und die Verkäufer dafür sorgen, dass die Ware oder Dienstleistung frei von Fehlern ist.

M6-M8 ··→ #

ALLGEMEINE GESCHÄFTSBEDINGUNGEN (AGB)

Es ist wichtig, sich bei der Nutzung verschiedener Angebote stets genau mit den AGB auseinanderzusetzen. Sie dienen dazu, für eine Vielzahl von Kundinnen und Kunden die gleichen Bedingungen zu schaffen, wie zum Beispiel Kündigungsbedingungen.

M9-M10 ··→ #

LAUFZEITVERTRÄGE

Während der Kaufvertrag nach dem Erhalt der bezahlten Ware abgeschlossen ist, sind Laufzeitverträge längerfristig wirksam. Der Vorteil, sich nicht um die Abbuchung während der Vertragslaufzeit kümmern zu müssen, kann dann zum Nachteil werden, wenn der Vertrag nicht fristgerecht gekündigt wird. Im schlechtesten Fall musst du nach Vertragsende für die gleichen Leistungen deutlich mehr Geld zahlen und bist weiterhin an den Vertrag gebunden.

2.2 Schuldenprävention

Raus aus den Schulden – aber wie?

Nicht alle Schulden sind gleich. Es macht einen Unterschied, ob du einen Kredit für das neueste Sportgerät aufnimmst, um zu zeigen, dass du es dir leisten kannst, oder ob du einen Kredit für ein Auto aufnehmen musst, weil dein altes einen Totalschaden hatte, du dieses aber aus beruflichen Gründen benötigst.

M1 Ver- oder überschuldet?

Akio 19 Jahre, Auszubildender
Akio hat offene Handyrechnung in Höhe von 1.256€ sowie 6.721€ Außenstände bei einem Onlineversandhandel. Seine Miete konnte er deshalb seit 3 Monaten nicht bezahlen. Ihm droht der Wohnungsverlust.

Christian, 58 Jahre, Tischlermeister
Christian benötigt für seine Tischlerei eine neue Hobelmaschine. Ohne eine funktionstüchtige Maschine kann er keine weiteren Aufträge annehmen. Sie kostet 26.000€. Für den Kauf schließt er einen Finanzierungsvertrag ab. Er zahlt 36 x 800€ (mtl.) an die Bank. Die Maschine wird umgehend geliefert.

Aenne, 36, Angestellte im öffentlichen Dienst
Aenne steht kurz vor dem Hauskauf. Sie wartet nur noch auf das o.k. von ihrer Bank. Sie benötigt einen Kredit in Höhe von 250.000€, um sich mit Ihrem Mann den Traum vom Eigenheim zu realisieren. Sie beabsichtigen, ca. 25 Jahre lang die Raten für das Haus an die Bank zu zahlen. Große Urlaubsreisen könnden die Beiden sich dann nicht mehr leisten.

Ingetraut, 86, Rentnerin
Die Gartensaison steht an. Passend dazu hat Ingetraut Pflanzen und Geräte im Wert von 480€ bestellt. Die Lieferung kam unverzüglich. Eine Rechnung lag der Lieferung bei. Nach 4 Wochen dann der große Schreck: Eine Mahnung vom Verkäufer. Ingetraut hat vergessen die Rechnung zu bezahlen – das ist ihr noch nie passiert.

25.000 Euro Schulden: Ich habe den Überblick verloren!
Hier findest du ein Video über Verschuldung bei Jugendlichen:

Mediencode: 82252-07

VERSCHULDUNG UND ÜBERSCHULDUNG

Wer sich Geld leiht oder einen Kredit aufnimmt, verschuldet sich. Verschuldung kann sinnvoll sein, wenn zum Beispiel für den Erwerb eines Hauses oder eines Autos ein Kredit aufgenommen wird. Werden weitere Ausgaben (z. B. eine Reise, technische Geräte o. ä.) getätigt, sollte abgewogen werden, inwiefern man sich weiter verschuldet und ob ggf. eine Überschuldung droht. **Überschuldung liegt vor, wenn nach Abzug der finanziellen Mittel für den grundlegenden Lebensbedarf (Essen, Trinken, Wohnraum, Strom, Wasser) das verbleibende Geld nicht mehr ausreicht, um die Zahlungsverpflichtungen pünktlich zu erfüllen**. Man spricht dann auch von einer Insolvenz. Menschen, die bereits akut von Schulden bedroht werden, sind bereits überschuldet. Spätestens dann sollte man sich so schnell wie möglich beraten lassen, um nicht noch tiefer in den Schuldensumpf zu rutschen.

M2 Ist diese Anschaffung auf Kredit nötig?

Ein Laptop

Eine Kreissäge

Ein Sofa

Ein Lastenrad

M3 Welche Altersgruppen sind besonders oft verschuldet?

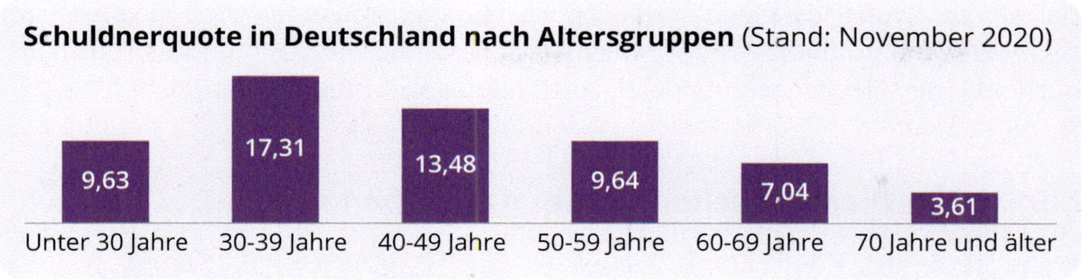

Zahlen nach: ©Creditreform Wirtschaftsforschung: SchuldnerAtlas Deutschland 2020, Überschuldung von Verbrauchern. In: www.creditreform.de, 10.11.2020

M4 Wer kann helfen?

Wann du dir bei finanziellen Schwierigkeiten professionelle Hilfe suchen solltest, ist abhängig von der **Höhe deiner Schulden** und deinen zur Verfügung stehenden **Finanzmitteln nach Abzug aller Kosten** sowie deiner **eigenen Motivation**.

Wenn Maßnahmen der Selbsthilfe, wie z. B. das Führen eines Haushaltsbuchs, Kündigen von nicht zwingend benötigten Abos oder eine sparsamere Lebensführung zu keiner Verbesserung der finanziellen Situation führen und die Existenz (z. B. Wohnungsverlust) weiterhin bedroht ist, solltest du dir schnellstmöglich professionelle Hilfe suchen. Spezielle Schuldenberatungsstellen können helfen, Schulden abzubauen und z. B. den Wohnungsverlust abzuwenden. Doch Vorsicht: Es gibt auch unseriöse Anbieter, die eine finanzielle Notlage ausnutzen wollen und zusätzlich viel Geld für eine Beratung verlangen. Eine persönliche, kostenlose und seriöse Beratung und Vertretung gegenüber den Gläubigern bieten die Schuldner- und Verbraucherinsolvenzberatungsstellen von Wohlfahrtsverbänden (z. B. Caritas) oder der Verbraucherzentralen an.

Schuldner
Person, die einer anderen etwas schuldet, z. B. Geld

Gläubiger
Person, die Forderungen (z. B. Geld) an einen Schuldner hat

Insolvenz
Bezeichnet die Situation eines Schuldners, den Forderungen eines Gläubigers nicht mehr nachkommen zu können. Insolvenz wird auch Zahlungsunfähigkeit genannt.

AUFGABEN

1. Analysiere die Fallbeispiele in **M1**.
   a) Lies **#Verschuldung und Überschuldung** und ordne den Fallbeispielen deine Einschätzung zu: verschuldet, überschuldet oder sonstiges.
   b) Begründe deine Entscheidung.
2. Betrachtet in Kleingruppen die dargestellten Objekte in **M2**.
   a) Diskutiert, ob und für wen eine Anschaffung der abgebildeten Gegenstände auf Kredit notwendig und sinnvoll erscheint.
   b) Nehmt Stellung zur These „Kredite sichern Existenzen.“.
3. Analysiere die Statistik in **M3**. Erörtere mögliche Gründe für die dargestellte Verteilung.
4. Stell dir vor, du bist der beste Freund bzw. die beste Freundin von Akio. Was würdest du ihm raten? Beziehe dafür die Informationen aus **M4** mit ein.

Schützt ein Haushaltsplan vor Verschuldung?

Den Überblick über die eigenen Finanzen zu behalten, muss gar nicht so kompliziert sein. Eine gute Methode ist der Haushaltsplan. Ob du ein traditionelles Haushaltsbuch oder die digitale Variante nutzt, spielt hierbei keine Rolle. Oder doch?

M5 War Planung schon immer das halbe Leben?

Wenn heute der Kühlschrank leer ist, gehst du z. B. einfach in den Supermarkt, um diesen wieder aufzufüllen. Die Lebensmittel halten heute durch den Einsatz moderner Technik deutlich länger. Anders als früher: Langfristige Planung und kluge Vorratshaltung waren in früheren Zeiten sehr wichtig, um zu überleben. Um immer einen Überblick zu behalten, wurden auch in der Vergangenheit oft Haushaltsbücher angelegt. In ihnen wurden z. B. Lebensmittelbestände und Finanzangelegenheiten notiert.

Eine mittelalterliche Vorratskammer

M6 Kostenchaos? Aus den Augen, aus dem Sinn.

mtl.
Abkürzung für monatlich wiederkehrende Zahlung

Abo
Kurzform für Abonnement; regelmäßiger Bezug einer Leistung gegen Bezahlung

Kindergeld
fester Betrag, den jede Familie pro Kind und ohne Gegenleistung vom Staat erhält

Familie Schreiber zahlt im Monat 920 € Miete. Hinzu kommen Kosten für die Haftpflichtversicherung und die Hausratversicherung für zusammen 70 €. Nicht zu vergessen sind die Kosten für den Strom (mtl. 65 €), das Internet (mtl. 55 €) und die drei Mobilfunkverträge der Familie (mtl. insgesamt 90 €). Außerdem leisten sie sich Abos für verschiedene Musik- und Video-Streamingdienste (insgesamt 35 €). Die Familie kauft wöchentlich Lebensmittel im Wert von ca. 120 € und Getränke für 40 € ein. Der Beitrag für den Sportverein der Tochter Rahel liegt bei monatlich 35 €. Außerdem bekommt sie 10 € Taschengeld pro Woche. Vater Conrad zahlt monatlich insgesamt 240 € für Benzin und zusätzlich 40 € für die Kfz-Versicherung. Durchschnittlich gibt die Familie für Kleidung im Monat insgesamt 120 € aus. Für Freizeitaktivitäten kalkuliert die Familie ca. 80 €. Automatisch vom Konto abgezogen werden die weiteren Posten: Autokredit (235 €), Weiterbildungskosten von Mutter Lena (120 €) und Altersvorsorgebeiträge in Höhe von 140 €. Bei so vielen monatlichen Ausgaben hat Familie Schreiber den Überblick über ihre Finanzen verloren. Die Freundin von Lena hat die Führung eines digitalen Haushaltsbuchs via App empfohlen. „So kannst du immer auf einen Blick sehen, wie viel Geld noch für den Monat übrig ist", meinte sie zu ihr.

Demgegenüber stehen die Einnahmen:

Gehalt Vater:	1.450 €
Gehalt Mutter:	1.750 €
Kindergeld:	219 €

M7 Ein Haushaltsbuch im Selbstversuch

Haushaltsbuch Jahresübersicht

Fixbuchungen (+/–)	JAN	FEB	MRZ	APR	MAI
Miete	– 560,- €	– 560,- €	– 560,- €	– 560,- €	
Strom	– 40,- €	– 40,- €	– 40,- €	– 35,- €	
Krankenkasse	– 180,- €	– 180,- €	– 180,- €	– 180,- €	
Handy	– 29,99 €	– 29,99 €	– 29,99 €	– 29,99 €	
Busticket	– 62,- €	– 62,- €	– 62,- €	– 62,- €	
Musikschule	– 63,- €	– 63,- €	– 53,- €	0,- €	
Klassenkasse	– 5,- €	– 5,- €	– 5,- €	– 5,- €	
Essensgeld	– 75,- €	– 75,- €	– 75,- €	– 75,- €	
Internet	– 29,99 €	– 29,99 €	– 29,99 €	– 29,99 €	
Lohn	+ 2.200,- €	+ 2.200,- €	+ 2.352,- €	+ 2.352,- €	
Kindergeld	+ 184,- €	+ 184,- €	+ 184,- €	+ 184,- €	
Unterhalt	+ 322,- €	+ 322,- €	+ 322,- €	+ 322,- €	
Zinsen			+ 98,- €	0,- €	

HAUSHALTSBUCH

In einem Haushaltsbuch werden Einnahmen und Ausgaben eines privaten Haushalts gegenübergestellt. Es hilft dabei, die eigenen Ausgaben stets im Blick zu haben und Schulden zu verhindern.
Im Haushaltsbuch werden alle Haushaltseinnahmen (Lohn, Kindergeld, u. Ä.) sowie Haushaltsausgaben (Kosten für Lebensmittel, Haushaltsartikel, Versicherungen u. Ä.) erfasst. Zu jeder Zeit kann überprüft werden, ob eine Negativbilanz (mehr Ausgaben als Einnahmen) oder eine Positivbilanz (mehr Einnahmen als Ausgaben) vorliegt. Neben dem klassischen Haushaltsbuch bieten diverse Anbieter Apps zur digitalen Erfassung der Haushaltsfinanzen. Nutzerinnen und Nutzer sollten bei digitalen Angeboten des Haushaltsbuchs auf seriöse Anbieter zurückgreifen.

AUFGABEN

1. Stellt gemeinsam Vermutungen an, warum ein Haushaltsbuch im Mittelalter wichtig für die Sicherung der Existenz eines Haushalts war (**M5**).
2. Analysiere den Text (**M6**).
   a) Erfasse alle monatlichen Einnahmen und Ausgaben der Familie.
   b) Berechne, ob eine Positiv- oder Negativbilanz vorliegt.
3. Diskutiert die Vor- und Nachteile einer digitalen Haushaltsbuchführung gegenüber der traditionellen Variante (**M7, #Haushaltsbuch**). MK

F zu Aufgabe 3
Macht den Test! Probiert digitale Haushaltsbücher aus. Vergleicht eure Erfahrungen mit der klassischen Variante.

VERSCHULDUNG UND ÜBERSCHULDUNG

M1-M3 → #

VER- UND ÜBERSCHULDUNG

Schulden sind nicht gleich Schulden. Eine Verschuldung lässt sich besonders bei größeren Investitionen, wie dem Kauf eines Autos oder einer Wohnung, kaum vermeiden. Solange die Rate zur Tilgung der Schulden bei den Gläubigern (der Bank, der Familie etc.) gezahlt werden kann, ohne dass das Geld für den grundlegenden Lebensbedarf fehlt, sind Schulden kein Problem. Sollte dies jedoch nicht der Fall sein, spricht man von Überschuldung.

M4 → #

WEGE AUS DEN SCHULDEN

Um aus Überschuldung herauszukommen, braucht es Motivation und Hilfe von Dritten. Neben der Unterstützung von Familie und Freunden gibt es offizielle Anlauf- und Beratungsstellen, die genutzt werden sollten. Wichtig: Eine seriöse Beratung ist meist kostenfrei.

M5-M7 → #

DAS HAUSHALTSBUCH

Um stets einen Überblick über die Finanzen zu behalten, bietet es sich an, ein Haushaltsbuch zu führen. Es hilft dabei, mehr Disziplin und Struktur hinsichtlich der eigenen Einnahmen und Ausgaben zu erhalten und trägt so auch dazu bei, eine Überschuldung von Anfang an zu vermieden.

2.3 Verbraucherschutz konkret: vom Test zum Kauf

Werde ich beim Einkauf unterstützt?

In einer fremden Gegend unterwegs – ohne Stadtführerin oder Smartphone? Da ist man schnell verloren. Beim Einkaufen geht es einem auch häufig so: Wer hat bei den vielen Angeboten noch den Durchblick? Gut, wenn man sich da Hilfe holen kann. Aber wo?

M1 Schnell kaufen?

Zwei Sonderangebote im Vergleich

M2 Wo kann ich mich informieren?

Bevor du eine große Investition tätigst (z. B. Haushaltsgeräte, Unterhaltungselektronik etc.), ist es ratsam, dass du dich darüber informierst, welche Produkte deine Anforderungen innerhalb deines finanziellen Rahmens erfüllen. Dafür hast du verschiedene Möglichkeiten, jede davon hat Stärken und Schwächen.

Du kannst unter anderem die einzelnen Produktinformationen der Hersteller miteinander vergleichen, dich über die Zeitschrift oder den Online-Auftritt der Stiftung Warentest nach den letzten Testergebnissen zu den jeweiligen Produktgruppen erkundigen, Bewertungen von fachbezogenen Online-Plattformen oder von anderen Käuferinnen und Käufern lesen und du kannst bei den Verbraucherzentralen nachfragen, ob und wie sie sich bei deiner Entscheidung unterstützen können.

M3 Alles sicher?

VERBRAUCHERSCHUTZ

Der Begriff Verbraucherschutz fasst unterschiedlichste Regelungen, Vorgaben und Informationsangebote zusammen. Sie alle dienen dazu, Verbraucherinnen und Verbraucher beim Konsum zu unterstützen und sie vor Fehlkäufen zu schützen.
Ob ein Produkt eine Funktions-, Sicherheits- oder Gesundheitslücke aufweist, kann man meist gar nicht erkennen, weil man sich nicht gut genug auskennt. Daher betreibt der Staat eine aktive Verbraucherpolitik. Ein Beispiel: Das Gesetz gegen unlauteren Wettbewerb untersagt Rechtsgeschäfte, die gegen die guten Sitten verstoßen. Wird ein Kauf durch die Vortäuschung von falschen Tatsachen erzwungen, ohne dass sich die Menschen ausreichend vor dem Kauf informieren konnten, ist der Verkauf rechtswidrig. Außerdem hat jedes Bundesland eine Verbraucherzentrale. Sie bieten Beratung zu sehr vielen Verbraucherfragen an, z. B. zu den Themen Finanzen, Verträge, Ernährung usw. Die Verbraucherzentrale Nordrhein-Westfalen ist online unter https://www.verbraucherzentrale.nrw/ zu finden.

AUFGABEN

1. a) Analysiere die Bilder in **M1**. Was fällt dir auf?
b) Überprüfe die Bilder anhand von **#Verbraucherschutz**. Welcher Verdacht liegt hier nahe? Erläutere deine Vermutung.

2. a) Ergänze die in **M2** genannten um weitere Informationsmöglichkeiten.
b) Ordne die Informationsquellen aus deiner Sicht nach ihrer Glaubwürdigkeit.

3. a) Welche Labels aus **M3** kennst du schon? Finde heraus, was hinter ihnen steckt.
b) Begründe, warum technische Produkte besonders streng geprüft werden sollten.

4. Informiere dich über das Angebot der Verbraucherzentrale Nordrhein-Westfalen (**#Verbraucherschutz**). MK

F **zu Aufgabe 2b**
Begründe deine Reihenfolge.

Einen Schülerwarentest durchführen MK

Worum geht es?

Um Verbraucherinnen und Verbrauchern die bestmögliche Orientierung beim Kauf von Produkten oder Dienstleistungen zu geben, werden diese häufig zuvor getestet. Die bekannteste Prüfeinrichtung ist die Stiftung Warentest. Waren- oder Dienstleistungstests müssen sehr genau vorbereitet und durchgeführt werden. Die Ergebnisse werden dokumentiert und anschließend veröffentlicht.

Geht dabei so vor:

1. Schritt: Themenfindung und Produktauswahl

1. Überlegt in Kleingruppen, auf welchem Gebiet ihr ein Produkt testen möchtet. Es sollte sich um Alltagsprodukte handeln, deren Test nicht zu teuer wird.
2. Produkttests lassen sich besser planen und durchführen, wenn ihr einer bestimmten Frage nachgeht, z. B. einer der folgenden:
   Ist das teurere Produkt das Bessere? Gehen günstige Produkte schneller kaputt? Schmecken Bio-Lebensmittel besser als konventionell erzeugte?
3. Äpfel und Birnen lassen sich schlecht vergleichen. Achtet beim Produkttest darauf, gleichartige Produkte zu testen. Beispielsweise könnten Kaugummis der Sorte Pfefferminz von drei Herstellern getestet werden.

2. Schritt: Recherche zu Hintergrundinformationen

Bei einigen Tests wirst du Hintergrundinformationen benötigen. Bei der Frage „Schmecken Bio-Lebensmittel besser als konventionell erzeugte Lebensmittel?“ solltest du wissen, wodurch sich biologisch erzeugte Lebensmittel und deren Produktion auszeichnen.

3. Schritt: Festlegung von Prüfkriterien und -maßstäben

Welche Kriterien lassen sich bei den zu testenden Produkten gut bewerten? Bei Lebensmitteln sind Aussehen, Geschmack und Konsistenz wichtig. Bei Handcremes eher der Geruch und die Zeit, die das Produkt zum Einziehen benötigt. Am einfachsten bewertet ihr die Kriterien in der Testung mit Schulnoten.

4. Schritt: Entwicklung von Testmethoden

Überlegt euch, wie ihr die in Schritt 3 ausgewählten Kriterien testen könnt. Einige Beispiele findet ihr hier:
Geschmackstest: Kostet die Produkte mit verbundenen Augen. Der Versuchsleiter notiert eure Bewertung.
Aussehen & Geruch: Die Produkte werden zuvor vom Versuchsleiter ausgepackt und serviert. So ist es dem Tester nicht möglich zu wissen, welches Produkt er gerade betrachtet oder riecht.

! Achtet bei Produkttests auf Nahrungsmittelunverträglichkeiten und Allergien!

5. Schritt: Durchführung der Tests und Ergebnissicherung

Führt eure geplanten Tests durch. Bei einigen Tests wird es notwendig sein, einen Versuchsleiter zu bestimmen. Haltet in Tabellen mithilfe von Fotos oder Videos die Ergebnisse fest.

6. Schritt: Ergebnisauswertung

	Produkt 1	Produkt 2	Produkt 3
Test 1	5	6	4
Test 2	1	2	2
Test 3	3	2	1
Summe	9	10	7
Mittelwert = Summe : Anzahl der Tests	3,0	3,3	2,3
Gesamturteil	befriedigend	befriedigend	Gut
Platzierung	2.	3.	1. (Testsieger)

Vergleicht die vergebenen Noten. Was fällt euch auf? Wer ist Gewinner oder Verlierer einer bestimmten Kategorie, wie z. B. Geschmack? Bildet zudem ein Gesamturteil. Hierzu solltet ihr den Mittelwert aller vergebenen Noten der Produkte ermitteln.
Ihr könnt euch bei der Auswertung an der Tabelle auf der linken Seite orientieren.

7. Schritt: Veröffentlichung der Testergebnisse

Ihr könnt eure Testergebnisse z. B. in Form eines Posters veröffentlichen und in einem Gallery Walk euren Mitschülerinnen und Mitschülern vorstellen. Alternativ könnt ihr ein oder mehrere kurze Videoclips erstellen, in denen ihr als Testerinnen und Tester die Stärken und Schwächen der Produkte vorstellt und euer Testergebnis begründet.

Wie setze ich meine Rechte als Verbraucherin und Verbraucher durch?

Wenn du dich von einem Unternehmen ungerecht behandelt fühlst, musst du das nicht einfach hinnehmen, sondern kannst dich dagegen wehren. In den meisten Fällen wirst du dabei sogar unterstützt. Doch was ist eigentlich ein triftiger Grund zur Beschwerde?

M4 (K)ein Grund zur Beschwerde?

1 Sam wirft einen Blick auf die Inhaltsstoffe seines Erdbeer-Smoothies. Er besteht fast nur aus Äpfeln. Das steht jedoch weder in der Produktbezeichnung, noch sind sie auf der Verpackung abgebildet.

2 Seitdem „neue Rezeptur" auf Tu-Hongs Lieblingskeksen steht, schmecken sie nicht nur anders, in der Packung sind auch nur noch 8 statt 12 Kekse enthalten. Zu allem Übel wurde ihr Preis auch noch leicht angehoben.

3 Auf vielen Plakaten der Stadt wird Werbung für eine neue Online-Dating-Show gemacht. Paul ärgert sich über die Texte und Darstellungen. Er findet, sie würden die Diskriminierung von Frauen in der Gesellschaft fördern.

4 Lena wartet seit Wochen auf ein Päckchen von ihrer Freundin. Sie ist wütend, weil Anrufe bei der Hotline ebenso wenig halfen wie Nachfragen beim Postschalter und beim Paketfahrer.

5 Said beschwert sich darüber, dass sein Datenvolumen den dritten Monat in Folge viel zu früh verbraucht ist und er den Rest des Monats nur mit sehr langsamer Geschwindigkeit surfen kann.

VERBRAUCHERBESCHWERDE

Als Verbraucherin und Verbraucher hast du die Möglichkeit, bei Unternehmen oder öffentlichen Einrichtungen eine Beschwerde einzureichen, um auf Missstände hinzuweisen.

Für Beschwerden im Bereich Lebensmittel und sonstigen Produkten im Einzelhandel kannst du dich z. B. an die Verbraucherzentrale oder das Verbraucherschutzministerium wenden. Hast du schwerwiegende Probleme mit einem Telekommunikations- oder Postunternehmen, findest du bei der Bundesnetzagentur Unterstützung. Wenn dir mediale Inhalte negativ auffallen oder sie gegen Gesetze verstoßen, kannst du eine Beschwerde bei der Landesanstalt für Medien einreichen.

M5 Ein beschwerlicher Weg

Nikolai und Adam kaufen sich nach der Schule schnell eine Packung Fertig-Frikadellen. Kurze Zeit später bekommen beide Bauchschmerzen. Beim Blick auf die restlichen Frikadellen stellen sie fest, dass eine leicht verschimmelt ist.

AUFGABEN

1. Wann ist eine Beschwerde angemessen?
   a) Nenne die Beispiele in **M4**, bei denen eine Verbraucherbeschwerde für dich berechtigt scheint.
   b) Begründe deine Entscheidung.
   c) Lies **#Verbraucherbeschwerde** und ordne den Beispielen die passende Beschwerdestelle zu.

2. Welche Möglichkeiten einer Verbraucherbeschwerde gibt es?
   a) Diskutiere anhand der Abbildungen in **M5**, welche Möglichkeiten Nikolai und Adam haben, um auf das fehlerhafte Produkt hinzuweisen.
   b) Verfasse eine Verbraucherbeschwerde im Namen von Nikolai und Adam an den Frikadellenhersteller.

3. Was sind die Folgen einer Beschwerde?
   a) Stelle Vermutungen an, welche Folgen Verbraucherbeschwerden haben können.
   b) Erläutere, welche der Folgen positiv oder negativ für die Unternehmen und die Verbraucherinnen und Verbraucher sind.

F zu Aufgabe 2
Begründe, in welcher Reihenfolge du die einzelnen Anlaufpunkte kontaktieren würdest, wenn du nicht sofort eine Lösung erreichst.

VERBRAUCHERRECHTE

SCHUTZ FÜR DIE VERBRAUCHERINNEN UND VERBRAUCHER

M1-M3

Das Angebot an Waren ist so groß, dass wir als Verbraucherinnen und Verbraucher häufig nicht mehr den Überblick haben. Der Gesetzgeber versucht uns daher mit verschiedenen Gesetzen, z. B. vor irreführender Werbung, Gesundheitsgefahren u. Ä., zu schützen.
Orientierung sollen vor allem Siegel und Gütezeichen bringen. Hier muss man sich aber gut informieren, für welche Qualität das Siegel überhaupt steht. Unternehmen nutzen die Siegel auch als Instrument für Werbung.

RECHTE DER VERBRAUCHERINNEN UND VERBRAUCHER

M4-M5

Gerade längerfristige oder teure Investitionen sollten gut überlegt sein. Ein schneller und unüberlegter Kauf kann Frust, Ärger und hohe Kosten verursachen. Es lohnt sich, zunächst Informationen zu suchen, worauf es beim gewünschten Produkt zu achten gilt (z. B. Prüfsiegel) und sich dann einer Übersicht über die angebotenen Produkte und deren Eigenschaften zu verschaffen. Hier helfen dir z. B. die Verbraucherzentralen oder die Stiftung Warentest. Auch Produktbewertungen und andere Online-Plattformen bieten diese Möglichkeit.
Sollte nach dem Kauf doch einmal etwas nicht wie erwartet sein und der Händler zeigt sich uneinsichtig, kannst du dich, je nach Produkt, mit deinem Problem an verschiedene Stellen wenden und im Härtefall auch eine Verbraucherbeschwerde einreichen.

2.4 Shoppen im Internet

Cookies beim Einkauf – digitale Helfer oder Manipulation?

Keine Shopping-Begleitung, die dich berät. Niemand im Laden, der oder die dir etwas „aufschwatzen" möchte, keine Ware, die im stimmungsvollen Licht der Geschäfte besonders ansprechend erscheint. Aber shoppst du online wirklich ohne äußere Einflüsse auf deine Entscheidung?

M1 Zu viel Interesse

Bene und Lotte aus Petershagen sind zum Polterabend und zur Hochzeit ihrer Cousine Franzi in Bonn eingeladen. Ihre Eltern bitten die beiden, sich auf die Suche nach einem Hotel für das Hochzeitswochenende zu machen. Sie wollen möglichst günstig übernachten, da die Hochzeit schon teuer genug für sie wird. Immer wieder sucht Lotte auf ihrem Laptop nach Angeboten, aber die werden nicht günstiger – im Gegenteil. Als Bene mit seinem Tablet gleichzeitig auf die Suche geht, machen Sie eine interessante Entdeckung.

COOKIES (ENGL. EIGENTLICH: KEKSE)

Cookies sind kleine Text-Dateien. Sie werden im Browser deines Endgerätes (z. B. Smartphone, Laptop, Tablet) gespeichert. Jeder Cookie enthält Informationen über Webseiten, die du besucht hast und darüber, was du dir dort wie lange angesehen hast.
Es gibt zwei Arten von Cookies. **Session Cookies** steigern den Komfort beim Surfen. Sie merken sich z. B. deine Login-Daten, Warenkörbe oder wo du ein Video pausiert hast, um es später zu Ende zu schauen. **Tracking Cookies** sind unbeliebt. Sie stehen im Zusammenhang mit Werbung und werden dauerhaft gespeichert. Jeder Werbebanner platziert einen Cookie. Dadurch kann dein Surfverhalten nachverfolgt werden. Das Ziel sind personalisierte Webseiten mit Produktvorschlägen, die genau auf dich zugeschnitten sind.
Übrigens: Der Name ist an die Krümelspur der Kekse angelehnt, nur dass es sich hier um Informationskrümel zur Nachverfolgung handelt.

M2 Eine Empfehlung des Hauses

Nicole ärgert sich, dass die alten USB-C-Kabel schon wieder defekt sind und möchte deshalb diesmal mehr Geld ausgeben. Sie geht bei großen Versandhändlern auf die Suche nach neuen Kabeln. Neben den üblichen Produktanzeigen sieht sie immer wieder Produkte, die mit „Top Produkt" oder „unsere Empfehlung für Sie" betitelt sind. Die Hersteller sagen ihr zwar nichts, aber die Kabel sehen gut aus und der Preis stimmt

Hassan ist auf der Suche nach einer neuen Waschmaschine. Das alte No-Name-Produkt wird nicht mehr allzu lange halten. Er war aber sehr zufrieden mit der Maschine und möchte daher auch wieder ein No-Name-Produkt kaufen. Er bekommt ebenfalls Empfehlungen. Diese sind aber teure Markenware. Er wird unsicher. In Foren liest er, dass Markenware die bessere Wahl wäre und greift nun doch auf die Empfehlung des Versandhauses zurück.

No-Name
Gegenteil von Markenprodukt, meist in schlichter Optik und deutlich günstiger

AUFGABEN

1. Welche Auswirkungen haben Cookies bei der Online-Suche? **MK**
   a) Lies **M1** und beschreibe die Abbildungen. Was stellst du fest?
   b) Stelle Vermutungen an, warum Lotte und Bene für das gleiche Hotel unterschiedliche Preise angezeigt bekommen (**#Cookies**).
   c) Diskutiert in der Klasse, ob und wie ihr euch vor angepassten Preisen schützen könnt.
2. Welche Rolle spielen Empfehlungen im Versandhandel?
   a) Stelle Vermutungen an, warum Hassan und Nicole (**M2**) sich für die Empfehlungen entschieden haben.
   b) Bewerte, ob die Entscheidungen für dich nachvollziehbar sind.

Beeinflussen mich andere bei meiner Kaufentscheidung?

Einen guten Ratschlag für eine Kaufentscheidung zu bekommen, ist nicht immer einfach. In den sozialen Medien begegnen dir täglich Kaufempfehlungen, auch wenn du sie auf den ersten Blick nicht immer als solche wahrnimmst. Doch was sind diese Empfehlungen wert?

M3 Ein Blick in die Videobeschreibung

Eine Influencerin dreht ein neues Video.

AFFILIATE-LINKS (ENGL.: „ANGLIEDERN“)

Affiliate-Links werden von Händlern zur Verfügung gestellt. Sie führen dich zu Produkten, die sie verkaufen. Das Besondere daran ist, dass diejenigen, die den Link posten (z. B. YouTuber), einen kleinen Anteil vom Verkaufswert der Ware als Gegenleistung dafür erhalten, wenn du oder andere über den entsprechenden Link das Produkt kaufen sollten. Diesen Anteil nennt man Provision. Es gibt Provisionen genauso im Offline-Handel, auch da sind sie zumeist unsichtbar, z. B. beim Autokauf oder der Anlageberatung in der Bank.

Dafür schließen beispielsweise Youtuber mit Unternehmen Verträge ab, in denen genau bestimmt wird, was sie für die Zahlung einer Provision tun müssen und wie hoch diese pro Klick oder verkauftem Produkt ausfällt. Das mag bei einem Klick oder einer Bestellung nicht viel ausmachen, rechnet sich aber in der Masse für beide Seiten. Du hast mit Affiliate-Links die Möglichkeit, deine Lieblingsseiten oder Künstler zu unterstützen. Allerdings sollten bei der Suche nach dem richtigen Produkt diese Empfehlungen kein Hauptargument für deine Kaufentscheidung sein.

M4 Social Marketing

Josi

Ich habe mich früher ganz normal geschminkt. Dann bin ich auf eine amerikanische Influencerin gestoßen, die von Dingen wie Contouring, Strobing oder besonderen Bronzern sprach. Sie sah wirklich immer top aus. Ich wollte das auch. Also habe ich viele ihrer Produkte extra aus den USA bestellt, alles probiert. Die meisten davon stehen heute noch in meinem Schrank. Nutzen tue ich sie nur selten. Ich schminke mich weiter ganz normal.

Ich mag Influencer. Was spricht gegen das persönliche Bewerben von Produkten? Es bedeutet nicht automatisch, dass die Produkte schlecht sind. Im Gegenteil: Wenn die Person wirklich vom Produkt überzeugt ist, soll sie es auch empfehlen dürfen. Mich stört aber sehr, wenn es nur noch darum geht. Wenn jedes Video mit „WICHTIGE NEUIGKEITEN" usw. betitelt ist und die Neuigkeit dann ein Rabatt oder ein weiteres eigenes Produkt ist.

Ferdinand

Linh

Ich brauche nicht noch mehr Werbung für Klamotten oder Fitnessprodukte. Meiner Meinung nach sollten Influencer davon wegkommen, den Konsum anzukurbeln, sondern lieber darauf aufmerksam machen, dass unser Überkonsum sehr unsozial und umweltschädlich ist oder wie man anders handeln kann. Zum Glück gibt es immer mehr „Sinnfluencer", die tolle Ideen haben. Einige davon möchte ich auch umsetzen. Meinetwegen sollen sie dann auch entsprechende Produkte bewerben.

Basierend auf: Wirnshofer, Josef: Hast du dich schonmal „influencen" lassen? In: www.fluter.de, 23.06.2017.

AUFGABEN

1. Beschreibe in eigenen Worten den Nutzen, den Influencerinnen und Influencer davon haben, wenn du auf einen Link in einem ihrer Videos klickst (**M3**, **#Affiliate-Links**). **MK**
2. Welche Probleme und welchen Nutzen hat Social Marketing?
   a) Nimm begründet Stellung zu den Aussagen in **M4**. Beziehe dich dabei auch auf deine eigenen Erfahrungen.
   b) Gestaltet zu zweit je einen Instagram-Post (Text-, Bild- oder Videobeitrag), indem ihr direkt und indirekt Werbung für ein Produkt eurer Wahl macht.
   c) Wertet die Beiträge in der Klasse aus. Erläutert, welche Beiträge ihr ansprechend fandet und wie ihr mit solchen Beiträgen im Alltag umgeht.

BEEINFLUSSUNG BEIM ONLINE-KAUF

M1-M2 ⇢ #

EINFLÜSSE AUF UNSER ONLINE-KAUFVERHALTEN

Im (online) Alltag treffen wir ständig auf Situationen, die unser Kaufverhalten beeinflussen sollen. Häufig „verführt" Werbung durch geschickte Strategien Kundinnen und Kunden zum Kauf. Der Einsatz von Werbe-Tracking durch Cookies führt dazu, dass wir individuelle Werbung von Produkten erhalten, die unser Interesse wecken oder uns ganz bestimmte Produkte in den Onlineshops angezeigt werden.

M3-M4 ⇢ #

BEEINFLUSSUNG DURCH PERSONEN

Im Internet können uns sowohl die Technik selbst als auch andere Personen beeinflussen. Influencer oder andere bekannte Persönlichkeiten präsentieren und bewerben mehr oder weniger offensichtlich Produkte, mit denen Sie durch Verträge mit dem jeweiligen Unternehmen oder durch Klicks auf Affiliate-Links, die sie in ihre Beiträge einbinden, Geld verdienen. So werden „künstliche" Bedürfnisse erzeugt, gleichzeitig werden meist Preise und die Nachteile eines Produktes verheimlicht. Einige Influencer nutzen ihre Reichweite aber auch, um auf gesellschaftliche Probleme aufmerksam zu machen. Man spricht in diesem Zusammenhang auch von „Sinnfluencern".

2.5 Chancen und Risiken von Online-Mediennutzung

Dabei sein ist alles?

Sicherlich ist dir aufgefallen, dass du die meisten Internetseiten nur noch aufrufen kannst, wenn du einem Tracking zustimmst oder für die Inhalte bezahlst. Das trifft besonders auf Internetauftritte von Zeitungen und Zeitschriften zu. Doch warum ist das so und welche Informationen gibst du als Gegenleistung eigentlich frei?

Tracking
Nachverfolgung deines Online-Verhaltens

M1 Eine Frage des Preises

Möchten Sie den Stadtanzeiger Bochum weiter nutzen?

Zugang mit Werbung

Besuchen Sie unsere Seite weiterhin kostenlos mit Werbung und Tracking. Weitere Informationen können Sie der *Datenschutzerklärung* entnehmen.

Einverstanden

Sie können Ihr Einverständnis jederzeit über den Link „*Privacy Terms*" widerrufen.

Stadtanzeiger Premium

Abonnieren Sie jetzt den Premium-Zugang für nur 2,30€ im Monat und erhalten Sie Zugang zu all unseren Inhalten werbefrei und ohne Tracking.

Abo abschließen

Sie haben bereits ein Abo abgeschlossen?
Dann melden Sie sich einfach an.

Fiktives Beispiel einer Zeitung

Bezahlmodelle ohne Werbung und Tracking tragen oft Namen wie Plus, +, Premium oder Pur.

M2 Ein (vermeintlich) kostenloser Zugang?

M3 Welche Bedeutung haben meine Daten?

Deine Daten sind für Unternehmen ein wertvolles Wirtschaftsgut. Sie dienen unter anderem der Produktverbesserung und -entwicklung, können aber auch zur Vermarktung genutzt werden. Daten dürfen von Unternehmen nur gesammelt werden, wenn du ihrer Nutzung ausdrücklich zustimmst. Kostenlose Dienste sammeln in der Regel mehr Daten über dich als sogenannte Bezahldienste. Hier ein Beispiel: Auf einer Internetseite kann der Wert eines Hauses, das verkauft werden soll, kostenfrei ermittelt werden. Hierzu muss der Verkäufer neben Angaben zum Haus auch Angaben über monatliche Einkommen, Beruf, Familienstand, Umzugsort, Telefonnummer und E-Mail-Adresse und Weiteres hinterlassen. Alternativ könnte der Verkäufer auch einen Makler anrufen und einen Besichtigungstermin vereinbaren, um den Wert des Hauses zu ermitteln. Dieser Service ist dann aber nicht kostenfrei.

M4 Ein kostenpflichtiger Zugang

Berndt Röttger, stellvertretender Chefredakteur des Hamburger Abendblattes, verteidigt das Bezahlmodell seiner Zeitung:

„Es ist nicht zu viel verlangt, in Zeiten, in denen aufgeschäumter Kaffee im Pappbecher 3 Euro kostet oder die Benutzung eines sinnlosen E-Scooters mindestens 20 Cent pro Minute kostet, für das Produkt Qualitätsjournalismus nicht einmal 30 Cent am Tag beim reinen Onlinezugang oder knapp 1,50 Euro bei der Lieferung der Zeitung zu bezahlen."

Röttger, Berndt: Warum Journalismus auch im Internet etwas kosten muss. In: www.abendblatt.de, 21.10.2019

AUFGABEN

1. Nenne Webseiten, die du besuchst, bei denen du die Wahl hast, ob du bezahlst oder mit Werbung surfst (**M1**).
2. Erläutere, welchen Zugang zu Informationen du oder deine Familie nutzt. Würdest du etwas verändern, wenn du ausgezogen bist und dein eigenes Geld verdienst (**M1**, **M2**)?
3. Wie funktioniert der kostenfreie Zugang im Internet?
   a) Interpretiere die Abbildung in **M2**.
   b) Bewerte die Aussage des Bildes. Gehe dabei auch darauf ein, welche Vor- und Nachteile beide Seiten davon haben könnten.
4. Nimm begründet Stellung zu der Frage, ob du deine Daten angeben oder Geld für den Maklerservice bezahlen würdest (**M3**). **MK**
5. Diskutiert die Aussage von Berndt Röttger (**M4**) in der Klasse.

Meine Persönlichkeit, meine Rechte?

Eine schnelle Kommunikation über Messenger und Netzwerke ist super. Alles kann schnell und unkompliziert geklärt werden: Treffen organisieren oder Hausaufgaben erfragen, alles kein Problem. Genau diese schnelle Kommunikation birgt jedoch auch Nachteile. Nicht alles, was sich schnell verbreitet, soll auch dauerhaft abrufbar sein. Und wirklich rückgängig machen, ist meistens kaum möglich ...

M5 „Schick das mal rüber" – Persönlichkeitsrechte in Gefahr?

Ahmed, Neylem, Franz und Johanna gehen zusammen in die 9. Klasse. Sie sind seit der 5. Klasse richtig gute Freunde und machen so gut wie alles gemeinsam. Wenn sie zusammen Zeit verbringen haben sie immer sehr viel zu lachen. Natürlich halten sie viele ihrer Momente mit dem Smartphone fest. Es existieren unzählige Schnappschüsse und Videos mit mehr oder weniger gewollten Grimassen, die zu Stickern, Memes, GIFs und anderen Dingen weiterverarbeitet werden.

Als die Vier einmal Döner essend durch die Gegend ziehen, läuft mal wieder eine Kamera mit. Wie aus dem Nichts stolpert Franz auf dem Gehweg und fällt hin. Dabei landet er mit dem Gesicht in seinem Döner – eine schöne Sauerei! Die anderen Drei bekommen sich vor Lachen kaum ein. Während Ahmed und Neylem Franz wieder hoch helfen und ihn dabei unterstützen, sich von Salat und Soße zu befreien, hält Johanna alles für die Nachwelt fest. Kurz danach muss Franz selbst schon über die Situation lachen, besonders als Johanna ihm die Videos zeigt. „Das musst du uns nachher unbedingt schicken", sagte er.

Am Abend befasst sich Johanna mit der Bearbeitung sowie dem Zusammenschnitt der Tageshighlights. Ganz vorne mit dabei sind eine Zeitlupen-Aufnahme des Sturzes und eine unvorteilhafte, kommentierte Aufnahme von Franz' soßenverschmiertem und salatgarniertem Gesicht. „Johanna, kommst du jetzt endlich Abendessen?" Ihr Vater klingt alles andere als erfreut. „Bin schon da!", ruft Johanna. Sie sendet schnell die Daten in die Freundesgruppe, wirft ihr Handy aufs Bett und geht essen.

Als sie nach dem Essen den Messenger öffnet, erlebt sie eine böse Überraschung! In der Hektik hat sie aus Versehen die Dateien in den Klassenchat und nicht in ihre kleine Gruppe gepostet. Sie versucht hektisch, die Daten zu löschen – keine Chance, der Chat quillt über. Unter unzähligen lachenden Emojis mischen sich Hohn, Spott und bösartig veränderte Versionen der Originale. „Hört auf damit!", „Lasst das sein!", schreibt sie wieder und wieder. Doch ihr Eingreifen geht völlig unter. Franz

Johannas Bitten gehen im Klassenchat unter.

Meme
eine meist amüsante Bild- und Textmontage, die im Internet verbreitet wird

GIF
eine kurze animierte Bildabfolge oder Grafik

reagiert erst gar nicht in der Gruppe. Er hat Johanna bereits zehn Mal versucht anzurufen. Sie ruft Franz an, er ist stocksauer. Unter Tränen versucht sie ihm zu erklären, was passiert ist und entschuldigt sich immer und immer wieder bei ihm. Auch Ahmed und Neylem sind enttäuscht von ihr. So ganz können sie nicht glauben, dass es ein Versehen war. Als die Vier am nächsten Morgen an der Schule ankommen, nimmt die Geschichte ihren Lauf. Auf dem Vorplatz, in den Gängen, überall laufen verschiedenste Videos, Memes und vieles mehr von Johannas Upload. Vom eigenen Klassenchat aus haben sich die Ereignisse verselbstständigt. Viele lachen Franz im Vorbeigehen aus, äffen ihn nach, schubsen oder beleidigen ihn.

Auch in den nächsten Tagen ist Franz das Gesprächsthema Nummer eins, weswegen sich Franz immer weiter zurückzieht.

Johanna kämpft sehr dafür, ihren Fehler wieder gut zu machen. Sie hat mit der Klassenleiterin und dem Schulsozialarbeiter gesprochen, nimmt ihn vor allen anderen in Schutz, setzt sich für ihn ein. Gegen die große Masse kann sie jedoch kaum etwas ausrichten. Trotz ihrer Bemühungen spricht Franz nicht mehr mit ihr, ebenso wenig Ahmed und Neylem.

Einige Tage später öffnet Johanna den Briefkasten. Es ist Post von einer Anwältin dabei. Franz' Eltern haben sie angezeigt.

M6 Welche Persönlichkeitsrechte habe ich im Internet?

Das Recht am eigenen Bild leitet sich in Deutschland allen voran aus dem Grundgesetz ab. Artikel 1 garantiert die Würde des Menschen als oberstes Gut und Artikel 2 das Recht auf freie Entfaltung der Persönlichkeit. Beide Grundrechten können bedroht werden, wenn eine Person von einer anderen beispielsweise unerlaubt Bilder im Internet verbreitet.

Daher ist jeder selbst dazu berechtigt, zu entscheiden, ob er der Weitergabe oder Verbreitung von personenbezogenen Daten, dazu gehören unter anderem auch Bilder, zustimmt.

AUFGABEN

1. Lies und bearbeite den Text **M5** mithilfe der 5-Schritte-Lesemethode (Methodenglossar).
2. Fasse die Geschichte mit eigenen Worten zusammen.
3. Stelle Vermutungen an, aus welchem Grund Franz' Eltern Johanna angezeigt haben könnten.
4. Diskutiert in der Klasse, wie ihr euch an Stelle von Franz, Johanna, Ahmed und Neylem verhalten hättet und wie die Geschichte zu Ende gehen könnte.
5. Lest **M6** und sammelt zu zweit Beispiele aus eurer eigenen Erfahrung, in denen ihr mit dem „Recht am eigenen Bild" bereits wissentlich oder unwissentlich zu tun hattet. **MK**

Urheberrecht – darf ich das verwenden?

Die Welt des Internets: Jeder von uns kann ohne große Umwege eigene Blogs, Video- oder Streamingkanäle erstellen und mit Inhalten füllen. Dabei ist aber Vorsicht geboten. Nicht alles, was du filmst, knipst oder streamst, darf ohne Weiteres von dir ins Netz gestellt werden.

M7 Der Baguette-Skandal

Bäckermeister Bernd hat eine Geschäftsidee: Er möchte einen Online-Backshop eröffnen und dort als „Bernds Online-Bäckerei" seine Waren auch digital anbieten.

Nach einigen Wochen hat er bereits die Benutzeroberfläche seines eigenen Webshops erstellt. Dieser sieht jedoch noch reichlich langweilig und trostlos aus. Bernd befürchtet, dass so niemand angesprochen wird.

Auf den Rat seiner Freunde hin, versucht er seine Webseite zu verschönern und sucht im Internet nach schmackhaft aussehenden Baguettes als Hintergrundbild.

Er wird auch sehr schnell fündig, kopiert sich das Bild heraus und ist danach schon ziemlich stolz auf das Ergebnis.

Bäcker Bernd erstellt einen Online-Shop.

Ein paar Wochen später folgt dann jedoch der große Schreck: Im Briefkasten findet sich eine „Unterlassungserklärung", die ihm die Nutzung des Baguette-Bildes verbietet sowie die Aufforderung zu einer sofortigen Zahlung von 800 €.

URHEBERRECHT

Dinge, die du selbst erschaffen hast, sind dein geistiges Eigentum. Dazu zählen z. B. Zeichnungen, Fotos, Melodien und Texte. Das Urheberrecht schützt dein geistiges Eigentum vor der unerlaubten Nutzung durch Dritte. Voraussetzung ist, dass es dieses so vorher noch nicht gab*.

Besonders im Internet ist die Verwendung von geistigem Eigentum anderer problematisch. Oft kommt es aus Unwissenheit zu teuren Abmahnungen, obwohl keine böse Absicht dahinterstand. Für Laien (Menschen ohne Fachkenntnisse) ist das Urheberrecht kaum zu verstehen, deshalb gibt es Ansätze, wie die creative commons-Lizenzen, die das System vereinfachen wollen.

*Das Abzeichnen einer Vorlage, der Schnappschuss von einer Cola Flasche oder das Nachspielen eines Songs zählen z. B. nicht dazu.

Hier findet ihr ein Erklärvideo zum Urheberrecht:

Mediencode: 82252-08

M8 Darf man das?

1 Marc erstellt ein Meme mit einem Bild des Streamers Montana Black und postet es bei Instagram.

2 Robert erstellt ein Meme von seinem Kumpel Christian und postet es bei Instagram.

3 Viktoria stößt im Internet auf einen Spruch, der ihr sehr gut gefällt. Sie nutzt ihn ohne Zitat oder Angabe der Autorin unter einem ihrer Bilder als Beschreibung.

4 Bruno nutzt zur Veranschaulichung seines Vortrages viele Bilder aus dem Netz in seiner Präsentation. An Ende zeigt er eine Übersicht seiner Quellen.

5 Auf seinem Handout zum Vortrag hat Bruno auch ein Bild aus dem Netz untergebracht. Weil er versehentlich zu wenige kopiert hat, stellt er es zusätzlich digital auf der Lernplattform zur Verfügung.

6 Ewa startet ein YouTube-Format. Für das Intro verwendet sie lizenzfreie Musik von einer extra dafür eingerichteten Plattform.

M9 Lohnt sich die Arbeit?

Lee ist Fotograf und Grafiker. Er schießt Bilder oder erstellt Grafiken für Unternehmen. Für seine Arbeit braucht er gute Kameras, einen modernen Computer mit jeder Menge Software und viel Zeit – da kommt ordentlich was zusammen. Natürlich muss er auch seine Miete bezahlen, Lebensmittel kaufen und ab und zu will er sich auch etwas gönnen können. Leider stellt er immer wieder fest, dass die Arbeit von ihm und seinen Kolleginnen und Kollegen nicht wertgeschätzt und einfach kopiert wird. Für ihn hat dieses Verhalten Konsequenzen.

AUFGABEN

1. Setze dich mit Urheberrechtsverletzungen im Internet auseinander.
   a) Erkläre in eigenen Worten, welchen Fehler Bernd in **M7** begangen hat.
   b) Beschreibe, welches Problem Bernd wegen seines Online-Shops haben könnte (**M7**).
2. Erkläre im Zusammenhang mit der Geschichte aus **M7** das Urheberrecht (**#Urheberrecht**).
3. Stelle begründet Vermutungen an, ob in den Beispielen in **M8** ein Urheberrecht verletzt wird.
4. Erläutere, warum für Lee das Urheberrecht von großer Bedeutung ist (**M9**). **MK**

H zu Aufgabe 3
Sieht dir das Video über den QR-Code auf der vorherigen Seite an und erkläre das Urheberrecht.

PERSÖNLICHKEITS- UND URHEBERRECHT

DATENSCHUTZ UND WERBUNG

← M1-M4

Ein Tag ohne die Nutzung digitaler Medien ist heute kaum noch vorstellbar. Die meisten Inhalte sind dabei immer noch kostenfrei zugänglich, auch wenn sogenannte Bezahlschranken immer stärker zunehmen. Der Preis für die kostenlose Nutzung sind die Daten, die wir beim Surfen hinterlassen. Sie werden genutzt, um z. B. die angezeigte Werbung besser anzupassen. Darüber finanzieren die Webseiten ihren Betrieb. Dass ist auf der einen Seite fair, auf der anderen Seite ist es wichtig, darauf zu achten, welche persönlichen Daten und Informationen man im Netz freigibt. Und man muss über dieses Vorgehen auch erst einmal informiert sein und es durchschaut haben, um sich informiert entscheiden zu können.

PERSÖHNLICHKEITSRECHTE IM INTERNET

← M5

Besonders private Bilder und Videos können in den falschen Händen viel Ärger anrichten. Deshalb ist es wichtig, die eigene (digitale) Persönlichkeit zu schützen. Daneben muss aber auch darauf geachtet werden, die Rechte von anderen im digitalen Raum zu schützen. So darf beispielsweise kein Bild von einer anderen Person ohne deren Einverständnis im öffentlich zugänglichen Internet hochgestellt werden.

URHEBERRECHT

← M6-M8

Aber auch das eigene Schaffen gilt es zu schützen. Das Urheberrecht hilft dabei. Besonders im Netz geht es schnell, dass Werke bewusst oder unbewusst ohne Erlaubnis kopiert, verändert und verwendet werden. Daher ist es wichtig, darauf zu achten, woher die Werke stammen. Andernfalls kann es teuer werden, wenn es z. B. zu einer Klage wegen unerlaubter Nutzung kommt.

M1 Spielen – nur mit Abonnement!

Tufu und Lin sind riesige Fans eines Online-Shooters. Das Besondere daran ist, dass man im Team miteinander oder gegeneinander spielt und dass das Spiel nur in einem Abo erworben werden kann. Wer nicht zahlt, kann nicht spielen. Das Abo läuft immer einen Monat und verlängert sich automatisch um einen weiteren Monat, wenn es nicht rechtzeitig gekündigt wird.

Während Lin einen eigenen Account hat, kann Tufu nur spielen, wenn Lin ihn lässt. Seine Eltern wollen kein Abo abschließen, weil sie schlechte Erfahrungen mit vergessenen Kündigungen gemacht haben. Er findet es unfair, dass er die Fehler seiner Eltern ausbaden muss.

Lin hat sich für ihren Account einen Username ausgedacht und ein Foto von sich eingestellt, dass sie auch im Spiel von ihren Freunden erkannt werden kann. Sie findet, dass die Comic Avatare der anderen Spielerinnen und Spieler quatsch sind. Tufu sagt ihr immer, dass er das für keine gute Idee hält. Allerdings ist es ihm auch egal. Es ist ja nicht sein Account. Er ist außerdem meistens damit beschäftigt, sich eine Übertragung seines Lieblings-Streamers anzusehen. Er präsentiert die neuen Waffen des Games, die man sich gegen Echtgeld kaufen kann. „Die Dinger lohnen sich echt. Damit seid ihr den anderen ein gutes Stück voraus!“, sagt dieser. Tufu würde die Waffen sofort kaufen, wenn er könnte.

Tufu spielt über Lins Account.

Aufgaben

1. Beschreibe, um welche Vertragsart es sich bei einem Abo handelt und wie dieses zustande kommt.
2. Erkläre, warum Tufus Eltern Probleme mit Abos haben.
3. Nimm Stellung zu der Aussage von Tufus Lieblings-Streamer.
4. Bewerte Lins Entscheidung, ein Bild von sich für ihren Avatar zu nutzen und diskutiert eure Ansichten dazu in der Klasse. MK

In diesem Kapitel hast du verschiedene Formen von Verträgen und deren Folgen, wie zum Beispiel Schulden, kennengelernt. Daneben hast du dich mit deinen Rechten als Verbraucherin oder Verbraucher sowie den Besonderheiten beim Online-Shopping und den Regelungen des Datenschutzes im Internet auseinandergesetzt. Mit dieser Tabelle kannst du überprüfen, was du schon kannst und wo du noch üben solltest.

Ich kann ...	Das klappt schon ...	Hier kann ich noch üben ...
... beschreiben, wie Verträge zustande kommen.	👍 ✋ 👎	Kapitel 2.1: M1, M2, #Kaufvertrag
... beschreiben, was AGB sind, wozu sie benötigt werden und worauf man dabei achten sollte.	👍 ✋ 👎	Kapitel 2.1: M6-M8, #AGB
... unterschiedliche Vertragsarten erläutern.	👍 ✋ 👎	Kapitel 2.1: M9, M10, #Laufzeitvertrag
... den Unterschied zwischen Verschuldung und Überschuldung erklären.	👍 ✋ 👎	Kapitel 2.2: M1, #Verschuldung und Überschuldung
... erläutern, wie ich Schulden vermeiden kann und wo ich im Notfall Hilfe bekomme.	👍 ✋ 👎	Kapitel 2.2: M4, M6, M7, #Haushaltsbuch
... mich über Produkte vor dem Kauf informieren, sie bewerten und eine überlegte Kaufentscheidung treffen.	👍 ✋ 👎	Kapitel 2.3: M2, M3, #Verbraucherschutz
... Wege beschreiben, wie ich meine Rechte als Verbraucher geltend mache.	👍 ✋ 👎	Kapitel 2.3: M4, #Verbraucherbeschwerde
... Einflüsse auf meine Kaufentscheidung und deren Hintergründe benennen.	👍 ✋ 👎	Kapitel 2.4: M1-M4 #Cookies, #Affiliate-Links
... die Vor- und Nachteile von Tracking erklären.	👍 ✋ 👎	Kapitel 2.5: M3, M4
... Risiken bei der Verwendung persönlicher Daten im Internet erläutern.	👍 ✋ 👎	Kapitel 2.5: M5
... beschreiben, was das Urheberrecht ist und wen oder was es schützt.	👍 ✋ 👎	Kapitel 2.5: M7, M8, #Urheberrecht

Felix wohnt neu in NRW

Felix ist vor ein paar Wochen mit seiner Mutter und seiner Schwester von Berlin nach Düsseldorf zum neuen Lebenspartner seiner Mutter gezogen. Er schreibt seinen alten Klassenkameraden aus Berlin über die Chat-Gruppe der Klasse.

Der nordrhein-westfälische Landtag in Düsseldorf.

Was weißt du schon?

1. Was kannst du Felix zu deinem Bundesland NRW berichten? Notiere zehn Stichpunkte zu NRW.
2. Vergleicht eure Punkte im Plenum und erstellt – zum Beispiel mit der Edkimo-App – eine Klassen-Wortwolke zum Thema: „Unser Bundesland NRW“

3

#Politik in unserem Bundesland NRW

Du lebst als Jugendlicher mit deiner Familie in Nordrhein-Westfalen und gehst dort zur Schule. Was macht denn eigentlich dein Bundesland NRW aus? Wie wird im Bundesland Politik gemacht? Was ist der Landtag und was machen die Politiker dort? Und wie können wir als Bürger die Politik mitgestalten?

Was lernst du in diesem Kapitel?

... Informationen über das Bundesland Nordrhein-Westfalen zu benennen.
... die Rolle der Bundesländer in der Politik zu untersuchen.
... das Prinzip „Föderalismus“ zu erläutern.
... Vor- und Nachteile des (Bildungs-)Föderalismus zu diskutieren.
... Aufgaben der Landesparlamente zu beschreiben.
... die Landtagswahl zu erklären.
... Möglichkeiten der Mitgestaltung von Politik durch Bürger auf Landesebene herauszuarbeiten.
... eine Online-Petition zu formulieren.

Wir erstellen eine Quiz-Rallye

Ihr seid Bürgerinnen und Bürger in NRW und solltet gut über euer Bundesland und die Landespolitik Bescheid wissen. Mithilfe des Kapitels arbeitet ihr euch zur Vorbereitung eurer Quiz-Rallye in die verschiedenen Themenbereiche ein und entwickelt dazu ein Quiz. Wer wird wohl der Quiz-König in eurer Klasse sein?

Geht dabei so vor:

Start

1 Bildet Gruppen von 4-6 Schülerinnen und Schülern. Jede Gruppe bearbeitet einen anderen Themenbereich und fasst die Informationen zu ihrem Thema so zusammen, dass sie möglichst einfach und klar verständlich sind.

2 Erarbeitet euch mithilfe der Materialien zunächst das zentrale Wissen zu einem der folgenden Themenbereiche:
- NRW kompakt: Land und Leute (→ Kap. 3.1, M1-M4)
- Warum gibt es eigentlich Bundesländer? (→ Kap. 3.1, M5-M6)
- Föderalismus am Beispiel Schule (→ Kap. 3.1, M7-M8)
- Wer bestimmt in unserem Bundesland? (→ Kap. 3.2, M1-M2)
- Welche Aufgaben hat der Landtag? (→ Kap. 3.2, M3-M4)
- Wie wird der Landtag gebildet? (→ Kap. 3.2, M5-M9)
- Wie kann ich als Bürger durch Petitionen die Politik mitgestalten? (→ Kap. 3.2, M10-M11)

3 Entwickelt zu eurem Themenbereich, nachdem ihr die zentralen Informationen zusammengefasst habt, ein Quiz mit ca. 10-15 Fragen und Antworten.

4 Das Quiz könnt ihr herkömmlich mit kleinen Karteikärtchen entwerfen oder ihr nutzt ein digitales Quiz-Tool, wie z. B. Kahoot, Quizlet, Learning Apps o.Ä.
Entscheidet in der Gruppe, welches Quizformat ihr auswählt.

Spielplan zur Rallye

Mediencode: 70062-49

5

Berücksichtigt beim Erstellen des Quiz folgende Aspekte:

- Formuliert die Fragen möglichst klar.
- Definiert die richtigen Antworten.
- Formuliert bei mehreren Antwortmöglichkeiten sinnvolle bzw. intelligente falsche Antworten.
- Variiert mit der Art der Fragen: richtig-falsch, Fragen mit Mehrfachantworten, Reihenfolge bilden, Begriffe zuordnen etc.
- Testet euer Quiz in eurer Gruppe selbst und spielt es durch.
- **Tipps:**
  - Die Fragen und Antworten schreibt ihr am besten zuerst in einem Word-Dokument auf und übertragt sie dann ggf. ins Quiz-Tool.
  - Falls möglich, fügt in euer Quiz auch Bilder und/oder Videos ein.

6

Erstellt zur Vorbereitung der Quiz-Rallye einen Spielplan in Form einer Übersicht mit allen Spielen und wie viele Punkte jeweils zu gewinnen sind.
Legt fest, welche Spielregeln gelten sollen und in welcher Reihenfolge die Teams die Quiz der anderen Gruppen durchspielen.

7

Führt die Quiz-Rallye durch. Dazu spielt ihr euch in mehreren Runden durch die verschiedenen Quiz der Teams. Ziel der Rallye ist also, möglichst viele Punkte zu erspielen, indem jedes Team die anderen Quiz spielt.

8

Nach einem spannenden Quizduell darf die Siegerehrung nicht fehlen. Bestimmt die Sieger für den ersten, zweiten und dritten Platz. Ein kleiner Preis für die Sieger wäre sicher nett...

3.1 Unser Bundesland NRW

NRW kompakt

Was macht eigentlich das Bundesland NRW aus? Die nachfolgenden Seiten helfen dir dabei, dein Bundesland ein bisschen näher kennenzulernen.

M1 Steckbrief zu deinem Bundesland

Nordrhein-Westfalen

Einwohnerzahl: ____________________

Größe: ____________________

Lage in Deutschland: ____________________

Regierungsbezirke: ____________________

____

Ministerpräsidenten: ____________________

Regierende Partei(en): ____________________

Aktuelle Nachrichten: ____________________

____

Mein Lieblingsort ist: ______________, weil ______________

Ein berühmter Mensch aus NRW: ____________________

Ein besonderes, denkwürdiges Ereignis, das in NRW passiert ist:

____

Berühmte Sehenswürdigkeiten: ____________________

____

Landeswappen
Auf dem Wappen von Nordrhein-Westfalen sind die verschiedenen Landesteile zu sehen: Der Fluss links stellt den Rhein und damit das Rheinland dar. Das westfälische Pferd steht für Westfalen. Und die lippische Rose ist das Zeichen des Landesteils Lippe.

M2 Nordrhein-Westfalen als Bundesland in Deutschland

a) Ein Bundesland in Deutschland

Video:
Unser Bundesland NRW

Mediencode: 70062-10

b) NRW als Wimmelbild

Land NRW / Jacques Tilly & David Salomon

M3 Fakten über NRW

1

Als die Britische Militärregierung am 23. August 1946 [...] das Land Nordrhein-Westfalen [gründete], geschah das unter dem Codenamen „Operation marriage". Aus dem nördlichen Teil der preußischen Rheinprovinz mit den Regierungsbezirken Aachen, Düsseldorf und Köln sowie der preußischen Provinz Westfalen wurde das Land Nordrhein-Westfalen gebildet. [...]

marriage
(englisch): Hochzeit

2

In Nordrhein-Westfalen leben rund 17,9 Millionen Menschen [Stand: Juli 2020]. Damit ist Nordrhein-Westfalen das bevölkerungsreichste der 16 Bundesländer Deutschlands. Wäre es ein eigener Staat, wäre Nordrhein-Westfalen unter den zehn größten Staaten der Europäischen Union. Zugleich ist Nordrhein-Westfalen auch das bevölkerungsdichteste Flächenland in Deutschland. Hier leben rund 517 Einwohner pro Quadratkilometer.

3

Mit einer Fläche von 34.092 Quadratkilometern ist Nordrhein-Westfalen das viertgrößte Bundesland Deutschlands. Es grenzt an die Bundesländer Niedersachsen, Hessen und Rheinland-Pfalz sowie an Belgien und die Niederlande. [...]

4

Seit dem 27. Juni 2017 ist Armin Laschet (CDU) Ministerpräsident von Nordrhein-Westfalen. [Er ist der elfte Ministerpräsident des Landes.]

5

Düsseldorf ist die Landeshauptstadt von Nordrhein-Westfalen und Köln mit ca. [1,09 Mio., Stand Ende 2019] Einwohnern die größte. [...] In Nordrhein-Westfalen gibt es 29 Städte mit über 100.000 Einwohnern.

6

Nordrhein-Westfalen erwirtschaftete [2019 mit rund 711,4 Mrd. Euro ca. ein Fünftel] des deutschen Bruttoinlandsproduktes (BIP). Damit liegt Nordrhein-Westfalen an der Spitze aller Bundesländer. In der internationalen Rangfolge liegt das Bundesland vor anderen europäischen Staaten wie Schweden, Polen und Belgien.

Bruttoinlandsprodukt (BIP)
Messgröße, mit der die wirtschaftliche Leistungskraft eines Landes gemessen wird

7

Nordrhein-Westfalen [hat ein vielfältiges kulturelles Erbe zu bieten]. [...] Mit dem Aachener Dom, den Schlössern Augustusburg und Falkenlust in Brühl, dem Kölner Dom, der Zeche Zollverein in Essen und dem Schloss Corvey befinden sich gleich fünf UNESCO-Weltkulturerbestätten in Nordrhein-Westfalen. [Andere Sehenswürdigkeiten sind die Schwebebahn in Wuppertal, die Museumsmeile in Bonn oder das Tanztheater Pina Bausch.]

8

In Nordrhein-Westfalen leben rund 4,3 Millionen Menschen mit Migrationshintergrund. Jeder vierte Einwohner hat ausländische Wurzeln.

9

Ein Viertel der gesamten Landesfläche in NRW ist bewaldet. Im Kreis Siegen-Wittgenstein sind sogar zwei Drittel der Fläche (64,4 Prozent) mit Wald bedeckt. Am städtischsten geht es dagegen im Rhein-Kreis Neuss zu: Dort sind nur 7,4 Prozent des Kreisgebietes als Wald ausgezeichnet.

Wir in NRW. Das Landesportal. In: www.land.nrw, Abruf am 08.12.2020

M4 Aufgaben der Bezirksregierungen

Nordrhein-Westfalen ist ein Flächenstaat, d.h. die Bevölkerung ist über eine große Fläche verteilt: In Bochum gibt es z.B. andere politische Anliegen als in Bonn oder im Münsterland. Deshalb wurde NRW in fünf Regierungsbezirke eingeteilt: Arnsberg, Detmold, Düsseldorf, Köln und Münster. Die Regierungsbezirke mit den Regierungspräsidenten an der Spitze unterstehen der Landesregierung direkt und sollen die Landespolitik in ihren jeweiligen Bezirken ausführen. Sie sind also Teil der Exekutive des Landes.

Die Aufgabe der Bezirksregierungen ist es, die gesetzliche Lage zu klären und die Anliegen aller Beteiligten zu bewerten, um dann eine Entscheidung zu treffen: also z.B. die Entscheidung und Genehmigung, an welchem Standort eine neue Chemieanlage gebaut werden kann. Dabei müssen viele verschiedene Interessen berücksichtigt werden. Was ist beim Bau selbst zu beachten (Baurecht), was ist in Bezug auf den Straßenverkehr und den Umweltschutz wichtig, wie steht die Landwirtschaft zu dem Projekt? Das Interesse des Investors muss mit den Interessen der Bürgerinnen und Bürger abgewogen werden. Die Bezirksregierung beaufsichtigt auch die Schulen und Kommunen. Damit ist sie ein Bindeglied zwischen Verwaltungen auf lokaler Ebene und der Landesverwaltung.

Bergmoser + Höller Verlag AG, Zahlenbilder 016421

AUFGABEN

1. Gestalte mithilfe der Vorlage (**M1**) und den Informationen aus den Materialien **M2-M4** einen Steckbrief zu Nordrhein-Westfalen.
2. Erkläre, aus welchen Bestandteilen sich das Wappen von Nordrhein-Westfalen zusammensetzt und was sie über die Geschichte des Bundeslandes aussagen (**M1**).
3. Beschreibe die geografische Lage Nordrhein-Westfalens und erkläre, warum NRW eine wichtige Rolle in Deutschland und Europa einnimmt (**M2**, **M3**).
4. Erläutere, warum NRW in Regierungsbezirke aufgeteilt ist und welche Aufgaben die Bezirksregierungen haben (**M4**).

H zu Aufgabe 1
Recherchiere Informationen, die du nicht den Materialien dieses Kapitels entnehmen kannst, im Internet (z.B.: www.land.nrw/de/land-und-leute/menschen-aus-nrw oder: https://geboren.am/orte/europa/deutschland/nordrhein-westfalen).

F zu Aufgabe 1
Ergänze den Steckbrief um weitere Punkte, die dir persönlich wichtig sind.

Föderalismus – oder: Warum gibt es Bundesländer?

Habt ihr auch immer gedacht, dass Angela Merkel mit den Bundesministern unser Land regiert? Das stimmt nur eingeschränkt, denn Deutschland ist in 16 verschiedene Bundesländer eingeteilt und die haben jeweils eine eigene Landesregierung. Wie genau funktioniert die Zusammenarbeit zwischen dem Bund und den Ländern und wofür sind die Länder zuständig? Was Gewaltenteilung ist, hast du schon in Kapitel 1.1 erfahren. Aber wie ist die Gewaltenteilung zwischen der Bundes- und der Landesebene eigentlich organisiert?

M5 Stadt – Land – Bund: Wer soll was regeln?

a ... ob in eurer Stadt ein neues Schwimmbad gebaut wird?

b ... ob das Wahlalter von 18 auf 16 Jahre herabgesetzt werden soll?

c ... ob der Schulbus alle 5 oder nur alle 15 Minuten fährt?

d ... welche Lehrpläne in NRW gelten sollen?

e ... wie die Müllabfuhr in Bielefeld organisiert ist?

f ... ob die Bundeswehr in Mali weiter eingesetzt werden soll?

g ... ob Schulsozialarbeiter in NRW dauerhaft eingestellt werden?

h ... ob Jugendliche bereits ab 12 Jahren strafmündig sein sollen?

i ... ob die Steuern erhöht werden sollen?

j ... ob die Autobahn A1 zwischen Leverkusen und Köln ausgebaut werden soll?

M6 Föderalismus: Geteilte Macht zwischen Bund und Ländern

Wer ist zuständig?	
Länder	**Bund**
• Schulen • Universitäten • Polizei • Rechtspflege • Gesundheitswesen • Kultur • Wohnungsbauförderung • Steuerverwaltung	• Soziale Sicherheit (Schwerpunkt Renten- und Arbeitslosenversicherung) • Verteidigung • Außenpolitik • Verkehrswesen • Geldwesen • Wirtschaftsförderung • Forschung

Mit dem Begriff „Föderalismus" wird der Zusammenschluss von einzelnen Ländern zu einem Bundesstaat bezeichnet. Auch Deutschland ist ein Bundesstaat. Jedes der 16 Bundesländer hat ein eigenes Parlament (Landtag) und eine eigene Landesregierung. Der Regierungschef eines Bundeslandes heißt Ministerpräsident. Nur in den sogenannten Stadtstaaten haben sie eine andere Bezeichnung; in Hamburg und Bremen heißen sie „Erster Bürgermeister" und in Berlin „Regierender Bürgermeister". Außerdem heißt der Landtag dort Senat. Die politische Macht wird in Deutschland zwischen dem Bund und den einzelnen Bundesländern aufgeteilt. Die Bundesregierung kümmert sich vor allem um Fragen, die ganz Deutschland betreffen, wie zum Beispiel die Außenpolitik und die Sozialpolitik. In den Ländern werden Gesetze erlassen, die nur das entsprechende Bundesland betreffen, insbesondere Entscheidungen in den Bereichen der Bildung und Kultur oder die Organisation der Polizei. Wenn der Bund Gesetze verabschieden möchte, reden die Regierungen der Länder immer mit. Im Bundesrat kommen dafür regelmäßig die Vertreter der Länderregierungen zusammen.

Zu den Ländern gehören auch die Gemeinden. Als Bestandteile der Bundesländer sind die Städte und Gemeinden aber nicht richtig selbstständig. Sie bleiben im Wesentlichen der Gesetzgebung der Bundesländer unterworfen. Sie haben aber einige Mitbestimmungsrechte (z. B. die Entscheidung über die Einrichtung einer Fahrradstraße) und wichtige Aufgaben.

Dass die Macht in Deutschland so aufgeteilt ist, hat auch mit dem Zweiten Weltkrieg zu tun. Die Siegermächte beschlossen damals: Nie wieder soll Deutschland so mächtig werden können wie vor dem Krieg. Der neue deutsche Staat sollte daher unbedingt eine föderale Struktur bekommen. Heute ist das im Grundgesetz unveränderlich festgeschrieben.

Der föderale Staatsaufbau Deutschlands

AUFGABEN

1. a) Lies die 10 Fragen in **M5**.
   b) Entscheide zunächst alleine: Auf welcher Ebene sollen die Themen geregelt werden: Stadt (Kommune), Land oder Bund?
   c) Stellt euch zum Austausch in der Klasse in einer Positionslinie auf und begründet eure Meinung.
2. Lies den Text **M6** und erläutere einem Partner mit eigenen Worten das Prinzip des Föderalismus.
3. Beschreibe und erkläre den föderalen Staatsaufbau Deutschlands (**M6**, vgl. auch **Kapitel 1.1**, **M12**).

H zu Aufgabe 1
Bei einigen Entscheidungen könnten auch mehrere Ebenen beteiligt sein.

H zu Aufgabe 2
Mach dir einen „Spickzettel" zu folgenden Fragen:
- Was versteht man unter Föderalismus?
- Wie ist die Macht zwischen Bund und Ländern aufgeteilt?
- Warum gibt es verschiedene Bundesländer?

Föderalismus am Beispiel Schule

Was bedeutet das Prinzip des Föderalismus denn konkret für Menschen, die umziehen? Ihr erfahrt am Beispiel von Felix, welche Folgen für den Schulbesuch ein Umzug in ein anderes Bundesland haben kann, denn für die Schulen sind die Bundesländer verantwortlich.

M7 Felix ist umgezogen: Was für ein Chaos …

Felix: Hi Leute, Düsseldorf und meine neue Klasse an der Realschule sind ganz okay. Die meisten Lehrer sind auch ganz cool.

Emre: Häh, wieso Realschule? Was ist das denn für eine Schule?

Felix: In Düsseldorf gibt es keine Integrierten Sekundarschulen wie in Berlin, deshalb hab' ich an die Realschule gewechselt. Gymnasium wäre zu schwer für mich 🙂. Sonst gibt es in NRW noch Hauptschulen, Gesamtschulen, Sekundarschulen und das Gymnasium. So ein Wirrwarr…ich checke da auch nur die Hälfte.

Caro: Chaotisch. Aber Hauptsache deine neue Klasse ist nett. Sicher findest du bald neue Freunde. Aber wir bleiben in Kontakt. 🙂

Felix: Aber was voll kacke ist… Das Fach Spanisch gibt es an meiner jetzigen Schule gar nicht, ich musste jetzt als Wahlpflichtfach „Sozialwissenschaften" wählen, das ist so ähnlich wie bei uns das Fach „Politische Bildung".

Paul: Hast du ein Glück ;) Ich wäre froh, wenn ich Spanisch los wäre. So schwer…

Ayse: Ich auch 🙂. Kommst du uns in den Ferien besuchen?

Felix: Klaro, gerne! Aber da müssen wir genau schauen, wann wir gleichzeitig Ferien haben.

Emre: Unsere Sommerferien in Berlin starten eher als eure in NRW, da könnte ich dich doch besuchen und mal mit in deine neue Klasse gehen. 🙂

Felix: Du und freiwillig zur Schule … aber klaro. Wäre cool. Meinst du, unsere Eltern erlauben das? Muss jetzt Abendessen… so long…

Weitere Informationen zum Bildungsföderalismus

Mediencode: 70062-11

M8 16 verschiedene Bildungssysteme – bereichernd oder einfach nur unübersichtlich?

Felix Mutter hat bei der Begleitung der Besuchergruppen im Landtag immer wieder Diskussionen um die Zuständigkeit der Länder für die Bildung, den sogenannten „Bildungsföderalismus". Die Besucher konnten ihre Meinungen dazu an eine Pinnwand heften.

1 Ich halte es für sinnvoll, dass die Länder das Schulsystem an ihre speziellen Bedingungen anpassen können. Die Bevölkerung in Bayern hat andere Bedürfnisse als die in Berlin.
Esther Jansen

2 Vielfalt erzeugt Wettbewerb um gute Ideen. Wenn die Bundesländer in Testergebnissen bei Ländervergleichsstudien unterschiedlich abschneiden, dann ist das doch ein Anreiz für die schwächeren Länder, etwas zu verbessern und neue Ideen zu entwickeln.
Andrea Hilger

3 Die Menschen sind heutzutage sehr mobil! Eltern wechseln den Job und damit häufig auch das Bundesland. Für viele Jugendliche bedeutet dies, dass sie sich auf eine andere Schulform, andere Lehrpläne und andere Arbeitsweisen einstellen müssen. Einige sind damit überfordert und haben dann schlechtere Chancen.
Kadri Jelic

4 Wenn es in Bremen einfacher ist, einen guten Notendurchschnitt zu bekommen als in NRW, dann finde ich das ungerecht. Artikel 3 des Grundgesetzes fordert, dass niemand wegen seiner Herkunft benachteiligt werden darf! Man könnte ja ein bundesweites Zentralabitur in einigen Fächern einführen.
Berit Neugebauer

5 Dem Bildungssystem in Deutschland täte mehr zentrale Steuerung gut! Ein Beispiel: Da es keine bundesweite Abstimmungsstelle für die Vergabe von Studienplätzen mehr gibt, bewerben sich Abiturienten gleichzeitig bei vielen Unis. Dadurch bleiben immer viele Studienplätze unbesetzt.
Anna Busse

6 Nach der NS-Diktatur wurde bei der Gründung der Bundesrepublik großer Wert darauf gelegt, dass nicht alle Macht an den Bund geht. Da Bildungspolitik die Kernaufgabe der Länder ist, ist es wichtig, sie dort zu lassen und damit die Demokratie zu stärken!
Christian Grau

AUFGABEN

1. a) Erläutere, auf welche Schwierigkeiten Felix stößt (**M7**).
   b) Diskutiere mit deinem Sitznachbarn, ob es auch Vorteile für Felix gibt.
2. a) Lest im Team abwechselnd die Aussagen an der Pinnwand (**M8**), erläutert sie eurem Partner mit eigenen Worten und ordnet sie als Pro- oder Kontra-Argument ein.
   b) Schulpolitik ist Sache der Bundesländer. Sammelt Argumente für und gegen diese Regelung und führt eine Pro- und Kontra-Diskussion zu folgender Streitfrage durch: „Sollte der Bildungsföderalismus abgeschafft werden und ein einheitliches Schulsystem für ganz Deutschland eingeführt werden?" (**Methode: Ein Streitgespräch führen**).

F **zu Aufgabe 2**
Verfasse eine persönliche Stellungnahme, in der du einen eigenen Zettel für die Pinnwand schreibst.

Ein Streitgespräch führen (Pro- und Kontra-Diskussion)

Worum geht es?

Im Streitgespräch wird eine strittige Frage von allen Seiten untersucht. Es geht darum, verschiedene Argumente für die Pro- bzw. Kontra-Seite aus unterschiedlichen Perspektiven zu sammeln und sich damit kritisch auseinanderzusetzen. Bevor ihr die Diskussion durchführen könnt, müsst ihr euch gründlich mit dem Thema beschäftigen und euch in eure Position einarbeiten.

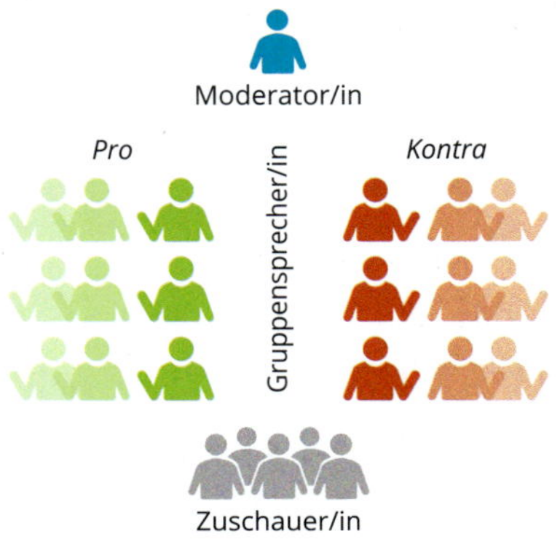

Geht dabei so vor:

1. Schritt: Vorbereitung

- Teilt eure Klasse in eine **Pro-** und eine **Kontra-Gruppe** auf. Bereitet euch in den Gruppen auf die Diskussion vor, indem ihr die Argumente herausarbeitet. Bestimmt in jeder Kleingruppe, wer euer **Sprecher** oder eure **Sprecherin** später in der Diskussion sein soll.
- Bestimmt ein oder zwei **Moderatoren**, die durch die Diskussion führen.
- Die restlichen Schülerinnen und Schüler der Klasse bilden die **Beobachter**. Sie verfolgen die Diskussion mithilfe von Beobachtungsaufträgen genau.

2. Schritt: Durchführung

1. Eine **Moderatorin** oder ein **Moderator** führt mit einigen Sätzen in das Thema ein, begrüßt die Teilnehmenden und eröffnet die Diskussionsrunde.
2. Die **Sprecher** erläutern ihren Standpunkt, verteidigen ihre jeweilige Position und versuchen, Gegenargumente zu entkräften. Die **Moderation** achtet dabei auf ein striktes Abwechseln der Redner und die Einhaltung der angegebenen Redezeit (max. 3 Min. pro Redebeitrag).
3. Die **Beobachter** verfolgen nach vorher festgelegten Kriterien die Diskussion.
4. Die **Gesprächsleitung** leitet die Schlussrunde ein. Jeder **Sprecher** formuliert ein Abschlussstatement.

Muster für Beobachtungsbogen

Mediencode: 70062-18

3. Schritt: Auswertung

- Alle Teilnehmenden der Diskussion äußern sich zu ihren Gefühlen und Eindrücken während der Diskussion.
- Die Beobachter geben den Diskutierenden mithilfe ihrer Beobachtungsaufträge Rückmeldungen zum Diskussionsverhalten und zum Inhalt.

DAS BUNDESLAND NORDRHEIN-WESTFALEN

DAS BUNDESLAND NORDRHEIN-WESTFALEN

← M2, M3

Nordrhein-Westfalen wurde nach Ende des Zweiten Weltkrieges gegründet und bestand zunächst aus dem Rheinland und Westfalen, ein Jahr später kam das Lipperland dazu. Düsseldorf ist die Landeshauptstadt. Das Flächenland NRW nimmt eine wichtige Rolle in der Bundesrepublik Deutschland ein. Es ist das bevölkerungsreichste der sechszehn Bundesländer. Für die Wirtschaft hat seine starke Industrie eine herausragende Bedeutung. Auch deswegen leben hier viele Menschen mit Migrationshintergrund. Fast jeder Vierte hat Vorfahren aus anderen Ländern.

REGIERUNGSBEZIRKE ALS TEIL DER EXEKUTIVE

← M4

NRW ist in fünf Regierungsbezirke eingeteilt: Arnsberg, Detmold, Düsseldorf, Köln und Münster. Die Regierungsbezirke bestehen aus den Gemeinden der (Land-)Kreise und den kreisfreien Städten. Jeder Regierungsbezirk hat eine Bezirksregierung, die der Landesregierung direkt untersteht und die Landespolitik in ihrem jeweiligen Bezirk ausführen soll. An der Spitze der Bezirksregierungen stehen die Regierungspräsidenten.

FÖDERALISMUS

← M5, M6

Die Bundesrepublik Deutschland besteht aus 16 Bundesländern: 13 Flächenländern und drei Stadtstaaten. Die Bundesländer sind gleichberechtigte Gliedstaaten mit eigenen Rechten und Kompetenzen. Die Zuständigkeiten für politische Aufgaben teilen sich Bund und Länder auf: Wer welche Aufgabenbereiche übernimmt, ist im Grundgesetz festgelegt. So bestimmt der Bundestag in Berlin über die Politikbereiche, die die gesamte BRD betreffen, z. B. über die Außen- und Finanzpolitik. Die Bundesländer entscheiden aber z. B. über die Politikbereiche Bildung und Kultur.

BILDUNGSFÖDERALISMUS

← M8

Die politischen Entscheidungen zu Schulen werden also in den Bundesländern getroffen. Daher gibt es z. B. unterschiedliche Schulformen, wie Realschulen, Sekundarschulen und Gemeinschaftsschulen. Auch die Inhalte und die Anforderungen, was gelernt werden muss, unterscheiden sich. Es gibt verschiedene Meinungen dazu, ob der Bildungsföderalismus mehr Vorteile oder mehr Nachteile mit sich bringt.

3.2 Wie wird eigentlich Politik in NRW gemacht?

Wer bestimmt im Land NRW?

Politikerinnen und Politiker kennt ihr sicher alle aus dem Fernsehen und meistens nicht aus persönlichen Begegnungen. Wie sieht ihr Alltag aus? Und was sind die rechtlichen Grundlagen ihrer Arbeit?

M1 Wie sieht eigentlich der Alltag einer Politikerin im Landtag aus?

Sigrid Beer ist seit 2005 Abgeordnete für Bündnis 90/Die Grünen im Düsseldorfer Landtag aus dem Wahlkreis Paderborn. Bevor sie in die Politik gegangen ist, hat sie als Wissenschaftlerin an der Universität Paderborn in der Lehreraus- und Fortbildung sowie Forschung im Bereich der Verbraucherbildung gearbeitet. Im Landtag arbeitet Frau Beer in vielen Ausschüssen und Arbeitskreisen mit, ihr „Spezialgebiet" liegt im Bereich der Bildungs- und Schulpolitik.

Frau Beer, warum sind Sie Politikerin geworden?

Als Mutter von drei Kindern habe ich mich zunächst als Elternvertreterin in der Schule engagiert und dann in einer Elterninitiative mitgearbeitet, um eine Gesamtschule in Paderborn zu gründen. Zuvor passierte der Reaktorunfall in Tschernobyl und das Thema Umwelt war mir seitdem besonders wichtig. Dies hat mich motiviert, in die Politik zu gehen und mich für eine gerechte Gesellschaft aktiv einzusetzen.

Was gefällt Ihnen an Ihrer Arbeit besonders gut?

Besonders gut gefällt mir, dass meine Arbeit nah an den Menschen ist, an dem, was sie beschäftigt und bewegt. Ich nehme Einfluss auf Gesetze und gestalte die Gesellschaft mit.

Wie sieht Ihre Arbeit als Politikerin im Alltag aus?

Von montags bis donnerstags arbeite ich in Düsseldorf, in der Regel von 8.00 bis 22.00 Uhr. In den Plenumswochen tagen keine Ausschüsse, dafür kommen die Plenarsitzungen dazu, in denen das Parlament über Gesetzesentwürfe diskutiert und über die Anträge der Abgeordneten berät. Nach der Debatte im Plenum wird entweder abgestimmt oder sie gehen in die Ausschüsse, wo auch Anhörungen zu den Themen einberufen werden können.

WOCHENPLAN

MONTAG:
Petitionstermine

DIENSTAG:
Fraktionsarbeit,
Sitzung Arbeitskreise

MITTWOCH:
Ausschüsse

DONNERSTAG:
Petitionstermine

FREITAG:
Termine im Wahlkreis

SAMSTAG:
Termine im Wahlkreis

SONNTAG:
Familientag

Plenum
Gesamtversammlung aller gewählten Abgeordneten eines Parlaments; zentraler Ort der öffentlichen Reden und der verbindlichen Entscheidungen des Parlaments

Welche Aufgaben haben Sie im Landtag?
Einen großen Teil meiner Aufgaben macht die Arbeit in den verschiedenen Fachausschüssen aus. Aber ich verbringe auch viele Arbeitsstunden mit der Beantwortung von BürgerInnen-Anfragen und beantworte deren persönliche Anliegen. Diese werden fachbezogen aus ganz NRW oder allgemein aus meinem Wahlkreis an mich gerichtet. Dazu kommt die Erarbeitung von Anträgen und Gesetzesentwürfen, Gespräche mit verschiedenen Interessensgruppen und Besuchstermine, z. B. von Schülergruppen.
Wo arbeiten Sie als Abgeordnete im Landtag?
Ich habe ein Büro im Landtag in Düsseldorf und mein Wahlkreis-Büro in Paderborn. Bei meiner Arbeit werde ich von drei Mitarbeiterinnen unterstützt. Manchmal haben wir auch Schülerpraktikantinnen und -praktikanten bei uns, die ihr Schülerbetriebspraktikum bei uns machen. […]
Es wird oft beklagt, dass Politiker gar nicht wissen, wie es Bürgerinnen und Bürgern geht. Wie stehen Sie zu dieser Behauptung?
Die Gefahr besteht natürlich, aber ich möchte hier besonders auf zwei Dinge hinweisen: Erstens die Sprechstunden der Politiker in den Wahlkreisen, die wir für die Bürger anbieten sowie die vielen Gespräche bei Besuchen, die ich mache; zweitens das Instrument der Petitionen. Diese Möglichkeit kann jeder Bürger nutzen und seine Beschwerde beim Landtag einreichen. Das geht sogar ganz einfach online über die Homepage des Landtages. Gerade die intensive Arbeit im Petitionsausschuss konfrontiert immer wieder mit der Lebenswirklichkeit der Menschen. Da kommt man sehr nah heran.
Welche Rolle spielen Soziale Netzwerke für Ihre tägliche Arbeit?
Ich nutze Twitter und Instagram für den Austausch über politische Themen. Die persönliche Begegnung mit Menschen ist mir für die tägliche Arbeit aber viel wichtiger.
Vielen Dank für das Gespräch!

Interview: Barbara Hansen, 02.06.2020

Beispiele für Petitionsthemen:

Ausbildungsduldung für Zugewanderte

Drohende Abschiebung einer Familie

Ampel gefordert - sichere Straßenüberquerung an Schulbushaltestelle

Darf ein Kind von der Einschulung zurückgestellt werden?

Müssen Eltern selber dafür sorgen oder bezahlen, dass ihr mehrfach behindertes Kind zur Förderschule kommt?

Petition
Bitte, Beschwerde, Anliegen

(Fach)Ausschüsse
Arbeitsgruppe von Abgeordneten, in der die Parteien in gleicher Zusammensetzung wie im Parlament vertreten sind. Hier werden Gesetze vorbereitet und Sachthemen diskutiert.

M2 Die Verfassung des Landes NRW

Artikel 30:
(1) Der Landtag besteht aus den vom Volke gewählten Abgeordneten. […]
(2) Die Abgeordneten stimmen nach ihrer freien, nur durch die Rücksicht auf das Volkswohl bestimmten Überzeugung; sie sind an Aufträge nicht gebunden.

Artikel 31:
(1) Die Abgeordneten werden in allgemeiner, gleicher, unmittelbarer, geheimer und freier Wahl gewählt.
(2) Wahlberechtigt ist, wer das 18. Lebensjahr vollendet hat. Wählbar ist, wer das Alter erreicht hat, mit dem die Volljährigkeit eintritt.

Artikel 52:
(1) Der Landtag wählt aus seiner Mitte in geheimer Wahl ohne Aussprache den Ministerpräsidenten mit mehr als der Hälfte der gesetzlichen Zahl seiner Mitglieder. [...]
(3) Der Ministerpräsident ernennt und entlässt die Minister.

Artikel 55:
(1) Der Ministerpräsident bestimmt die Richtlinien der Politik und trägt dafür die Verantwortung.
(2) Innerhalb dieser Richtlinien leitet jeder Minister seinen Geschäftsbereich selbstständig und unter eigener Verantwortung.

Verfassung für das Land Nordrhein-Westfalen

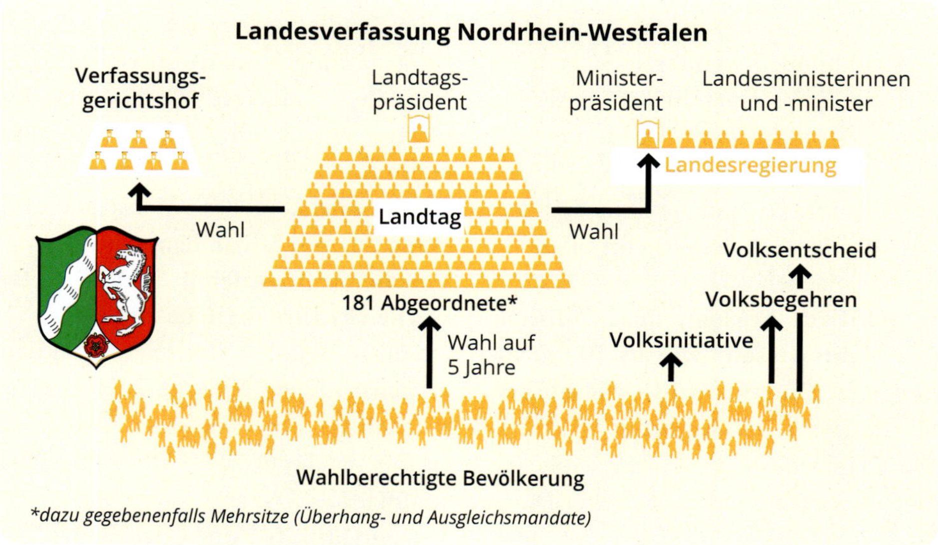

Bergmoser + Höller Verlag AG; Zahlenbilder 71110

AUFGABEN

1. a) Beschreibe deinem Sitznachbarn, wie der Alltag eines Politikers aussieht (**M1**).
   b) Kannst du dir vorstellen, später selber Politiker oder Politikerin zu werden? Nimm begründet Stellung.
2. Analysiert die Informationen zur Organisation der Landespolitik (**M2**) mittels eines „Partnerbriefing" (→ Methodenglossar).
3. Entwickelt und spielt ein Fragen-Antworten-Spiel mit acht bis zehn Fragen zur Landesverfassung NRW (**M2**).

Welche Aufgaben hat der Landtag?

Hast du schon mal konkret von der Arbeit des Landtags oder der Landesregierung gehört? Was macht eigentlich der Landtag genau? Übrigens: Mit dem Wort „Landtag" bezeichnet man auch das Gebäude in Düsseldorf, in dem das Landesparlament arbeitet.

M3 Was macht der Landtag?

1. Wählen

Die Abgeordneten werden gewählt, sie wählen im Landtag aber auch selbst, zum Beispiel den Landtagspräsidenten (oder eine Landtagspräsidentin) und den Ministerpräsidenten (bzw. Ministerpräsidentin).

2. Gesetze machen

Damit sich möglichst alle an die gleichen Regeln halten, wird vieles in Gesetzen geregelt. [...] Ob es um die Schule, die Polizei oder die Kindergärten geht: Alle Entscheidungen, die die Bürger speziell in NRW etwas angehen, werden hier getroffen. [...] Der Landtag kümmert sich besonders um die Bereiche Polizei, Schule, Universitäten, Verkehr und Hörfunk/Fernsehen.

Das Haushaltsgesetz wird jedes Jahr neu verabschiedet. Darin steht genau, wofür im folgenden Jahr mehr Geld ausgegeben werden soll und wo weniger ausgegeben werden soll. Die Abgeordneten müssen also genau wie du bestimmen, wie viel Geld sie wofür ausgeben. [...]

Bevor ein Gesetz fertig ist, dauert es übrigens in der Regel mehrere Monate. Denn es wird erst einmal gründlich beraten: in den Fachausschüssen und im Plenum, in den Fraktionen und in deren Arbeitskreisen. Auch außerhalb des Landtags beschäftigen sich Parteien, Verbände, Organisationen und Vereine mit Gesetzesvorhaben. [Auch in den Medien wird darüber berichtet.] Das Parlament ist dann der Ort, an dem die Meinungen zusammengefügt werden und an dem letztendlich entschieden wird.

Blick in den Plenarsaal des Landtags

3. Kontrollieren

Die Abgeordneten kontrollieren die Landesregierung und die Landesverwaltung, zum Beispiel durch Anfragen oder Untersuchungsausschüsse.

4. Debattieren, beraten, entscheiden

Die Abgeordneten müssen sich dabei wie in der Schule melden, wenn sie im Landtag etwas sagen wollen. Wer im Landtag etwas sagen und ans Rednerpult möchte, muss warten, bis der Präsident ihn oder sie aufruft. Wird jemand beschimpft oder ruft jemand ständig dazwischen, läutet die Präsidentin mit der Glocke, ruft den Störer zur Ordnung oder erteilt eine Rüge.

Plenarsaal heißt der Raum im Landtag, in dem sich die Abgeordneten gelegentlich zu einer Vollversammlung („Plenum") zusammenfinden. Im Plenarsaal [...] sind immer Besucher und Journalisten dabei und jedes Wort, das gesprochen wird, wird mitgeschrieben und in einem Protokoll veröffentlicht.

Landtag NRW: Jugendangebot: Was macht der Landtag? In: www.landtag.nrw.de, Abruf am 14.12.2020

Landtag in Düsseldorf virtuell erkunden

Mediencode: 70062-12

Fraktion
Abgeordnete mit der gleichen politischen Haltung, häufig aus derselben Partei

#

LANDTAG

Der Landtag in NRW ist der Sitz des gewählten Landesparlaments. Hier arbeiten die vom Volk gewählten Abgeordneten unterschiedlicher Parteien an der Gesetzgebung.
Er wird alle fünf Jahre von den Bürgerinnen und Bürgern in NRW gewählt. Der Landtag bildet die Legislative, seine Hauptaufgaben sind die Gesetzgebung, die Verabschiedung des Landeshaushalts und die Kontrolle der Regierung.

M4 Wie entsteht ein Landesgesetz?

Gesetzentwurf: Kann von der Landesregierung oder aus dem Landesparlament eingebracht werden und muss dem Landtag schriftlich ausgearbeitet vorgelegt werden.

↓

1. Lesung: Erste Debatte über den Gesetzesentwurf im Plenum; der Gesetzesentwurf wird begründet.

→

Beratung im jeweiligen Fachausschuss: Die Experten aus den Fraktionen in den Fachausschüssen prüfen den Gesetzentwurf im Detail und überarbeiten den Entwurf ggf.

↓

2. Lesung: Der „neue" Entwurf wird im Plenum beraten; es können weitere Änderungsvorschläge gemacht werden. Am Ende der 2. Lesung steht die Schlussabstimmung über das Gesetz.

↓

3. Lesung: Bei verfassungsändernden Gesetzen oder beim Haushaltsgesetz gibt es noch eine 3. Lesung. In diesem Fall erfolgt die Schlussabstimmung erst danach.

→

Verkündung: Nachdem der Ministerpräsident das Gesetz unterzeichnet hat, wird es im Gesetz- und Verordnungsblatt verkündet. Danach tritt das Gesetz zum angegebenen Zeitpunkt in Kraft.

H zu Aufgabe 2
Mach dir einen Stichwortzettel und nutze für jede Phase ein Symbol, das es dir erleichtert, deinem Partner den Prozess zu erklären.

F
- Recherchiere, über welche Themen die Landespolitik aktuell berät.
- Recherchiere, welcher Politiker aus deiner Stadt gewählter Abgeordneter im Landtag ist. Tipp: Auf der Seite des Landtags gibt es eine Abgeordnetensuche.

AUFGABEN

1. Erkläre die wichtigsten Aufgaben des Landtags (**M3**).
2. Führt ein Partnerinterview durch und erklärt einem Partner, wie ein Landesgesetz entsteht (**M4**).
3. Nimm zu folgender Aussage begründet Stellung: Der Landtag ist das Herz der Demokratie.

Wie wird der Landtag gebildet?

In der Demokratie wählen die Bürgerinnen und Bürger die Abgeordneten in den Parlamenten. Das Landesparlament von NRW wird alle fünf Jahre gewählt. Wie funktioniert das genau und wie setzt sich der Landtag zusammen?

M5 Warum eigentlich wählen?

1 Die Leute interessieren sich doch gar nicht für Politik – warum sollen sie dann wählen gehen?

2 Mit meiner Stimme kann ich über die Zukunft des Landes mitbestimmen.

3 Wählen sollten nur diejenigen, die gut informiert sind und die Wahlprogramme kennen.

4 Wählen gehen oder nicht – ist doch egal, wir ändern eh' nichts.

5 Einfach dem Wahllokal fernzubleiben, finde ich undemokratisch.

Impulsvideo mit Ben: Warum wählen?

Mediencode: 70062-19

M6 Wie wird der Landtag gewählt?

Landtagswahlen gibt es normalerweise alle fünf Jahre. Wenn ihr schon 18 seid, mindestens 16 Tage in Nordrhein-Westfalen wohnt und die deutsche Staatsbürgerschaft besitzt: Dann dürft ihr wählen gehen! […]

Das **Wahllokal** ist an einem Ort, den ihr gut kennt: in einer Grundschule, im Rathaus oder in einem Bürgerzentrum. […]

Die Wahl ist **allgemein** [das heißt, alle stimmberechtigten Bürger dürfen an der Wahl teilnehmen].

Die Wahl ist **geheim**: Die Stimme wird nicht öffentlich abgegeben, sondern in Wahlkabinen. […]

Die Wahl ist **gleich**: Jede Stimme hat das gleiche Gewicht – ob Mann oder Frau, ob arm oder reich.

Die Wahl ist **unmittelbar**: Die Wählerinnen und Wähler stimmen direkt über die Kandidatinnen und Kandidaten ab. […]

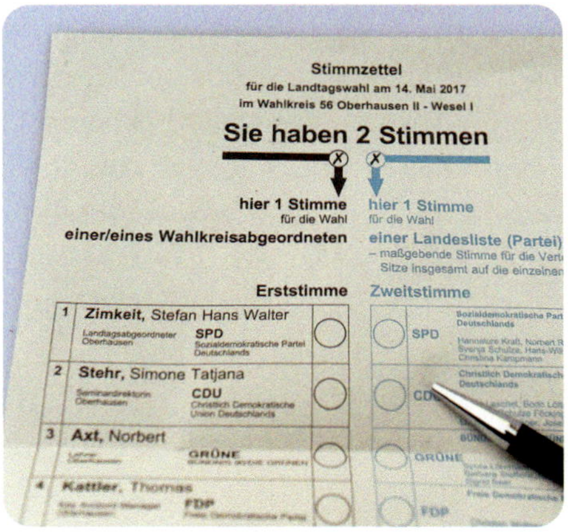

Bei der Landtagswahl gibt es – wie bei der Bundestagswahl – zwei Stimmen: eine für eine Person, die in eurem Wahlkreis kandidiert, und eine für eine Partei.

Die Wahl ist **frei**: Euch darf niemand zu einer bestimmten Stimmabgabe drängen. Wenn euch die Arbeit eines Politikers nicht gefällt, wählt ihr bei der nächsten Wahl einfach jemand anderen.

Landtag NRW: Jugendangebot: Wer wählt den Landtag? In: www.landtag.nrw.de, Abruf am 14.12.2020

LANDESREGIERUNG

Die Landesregierung besteht aus dem Ministerpräsidenten und den Landesministern.
Jedes Ministerium ist für ein bestimmtes Aufgabengebiet zuständig (z. B. Finanzen, Umwelt, Familien oder Wissenschaft und Forschung). Die Landesregierung bildet die Exekutive, also die ausführende Gewalt.

M7 Wie setzen sich Landtag und Landesregierung zusammen?

Alle fünf Jahre dürfen die Wahlberechtigten bestimmen, wer für sie im Landtag sitzen soll. Allerdings gehen nicht alle wählen: Bei der letzten Wahl am 14. Mai 2017 gab es zum Beispiel nur eine Wahlbeteiligung von 65,2 Prozent. 199 Abgeordnete wurden in den Landtag gewählt. Diese bilden fünf sogenannte **Fraktionen** im Landtag. Das sind Gemeinschaften von Abgeordneten mit der gleichen politischen Haltung.
So sah das Ergebnis nach der Wahl aus: Die CDU mit 72 Abgeordneten, die SPD mit 69 Abgeordneten, die FDP mit 28 Abgeordneten, die AFD mit 16 Abgeordneten, die Grünen mit 14 Abgeordneten (inzwischen gibt es auch fraktionslose Abgeordnete, weil sie ihre Fraktion verlassen haben).
Alle anderen Parteien erhielten weniger als fünf Prozent der Stimmen – im Landtag sind nur Parteien vertreten, die über diese **Fünf-Prozent-Hürde** gekommen sind. [...]
[Häufig hat keine Partei genügend Stimmen, um allein zu regieren. Denn dafür braucht man mehr als die Hälfte der Sitze. Ist dies nicht der Fall, wird ein Partner benötigt: Parteien bilden dann **Koalitionen**. 2017 suchte sich die Partei mit den meisten Stimmen, die CDU, als Koalitionspartner die FDP.]

Landtag NRW: Jugendangebot: Wer wählt den Landtag? In: www.landtag.nrw.de, Abruf am 14.12.2020

Koalition
Verbindung, Vereinigung, Zusammenschluss

Aktuelle Zusammensetzung des Landtags

Mediencode: 73000-259

Zusammensetzung des Landtags
Wahlergebnis vom Mai 2017

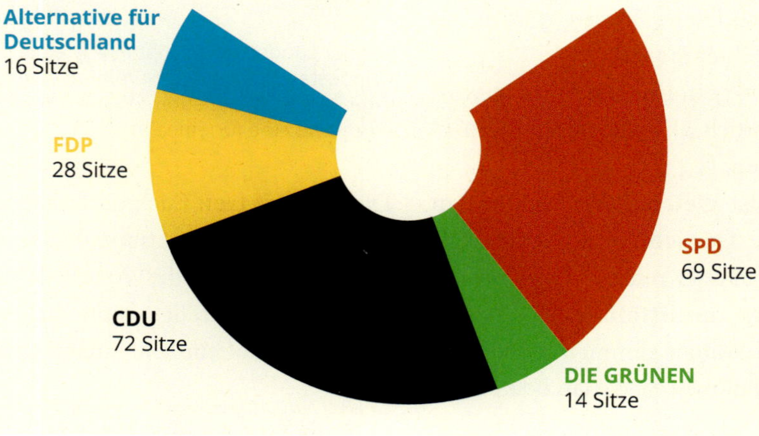

M8 Wer kontrolliert den Landtag?

Kontrolliert wird die Arbeit der Landesregierung von der **Opposition**, d.h. von den Parteien, die im Parlament in der Minderheit sind und im Landtag aktuell nicht regieren. Sie kontrollieren und kritisieren die Regierung und entwickeln alternative Lösungsstrategien zu den aktuellen politischen Themen.
Ein Mittel, um die Arbeit der Landesregierung zu kontrollieren, ist die sogenannte **Kleine Anfrage**. Jeder Landtagsabgeordneter hat dadurch die Möglichkeit, in schriftlicher Form maximal fünf Fragen zu einem bestimmten Sachverhalt zu stellen. Die Landesregierung muss innerhalb von vier Wochen schriftlich auf diese Fragen antworten.
Und natürlich wird die Arbeit des Landesparlaments durch die Landtagswahlen auf den Prüfstand gestellt.

M9 Jugend-Landtag

Einmal im Jahr sitzen im Landtag Nordrhein-Westfalen drei Tage lang junge Leute auf den Plätzen der Abgeordneten. Zu diesem „Jugend-Landtag" kommen Jugendliche zwischen 16 und 20 Jahren aus jedem Wahlkreis Nordrhein-Westfalens zusammen und bekommen die Möglichkeit, in die Rollen von Abgeordneten zu schlüpfen und das Parlament hautnah zu erleben.

Informationen zum Jugend-Landtag

Mediencode: 70062-13

AUFGABEN

1. a) Sucht euch spontan die Aussage (**M5**) aus, die euch am meisten anspricht. Begründet eure Position.
   b) Stellt euch vor, ihr dürftet bei der nächsten Landtagswahl wählen gehen. Erstellt eine Umfrage und vergleicht eure Wahlbeteiligung mit der in NRW (**M7**).
2. Recherchiere im Internet, wie die einzelnen Ministerinnen und Minister der aktuellen Landesregierung heißen und für welche Themen sie verantwortlich sind. Erstelle dazu eine Tabelle (**#Landesregierung**, **M7**).
3. Erläutere, welche Parteien seit der Wahl 2017 im Landtag sitzen, wie sich die Regierungskoalition zusammensetzt (**M7**) und welche Parteien die Opposition bilden.
4. Erkläre einem Partner, warum die „Kleine Anfrage" eine Möglichkeit der Kontrolle der Landesregierung ist (**M8**).
5. Formuliere ca. acht Fragen mit Antworten zur Wahl, Zusammensetzung und Kontrolle des Landtags (**M6**, **M7**, **M8**).

H **zu Aufgabe 1**
Ihr könnt hier auch die Aussagen auf Papier im Klassenzimmer verteilen und euch zuordnen.

F Über welche Fragen würdest du diskutieren wollen, wenn du Mitglied im Jugend-Landtag wärst (**M9**)? Recherchiere die Tagesordnung des letzten Jugend-Landtags und vergleiche sie mit deinen Interessen.

Wie kann ich als Bürger die Politik in NRW mitgestalten? Das Beispiel Online-Petition

Für die Demokratie ist es wichtig, dass die Bürgerinnen und Bürger sie aktiv mitgestalten und sich in die Politik einmischen. Hast du schon mal eine Petition unterschrieben? Und denkst du, damit lässt sich etwas erreichen?

M10 Felix macht sich Sorgen...

Felix: Hallo Leute, ich muss euch was erzählen. Ich habe euch doch schon von Firas aus meiner Klasse erzählt. Stellt euch vor, der muss Deutschland am Ende des Jahres verlassen!

Caro: Echt? Warum das denn? Der ist doch voll nett!

Ayse: Ich finde das voll schrecklich, der Arme. Das ist doch der Junge aus Syrien, oder? Tut mir richtig leid. In Syrien ist doch immer noch Krieg.

Felix: Genau. Wir kapieren alle nicht, warum er nicht bleiben darf. Firas ist super integriert und hat schon richtig Pläne.

Paul: Da müsst ihr was machen, Felix.

Emre: Ich habe letztens von so einem ähnlichen Fall in der Zeitung gelesen. Wenn einmal der Abschiebebescheid vorliegt, ist nicht mehr viel zu machen. ☹

Paul: Das sehe ich anders. Vielleicht könnte man Widerspruch dagegen einlegen? Wir leben doch schließlich in einem Rechtsstaat.

Felix: Widerspruch will Firas auch einlegen, dabei hilft ihm die Flüchtlingshilfe. Wir als Klasse wollen aber auch etwas tun, und deshalb starten wir eine Online-Petition. Vielleicht könnt ihr dann auch unterschreiben.

Paul: Ich bin dabei.

Ayse: 👍

Felix: Danke euch. Ich halte euch auf dem Laufenden.

Beispiel für Online-Petition: „Unser Freund Firas darf nicht abgeschoben werden!“

Mediencode: 70062-14

PETITION

In Deutschland darf sich jeder mit einer Beschwerde, einer Bitte oder einem Vorschlag an ein Parlament wenden. Das Schreiben nennt man Petition.
Der Empfänger einer solchen Petition ist verpflichtet, den Brief anzunehmen und zu beantworten.
In den Parlamenten der Länder und im Deutschen Bundestag gibt es sogenannte Petitionsausschüsse, die diese Bitten an die Volksvertretungen genau prüfen und antworten. Sie sind aber nicht verpflichtet, alle Bitten zu erfüllen.

Erklärvideo „Was ist eine Online-Petition?"

Mediencode: 70062-15

Zur Arbeit des Petitionsausschusses in NRW

Mediencode: 70062-16

M11 Petitionen – ein wirksames Mittel der politischen Beteiligung der Bürger?

Jeder Bürger, jede Bürgerin hat das Recht, eine Petition zu starten, wenn er/sie mit einer Situation unzufrieden ist. Über das Internet kann man schnell und ohne großen Aufwand Menschen finden, die der gleichen Meinung sind und die Petition unterstützen. Man kann also sehr effektiv und bequem auf sein Anliegen aufmerksam machen und eine Vielzahl von Unterstützern finden. So regt man Diskussionen an und bringt seine Meinung – auch gegenüber Entscheidungsträgern – zum Ausdruck.

Online-Petitionen geben den Menschen das Gefühl, durch ihre Unterschrift per Mausklick etwas Gutes getan zu haben. Doch wirklich ändern wird sich dadurch vermutlich nichts. Echte politische Beteiligung sieht anders aus. Vom Sofa aus, hat noch niemand die Welt verändert. Es ist naiv zu glauben, dass die eigene Unterschrift unter eine Petition dazu führt, dass Missstände im realen Leben abgestellt werden. Auch die unendliche Flut von Petitionen auf Internetportalen – z. T. auch zu unsinnigen Themen – führt dazu, dass wirklich wichtige Petitionen untergehen.

AUFGABEN

1. Erkläre, worüber sich Felix Sorgen macht (**M10**).
2. a) Erläutere mit eigenen Worten, was eine Petition ist und was der Petitionsausschuss macht (**#Petition**).
   b) Stellt begründet Vermutungen darüber an, ob die Berliner Klassenkameraden von Felix für Firas unterschreiben dürfen.
3. Sammelt durch eine Kartenabfrage mögliche Anliegen, die euch wichtig sind und verfasst dazu eine Online-Petition (**Methode: Eine Online-Petition erstellen**).
4. a) Sind Online-Petitionen ein wirksames Mittel der politischen Beteiligung? Arbeite Argumente dafür und dagegen heraus und ergänze eigene (**M11**).
   b) Formuliere deine Meinung.

H zu Aufgabe 2a
Lies dazu auch noch einmal das Interview mit Sigrid Beer (**M1**).

F Recherchiere im Internet nach Beispielen für (Online-)Petitionen in NRW.

H zu Aufgabe 4
Im Schaubild **M2** sind weitere Formen der Bürgerbeteiligung auf Landesebene genannt. Recherchiere, was sie bedeuten.

Eine Online-Petition erstellen

Worum geht es?

Die Veröffentlichung einer Online-Petition ermöglicht es, Unterstützer für eure Sache zu gewinnen und die Ergebnisse der Petition öffentlichkeitswirksam zu präsentieren.

Geht dabei so vor:

1. Schritt: Themenfindung

Sammelt in der Klasse mögliche Anliegen und entscheidet gemeinsam, für welches ihr eine Petition verfassen wollt. Beachtet dabei, dass nicht jedes Thema für eine Online-Petition geeignet ist:

- Ist das Thema von sozialer, gesellschaftlicher oder politischer Bedeutung?
- Ist das Thema von besonderer Bedeutung für eine Gruppe von Leuten (z. B. die Jugendlichen in NRW) oder für eine Einzelperson (z. B. ein Menschenrechtsaktivist, der zu Unrecht inhaftiert ist)?

2. Schritt: Petition schreiben

Arbeitet in Kleingruppen, notiert euch zunächst Stichpunkte und formuliert dann einen Text.

- Benennt das konkrete Ziel, die Zielgruppe und die Forderung der Petition klar.
- Prüft: Ist die Forderung prinzipiell umsetzbar?
- Formuliert eine ansprechende Überschrift, beschreibt und begründet euer Anliegen.
- Begründet, warum eure Petition unterstützt werden soll.

Eure Lehrkraft sollte den Text abschließend kritisch prüfen und eine Veröffentlichung begleiten. Die Adressaten der Petition sollten im Vorfeld über das Vorhaben informiert werden.

3. Schritt: Petition veröffentlichen und verbreiten

- Reicht die Petition auf einer geeigneten Internetseite (Internetlinks siehe Randspalte) ein.
- Verbreitet die Aktion möglichst öffentlichkeitswirksam, z. B. über die Lokalzeitung, Soziale Netzwerke oder einen Elternbrief, damit ihr möglichst viele Unterschriften für eure Petition bekommt.
- Das Ergebnis solltet ihr auf geeigneten Kommunikationswegen präsentieren und die Adressaten erneut kontaktieren.

Internetportale für Online-Petitionen

Mediencode: 70062-17

POLITIK IN NRW

LANDTAG UND LANDESREGIERUNG

M3, M4

Der Landtag ist das Parlament eines Bundeslandes, das von den Bürgerinnen und Bürgern gewählt wird. Im Landtag diskutieren die Politiker über politische Themen, die ihr Bundesland betreffen, beraten über neue Gesetze und kontrollieren die Landesregierung.
Um eine stabile Regierung bilden zu können, benötigt man mehr als die Hälfte der Stimmen der Abgeordneten. Häufig schließen sich hierfür Parteien zusammen und bilden eine Koalition. Die Landesregierung besteht aus dem Ministerpräsidenten und den Ministerinnen und Ministern.
In der Opposition sind die Parteien, die aktuell nicht in der Regierungsverantwortung sind. Die Opposition kontrolliert und kritisiert die Landesregierung, sie entwirft alternative Vorschläge und Lösungsansätze.

LANDTAGSWAHLEN

M6, M7

In der Landesverfassung ist festgelegt, dass die Wahlen zum Landtag alle fünf Jahre stattfinden. Die Abgeordneten werden von den Bürgerinnen und Bürgern des Landes in allgemeiner, unmittelbarer, freier, gleicher und geheimer Wahl gewählt. Die Wählerinnen und Wähler entscheiden also, welche Parteien und Politiker in NRW für die nächsten Jahre das Sagen haben. An den Wahlen dürfen alle Bürgerinnen und Bürger ab 18 Jahren mit deutscher Staatsbürgerschaft teilnehmen, die mindestens seit 16 Tagen in NRW leben. Jeder Stimmberechtigte hat zwei Stimmen: eine Stimme für die Person, die im jeweiligen Wahlkreis kandidiert, und eine Stimme für eine Partei. Durch die Wahlen wird die Arbeit der Landesregierung auch von den Wählerinnen und Wählern auf den Prüfstand gestellt.

(ONLINE-)PETITIONEN

M11

Das Petitionsrecht ist im Grundgesetz Art. 17 verankert: Jeder hat das Recht, sich schriftlich mit Bitten oder Beschwerden an die zuständigen Stellen und an die Parlamente zu wenden. Bürger, die sich von einer Landesbehörde ungerecht behandelt fühlen, können sich mit ihrem Anliegen in einem formlosen Schreiben an den Petitionsausschuss des Landtages in NRW wenden. Der Petitionsausschuss beschäftigt sich mit dem Anliegen, überprüft und diskutiert es und muss antworten. Die Petition ist also eine Möglichkeit, als Bürger die Politik mitzugestalten.

Fall 1: Föderalismus am Beispiel Bildung

Aufgaben:

1. Analysiere die Karikatur (Methode: Karikatur analysieren).
   Verwende dabei folgende Begriffe: Föderalismus – Landespolitik – Bildungspolitik
2. Nimm persönlich Stellung zur Aussage der Karikatur.

Karikatur: Plaßmann, Thomas

Fall 2: Politik in NRW

Felix hat in Politik die Aufgabe, ein Quiz zum Thema „Politik in NRW" zu erstellen. Er notiert sich dazu einige Informationen auf Karteikarten. Leider sind ihm dabei ein paar Fehler unterlaufen. Kannst du Felix Fehler berichtigen?

Landtag NRW

- hat seinen Sitz in Köln
- besteht aus den vom Volk gewählten Abgeordneten
- wird alle vier Jahre gewählt
- kann von den Bürgern besucht werden

Aufgaben des Landtags

- wählt den Bundespräsidenten
- ist die Exekutive des Landes
- kontrolliert die Landesregierung
- führt Debatten über politische Fragen und berät über neue Gesetze

Landesregierung

- besteht aus den Landesministern und dem Ministerpräsidenten
- wird kontrolliert von der Koalition
- bildet die Exekutive
- entscheidet selbstständig über neue Gesetze

In diesem Kapitel hast du dich mit dem Bundesland NRW beschäftigt und damit auseinandergesetzt, wie Politik in deinem Bundesland gemacht wird.
Die folgende Tabelle hilft dir dabei herauszufinden, welche Fähigkeiten du schon erworben hast und wie du bei Bedarf noch weiter üben kannst.

Ich kann ...	Das klappt schon ...	Hier kann ich noch üben ...
... grundlegende Informationen über das Bundesland NRW nennen.	👍 ✋ 👎	Kapitel 3.1: M1-M4, Grundwissen
... den Begriff „Föderalismus" und den föderalen Staatsaufbau erläutern und erklären, wie die Aufgaben zwischen Bund und Ländern aufgeteilt sind.	👍 ✋ 👎	Kapitel 3.1: M5-M6, #Föderalismus, Grundwissen
... kritisch Stellung nehmen zum Föderalismus am Beispiel der Bildungspolitik.	👍 ✋ 👎	Kapitel 3.1: M7-M8, Grundwissen
... wichtige Informationen aus der Landesverfassung wiedergeben.	👍 ✋ 👎	Kapitel 3.2: M2, Grundwissen
... die zentralen Aufgaben des Landtags NRW erklären.	👍 ✋ 👎	Kapitel 3.2: M3, M4, Grundwissen
... erläutern, wie der Landtag gewählt wird und wie er sich zusammensetzt.	👍 ✋ 👎	Kapitel 3.2: M6-M8, #Landesregierung, Grundwissen
... (Online)-Petitionen als eine Möglichkeit der Bürgerbeteiligung in NRW beschreiben und bewerten.	👍 ✋ 👎	Kapitel 3.2: M11, #Petition, Grundwissen
... eine Online-Petition zu einem wichtigen Anliegen erstellen.	👍 ✋ 👎	Kapitel 3.2: Methode: Eine Online-Petition erstellen

Eine Frau an der Kasse

Euro-Banknoten

Läufer auf der Startlinie

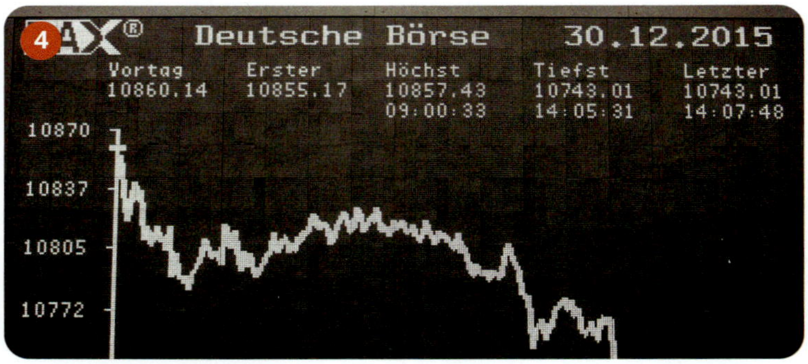

Ein Kurs an der Börse

Was weißt du schon?

1. Beschreibe die Bilder: Was erkennst du hier?
2. Analysiere, welche Gemeinsamkeiten du zwischen den Bildern feststellen kannst.
3. a) Sammelt zunächst allein weitere Begriffe und Assoziationen zu den oben gezeigten Bildern.
   b) Erstellt zu zweit nun eine Mindmap zum Thema wirtschaftliches Handeln, die ihr im Verlauf der Einheit ergänzen könnt.

4

#Wirtschaftliches Handeln in der marktwirtschaftlichen Ordnung

Der Markt ist ein Begriff, der einem häufig im Zusammenhang mit Wirtschaft begegnet. Verbraucherinnen und Verbraucher, Unternehmen und auch der Staat sind Akteure auf dem Markt. Die Ordnungssysteme des Marktes spielen dabei für alle Beteiligten eine wichtige Rolle. Aber was genau ist der Markt eigentlich? Welche Regeln und Gesetze gelten auf ihm und welche Rolle spielen die einzelnen Beteiligten?

Was lernst du in diesem Kapitel?

... die Funktionsweise von Märkten (Preisbildung, Angebot, Nachfrage) zu beschreiben.
... die Bedeutung eines funktionierenden Wettbewerbs im Rahmen der marktwirtschaftlichen Ordnung sowie Grenzen von Märkten bzw. des marktwirtschaftlichen Prinzips zu erläutern.
... die Rolle von Unternehmen, Staat und Haushalten im Wirtschaftskreislauf zu erklären.
... Chancen und Risiken der Digitalisierung von Märkten und des Zahlungsverkehrs zu beurteilen.

Ein Padlet erstellen MK

Wozu alles wissen, wenn man es keinem zeigen kann? Immer wieder müsst oder wollt ihr in der Schule präsentieren, was ihr gelernt habt.
Eine Möglichkeit dazu bietet das Padlet – eine Art digitale Pinnwand im Internet. Diese hat zum Ziel, die wichtigsten Informationen anschaulich und verständlich darzustellen. Außerdem könnt ihr gemeinsam an einem Padlet arbeiten und es immer weiter ergänzen.

Geht dabei so vor:

Start

1. Bildet mindestens 2er-Teams.

2. Registriert euch auf der Webseite www.padlet.com oder folgt dem Mediencode.

   Padlet erstellen

   Mediencode: 82252-09

3. Entscheidet euch für ein Thema, das ihr vorstellen wollt.
   - Zahlungsarten (Kapitel 4.1)
   - Markt & Marktformen (Kapitel 4.2)
   - Preisbildung (Kapitel 4.2)

   Tipp: Verteilt die Themen gleichmäßig in der Klasse und nutzt die Methode zur Analyse der Marktstruktur auf der folgenden Seite!

4. Informiert euch nun über die verschiedenen Darstellungsformen der Padlets und entscheidet euch für die zu eurem Thema passende Vorlage.

5. Präsentiert eurer Klasse eure Zusammenfassung und teilt den Link. Vielleicht entscheidet ihr euch auch für eine Bewertung im Padlet mit Sternen, Likes oder Punkten.

Ziel

Markstrukturanalyse kurzgefasst

Worum geht es?

Als Kinder und Jugendliche seid ihr auch aktiv als Verbraucherinnen und Verbraucher am Wirtschaftsgeschehen beteiligt. Aber das ganze Drumherum um den Einkauf – der Markt – erscheint dann doch auf den ersten Blick kompliziert. Auf den zweiten Blick und mit den richtigen Fragen werdet ihr jedoch schnell Marktexpertinnen und Marktexperten.

Geht dabei so vor:

1. Schritt: Vorbereitung

Entscheide, inwiefern sich der Markt, den du untersuchen willst, über das Gut bzw. die Dienstleistung räumlich oder zeitlich eingrenzen lässt.

- räumlich (befindet sich der Markt an einem bestimmten Ort?)
- zeitlich (findet der Markt immer statt oder nur zu bestimmten Zeiten?)
- Gut / Ware / Dienstleistung (ist der Markt auf ein Produkt beschränkt?)

Gut
Ware, Stück, Produkt

Dienstleistung
erbrachte Leistung gegen Bezahlung

↓ ↓ ↓

2. Schritt: Untersuchung

1 Finde heraus, wer die Marktteilnehmer sind:
   - Wer sind die Anbieter?
   - Wer sind die Nachfrager?
   - Gibt es auch Hersteller?
2. Arbeite heraus, wie die Marktanteile verteilt sind.
   - Gibt es viel Wettbewerb?
   - Wer ist marktführend?
3. Untersuche, welche Marktform vorliegt.
   - Monopol
   - Oligopol
   - Polypol
4. Beschreibe, ob es Beschränkungen für die Marktteilnehmer gibt: Darf jeder am Markt Käufer oder Verkäufer werden?

Tipp: Sieh dir zu den Marktformen den Erklärfilm über den Mediencode in der **Randspalte von Kap. 2.2, M10** an.

↓ ↓ ↓

3. Schritt: Präsentation

Fertige eine Übersicht mit deinen Ergebnissen an und stelle sie dem Rest deiner Klasse vor.

Tipp: Möglichkeiten wären ein Padlet, ein Lapbook oder der klassische Steckbrief.

4.1 Zahlungsmöglichkeiten – Geld regiert die Welt?

Ist Geld nur ein Zahlungsmittel?

Du erinnerst dich bestimmt noch an die Funktionen des Geldes aus dem Band 5/6. Die Geschichte des Geldes ist eine Erfolgsgeschichte. Auch wenn sich die Gestalt des Geldes immer wieder gewandelt hat, bleibt es in seinen Funktionen für das wirtschaftliche Handeln wichtig.

M1 Eine Welt ohne Geld?

Eines Morgens erwachte ich und musste feststellen, dass etwas nicht stimmte. Ein komisches Gefühl beschlich mich. Ich stand auf und mein Blick fiel direkt auf meinen Schreibtisch. Mein Sparschwein – weg. Jemand musste in meinem Zimmer gewesen sein. Oder? Nervös rannte ich die Treppe hinab in die Küche. Doch niemand frühstückte. „Ach du meine Güte!" hörte ich meine Mutter rufen und blickte zur Seite. Meine Familie stand aufgeregt vor dem Fernseher. Die Nachrichten zeigten Bilder von weinenden und wütenden Menschen. „Wo ist unser Geld?" schrie ein Mann in die Kamera. Mein Vater sackte in seinen Sessel. Was machen wir denn jetzt nur? Das Geld auf der ganzen Welt ist verschwunden! Was wird das für Folgen haben? Was machen wir denn nun? Soll ich überhaupt zur Arbeit gehen?

M2 Wie hat sich Geld entwickelt?

Naturalgeld

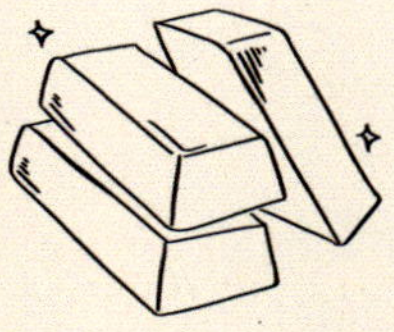
Metall

Münzgeld

Papiergeld

Buchgeld

Bitcoin?

Naturalgeld
Bevor das heutige Geld erfunden wurde, tauschten die Menschen Dinge, die sie in der Natur fanden, wie z. B. Muscheln, Tiere.

Erklärfilm über Bitcoin

Mediencode: 82252-10

BUCHGELD

Buchgeld bezeichnet Geld, das nur in „Büchern" steht und nicht real existieren muss. Viele Menschen verwahren ihr Geld zur Sicherheit bei einer Bank und nicht zuhause. Durch den Anstieg von Kundinnen und Kunden war es aber irgendwann nicht mehr möglich, die Münzen und Scheine von einem Konto in das andere zu tragen bzw. zu überweisen. Um das Buchen von Geld zu vereinfachen, schrieb man es nur noch in Bücher.

M3 Funktionen des Geldes

Tausch- und Zahlungsmittel
- Geld als international anerkanntes Zahlungsmittel
- Geld dient dem Austausch von Produkten und Dienstleistungen

Wertaufbewahrungsmittel
- Geld kann gespart und zu einem späteren Zeitpunkt für eine Anschaffung verwendet werden

Wertmesser und Recheneinheit
- Geld drückt den Wert eines Produktes oder einer Dienstleistung aus
- Berechnungen werden durch Geldwerte (Einheiten) stark vereinfacht

Wertübertragungsmittel
- Geld kann durch Schenkung, Erbschaft oder Erwerbsarbeit (in Form von Lohn) an andere Personen übertragen werden

AUFGABEN

1. Erkläre die Problematik, die in **M1** beschreiben wird und schreibt die Geschichte zu zweit weiter. Vor welchen Problemen stünde die Familie und welche Lösungsmöglichkeiten könnten sich bieten?
2. Beschreibe die geschichtliche Entwicklung des Geldes mithilfe von **M2**.
3. Setzt euch zu zweit mit den Funktionen von Geld auseinander (**M3**).
   a) Erläutert euch gegenseitig die Funktionen von Geld (**M3**).
   b) Erörtert, warum sich Geld als Zahlungsmittel gegenüber dem Naturaltausch durchgesetzt hat.

F zu Aufgabe 1
Alternativ könnt ihr auch einen Kurzfilm als Video dazu drehen.

Bezahlen im Wandel: bar oder per App?

Auch wenn man digitales Geld heute manchmal auf den ersten Blick kaum erkennt, bleibt es ein Zahlungsmittel und behält auch seine anderen Funktionen im Wesentlichen bei. Doch welche Vor- und Nachteile bringen die neuen Arten von Zahlungsmittel mit sich?

M4 Bargeldloses Wirtschaftsgeschehen in der Karikatur

Karikatur: Grolik, Markus. In: www.dieKleinert.de, 2019

M5 Was ist digitales Geld?

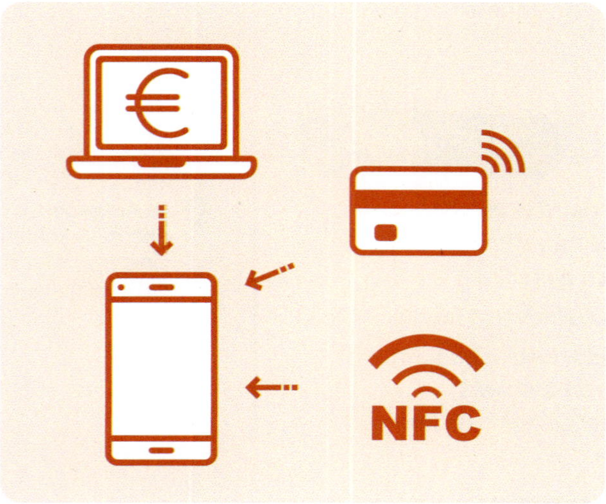

In vielen Ländern wird heute bereits beim Bäcker mit der EC-Karte gezahlt. Seit der Coronakrise auch vermehrt in Deutschland. Der digitale Zahlungsverkehr ersetzt Scheine und Münzen als klassisches Zahlungsmittel immer öfter. Transaktionen (verschieben von Geldern) werden in der Regel nur noch als digitale Bewegungen auf dem Konto sichtbar (Buchgeld). Heute zahlt man per Smartphone, überweist per App oder teilt sich das Trinkgeld mit Freunden. Hierbei entstehen kaum Wartezeiten und die Transaktionen sind immer nachvollziehbar und sogar auszuwerten. Das sind nur einige Vorteile, die in Verbindung mit modernen Zahlungsmitteln genannt werden.

MOBILE-BANKING

Die Erledigung von Bankgeschäften unter Zuhilfenahme von Smartphones bezeichnet man als Mobile-Banking. Smartphones sind die neue Bank. Ob man es an der Kasse per NFC (Near Field Communication) zum kontaktlosen Zahlen nutzt, in Bank-Apps den Kontostand überprüft oder via Push-TAN-Verfahren Überweisungen tätigt. All das kann man heute bequem mit wenigen Touch-Befehlen unterwegs erledigen. Dennoch bieten die mobilen Zahlungsprozesse auch Gefahren durch Hacking und Sicherheitslücken.

M6 Meinungen zu bargeldlosem Bezahlen

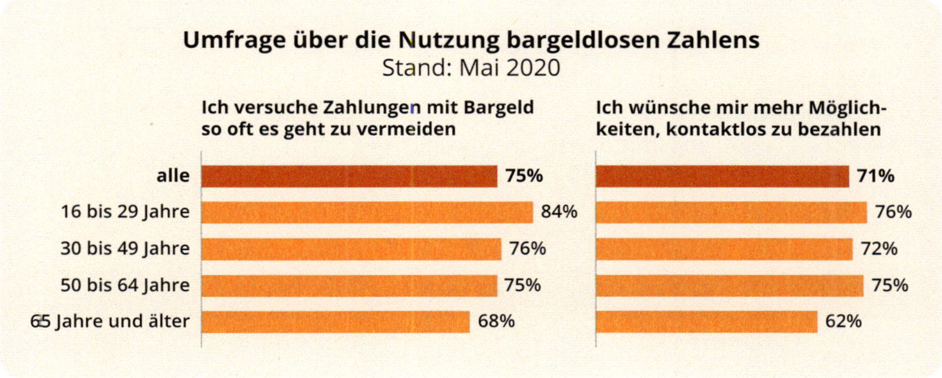

Zahlen nach: ©Bitkom e.V.: Weit verbreiteter Wunsch nach kontaktlosem Bezahlen. In: www.bitkom.org, 22.05.2020

„Also ich sehe das anders! Meine gesamten Daten wurden erst vor Kurzem im Vorbeigehen ausgelesen und weitergegeben. Mein ganzes Konto wurde leergeräumt!"

AUFGABEN

1. a) Analysiert zu zweit die Karikatur **M4** mithilfe der nachfolgenden Methodenkarte.
   b) Sammelt erste Ideen über Vor- und Nachteile, die bargeldloses Zahlen mit sich bringt.
2. Setze dich mit modernen Zahlungsmöglichkeiten auseinander (**M5**).
   a) Beschreibe Arten moderner Zahlungsmittel und -wege und erläutere ihre Vor- und Nachteile (**M5**).
   b) Ermittelt in Kleingruppen durch eine Umfrage, welche Zahlungsmittel in eurer Klasse genutzt werden.
3. Untersuche Meinungen zu bargeldlosem Zahlen (**M6**).
   a) Fasse die Umfrageergebnisse aus **M6** in eigenen Worten zusammen.
   b) Erkläre, welche Risiken bei bargeldlosem Zahlungsverkehr entstehen.
4. Eure Großeltern sind bei bargeldlosem Zahlen skeptisch: Entwickelt in Kleingruppen ein Rollenspiel (**Methodenglossar**), in dem ihr Chancen und Risiken moderner Zahlungsmittel szenisch diskutiert (**M5**, **M6**).

H zu Aufgabe 2b
Ihr könnt ein digitales Umfragetool unter dem Mediencode aufrufen.

Mediencode: 82252-11

H zu Aufgabe 4
Alternativ könnt ihr auch einen Chatverlauf auf dem Smartphone mit euren Großeltern schreiben.

Karikaturen analysieren MK

Worum geht es?

Eine Karikatur (ital. caricare = „übertreiben", „verzerren") ist eine Darstellungsform, bei der ein Zeichner gesellschaftliche, politische und wirtschaftliche Sachverhalte bewusst überspitzt darstellt. Dabei soll die betrachtende Person nicht nur unterhalten, sondern auch zum Nachdenken über die dargestellten Ereignisse, Entwicklungen, Zustände oder Personen angeregt werden. Um die Aussageabsicht einer Karikatur zu entschlüsseln, muss diese zunächst genau analysiert werden. Für eine vollständige Entschlüsselung von Karikaturen empfiehlt sich folgendes Vorgehen:

Geht dabei so vor:

1. Schritt: Beschreibung

- Wie ist die Karikatur aufgebaut? (Bild-/Textelemente...)?
- Wen oder was zeigt die Karikatur?
- Was wird thematisiert?
- Welche Darstellungsmittel werden gewählt?

2. Schritt: Deutung

- Welche Bedeutung haben verwendete Symbole?
- Was ist die Kernaussage?
- An wen richtet sich die Karikatur?
- Welchen Standpunkt nimmt die Karikaturistin oder der Karikaturist ein?

3. Schritt: Bewertung

- Worin stimmt ihr zu?
- Was seht ihr anders und wie?
- Wie ist die zeichnerische Qualität einzuschätzen?

ZAHLUNGSMITTEL IM WANDEL

ENTWICKLUNG DES GELDES

← M1-M2

Das Geld entwickelte sich im Laufe der Menschheitsgeschichte aus der Notwendigkeit heraus, ein universales Tauschmittel mit einem festen Wert zu benötigen.

Der vorher ausgeübte Tauschhandel hatte gegenüber Geld viele Nachteile. So sind unter anderem einige Produkte verderblich, schwer aufzuteilen oder der Wert ist nicht leicht bzw. eindeutig zu bestimmen.

Vom Tauschhandel aus entwickelten sich neue Zahlungsmittel, von Metallen über Münz- und Papiergeld bis hin zu heutigen Formen wie dem Buchgeld.

FUNKTIONEN VON GELD

← M3

Geld ist in der heutigen Gesellschaft nicht nur ein Tausch- und Zahlungsmittel, sondern erfüllt daneben auch noch weitere Funktionen. So dient es dazu, den Wert von Dingen oder auch Arbeit zu bemessen und ermöglicht es auch, zu sparen sowie Vermögen zu verschenken oder an die Nachkommen zu vererben.

DIGITALE ZAHLUNGSMÖGLICHKEITEN

← M4-M6

Heutzutage spielen vor allen digitale Zahlungsvorgänge wie Überweisungen, EC- und Kreditkartenzahlungen oder auch die Zahlung via Smartphone oder per App eine immer größere Rolle. Diese Entwicklung wurde noch einmal verstärkt durch die Corona-Pandemie, in der ein höherer Bedarf an kontaktlosen Bezahlmöglichkeiten bestand.

Insbesondere digitale Zahlungsmethoden erfordern aber auch besondere Vorsicht bei der Verwendung. Informiere dich vor der Benutzung ausführlich, nur so kannst du dich vor Betrug schützen.

4.2 Markt ist nicht gleich Markt!?

Der Markt – ein Begriff, viele Bedeutungen

Ob der Einkauf auf dem Wochen- oder Supermarkt oder im Internet, die Suche nach einem Job auf dem Arbeitsmarkt oder das Anlegen von Geld am Kapitalmarkt. Märkte spielen in der Wirtschaft eine große Rolle. Doch was genau ist ein Markt, wie funktioniert er und welche verschiedenen Formen von Märkten gibt es?

M1 Markt ist nicht gleich Markt

a

b

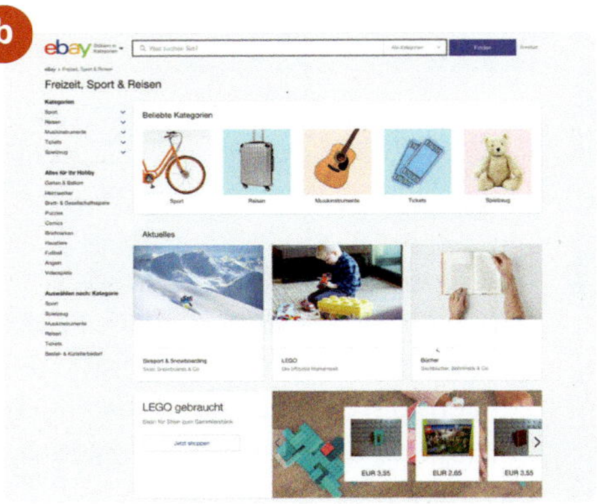

c

d

MARKT

Unter einem Markt versteht man eine Situation, in der Verkäuferinnen und Verkäufer sowie Käuferinnen und Käufer aufeinandertreffen. Dabei werden Produkte und Dienstleistungen angeboten und nachgefragt.
Somit ist der Markt kein Ort im eigentlichen Sinne, sondern ein theoretisches Konstrukt bzw. Modell, um wirtschaftliches Handeln zu beschreiben. Es gibt viele verschiedene Märkte, die sich stark unterscheiden. Manche sind zum Beispiel regional begrenzt, andere weltweit.

M2 Wer hat welche Ziele und Interessen am Markt?

1

Hersteller

2

Händler

3

Käufer

DER WIRTSCHAFTSKREISLAUF

Um die Wirtschaft besser untersuchen und verstehen zu können, werden in Modellen die Abläufe einfacher dargestellt, als sie in Wirklichkeit sind. Der Wirtschaftskreislauf ist ein Modell, das vereinfacht erklärt, wie die Wirtschaft eines Landes funktioniert. Im einfachen Kreislauf gibt es Unternehmen, die produzieren, und Haushalte, die konsumieren. Zwischen den einzelnen teilnehmenden Personen wird Geld gegen Güter getauscht, im Kreislauf werden nur die Geldflüsse dargestellt.
Im „erweiterten Wirtschaftskreislauf" wird dargestellt, wie neben Haushalten und Unternehmen auch der Staat und die Banken (und z. T. das Ausland) an den Geldflüssen in einer Wirtschaft beteiligt sind.

M3 Der Wirtschaftskreislauf am Beispiel eines Bäckers

Bäcker Müller backt jeden Tag Brötchen und möchte dieses natürlich auch verkaufen, um Geld zu verdienen. Jeden Tag kommen Kundinnen und Kunden in seinen Laden, um die Brötchen zu kaufen

Bäcker Müller benötigt daher auch Arbeitskräfte, die ihm bei der Herstellung und beim Verkauf der Brötchen helfen. Er bezahlt ihnen Gehälter und Löhne für ihre Arbeit.

Arbeitskraft
Mensch, der Arbeit leistet

AUFGABEN

1. Erkläre die Bedeutung von Märkten (**M1**).
   a) Benenne die abgebildeten Märkte: Wer sind die Anbieter und Nachfrager und was wird gehandelt? Erstelle eine Tabelle und finde weitere Beispiele.
   b) Analysiere Gemeinsamkeiten und Unterschiede zwischen den abgebildeten Märkten.
2. Ordne die Begriffe in **M2** den passenden Interessensgruppen zu.
3. a) Benenne alle Teilnehmer, die in der Geschichte in **M3** vorkommen.
   b) Erstelle mithilfe von **M3** und **#Modellbildung** ein Schaubild eines Geld- und Produktkreislaufs.

H zu Aufgabe 3
Nutze dafür die folgenden Begriffe:
- private Haushalte
- Unternehmen
- Konsum
- Gehalt

Wer mischt auf dem Markt mit?

Unternehmen und private Haushalte tauschen Waren, Arbeitskraft, Einkommen und Verbrauchsausgaben. Was passiert jedoch, wenn einer der Teilnehmenden nicht mehr mitkommt oder sich nicht an die Regeln hält? Wer schützt die Verbraucherinnen und Verbraucher oder Arbeitnehmerinnen und Arbeitnehmer und vor allem wie? Hier kommt der Staat ins Spiel. Wie greift der Staat ein und sollte der Staat das wirklich dürfen?

M4 Einnahmen und Ausgaben des Staates

Wie 1 Euro Steuergeld verteilt wird

40 Cent	**Arbeit & Soziales** (Rentenversicherung, Hartz IV)
12 Cent	**Verteidigung** (Bundeswehr)
8 Cent	**Verkehr & digitale Infrastruktur** (Autobahn, Schienen, Internet)
7 Cent	**Finanzverwaltung** (Finanzämter und -behörden)
5 Cent	**Bildung & Forschung** (BAföG, Pisa-Test, KI-Foschung)
4 Cent	**Gesundheit** (Krankenpflege, Impfstoffe)
4 Cent	**Innenministerium** (Bundespolizei, Wohnungen, Sportplätze)
4 Cent	**Bundesschuld** (Zinsen für Bundesanleihen)
3 Cent	**Familie & Co.** (Kita, Kindergeld, FSJ)
3 Cent	**Zusammenarbeit & Entwicklung** (UN-Beitrag, Fluchtursachen bekämpfen)
2 Cent	**Wirtschaft & Energie**
7 Cent	**Sonstiges**

Zahlen: Bundesministerium für Finanzen, Vorläufiger Haushaltsabschluss 2019, 13.01.2020

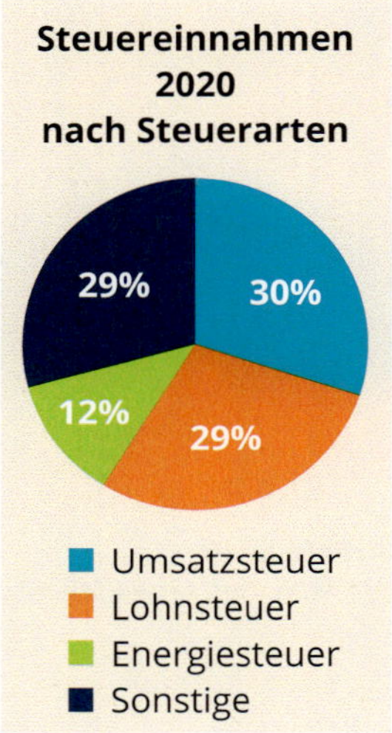

Zahlen nach: Monatsbericht des BMF, Februar 2021, S. 40

M5 Welche Rolle spielt der Staat?

Auch der Staat beeinflusst den Wirtschaftskreislauf:

- Er zieht Steuern, Abgaben und Sozialleistungen von den Haushalten und Unternehmen ein.
- Mit dem Geld zahlt er Löhne und Gehälter, zum Beispiel an die Beamten, wie Lehrkräfte, Polizei und Feuerwehr.
- Natürlich kauft er auch ein, zum Beispiel Papier und Möbel für die Schulen, aber Material für Straßenbau oder unsere Infrastruktur.
- Der Staat fördert gelegentlich Unternehmen oder Wirtschaftszweige, zum Beispiel neue Energien (Windkraft, Solarenergie etc.). Das nennt man Subventionen.

- Schließlich finanziert der Staat auch finanzielle Hilfen für Private Haushalte, wie z. B. die Renten, Arbeitslosengeld I und II und sonstige Sozialleistungen. (Transferleistungen)

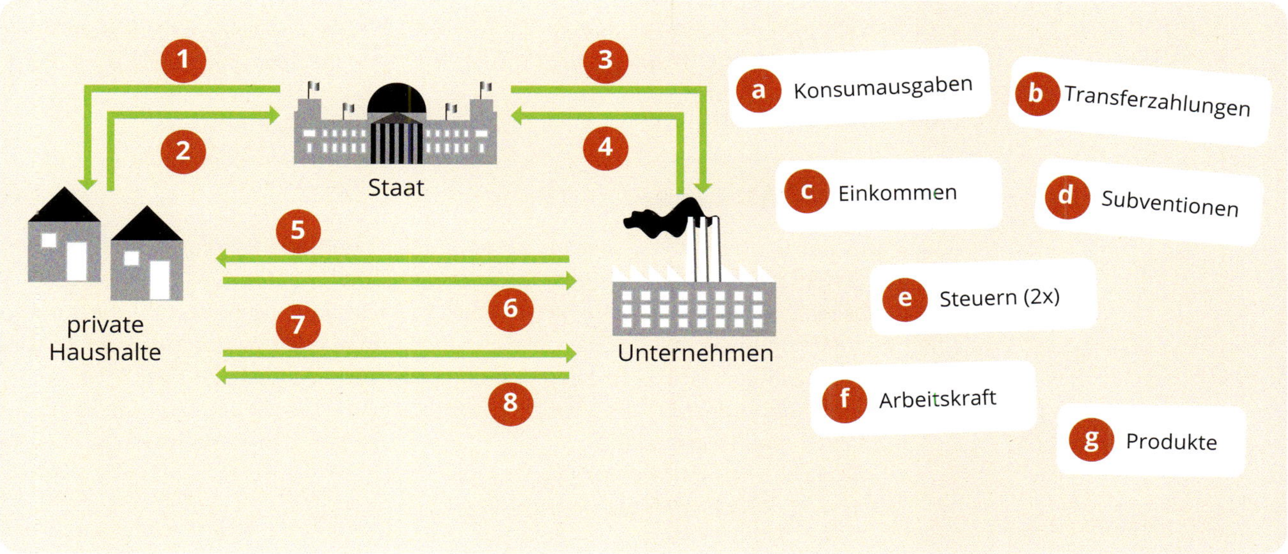

M6 Der Einfluss des Staats

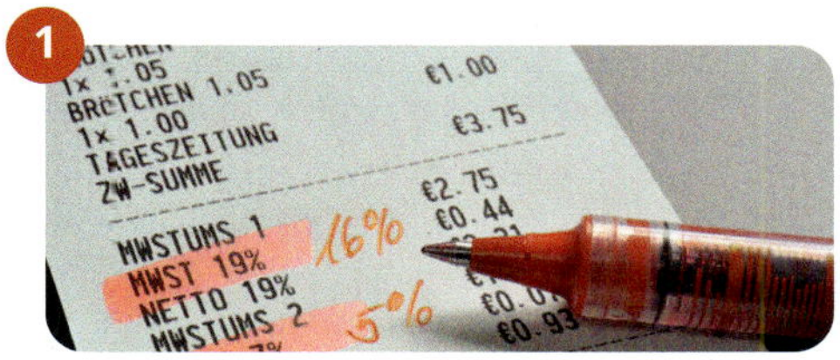

Im Zuge der Corona-Pandemie wurde im Jahr 2020 die Mehrwertsteuer vorübergehend von 19 % auf 16 % gesenkt.

Wegen der Pandemie unterstützte der Staat im Jahr 2020 das Unternehmen Lufthansa mit einem 9 Mrd. Euro Rettungspaket.

AUFGABEN

1. Beschreibe in eigenen Worten, woher der Staat Geld bekommt und wofür er es ausgibt (**M4**).
2. a) Übertrage die Grafik aus **M5** in deine Unterlagen und setze die richtigen Begriffe auf die passenden Pfeile.
   b) Erkläre den Verlauf des Wirtschaftskreislaufs in eigenen Worten.
3. Erläutere anhand von **M5** und **M6** wie …
   a) die Senkung der Mehrwertsteuer und
   b) die Subvention der Lufthansa auf den Wirtschaftskreislauf Einfluss nehmen.
4. Diskutiert in der Klasse, ob und wann es sinnvoll ist, dass der Staat in den Wirtschaftskreislauf eingreift.

F zu Aufgabe 1
Recherchiere dir unbekannte Begriffe aus **M4** und stelle diese der Klasse vor.

H zu Aufgabe 2a
Digitale Bearbeitungsmöglichkeit der Zuordnungsaufgabe

Mediencode: 82252-12

Ein Planspiel durchführen

Worum geht es?

Ein Planspiel ist, wie der Name schon verrät, ein Spiel nach Plan. Um komplexe Situationen oder Probleme zu verstehen, ist es manchmal besser, selbst Teil des Ganzen zu werden und es durchzuspielen. Wir simulieren in der Schule die Realität und finden so Lösungen, die wir sonst nicht nachempfinden könnten.

Geht dabei so vor:

1. Schritt: Informationssuche

Bildet vier Gruppen mit je vier bis sechs Schülerinnen und Schülern. Ihr seid die geschäftsführende Person eines Unternehmens, das industriell Kuchen herstellt und kistenweise verkauft. Ihr konkurriert mit drei anderen Unternehmen auf dem Markt. Die Kuchen sind verderblich und können nicht gelagert werden. Solltet ihr zu wenig produziert haben, könnt ihr nicht alle Aufträge erfüllen.
Das Unternehmensziel ist es, möglichst viel Gewinn zu erzielen. Dazu müsst ihr monatlich zwei Fragen klären:
1) Wie viel Kuchen möchtet ihr produzieren?
2) Wie hoch oder niedrig soll der Preis sein?

Materialien zum Planspiel

Mediencode: 82252-13

2. Schritt: Strategiebildung

Ihr erhaltet Material von eurer Lehrkraft oder könnt es euch selbst über den Mediencode herunterladen.
Entscheidet euch innerhalb eurer Gruppe für die Herstellungsmenge und den Preis. Ihr habt dafür maximal drei Minuten Zeit.
Bei der Festlegung des Preises müssen die Produktionskosten berücksichtigt werden:

1. Produktionskosten

Eure Fixkosten betragen 2.000,00 €, die variablen Kosten 500,00 € pro Kiste Kuchen.

Beispiel:
Bei einer Herstellung von 5 Kisten Kuchen:

Fixe Kosten	*2.000,00 €*
+ variable Kosten	*2.500,00 €*
= Gesamtkosten	*4.500,00 €*

a) Tragt in eure Entscheidungstabelle und auch in die Gewinn- und Verlustrechnung die **Anzahl der Kisten** ein, die ihr produzieren möchtet.
b) Tragt in die Gewinn- und Verlustrechnung die entstehenden **Kosten** ein.

2. Preisbildung
Entscheidet euch für einen Verkaufspreis pro Kiste (Der Preis muss zwischen 500,00 und 5.000,00 € liegen und ihr geht in 500er -Schritten vor).
Tragt auch den Preis in eure Entscheidungstabelle und auch in die Gewinn- und Verlustrechnung ein.
Der Preis entscheidet, wie viele Aufträge ihr erhaltet. Die Gruppe mit dem preiswertesten Angebot erhält 8 Aufträge, die nächste Gruppe 6 usw.
Bei gleichen Preisen errechnet ihr Durchschnittswerte. Jede Gruppe kann nur so viele Aufträge annehmen, wie sie Kisten produziert haben. Tragt dies auch in eure Gewinn- und Verlustrechnung ein.

3. Schritt: Berechnung

Gebt nach jeder Runde eure Ergebnisse der Lehrkraft bekannt und errechnet euren Gewinn und Verlust mithilfe des **2. Schritts**.

4. Schritt: Wiederholung und Auswertung

Wiederholt die Schritte 2 und 3 über maximal vier Runden.
Wertet am Ende aller Runden gemeinsam in der Klasse aus, welche Gruppe am erfolgreichsten war und findet Faktoren, die für eine korrekte Preisbildung berücksichtigt wurden.

Basierend auf: Seeber, Günther: Planspiele im Ökonomieunterricht. In: Retzmann, Thomas (Hg.): Methodentraining für den Ökonomieunterricht. 2. Auflage, Schwalbach, 2011, S. 157

Preisbildung am Markt – ist der Preis heiß?

Sicherlich hast du auch schon mal beobachtet, dass die Preise, z. B. auf einem Wochenmarkt oder an der Tankstelle, nicht immer gleich sind. Aber wie wird der Preis von Produkten und Dienstleistungen eigentlich festgelegt?

M7 Wie viel soll das Brötchen denn nun kosten?

Damit Bäcker Müller abends keine Brötchen wegwerfen muss, backt er möglichst genau so viele Brötchen, wie er verkaufen kann. Das gelingt ihm aber nur, wenn seine Kundschaft auch bereit ist, den geforderten Preis zu bezahlen. Natürlich versucht er, seine Brötchen besonders lecker zu backen, aber das alleine reicht nicht immer aus.

Bäcker Müller sollte wissen:

- Wie hoch sind meine Ausgaben für das Mehl und die anderen Zutaten?
- Wie viel muss ich meinen Angestellten bezahlen?
- Wie teuer sind die Brötchen bei Bäcker Roggen? (Die Brötchen von Bäcker Müller sollten nicht (viel) teurer sein als die von Bäcker Roggen nebenan.)
- Welche Brötchen wünschen sich die Kunden?

Viele Dinge kann er nur ahnen, doch aus allen diesen Faktoren bestimmt er seinen Preis.

PREISBILDUNG

Der Preis eines Produkts ist abhängig von Anbietern (Verkäufern) und Nachfragern (Käufern). Die Anbieter möchten mit dem Verkauf einen möglichst hohen Preis erzielen, um selber Gewinn zu machen. Die Nachfrager (Käufer) versuchen, ein Gut zu einem möglichst niedrigen Preis zu erhalten. Wenn die beiden auf dem Markt aufeinandertreffen, bildet sich der Preis.

Man sagt auch: Wenn Angebot (= alle Verkäufer eines bestimmtes Produkts) und Nachfrage (= alle Käufer eines bestimmten Produkts) aufeinander treffen, bildet sich der Marktpreis.

M8 Haben alle Güter einen Preis?

Auf dem winterlichen Heimweg von der Schule atmest du die kalte, frische Luft ein und genießt es. Ohne die vielen Straßenlaternen entlang des Gehwegs wäre es schon ganz schön dunkel, aber sie leuchten dir den Weg nach Hause. Hast du schon einmal eine Rechnung für die Nutzung des Lichtes, für die Luft zum Atmen oder dafür, dass du zur Schule gehen darfst erhalten? Wie viel wärst du bereit, für öffentliche Güter zu zahlen und was sind überhaupt öffentliche Güter?

Laternen beleuchten eine Parkpromenade

#

ÖFFENTLICHE GÜTER

Es gibt einzelne Güter, die man nutzen oder konsumieren kann, ohne dafür bezahlen zu müssen. Dazu gehören z. B. saubere Luft oder Straßenbeleuchtung. Diese Güter werden als öffentliche Güter bezeichnet. Vom Konsum dieser Güter kann niemand ausgeschlossen werden. Deshalb ist in der Regel niemand bereit, hierfür einen Preis zu bezahlen.
In diesen Fällen sorgt der Staat für das Güterangebot und finanziert es durch öffentliche Abgaben.

M9 (Investitions)stau auf der A3

Autos stehen auf einer Autobahn im Stau.

Das Verkehrsministerium NRW eröffnet neues Verfahren.
Wer den Autobahnausbau vorantreiben möchte, soll bitte direkt 50 € an die Firma Straßenbau GmbH überweisen.

AUFGABEN

1. Helft Bäcker Müller (**M7**).
   a) Erstellt hierzu zu zweit eine Checkliste mit Faktoren, die den Brötchenpreis beeinflussen.
   b) Analysiert, wie der Bäcker die Brötchen günstiger anbieten könnte und welche Konsequenzen damit verbunden wären (**M7**).
2. Erläutere, weshalb manche Güter keinen Preis haben (**M8**, **#Öffentliche Güter**).
3. Diskutiert, ob das Verkehrsministerium NRW mit seiner Idee Erfolg haben wird (**M9**).

Gewinner und Verlierer am Markt – „Monopoly im wahren Leben?“

Spätestens während der Coronakrise wurde allen schnell bewusst, wie schnell sich Märkte wandeln können. Der Einzelhandel in den Städten wurde stark erschüttert und viele Geschäfte mussten schließen. Profitiert haben große Versandhändler – ein Trend, den die Krise nochmal befeuert hat. Im Zuge dieser Entwicklungen wird immer wieder von den Gefahren einer Monopolstellung einzelner Anbieter gewarnt. Doch worum handelt es sich eigentlich bei einem Monopol und welche anderen Marktformen gibt es noch? Muss der Staat bei manchen Entwicklungen eingreifen?

M10 Illusion der Vielfalt?

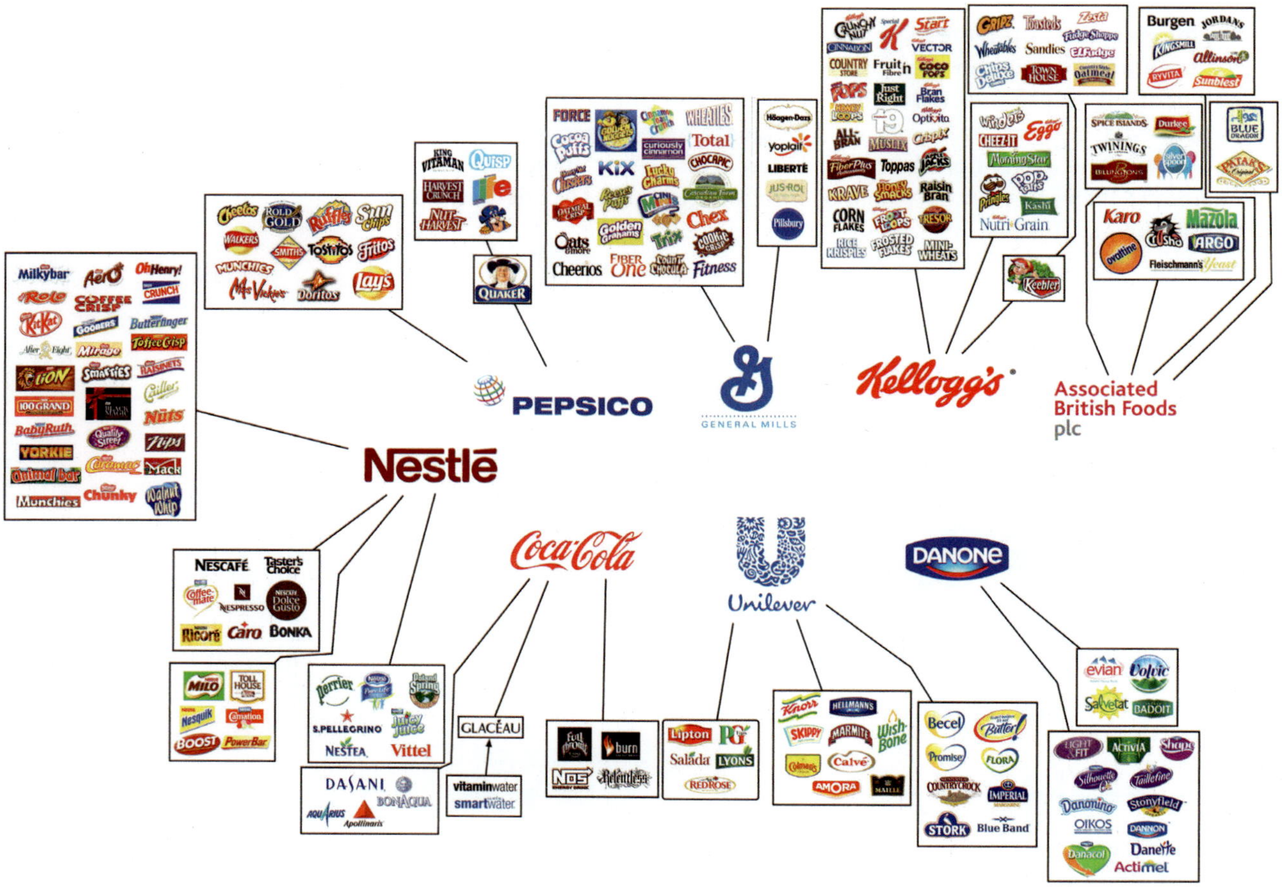

© *Oxfam International Februar 2013 – Ausschnitt*

M11 Was zeichnet ein Monopol aus?

Erklärfilm zu Marktformen

Mediencode: 82252-14

① **BGH zwingt Nahverkehrsbetreiber zum Wettbewerb**
Harte Zeiten für die Deutsche Bahn: Die Weichen für mehr Wettbewerb im Milliardengeschäft um S-Bahn- und Regionalzugverbindungen …

② **Kartellamt greift ein!**
Nachdem sich in Deutschland nur vier Anbieter den Strommarkt aufteilen, muss das Kartellamt handeln.

③ **Wir bleiben die Nr. 1**
Wasserwerke Bochum bleiben alleiniger Anbieter für Leitungswasser. Ist das gut so?

④ **Amazon ist Sieger in der Coronakrise**
Rekordumsätze am Onlinemarkt. Amazon setzt sich gegen Konkurrenz durch.

MONOPOL

Als Monopol bezeichnet man eine Marktsituation, in der es für ein bestimmtes Gut nur einen einzigen Anbieter gibt. Dieser Anbieter hat eine besondere Macht gegenüber den Nachfragern. Zum Beispiel hat er großen Einfluss auf den Preis und die Qualität des Gutes.
Auf machen Märkten gibt es zwar mehr als einen Anbieter, von denen aber einer eine herausragende Stellung hat – zum Beispiel, weil er ein Gut viel besser herstellen kann als alle anderen. Dann spricht man von einem Quasi-Monopol.

M12 Welche Kriterien erfüllt ein Polypol?

- Informationen über Preise und Warenmengen sind ununterbrochen vorhanden
- Ein vergleichbares Produkt wird angeboten
- einheitlicher Preis
- Schnelle Reaktion auf Preisänderungen ist möglich
- Freier Marktzutritt für alle Nachfrager

M13 Karikatur zu Preisabsprachen

Karikatur: Stuttmann, Klaus, 26.05.2011

KARTELL

Ein Kartell bildet sich immer dann, wenn Unternehmen Absprachen treffen, um durch ihre Zusammenarbeit Konkurrenz durch andere zu verhindern.
Dieses Vorgehen widerspricht jedoch dem freien Wettbewerb in der Marktwirtschaft und ist daher verboten. Das Bundeskartellamt in Bonn soll Kartelle verhindern und bekämpfen.

AUFGABEN

1. a) Analysiere die Abbildung **M10**.
b) Erkläre den Titel von **M10** und nimm Stellung zu der Frage. Hast du Möglichkeiten, Produkte von anderen Unternehmen zu kaufen?

2. Erläutere, inwiefern fehlender Wettbewerb für dich als Verbraucherin oder Verbraucher von Nachteil sein kann (**M11**, **#Monopol**)

3. a) Fasse die Kriterien eines Polypols in eigenen Worten zusammen (**M12**).
b) Gehe zurück und betrachte erneut die Beispiele für Märkte aus **M1** am Anfang des Kapitels. Entscheide, ob es sich bei den abgebildeten Märkten um Polypole handelt und begründe deine Antwort.

4. a) Analysiert zu zweit die Karikatur in **M13**.
b) Entscheidet, um welche Marktform es sich bei einem Kartell handelt.

5. Wie viel Macht haben Verbraucherinnen und Verbraucher? Diskutiert, wie ihr als Verbraucherinnen und Verbraucher Einfluss nehmen könnt. Wo liegen Chancen, wo sind Grenzen?

F zu Aufgabe 2
Recherchiere im Internet und suche weitere Beispiele für Monopole heraus. Stelle diese der Klasse vor.

WIE FUNKTIONIERT EIN MARKT?

VERKÄUFERINNEN UND KÄUFER TREFFEN SICH AUF DEM MARKT

← M1-M2

Wer das Funktionieren unserer Wirtschaft verstehen möchte, sich die verschiedenen Märkte ansehen. Unter dem „Markt" versteht man die Situation, in der Verkäuferinnen und Verkäufer sowie Käuferinnen und Käufer aufeinandertreffen. Dort werden z. B. Produkte ausgetauscht. Geld ist das übliche Tauschmittel auf dem Markt. Märkte helfen uns also dabei, unsere Bedürfnisse und Wünsche zu erfüllen.

BETEILIGTE AM MARKTGESCHEHEN

← M3-M5

Die beteiligten Personen auf dem Marktgeschehen kann man sich wie in einem Kreislauf vorstellen. Im einfachen Wirtschaftskreislauf tauschen Käuferinnen und Käufer ihr Geld z. B. gegen ein Produkt ein. Das Geld haben sie in der Regel zuvor verdient. Geld und Produkt wechseln also jeweils den Besitz. Man bezeichnet die Beteiligten als „Haushalte" und „Unternehmen". So versucht man vereinfacht zu erklären, welche Güter und welche Gelder in einer Wirtschaft getauscht werden. Weitere Akteure in unserer Wirtschaft sind der Staat, das Ausland und die Banken, die ebenfalls Güter und Gelder mit den anderen Beteiligten tauschen.

DER PREIS BILDET SICH AUF DEM MARKT

← M7-M8

Der Preis für ein Gut hängt vom Verhalten der Verkäuferinnen und Verkäufer (= Angebot) sowie Käuferinnen und Käufer (= Nachfrage) ab. Angenommen, jede und jeder hat alle nötigen Informationen und es gibt viel Wettbewerb auf dem Markt, dann spricht man von einem „vollkommenen Markt". Auf diesem Markt bildet sich ein Preis, zu dem alle Anbieter all ihre Waren verkaufen und alle Käufer ihre Bedürfnisse befriedigen können. Dieser wird auch Gleichgewichtspreis genannt. Das Verhalten der Beteiligten nennt man Marktmechanismus. Der Markt führt hier zu einer Situation, die die Güter bestmöglich verteilt.

IN BESTIMMTEN FÄLLEN FUNKTIONIERT DER MARKT NICHT

← M10-M13

Normalerweise funktioniert der Markt so: Wenn man den geforderten Preis für ein Gut nicht bezahlt, erhält man das Gut auch nicht. Es gibt aber Güter, die man nutzen kann, ohne etwas dafür zu bezahlen. So kann man z. B. niemanden davon ausschließen, einen Vorteil aus der Straßenbeleuchtung zu ziehen – diese Güter sind für alle da, man nennt sie öffentliche Güter.
Der Marktmechanismus funktioniert hier nicht: Wenn niemand bereit ist, dafür zu bezahlen, würde das Gut eigentlich auch von niemandem angeboten werden – es gäbe also keine Straßenbeleuchtung. Damit diese (wichtigen) öffentlichen Güter trotzdem verfügbar sind, muss der Staat diese Güter bereitstellen.

M1 Karikatur über bargeldloses Zahlen

Karikatur: Schwarwel

M2 Einflussfaktoren auf die Nachfrage

Beispiel	Nachfrage	Preis
Viele Menschen buchen für die Ferien Urlaub auf Mallorca.		
Gift ist in Cornflakes gefunden worden.		
Im vergangenen Jahr haben genauso viele Menschen Milch gekauft wie in diesem.		
Das neue Iphone ist da! Jeder möchte es sich kaufen.		

M3 Der Nutzen des Wettbewerbs

„Wohlstand für alle" und „Wohlstand durch Wettbewerb" gehören untrennbar zusammen; das erste Postulat kennzeichnet das Ziel, das zweite den Weg, der zu diesem Ziel führt.

Ludwig Erhard, ehemaliger Bundesfinanzminister, Bundeskanzler und sogenannter „Vater des Wirtschaftswunders"

Postulat
Grundsatz, Ausgangspunkt

Aufgaben

1. a) Beschreibe die Karikatur in **M1**.
   b) Beurteile die dargestellte Problematik.
2. Wie verändert sich die Nachfrage und wie beeinflusst sie den Preis? Vervollständige die Tabelle in **M2**, indem du einträgst, ob die Nachfrage und der Preis jeweils sinkt, steigt oder gleich bleibt.
3. a) Erläutere das Zitat Erhards (**M3**).
   b) Nimm begründet Stellung zu seiner Aussage, dass Wohlstand durch Wettbewerb entstehe. Ist das immer so?

In diesem Kapitel hast du dich mit der Bedeutung des Geldes auseinandergesetzt. Außerdem hast du gelernt, was einen Markt ausmacht, welche unterschiedlichen Formen es davon gibt und welche Akteure wie viel Einfluss auf das Marktgeschehen nehmen.
Hier kannst du noch einmal selbst überprüfen, welche Bereiche du schon beherrschst und was du noch einmal üben solltest.

Ich kann ...	Das klappt schon ...	Hier kann ich noch üben ...
... die Geschichte des Geldes beschreiben.	👍 ✋ 👎	Kapitel 4.1: M2
... die Funktionen von Geld erklären.	👍 ✋ 👎	Kapitel 4.1: M3
... die Zukunft von Zahlungsmitteln analysieren.	👍 ✋ 👎	Kapitel 4.1: M4-M6
... erklären, was auf einem Markt passiert und wer daran beteiligt ist.	👍 ✋ 👎	Kapitel 4.2: M1-M3
... erläutern welche Rolle Unternehmen, Staat und Haushalte im Wirtschaftskreislauf übernehmen.	👍 ✋ 👎	Kapitel 4.2: M3-M6
... erklären, wie ein Preis entsteht.	👍 ✋ 👎	Kapitel 4.2: M7-M8 Methode: Planspiel
... Bereiche nennen, in denen der Markt nicht funktioniert.	👍 ✋ 👎	Kapitel 4.2: M10-M11
... analysieren, welche Macht die Verbraucherin oder der Verbraucher hat.	👍 ✋ 👎	Kapitel 4.2: M11-M13 #Kartell

Was weißt du schon?

1. Wähle eine Aussage und erläutere, ob sie dich anspricht oder nicht.
2. Notiere, welche Themen und Probleme die Jugendlichen bewegen.
3. Sortiert die Themen im Klassenverband verschiedenen Bereichen (Eltern, Konflikt, Peergroup etc.) zu und ergänzt die Listen mit Themen, die euch derzeit bewegen.

5

#Jugendliche in der Gesellschaft – zwischen Konflikt und Selbstbestimmung

Je älter du wirst, umso wichtiger wird deine Peergroup. Durch den Umgang mit verschiedenen Menschen, ihren Vorstellungen und Erwartungen veränderst auch du dich und entwickelst dich weiter. Was ist den anderen wichtig, was zählt für dich?

Veränderungen sind nicht immer leicht und gehen mit Konflikten einher. Regeln zu brechen gehört zum Erwachsenwerden dazu. Aber wo liegen die Grenzen, und welche Konsequenzen sind zu befürchten, wenn diese nicht eingehalten werden?

Was lernst du in diesem Kapitel?

... die Vielfalt der Wertorientierungen von Jugendlichen zu beschreiben.
... Probleme und Chancen einer vielfältigen Gesellschaft zu beurteilen.
... die Bedeutung digitaler Medien für die eigene Entwicklung zu beurteilen.
... Möglichkeiten sozialen Engagements zu erläutern und ihre Bedeutung für die Identitätsbildung zu beurteilen.
... Ursachen und Formen von Jugendkriminalität zu beschreiben.
... Ziele und Aufgaben des Jugendstrafrechts darzustellen.
... unterschiedliche Maßnahmen zur Bekämpfung von Jugendkriminalität und Cybergewalt zu diskutieren.

Einen Podcast zum Thema „Jugendliche zwischen Konflikt und Selbstbestimmung" erstellen

Was bewegt Kinder und Jugendliche? Was ist ihnen wichtig und mit welchen Problemen werden Jugendliche in ihrem Alltag und auf dem Weg zum Erwachsenwerden konfrontiert? Vielleicht wollt ihr eure Ergebnisse in einem Podcast präsentieren? Ein Podcast – Pod von iPod (MP3-Player von Apple) und cast von broadcast – ist eine Radiosendung im Internet, die als Serie produziert wird. Die einzelnen Folgen (Episoden genannt) werden nach und nach ohne feste Sendezeiten veröffentlicht. Podcasts sind kostenfrei, können über eine App abonniert und über das Smartphone, Tablet oder den Computer jederzeit angehört werden. Und das Beste: Jeder kann mit einer einfach zu bedienenden kostenlosen Tonaufnahme-Software einen eigenen Podcast produzieren und anderen zugänglich machen.

Geht dabei so vor:

Start

1

Podcast vorbereiten
- Bildet Gruppen von 6-9 Personen (Stammgruppe).
- Hört euch einen Beispiel-Podcast an und klärt, welche Elemente er enthält (Intro, Jingle, Hauptteil – z. B. im Talk-Format).
- Informiert euch über das „Mini-Tonstudio" Audacity mithilfe des QR-Codes und findet heraus, wie ihr damit einen Podcast aufnehmen könnt.

Tonbearbeitung im Unterricht

Mediencode: 70062-20

2

Teams einteilen und Thema wählen
- Arbeitet innerhalb der Gruppen in Partnerarbeit bzw. in 3er-Gruppen (Experten) und teilt die folgenden Inhalte untereinander auf. Jeder Inhalt ist eine eigene Episode für den Podcast mit dem Titel „Jugendliche zwischen Konflikt und Selbstbestimmung".
  a) Welche Werte sind Jugendlichen wichtig? (→ Kap 5.1)
  b) Ich und die Erwartungen anderer: Wie funktioniert Selbstbestimmung in der digitalisierten Welt? (→ Kap 5.2)
  c) Warum werden Jugendliche kriminell? (→ Kap 5.3)

3 Ins Thema einarbeiten

Erarbeitet weiter in Partnerarbeit bzw. 3er-Gruppen gemeinsam das Material und beantwortet stichpunktartig folgende Fragen:

Thema a)
- Was sind Normen und Werte?
- Wie und warum unterscheiden sich Jugendliche in ihren Wertvorstellungen?
- Wie hängen Werte und soziales Engagement zusammen?

Thema b)
- Was versteht man unter Fremd- und Selbstbestimmung?
- Was sind Rollenkonflikte und wie gehe ich damit um?
- Wie beeinflussen Social Media und die Peergroup die Entwicklung von Jugendlichen?
- Wie funktioniert ein verantwortungsbewusster Umgang mit Social-Media-Phänomenen?

Thema c)
- Warum werden Jugendliche kriminell und welche Taten verüben sie?
- Welche Aufgaben hat das Jugendstrafrecht und welche Maßnahmen werden angewendet?
- Welche Straftaten werden durch Cybermobbing verübt?
- Wie kann die Schule Cybermobbing bekämpfen?

4 Skript ausarbeiten und Format wählen

Erstellt in eurer Expertengruppe ein Skript. Schreibt dazu entweder einen zusammenhängenden Text mit einem Umfang von mindestens 500 Wörtern oder ein Talk-Format (Interview). Es bieten sich zum Beispiel Simulationen zur Befragung von Jugendlichen (a) an, von Experteninterviews mit einem Jugendpsychologen (b) oder mit einem Anwalt für Jugendstrafrecht (c).

5 Inhalte vorstellen und überarbeiten

Setzt euch nun wieder in eurer Stammgruppe zusammen, lest euch gegenseitig die Skripte vor und klärt gegebenenfalls Fragen und Unklarheiten.

Überlegt euch gemeinsam
- einen Untertitel für jede Podcast-Episode
- einen Jingle, der am Anfang und am Ende der Episode abgespielt wird
- welche Gruppenmitglieder welchen Text einsprechen.

6 Podcast aufnehmen

Nehmt die Episoden eures Podcasts nacheinander auf. Speichert sie auf einem digitalen Endgerät.

7 Podcast vorstellen

Stellt euren Podcast in einem akustischen „Galeriegang“ eurer Klasse vor.

5.1 Werte und Verantwortung in einer vielfältigen Gesellschaft

Was sind Werte und welche Bedeutung haben sie für unsere Gesellschaft?

Du erlebst in deiner Klasse, wie unterschiedlich Menschen sind. Genauso verschieden können auch die Ansichten darüber sein, was einem Menschen wichtig ist und was nicht. Kannst du dir vorstellen, dass das Zusammenleben einfacher wird, wenn man sich darüber im Klaren ist?

M1 Welche Werte sind für Amir wichtig?

Amir steht an der Bushaltestelle und guckt nervös auf die Uhr: „Mist, ich komme schon wieder zu spät zur Schule". Endlich kommt der Bus und öffnet die Türen. Amir ist zwar ungeduldig, lässt die Passagiere aber erst aussteigen, bevor er selbst in den Bus einsteigt. Als der Bus vor der Schule hält, steigt Amir schnell aus und rennt hinein.

Am Klassenraum angekommen, reißt er die Tür auf, flitzt am Lehrer vorbei und setzt sich auf seinen Platz. „Guten Morgen, Amir", sagt Herr Schmidt. Amir antwortet nicht – Herr Schmidt runzelt die Stirn, macht aber mit dem Unterricht weiter.

Von hinten flüstert Thorben Amir zu: „Hey Amir, gut, dass du da bist! Kannst du mir in der Pause die Matheaufgaben erklären? Ich verstehe das einfach nicht und du machst das doch immer mit links." „Klar", antwortet Amir.

Die Stunde ist vorbei und die Schülerinnen und Schüler stürmen auf den Pausenhof. Auf dem Weg findet Amir ein Portmonee mit 30 Euro Inhalt. Er gibt es direkt bei der Hausmeisterin der Schule ab und folgt dann seinen Freunden auf den Schulhof. Beim Auspacken seines Butterbrotes fällt das Papier auf den Boden. In diesem Moment ruft Mareike „Hey Amir, willst du mit uns Fußball spielen?" Amir nickt und läuft zu seinen Freunden.

M2 Was ist mir wichtig?

M3 Was sind Werte und Normen?

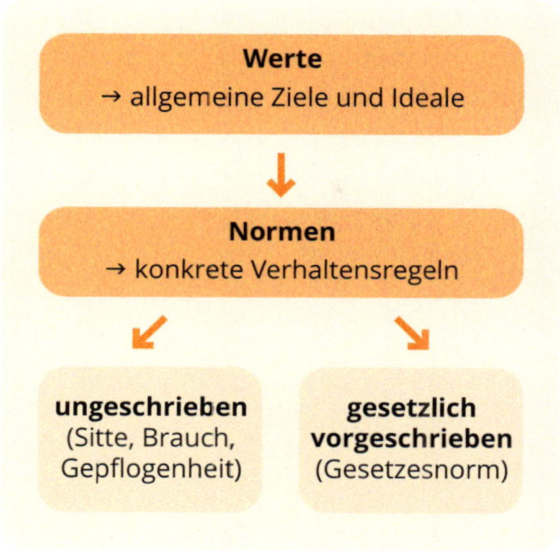

Werte oder Wertvorstellungen sind Einstellungen oder Maßstäbe, nach denen Menschen individuell ihr Handeln, Denken oder Fühlen ausrichten.
Jeder von uns hat eigene Wertvorstellungen. Was für den einen ein Wert ist, muss für den anderen noch lange nicht wichtig sein. Pünktlichkeit und Verlässlichkeit zum Beispiel können dem einen wertvoll sein, dem anderen jedoch nicht. Die individuellen Wertvorstellungen verändern sich in der Regel im Laufe des Lebens.
Werte sind aber auch Orientierungspunkte für die Gesellschaft als Ganzes. So sind zum Beispiel die Menschenrechte, die Verfassung oder die Religion Werte. Daneben gibt es auch materielle Werte, wobei die Menschen durchaus unterschiedliche Dinge als wertvoll erachten: Für den einen ist es das Auto, den anderen sein Fahrrad usw.
Soziale oder gesellschaftliche Normen sind Regeln oder Verhaltensvorschriften für die einzelnen Mitglieder einer Gesellschaft. Normen sind von Gesellschaft zu Gesellschaft verschieden und unterliegen einem starken Wandel. Normen setzen Werte in Regeln um, so wird zum Beispiel der Wert „Ehrlichkeit" in der Norm „Du sollst nicht lügen" umgesetzt.

AUFGABEN

1. Erarbeite aus **M1** folgende Inhalte heraus:
   a) Wann hat Amir sich an Wertvorstellungen gehalten und wann nicht? Analysiere den Text.
   b) Erkläre, warum das Einhalten von bestimmten Regeln wichtig für das Zusammenleben der Menschen ist.
2. Welche Werte sind dir wichtig? (**M2**) Notiere auf Zetteln und sammelt eure Ergebnisse an der Tafel.
3. Erstelle eine Tabelle. Formuliere für die Werte Ehrlichkeit, Pünktlichkeit, Hilfsbereitschaft und Freundschaft die passende Norm (Regel) (**M3**).

Werte	Norm (= Regel)

H zu Aufgabe 3
Ehrlichkeit → Du sollst nicht lügen.

F Amirs Schultag ist nach der Pause noch nicht zu Ende. Denke dir Situationen aus, in denen Amir sich richtig und falsch verhält. Schreibe die Geschichte weiter.

Was ist Jugendlichen wichtig?

Von den Eltern hört man als Kind häufig, dass man mehr Wert auf Ordnung und Fleiß legen soll. Manchen Kindern und Jugendlichen sind andere Werte aber wichtiger. Aber welche Werte sind den meisten Jugendlichen gemeinsam?

Video: Stimmen der Jugendlichen, Shell Jugendstudie 2019

Mediencode: 70062-21

Ergebnisse der Shell Jugendstudie 2019

Mediencode 70062-22

M4 Wertorientierung der Jugendlichen

Was Jugendlichen wichtig ist

	wichtig	teils / teils	nicht wichtig
Gesundheitsbewusst leben			
Fleißig und ehrgeizig sein			
Das Leben in vollen Zügen genießen			
Von anderen Menschen unabhängig sein			
Die Vielfalt der Menschen anerkennen und respektieren			
Gesetz und Ordnung respektieren			
Eigenverantwortlich leben und handeln			
Ein gutes Familienleben führen			
Einen Partner haben, dem man vertrauen kann			
Gute Freunde haben, die einen anerkennen und akzeptieren			

Quelle: 18. Shell Jugendstudie – Jugend 2019, S.106 (Auswahl)

M5 Wertvorstellungen verändern sich

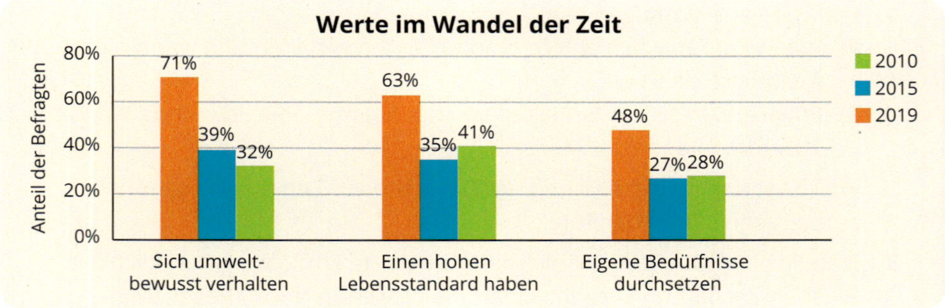

Shell Jugendstudien 2010-2019, Daten: statista.de

Wenn sich die Einstellungen und Ansichten der Menschen über die Wichtigkeit und Gültigkeit von Werten ändern, dann spricht man von einem Wertewandel. Dieses hat oft auch Auswirkungen auf die Politik. So ist der Wert „Gesundheit" heute wichtiger als früher, was z. B. zu einem Rauchverbot in Gaststätten geführt hat.

M6 Geteilte Werte, unterschiedliche Werte

Werteuniversum von Jugendlichen 2020

Die Werte, die Jugendliche als wichtig bzw. erstrebenswert erachten, lassen sich zwischen den Polen „Verändern“ und „Festhalten“ auf der einen Linie und „Harmonie“ und „Spannung“ auf der anderen Linie verorten.

a

„Meine Familie ist mir auch einfach unglaublich wichtig. Ich finde es voll cool, so ein gutes Verhältnis mit meiner Familie – auch mit meinen Eltern – zu haben.“
(männlich, 15 Jahre)

b

„Ich würde gerne jemand sein, der dazu beiträgt, dass das Leiden dieser Welt ein bisschen kleiner wird.“
(männlich, 15 Jahre)

c

„Zukunftswünsche? Eine Firma zu leiten, dass ich sagen kann, das gehört mir, ich fahre ein schönes Auto. Das war's. Und einen schönen Anzug, so einen teuren.“
(männlich, 15 Jahre)

d

„Ich bin jemand, der schaut sich Trends an, wenn mir der Trend gefällt, dann schaue ich mal, ob mir das steht, wenn es mir steht, dann hole ich es halt.“
(weiblich, 16 Jahre)

Calmbach, Marc u. a.: SINUS-Jugendstudie 2020 – Wie ticken Jugendliche? Lebenswelten von Jugendlichen im Alter von 14 bis 17 Jahren in Deutschland. Bundeszentrale für politische Bildung. Bonn 2020, S. 31, 33 f, 40 (Auszug)

AUFGABEN

1. a) Entscheide dich zunächst allein für jeweils eine Antwort in der Tabelle (**M4**), indem du die Tabelle überträgst (oder die App Mentimeter nutzt).
   b) Ermittelt im Anschluss das Ergebnis der gesamten Klasse.
   c) Vergleicht eure Ergebnisse mit denen der Shell Jugendstudie (vgl. QR-Code).
2. Tragt zusammen und begründet eure Vermutungen (**M4, M5**):
   - Welche Werte könnten sich im Laufe eines Lebens verändern?
   - Welche Werte hatten früher einen anderen Stellenwert?
3. a) Ordne die Aussagen der Jugendlichen in das Wertequadrat ein (**M6**).
   b) Einige Werte gelten für fast alle Jugendlichen, andere werden nicht von allen geteilt. Ordne die Werte aus dem Quadrat nach „allgemein gültig“ und „unterschiedlich“.

F Menschen haben unterschiedliche Wertvorstellungen (**M6**). Notiere, welche Chancen und welche Schwierigkeiten sich daraus für eine Gesellschaft ergeben können.

H **zu Aufgabe 3**
Was ist dir wichtig: Wo siehst du dich zwischen den Polen „Verändern“ – „Festhalten“ und „Harmonie“ – „Spannung“.

Warum ist soziales Engagement wichtig?

Jeder kann sich für das Wohl seiner Mitmenschen einsetzen und seine Werte im Alltag zeigen. Das zeigt sich häufig schon in kleinen Taten. Hast du schon mal erlebt, was der Einsatz für andere einem selbst bringt?

Video: Schülerinnen einer Realschule helfen einen Tag in der Wuppertaler Tafel und im Seniorenheim

Mediencode 70062-23

M7 Erfahrungsberichte aus dem Sozialpraktikum

Das Sozialpraktikum – ein voller Erfolg für alle Beteiligten!

Auch in diesem Jahr hatten die Schülerinnen und Schüler unserer Realschule wieder die Wahl: Engagiere ich mich im Seniorenheim, bei der Tafel oder arbeite ich einen Tag lang mit Menschen mit Behinderungen. Wir haben einige Erfahrungsberichte gesammelt.

Frau Galla, Leiterin des Seniorenheims: Das Engagement der Jugendlichen ist wichtig für die älteren Leute, aber auch für die Jugendlichen selbst. Die Senioren freuen sich über die Aufmerksamkeit und die Hilfe, die ihnen entgegengebracht wird. Die Jugendlichen lernen, mit fremden Personen respektvoll umzugehen und auch in unbekannten Situationen verantwortungsvoll zu handeln. Denn auch die jungen Leute werden mal alt ...

Lucy, Schülerin: Ich war das erste Mal bei der Tafel und wusste gar nicht, was diese Einrichtung alles für obdachlose Menschen tut. Dass Essen verteilt wird, war mir klar, aber ich wusste nicht, dass es auch Kleiderspenden und einen Büchermarkt gibt. Ich habe gemerkt, dass ich auch als Jugendliche schon viel unterstützen kann!
Die Mitarbeiter haben mir von einigen Kunden die Geschichten erzählt, die sind zum Teil ganz traurig. Seither habe ich einen anderen Blick auf Menschen, die sich dort Essen holen.

Amir, Schüler: Das Sozialpraktikum in der Behindertenwerkstatt war super! Am Anfang war ich unsicher, wie ich auf die Menschen zugehen sollte. Die Mitarbeiter haben mir dann ein paar Tipps gegeben und dann hat es richtig Spaß gemacht. Jetzt kann ich mir sogar vorstellen, später mal in diesem Bereich zu arbeiten.

Frau Klinke, Lehrerin: Die Schülerinnen und Schüler lerne ich im Praktikum immer neu kennen. Es bringt so viele positive Eigenschaften und Selbstständigkeit hervor, von denen man sonst in der Schule gar nichts bemerkt. Und auch die Jugendlichen sind überrascht, dass ihnen der Umgang mit den Menschen und die Hilfe so leicht fällt. Für die Weiterentwicklung der Kinder ist das großartig.

Herr Yildirim, Mitarbeiter bei der Tafel: Es ist immer schön, wenn die Jugendlichen uns helfen. Sie lernen dadurch die Welt kennen, wie sie ist. Sie lernen, tolerant zu sein. Und wir können viele Vorurteile bekämpfen und Berührungsängste abbauen. Die Schülerinnen und Schüler können sich besser in die Lebensgeschichten der Beteiligten hineinversetzen.

Jugendliche engagieren sich ...

M8 Ehrenamt braucht dich!

Alte, kranke und arme Menschen sowie bestimmte Tier- und Pflanzenarten sind dringend auf die Hilfe anderer angewiesen. Wir haben uns für euch bei den größten Vereinen und Organisationen umgehört: Wie können sich Kinder und Jugendliche bei ihnen ehrenamtlich engagieren? Eine Auswahl:

a Arbeiterwohlfahrtorganisation (AWO)

Der Einsatz der AWO gilt benachteiligten Kindern und Erwachsenen, Senioren, Menschen mit Behinderung, Menschen mit Migrationshintergrund, Wohnungslosen, Arbeitslosen und Kranken. Das Engagement von Kindern findet innerhalb der AWO in Jugendwerken statt. Ab 16 Jahren ist zum Beispiel die Teilnahme an der Ausbildung zum Jugendleiter möglich. Eine andere Möglichkeit ist das Projekt 'Sozialführerschein', bei dem Schüler zwischen 14 und 17 Jahren ehrenamtliches Engagement kennenlernen können. Zudem werden oftmals Spieltage in Seniorenheimen angeboten. Und es gibt auch klassische Mitmachmöglichkeiten – wie zum Beispiel Jugendlager und Freizeitangebote in Jugendzentren.

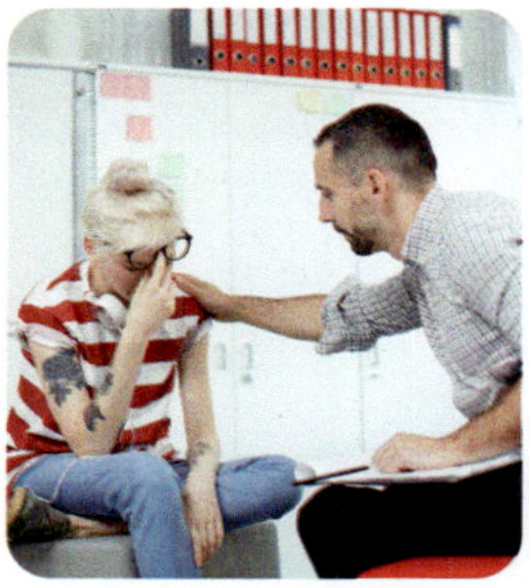

Die AWO bietet Beratung.

b Technisches Hilfswerk (THW)

Wie auch bei den anderen Hilfsorganisationen ist es auch bei der THW-Jugend möglich, als Kind und Jugendlicher ehrenamtlich aktiv zu werden. An jedem der 668 THW-Standorte besteht eine Jugendgruppe, in der Kinder und Jugendliche ab 10 Jahren mitwirken können. Teilweise bestehen auch so genannte Mini-Gruppen, die sich an Kinder zwischen 6 und 9 Jahren richten. In diesen Gruppen treffen sich die Mädchen und Jungen regelmäßig, um an die Technik des THW herangeführt zu werden und das 'kleine Einmaleins der Rettungsmethoden' zu erlernen. Natürlich stehen aber auch Ausflüge, Besichtigungen und Fahrten ins Zeltlager auf dem Programm.

Fahrzeuge des THW

c Malteser

Bei den Maltesern haben Kinder und Jugendliche die Möglichkeit, sich im Schulsanitätsdienst (SSD) zu engagieren: Knapp 9.000 Schülerinnen und Schüler deutschlandweit sind es schon, die eine solche Erste-Hilfe-Ausbildung abschließen. Sie reagieren dann, wenn es zum Notfall kommt und betreuen die Person, bis der Rettungsdienst ankommt. Die Malteser Jugend ist ein weiteres großes Thema der Organisation, in deren Rahmen verschiedene Projekte umgesetzt werden. Das bekannteste davon findet immer am Nikolaus-Tag statt: Dann besuchen die Malteser Jugendlichen z. B. ältere Menschen in den Heimen oder treffen Menschen mit Behinderungen. Andere frühstücken mit Obdachlosen. Zudem können sie am Bundesjugendlager, das einmal im Jahr stattfindet, teilnehmen.

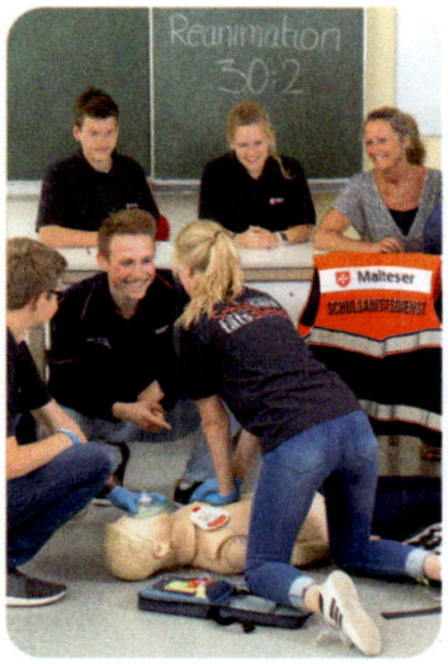

Die Malteser betreuen an vielen Schulen den Schulsanitätsdienst.

Demonstration der BUND-jugend

d **BUND**

Die BUNDjugend bietet bundesweit Projekte, Aktionen, Seminare und Freizeiten an, von denen sich ein Großteil auch an Jugendliche und Kinder unter 16 Jahren richten. Darüber hinaus sind viele Jugendliche in Jugendgruppen organisiert, als Anlaufstelle nutzen sie die Landesverbände der BUNDjugend. Vom praktischen Naturschutz bis hin zu einem persönlichen Klimaexperiment können sich Kinder und Jugendliche rauspicken, was ihren Interessen entspricht, aber auch eigene Aktionen planen. Zusätzlich bietet der BUND viele lokale Angebote für Kinder an, unter anderem im Rahmen der über 2.000 verschiedenen Kreis- & Ortsgruppen.

Sport im Verein schafft Gemeinschaft

e **Deutscher Olympischer Sportbund**

Dein Sportverein hat einen Mangel an Trainern oder Lehrern? Sprich den Vorstand an und erkundige dich, ob du helfen kannst. Viele Vereine arbeiten mittlerweile mit jungen Ehrenamtlichen zusammen. So kannst du beispielsweise als Helfer in einer Kindergruppe arbeiten oder organisatorische Aufgaben für den Verein übernehmen. Eine genaue Übersicht über bundesweite Aktionen findest du auch auf der Webseite des Deutschen Olympischen Sportbundes.

Plasse, Wiebke: Ehrenamt braucht dich! In: www.geo.de, Abruf am 14.01.2021 (aktualisiert)

f **Dein Thema**

Dein Herz brennt für andere Themen, du hast besondere Erfahrung in anderen Bereichen?
Hilfe für Geflüchtete, IT-Support für Senioren, Poetry Slam für alle …
Wahrscheinlich gibt es auch hierfür Organisationen, die dich bei deinem Engagement unterstützen. Und wenn nicht, vielleicht stellst du in deinem Umfeld was ganz Eigenes auf die Füße?!

AUFGABEN

1. Welche soziale Einrichtung würdest du für ein Sozialpraktikum wählen? Begründe deine Wahl (**M7, M8**).
2. Versetze dich in die Lage von Amir und Lucy. Welche Herausforderungen könnten dich während eines Praktikumstages erwarten (**M7**)?
3. Notiere in einer Tabelle, welche positiven Auswirkungen die Arbeit der Jugendlichen für die Gesellschaft und für die Jugendlichen selbst hat (**M7, M8**).
4. Nimm Stellung zu folgender Aussage und begründe deine Meinung: „Soziales Engagement hat nur für die sozialen Einrichtungen eine wichtige Bedeutung. Die Schülerinnen und Schüler profitieren davon nicht."

F Informiere dich über weitere Möglichkeiten des sozialen Engagements und stelle sie in deiner Klasse vor. MK

WERTE UND VERANTWORTUNG IN EINER VIELFÄLTIGEN GESELLSCHAFT

NORMEN UND WERTE

M1, M3

In jeder Gesellschaft gibt es Vorstellungen von richtigem und falschem Verhalten, die wichtig für ein gutes Zusammenleben sind. Diese Vorstellungen und die daraus entstehenden Regeln nennen wir Werte und Normen. Aus dem Wert „Pünktlichkeit" entwickelt sich die Regel „Ich komme nicht zu spät." Diese Regeln nennen wir Normen.

Sie beeinflussen unser Handeln und was wir von anderen Personen erwarten bzw. was von uns erwartet wird. Je nach Kultur, Alter oder Erziehungsstil können sich Normen und Werte voneinander unterscheiden.

Treffen unterschiedliche Wertvorstellungen aufeinander oder werden Werte im Umgang mit anderen missachtet, kann es zu Konflikten kommen. Das ist sowohl eine Herausforderung als auch eine Chance für die Gesellschaft. Wer andere besser versucht zu verstehen, gewinnt auch für sich selbst wichtige Einsichten.

WERTVORSTELLUNGEN VON JUGENDLICHEN

M4-M6

Welche Werte Kindern und Jugendlichen wichtig sind, kann sehr unterschiedlich sein. Das hängt zum Beispiel davon ab, wann, wo und wie man aufgewachsen ist oder wie man sich seine Zukunft vorstellt. Ein Beispiel dafür ist der Stellenwert von Religion .

Aber es gibt auch Werte, die die allermeisten Jugendlichen wichtig finden, wie z. B. eine gute Beziehung zu den Eltern oder einen vertrauensvollen Freundeskreis.

Auch im Laufe des Lebens können sich die Vorstellungen und Prioritäten einer Person ändern oder sich an aktuelle politische und soziale Ereignisse anpassen (z. B. Umweltschutz).

Die Shell-Jugendstudie veröffentlicht regelmäßig die Ergebnisse der Befragung zum Werteuniversum Jugendlicher.

SOZIALES ENGAGEMENT

M7, M8

In einer vielfältigen Gesellschaft sind einige Mitglieder regelmäßig auf Hilfe angewiesen.

Soziales Engagement kann dabei in vielen Bereichen stattfinden: Das Sammeln von Müll in der Umwelt, die Beschäftigung mit Senioren oder die Unterstützung der freiwilligen Feuerwehr sind nur ein paar Beispiele für gesellschaftlichen Einsatz. Denn ehrenamtliche Arbeit hilft nicht nur den Bedürftigen oder sozialen Einrichtungen. Auch der oder die Einzelne bekommt so die Möglichkeit, seine eigenen Fähigkeiten zu erproben und weiterzuentwickeln sowie eigene Interessen und Stärken zu finden.

5.2 Ich und die Erwartungen anderer: Wie funktioniert Selbstbestimmung in der digitalisierten Welt?

Was poste ich und warum?

Jeder Mensch entscheidet für sich, was ihm wichtig ist. Doch dabei achtet man auch immer auf die Menschen in seiner Umgebung und ihre Meinungen. Manchmal ist es gar nicht so einfach, sein Handeln selbst zu bestimmen.

M1 Selbstoptimierung im Netz: Das bin ich?!

Bilder und Geschichten, die in den sozialen Medien veröffentlicht werden, sind häufig mithilfe von Bearbeitungssoftware verändert und die dargestellten Szenen für die Präsentation im Netz inszeniert.

Junger Mann aus Düsseldorf inszeniert sich für ein „Fake-Foto".

M2 Warum Likes süchtig machen können

Dopamin
Botenstoff zwischen Nervenzellen im Gehirn, vermittelt positive Gefühle und steigert die Motivation

Bei jedem Herz bei Instagram wird ein wenig Dopamin ausgeschüttet. Und dann wollen wir mehr davon.
Wir wissen alle, dass sich Anerkennung gut anfühlt. Wahrscheinlich wünschen sich viele Menschen auch im realen Leben mehr Bestätigung und würden sich über Komplimente freuen. Aber ein digitaler Like ist eben einfacher.
Über Soziale Medien kann man Bestätigung einfordern. Mit einem Post kann man sehr viele Menschen erreichen. Ein paar der vielen Kontakte werden einen Beitrag schon liken. Aber irgendwann braucht man mehr Likes, um sich gut zu fühlen. Dann muss man sich immer mehr einfallen lassen, um Likes zu bekommen.

M3 Selbstbestimmung und Fremdbestimmung

Freie Persönlichkeitsentfaltung
Mit Selbstbestimmung ist gemeint, dass jeder Mensch selbst darüber entscheiden darf, wie er leben möchte. Diese Freiheit, über sein Leben selbst zu bestimmen, ist ein Menschenrecht, das auch durch unsere Verfassung geschützt wird. „Jeder hat das Recht auf die freie Entfaltung seiner Persönlichkeit, soweit er nicht die Rechte anderer verletzt … " — Art. 2 Abs. 1 GG (Auszug)

Rücksicht und Verantwortung
Selbstbestimmung heißt aber nicht, dass man ohne Rücksicht auf andere han-

deln darf. Deswegen steht im Grundgesetz auch, dass die Freiheit dort endet, wo sie die Rechte anderer verletzt oder gegen die Vorschriften unserer Verfassung verstößt. Außerdem ist Freiheit immer auch mit Verantwortung verbunden. Ein Erwachsener ist für die Folgen seines Handelns verantwortlich, bei Kindern und Jugendlichen gilt das mit Einschränkungen.

Keine Fremdbestimmung

Manchmal weiß man gar nicht genau, was man selbst will, wozu man sich entscheiden soll. Man fragt, was andere Menschen für richtig halten und richtet sich manchmal danach, was Medien oder Werbung für richtig halten. Selbstbestimmt handelt man, wenn man selbst gut überlegt, was man wirklich anstrebt. Bei den Überlegungen können andere helfen, die Entscheidung aber müssen Erwachsene selbst treffen. Fremdbestimmung ist das Gegenteil von Selbstbestimmung.

Toyka-Seid, Christiane / Schneider, Gerd: Das junge Politik-Lexikon von www.hanisauland.de, Bonn: Bundeszentrale für politische Bildung 2021

M4 Auf Instagram zeigen, wie es wirklich ist?!

Amir: Ich finde, dass Jugendliche in Sozialen Medien sehr selbstbestimmt und frei handeln. Sie entscheiden ja selbst, was sie posten. Und **#skinpositivity** zeigt doch, dass man sich nicht mehr verstellen muss.

Lucy: Das finde ich nicht. Die allermeisten posten immer noch gestellte Bilder oder legen Filter über die Bilder, um alles besser aussehen zu lassen. Ungeschminkt wird man nicht zum Star. Wir werden fremdbestimmt, weil wir mehr Aufmerksamkeit wollen. Es ist aber wichtig, dass sich Vielfalt auch in den Sozialen Medien zeigt. Oder kennst du einen Insta-Promi, der im Rollstuhl sitzt, wie ich?

Auf Instagram sehen die Bilder oft perfekt aus – dank Make-Up, Filter und Retuschier-Apps. Je perfekter ein Bild, desto mehr Likes und desto größer der Erfolg. Doch immer mehr Stars bekommen Zuspruch, wenn sie sich so zeigen, wie sie sind: ungeschminkt, mit Pickeln – eben nicht perfekt. Die Hashtags **#Skinpositivity** oder **#Diversity** sind Beispiele dafür.

AUFGABEN

1. Stellt Vermutungen an: Was soll mit dem Foto erreicht werden (**M1**)? MK
2. Erkläre, wie Soziale Medien dazu verleiten können, sich nach den Vorstellungen anderer zu richten (**M2, M3**). MK
3. „Soziale Medien beeinflussen Jugendliche zu sehr in ihrer Entwicklung" (**M1-M4**).
   a) Stellt euch zu dieser Meinung auf eine Positionslinie.
   b) Diskutiert, ob Soziale Medien einen zu großen Einfluss auf das Leben und die Ansichten Jugendlicher nehmen.
4. Zum Thema Selbstbestimmung in den Sozialen Medien haben Lucy und Amir unterschiedliche Ansichten (**M4**). Was denkst du? Begründe deine Meinung.

H **zu Aufgabe 2**
Denke darüber nach, was Jugendliche mit ihren Posts erreichen wollen.

F Beurteile, ob die Sozialen Medien die Vielfalt der Gesellschaft widerspiegeln (**M4**).

F **zu Aufgabe 4**
Erkläre die Begriffe Selbstbestimmung und Fremdbestimmung (**M3**) in eigenen Worten.

Wie gehe ich mit den Erwartungen anderer um?

Du kennst bestimmt auch diese Tage, an denen man es keinem wirklich Recht machen kann. Alle wollen etwas Unterschiedliches von dir und du weißt nicht wie du reagieren sollst...

M5 Alle haben Erwartungen

a) Was erwarten deine Mitmenschen von dir?
Meine Mutter / mein Vater erwartet von mir ...
Mein bester Freund / meine beste Freundin möchte, dass ich ...
Meine Schwester / mein Bruder ...
Meine Lehrerin / mein Lehrer ...
Meine Trainerin / mein Trainer ...

b) Was erwartest du von anderen?
Ich erwarte von meiner Mutter / meinem Vater ...
Von meiner besten Freundin / meinem besten Freund möchte ich ...
Meine Schwester / mein Bruder sollte ...
Wünschen würde ich mir von meiner Lehrerin / meinem Lehrer ...
Es wäre gut, wenn mein Trainer / meine Trainerin ...

M6 Konfliktsituationen im Alltag

a

Am Esstisch

Mareike und ihre Familie sitzen am Tisch und essen. Plötzlich klingelt Mareikes Handy. Der Vater schaut sie an und sagt: „Mareike, du weißt doch, dass wir beim Essen keine Nachrichten schreiben. Das ist bei uns eine feste Regel. Mach es bitte aus." Sie nickt und wirft einen kurzen Blick auf das Display. Ihr bester Freund Amir fragt sie nach den Hausaufgaben in Mathematik. Er bittet sie, möglichst schnell zu antworten, weil er gleich beim Training sei und die Hausaufgaben danach nicht mehr machen könne.

Mareikes kleine Schwester merkt, dass sie das Handy noch nicht ausgemacht hat. „Das ist unfair! Wenn Mareike Nachrichten auf ihrem Handy lesen darf, dann darf ich das auch"...

b

In der Klasse

Morgens in der Klasse: Thorben hat mal wieder die Hausaufgaben vergessen. Schnell fragt er Mareike, ob er die Hausaufgaben von ihr abschreiben kann. Das kriegt Lucy aus der hinteren Reihe mit. „Kann ich die dann auch schnell abschreiben? Ich habe die Hausaufgaben nämlich auch nicht gemacht." Mareike holt ihr Heft raus und gibt es Thorben. „Dann schreibt sie halt schnell ab", sagt sie. Plötzlich kommt der Mathelehrer in die Klasse und sieht, dass Thorben und Lucy die Hausaufgaben abschreiben. Er nimmt das Heft weg. „Ach Mareike! Dass du deine Freunde abschreiben lässt, finde ich nicht gut von dir!" ...

M7 Umgang mit Rollenkonflikten

a

An die Erwartungen der „stärksten" Person oder Gruppe anpassen: Das bedeutet, die Erwartungen derjenigen zu erfüllen, von der die gefühlt schwerwiegendsten Sanktionen ausgehen: Die für den Betroffenen schlimmsten Folgen (z. B. schlechte Noten, Ausschluss aus einer Clique...) werden so abgewendet.

b

Bewusstes Entscheiden für oder gegen Erwartungen: Das bedeutet, zu überlegen, wessen Erwartungen in der speziellen Situation Vorrang haben sollen und was uns selbst am wichtigsten ist. Die Entscheidung kann zur Folge haben, dass wir „bestraft" werden (z. B. durch Ausschluss) oder dass die anderen ihre Erwartungen an uns ändern (z. B. uns nicht mehr fragen). Es kann aber auch zu mehr Respekt durch die anderen führen.

c

Das tatsächliche Verhalten verdecken: Das bedeutet z. B., anderen über die eigenen Aktivitäten nichts zu erzählen oder falsche Gründe für etwas anzugeben.

d

Mit den anderen über die verschiedenen Rollenerwartungen sprechen: Dies setzt voraus, dass wir uns in die anderen hineinversetzen können. Wir verdeutlichen ihnen, dass wir ihre Erwartungen kennen und selbst verschiedene Rollen innehaben.

AUFGABEN

1. Vervollständige mindestens je zwei Satzanfänge (**M5**).
2. Partnerbriefing: Teilt euch **M6** auf. Jeder liest einen Fall.
   a) Gebt euch gegenseitig den Inhalt der Situation wieder.
   b) Notiert, wer welche Erwartungen an Mareike hat.
   c) Sammelt für beide Situationen Lösungsmöglichkeiten.
3. Ordne zu: Welchen Umgang mit Rollenkonflikten habt ihr in euren Lösungsmöglichkeiten gewählt (**M6, M7**)?

F Sucht euch eine Situation (**M6**) aus und erarbeitet ein Rollenspiel.

Welchen Einfluss hat deine Peergroup?

Zusammen Fußball spielen, einkaufen oder einfach über Probleme und Wünsche sprechen. Je älter du wirst, desto wichtiger wird für dich die Zeit mit deinen Freunden. Diese enge Bindung und Vertrautheit fördert den Zusammenhalt, kann aber auch manchmal negative Effekte haben.

M8 Wie erlebst du die Peergroup?

a

b

c

d

PEERGROUP

Menschen im gleichen Alter haben oft Gemeinsamkeiten. Sie bilden eine Peergroup. Jugendliche zum Beispiel beeinflussen sich oft stark gegenseitig und haben oft ähnliche Erlebnisse, Probleme und Vorstellungen. Peergroups sind wichtige Bezugsgruppen, in denen Menschen eine soziale Orientierung finden.

M9 Positive und negative Seiten von Peergroups

Die Peergroup bestimmt über Freizeitgestaltung, Kleidungsstil, Musikvorlieben – und zieht alle Aufmerksamkeit auf sich: Über digitale Medien stehen die Heranwachsenden inzwischen fast rund um die Uhr miteinander in Kontakt. Nur so wissen sie, was anliegt und was nicht, mit wem man sich trifft, welches Treffen nicht verpasst werden darf. […]

Tatsächlich aber übernehmen die Gleichaltrigen in der Gruppe eine ungemein wichtige Funktion für jeden Einzelnen. […] Freunde, Schulkameraden und die Mitspieler aus dem Sportverein erziehen sich gewissermaßen gegenseitig, lernen voneinander – und bereiten sich so auf zukünftige Herausforderungen in der Gesellschaft vor. […]

Freundschaften bauen nun mehr und mehr darauf, dass man gemeinsam Erfahrungen sammelt, sich austauscht, Sorgen und Nöte teilt, sich Geheimnisse anvertraut – und Antworten zu finden versucht auf die Fragen, die das Erwachsenwerden mit sich bringt: Wie weit gehe ich, um meine Interessen gegenüber Eltern, Lehrern, Gleichaltrigen durchzusetzen? Wie gehe ich mit Kritik um? Welches Bild haben andere von mir, und welches Bild sollen andere von mir haben? […]

Obwohl vielen Eltern bewusst ist, wie wichtig der Einfluss der Gleichaltrigen auf die Entwicklung ihrer Kinder ist, befürchten viele Mütter und Väter dennoch, dass ihre Töchter oder ihr Sohn durch die Clique auf Abwege geraten könnten. Und völlig unbegründet sind diese Ängste nicht. Denn von der Peergroup kann auch Gefahr ausgehen […]. Mindestens jeder zehnte Jugendliche kennt das Gefühl, von den Mitgliedern seiner Clique ausgegrenzt zu werden, nicht die gleiche Anerkennung zu erfahren, vielleicht gar schikaniert zu werden. Mitunter geraten Betroffene geradezu in einen Teufelskreis. Denn sie sind emotional abhängig von ihrer Peergroup und fühlen sich in einer solchen Situation zugleich immer unwohler in deren Mitte. Im Extremfall wird ein Mädchen, ein Junge gar zum Mobbing-Opfer.

Dieser Zwang zur Konformität birgt eine weitere Gefahr: Da es Jugendlichen wichtig ist, von den Freunden akzeptiert zu werden, sind sie bestrebt, sich der vorherrschenden Kultur ihrer Clique anzupassen – selbst wenn sie dabei Risiken eingehen, sich unvernünftig oder gar rechtswidrig verhalten.

Witte, Sebastian/ Kehse, Ute: Wenn sich alles um die Clique dreht. In: www.geo.de, Abruf am 18.01.2021

Konformität
Anpassung an Einstellung und Verhalten anderer

GRUPPE UND GRUPPENDRUCK

Eine soziale Gruppe besteht aus mindestens drei Personen, die längerfristig miteinander in Beziehung stehen. In Gruppen gelten oft eigene Werte und Verhaltensregeln (Normen), an die sich die Gruppenmitglieder anpassen wollen oder müssen, um anerkannt zu werden (Gruppendruck). Gruppenmitglieder haben oft gemeinsame Merkmale und es kann sie ein „Wir“-Gefühl verbinden. Spontan gebildete Gruppen wie Freundescliquen nennt man **informelle Gruppen**. Wenn eine Gruppe ein festgelegtes Ziel oder eine offizielle Mitgliedschaft hat, ist es eine **formelle Gruppe** (Schulklasse, Sportteam im Verein).

AUFGABEN

1. Erstelle eine Wortwolke zum Thema Freundschaft (**M8**).
2. a) Erschließe den Text (**M9**) mithilfe der 5-Schritt-Lesemethode (**Methodenglossar**).
   b) Tausche dich mit einem Partner aus und beantwortet die Frage: Warum birgt eine Peergroup neben Chancen auch Gefahren (**M9**)?
3. Erkläre, welchen Einfluss die Erwartungen anderer auf die Identität von Jugendlichen haben (**M1-M9**).

H zu Aufgabe 1
Denke an eigene Erfahrungen in einer Gruppe Gleichaltriger.

Challenge
(engl.) Herausforderung; in Sozialen Medien als Wette, die andere auffordert, das Gleiche zu tun

Prank
(engl) Streich, böser Scherz auf Kosten anderer, Bloßstellung in Sozialen Medien

virales Phänomen
z. B. ein Video oder Bild, das sich massenhaft und schnell in den Sozialen Medien weiterverbreitet

Selbstbestimmt in Sozialen Medien?!

Die meisten Jugendlichen treffen ihre Freunde nicht nur in der Schule, sondern auch virtuell auf Plattformen der Sozialen Medien wie Instagram, Tik Tok und Co. Täglich werden viele Videos und Bilder geteilt und geliked. Challenges und Pranks sind dabei besonders beliebt – aber nicht immer ganz ungefährlich

M10 Challenges – sinnvoll oder überflüssig?

Amir: Sagt mal, habt ihr schon von der neuen Challenge gehört?

Lucy: Gibt es schon wieder ne neue? Diese ganzen Challenges. Da blickt ja keiner mehr durch.

Mareike: Meinst du die, wo man jemandem den Stuhl wegzieht und dann ein Foto macht oder ein Video davon dreht? Ganz ehrlich, die ist doch bescheuert. Ich würde da nie mitmachen.

Amir: Ja, total dumm. Man sagt, dass sich dabei schon einige verletzt haben.

Pia, Mareikes kleine Schwester: Zeig mal! Das ist bestimmt lustig.

Thorben: Ehrlich gesagt, musste ich bei einigen Videos auch ziemlich lachen.

Lucy: Auf Kosten anderer – sehr lustig... Aber es gibt ja auch Challenges, die wirklich wichtige Themen aufzeigen.

Thorben: Kommt schon, ein bisschen Nervenkitzel muss doch erlaubt sein...

M11 Chancen und Gefahren durch Online-Challenges

a) Ice Bucket Challenge

Die "ALS Ice Bucket" Challenge (dt. „Eiskübelherausforderung") wurde 2014 als erste Challenge zu einem viralen Phänomen. Die Herausforderung bestand darin, sich einen Eimer kaltes Wasser über den Kopf zu gießen und anschließend drei Personen zu nominieren, sich innerhalb von 24 Stunden ebenfalls dieser Herausforderung zu stellen. Die Durchführung und Nominierung wurden gefilmt und auf Youtube hochgeladen oder per WhatsApp oder Facebook an Freunde verschickt. Zehntausende, darunter Mark Zuckerberg und Bill Gates, machten mit. Wer die Herausforderung nicht annahm, sollte 100 Euro/US-Dollar an die ALS Association zur Erforschung der Nervenkrankheit Amyotrophe Lateralsklerose (ALS) spenden.

b) Selbstgefährdung als Trend?

Andere Challenges gerieten […] in die Schlagzeilen, weil sie mit zum Teil erheblichen Gesundheitsrisiken einhergingen: Die Aufgabe der „Cinnamon Challenge" bestand beispielsweise darin, einen Teelöffel voll Zimt herunterzuschlucken und sich dabei zu filmen. Bei manchen TeilnehmerInnen der Challenge löste der Zimt allergische Reaktionen aus. Andere litten an schweren Atemstörungen bis hin zu Erstickungsanfällen.

Bei der „Salt and Ice Challenge" sollte ein Eiswürfel zusammen mit einer Prise Salz auf die Haut gelegt werden. Die chemische Reaktion führte bei vielen TeilnehmerInnen zu heftigen Kälteverbrennungen auf der Haut.

Mutproben gehören zum entwicklungsbedingten Risikoverhalten vieler Jugendlicher […]. Es geht den jugendlichen TeilnehmerInnen vor allem darum, sich selbst durch die Überwindung […] unangenehmer Gefühle etwas zu beweisen, sich von den Eltern abzugrenzen und die Anerkennung innerhalb der Peergroup zu bekommen.

Wichtig ist, offen mit Jugendlichen über die Risiken solcher Challenges zu sprechen und sie anzuregen, die Aktionen kritisch zu hinterfragen. […]

Wer online für eine Challenge benannt bzw. nominiert wird, steht unter dem Druck, sich der Herausforderung zu stellen. Der soziale Druck darf aber nicht dazu führen, ein gesundheitsschädliches oder selbstverletzendes Verhalten in Kauf zu nehmen.

a) + b) Woldemichael, Deborah: Gefährlicher Trend – Challenges im Netz. In: www.klicksafe.de, 15.09.2017

Zwei Freundinnen aus Aachen leeren einen Eimer Eiswasser über ihrem Kopf und lassen sich dabei fotografieren.

c) Tanzen in Zeiten der Pandemie

Auf der ganzen Welt tanzten im Jahr 2020 Menschen die „Jerusalema Dance Challenge". In Zeiten verstärkter Kontaktbeschränkungen, Lockdown und hoher Corona-Infektionszahlen war der Tanz ein Zeichen der Lebensfreude, der Hoffnung und der Solidarität. Menschen aus allen möglichen Ländern tanzten zu dem Song „Jerusalema" vom südafrikanischen DJ Master KG und Sängerin Nomcebo Zikode, nahmen Videos davon auf und teilen diese im Interent.

Mitarbeiterinnen und Mitarbeiter an einem Krankenhaus in Duisburg tanzen den „Jerusalema Dance" im Dezember 2020.

M12 Spaß kann auch strafbar sein

MrWissen2go: Welche Verantwortung haben Influencer?

Mediencode 70062-24

Zwei Schülerinnen (16 und 18) haben sich in einem Münchner Supermarkt einen Spaß erlaubt, der ziemlich nach hinten losgegangen ist. Die beiden Teenager haben sich am Mittwochabend kurz vor Ladenschluss hinter einem Stapel Klopapier versteckt, um dann nachts im Laden rumzualbern. [...]

Die beiden jungen Frauen rannten durch den menschenleeren Kaufland [...], kegelten mit Wassermelonen und probierten verschiedene Kekssorten aus, die sie angeblich woanders gekauft hätten. Ihren nächtlichen Ausflug übertrugen sie fast eine Stunde lang live auf Instagram. „Wir haben uns hier beim Klopapier versteckt, bis sie zugesperrt haben. Morgen früh, wenn sie wieder öffnen, kriechen wir da wieder rein und laufen später ganz chillig raus", sagt eine der Jugendlichen im Video.

Mehrere Nutzer schauten zu und kommentieren die irre Aktion. Die Schülerinnen forderten die Zuschauer sogar auf, Anweisungen zu geben. „Schreibt uns challenges", rufen sie in die Handykamera.

Dass solch eine Aktion nicht gut gehen kann, ist dann am Ende des Videos zu sehen. Während die jungen Frauen heiter streamten, wurde die Polizei darauf aufmerksam. Ein Zuschauer hatte gegen 22.30 Uhr im Münchner Polizeipräsidium angerufen und einen Hinweis gegeben. Gegen 23 Uhr umstellten die Beamten den Supermarkt mit mehreren Streifenwagen, nahmen die beiden fest und brachten sie auf die Wache. [...] Die Ermittler werfen ihnen Hausfriedensbruch und Diebstahl vor.

RTL.de, 30. August 2019

F Erkläre, warum Influencer eine besondere Verantwortung tragen und Inhalte kritisch hinterfragt werden sollten. MK

AUFGABEN

1. Welche Gründe gibt es für dich, an Challenges und Pranks teilzunehmen? Besprecht eure Erfahrungen (**M10**).
2. Erkläre, welche Chancen und Gefahren durch Online-Challenges entstehen können (**M11**).
3. Erläutere, welche Auswirkungen die große Bedeutung Sozialer Medien für Jugendliche haben kann (**M11-M12**). MK
4. Stellt euch vor, eure Klasse möchte eine karitative Einrichtung (Seniorenheim, Tafel etc.) unterstützen oder auf ein bestehendes soziales Problem (Kinderarmut, Klimawandel/Nachhaltigkeit etc.) aufmerksam machen. Notiert Überlegungen, welche positiven „Challenges" ihr zur Unterstützung ins Leben rufen könntet.

WIE FUNKTIONIERT SELBSTBESTIMMUNG IN DER DIGITALISIERTEN WELT?

SELBSTBESTIMMUNG UND FREMDBESTIMMUNG

← M2-M4

Wenn man nach seinem eigenen Willen und seinen Überzeugungen handelt, ist man selbstbestimmt. Doch als Menschen leben wir nicht vollkommen losgelöst von anderen.
Die Eltern und die Gesellschaft vermitteln Normen und Werte, an denen man das eigene Verhalten ausrichtet. Häufig beeinflussen auch die Erwartungen anderer Personen das Handeln und die Persönlichkeit (Identität) einer Person. Wenn das eigene Verhalten dadurch verändert wird, spricht man von Fremdbestimmung.
In den Sozialen Medien verschwimmen die Grenzen zwischen Fremd- und Selbstbestimmung. Der soziale Druck ist hoch, Likes und Aufmerksamkeit verstärken bestimmte Verhaltensweisen.

UMGANG MIT ERWARTUNGEN UND ROLLENKONFLIKTEN

← M5-M7

Innerhalb der einzelnen Gruppen, in denen wir uns befinden, nehmen wir verschiedene Rollen ein. Mit diesen Rollen werden auch unterschiedliche Erwartungen an uns gestellt. Mal gelingt es uns, die Erwartungen zu erfüllen, mal nicht. Wenn wir es nicht schaffen, verschiedene an uns gestellte Erwartungen zu vereinen, spricht man von einem Rollenkonflikt.

DER EINFLUSS DER PEERGROUP

← M9

Für viele Jugendliche ist die Peergroup, die Gruppe der Gleichaltrigen, besonders wichtig. Häufig teilen die Mitglieder einer Peergroup bestimmte Ansichten oder haben einen ähnlichen Geschmack bei Kleidung, Musik etc. In der Peergroup kann man sich über Probleme austauschen und findet Rückhalt in schwierigen Situationen. Allerdings kann eine Peergroup auch zu einem schlechten Einfluss werden: wenn die Mitglieder unter Druck gesetzt oder angehalten werden, sich zu verändern oder gegen Gesetze zu verstoßen.

SELBSTBESTIMMUNG, VERANTWORTUNG UND SOZIALE MEDIEN

← M11-M12

Soziale Medien bestimmen einen Großteil des Alltags von Kindern und Jugendlichen. Challenges und Pranks geben Trends vor, die Meinung von Influencern hat Gewicht.
So können durch die Beteiligung an Challenges und Pranks im schlimmsten Fall Personen Verletzungen erleiden. Aber es besteht auch die Möglichkeit, auf gesundheitliche und soziale Probleme aufmerksam zu machen, um diese zu verbessern.

5.3 Jugend und Kriminalität

Was sagt das Jugendschutzgesetz?

Der Staat sieht vor, dass Kinder und Jugendliche besonders geschützt werden müssen, aber mit zunehmendem Alter auch immer mehr Rechte haben. Im Jugendschutzgesetz sind all diese Regeln zu finden.

M1 Thorben hat ein Problem

Thorben: Hey Amir, ich habe total Stress mit meiner Mutter.

Amir: Was ist denn los?

Thorben: Ich wollte mit einer Freundin ins Kino gehen und danach noch eine Cola trinken. Das war auch so mit meiner Mutter abgesprochen. Aber als ich ihr jetzt gesagt habe, dass der Film um 22:00 Uhr zu Ende ist, sagte sie, dass ich mit 13 Jahren so spät gar nicht mehr alleine draußen rumlaufen darf.

Amir: Ja, ich glaube, das stimmt. Wie kann ich dir da jetzt helfen?

Thorben: Mensch, wir haben das doch in Politik besprochen. Aber ich habe das Blatt halt nicht mehr, auf dem alles steht. Kannst du mal nachgucken, was das Jugendschutzgesetz sagt?

M2 Welchen Sinn hat das Jugendschutzgesetz?

Das Jugendschutzgesetz regelt den Schutz von Kindern und Jugendlichen nur in der Öffentlichkeit. Mit Öffentlichkeit sind Orte wie Gaststätten, Diskotheken oder Veranstaltungssäle gemeint. Besuchen kann diese Orte grundsätzlich jeder, der das möchte und Interesse etwa an einem Konzert hat. Der Besucherkreis ist damit nicht eingeschränkt […].

[Auch] bei größeren Veranstaltungen […], wie zum Beispiel bei Partys ganzer Schuljahrgänge (Abiball) oder bei Festen eines größeren Vereins, kann der Gastgeber […] kaum kontrollieren oder verhindern, dass auch nicht geladene Personen die Veranstaltung besuchen. In diesen Fällen sind solche Veranstaltungen als öffentlich anzusehen. Damit gilt auch hier das Jugendschutzgesetz. […]

Das Jugendschutzgesetz beschränkt den Zugang zu Produkten oder Orten, von denen eine mögliche Gefährdung für Kinder und Jugendliche ausgehen kann. […]

Im Jugendschutzgesetz gibt es deshalb

- Aufenthaltsbeschränkungen und -verbote,
- Abgabebeschränkungen,
- Alters- und Zeitgrenzen.

Bundesministerium für Familie, Senioren, Frauen und Jugend (Hg): Jugendschutz – verständlich erklärt. In: www.bmfsfj.de, April 2020, S. 9f.

M3 Das sagt das Jugendschutzgesetz

		Kinder	Jugendliche	
		unter 14 Jahre	unter 16 Jahre	unter 18 Jahre
§ 4	Aufenthalt in Gaststätten	🟢🔴	🟢🔴	🟢 bis 24 Uhr
	Aufenthalt in Nachtbars, Nachtclubs oder vergleichbaren Vergnügungsbetrieben	🔴	🔴	🔴
§ 5	Anwesenheit bei öffentlichen Tanzveranstaltungen, u. a. Disco (Ausnahmegenehmigung durch zuständige Behörde möglich)	🟢🔴	🟢🔴	🟢 bis 24 Uhr
	Anwesenheit bei Tanzveranstaltungen von anerkannten Trägern der Jugendhilfe. Bei künstl. Betätigung o. zur Brauchtumspflege	🟢 bis 24 Uhr	🟢 bis 24 Uhr	🟢 bis 24 Uhr
§ 6	Anwesenheit in öffentlichen Spielhallen Teiln. an Spielen mit Gewinnmöglichkeiten	🔴	🔴	🔴
§ 7	Anwesenheit bei jugendgefährdenden Veranstaltungen und in Betrieben	🔴	🔴	🔴
§ 8	Aufenthalt an jugendgefährdenden Orten	🔴	🔴	🔴
§ 9	Abgabe/Verzehr von Branntwein, branntweinhaltigen Getränken u. Lebensmitteln Abgabe/Verzehr anderer alkoholischer Getränke; z. B. Wein, Bier o. ä. (Ausnahme: Erlaubt bei 14- und 15-jährigen in Begleitung einer personensorgeberechtigten Person (Eltern))	🔴	🔴	🟢
§ 10	Abgabe und Konsum von Tabakwaren	🔴	🔴	🔴
§ 11	Kinobesuche Nur bei Freigabe des Films und Vorspanns: „ohne Altersbeschr./ab 6/12/16 Jahren" (Kinder unter 6 Jahren nur mit einer erziehungsbeauftragten Person. Die Anwesenheit ist grundsätzlich an die Altersfreigabe gebunden! Ausnahme: „Filme ab 12 Jahren": Anwesenheit ab 6 Jahren in Begleitung einer personensorgeberechtigten Person [Eltern] gestattet.)	🟢 bis 20 Uhr	🟢 bis 22 Uhr	🟢 bis 24 Uhr
§ 12	Abgaben von Filmen o. Spielen (auf DVD, Video usw.) nur entsprechend der Freigabekennzeichen: „ohne Altersbeschr./ab 6/12/16 Jahren"	🟢	🟢	🟢
§ 13	Spielen an elektron. Bildschirmspielgeräten ohne Gewinnmög. Nur an den Freigabekennzeichen: „ohne Altersbeschr./ab 6/12/16 Jahren"	🟢	🟢	🟢

Nach: Bundesministerium der Justiz und für Verbraucherschutz, Jugendschutzgesetz (JuSchG), www.gesetze-im-internet.de, Abruf am 6.3.2015

Erklärungen zur Tabelle
Das Jugendschutzgesetz (JuSchG) erlaubt: 🟢, erlaubt nicht: 🔴, erlaubt unter Aufsicht eines Erziehungsberechtigten: 🟢🔴
Das Gesetz gilt nicht für verheiratete Jugendliche. Eltern müssen nicht alles erlauben, was das Gesetz gestattet. Sie tragen bis zur Volljährigkeit die Verantwortung.

AUFGABEN

1. Was weißt du über das Jugendschutzgesetz? Notiere die richtige Antwort auf Thorbens Frage (**M1**, **M3**).
2. Erkläre, warum es das Jugendschutzgesetz gibt (**M2**).
3. Erstelle ein Quiz mit Aussagen zum Jugendschutzgesetz. Lass es von einem Partner lösen (**M3**).

F Amir ruft seinen Freund zurück. Verfasse einen Dialog mit einem Lernpartner.

Warum werden Jugendliche kriminell?

Regelmäßig wird im Fernsehen oder in den Sozialen Medien über jugendliche Straftäter berichtet. Doch welche Gründe gibt es, dass Jugendliche kriminell werden?

M4 Ein Raubüberfall und seine jungen Täter

a) Aus einem Ermittlungsbericht

Entsprechend ihres Plans stürmten die Angeschuldigten Thomas B. und Stefan M. in die Gaststätte, während die Angeschuldigte Christiane O. vor der Gaststätte wartete, um Sorge dafür zu tragen, dass ihr Plan ungestört ausgeführt werden konnte. Die Angeschuldigten Thomas B. und Stefan M. waren maskiert, der Angeschuldigte Stefan M. hielt die Softair-Pistole in den Händen, der Angeschuldigte Thomas B. den Schlagstock. Sie richteten die Waffen sofort auf die Gäste Michael M. und Thorsten M. und forderten mit den Worten „Überfall, alles Geld her" die Herausgabe von Bargeld. [...] Die beiden Angeschuldigten Thomas B. und Stefan M. erbeuteten insgesamt 5.400,00 Euro. [...] Danach flüchteten alle drei Angeschuldigten zu einem nahegelegenen Hinterhof, versteckten sich dort und teilten das Geld untereinander auf.

b) Wer ist Stefan M.?

Die Ermittlungen der Staatsanwaltschaft zur Person Stefan M. ergaben: Stefan M. ist 19 Jahre alt, lebt mit seinen Geschwistern bei seinem Vater, die Mutter ist früh verstorben. Stefan M. besuchte die Städtische Hauptschule und machte seinen Hauptschulabschluss. Anschließend begann er eine Lehre als Maurer. Nach 2 1/2 Jahren wurde ihm gekündigt. Zur Tatzeit war Stefan M. bereits seit 8 Jahren drogenabhängig. Im Bundeszentralregister befindet sich eine Eintragung wegen Körperverletzung mit Beleidigung mit einem Strafbefehl von 30 Tagessätzen zu je 5,- Euro.

Reiter-Mayer, Petra: Der jugendliche Straftäter. In: Politik betrifft uns 4/2008, S. 5

M5 Wie werden Kinder zu Verbrechern?

Es ist einfach und zugleich offensichtlich: Wenn ein Schüler häufig nicht in die Schule kommt, hat er Probleme. Die Gründe dafür lassen sich in der Familie suchen, oder beim Jugendlichen selbst. Für Soziologen und Psychologen steht fest: der oder die Jugendliche braucht Hilfe. [...] Studien belegen, dass das Schuleschwänzen einer[s] von drei [Anzeichen] dafür ist, dass Kinder und Jugendliche später kriminell werden. Wer sich traue, im Unterricht zu fehlen, neige auch dazu, andere Taten zu begehen, so [der Soziologe Dirk Baier vom Kriminologischen Forschungsinstitut Niedersachsen]. Und dann muss ein Schulschwänzer ja auch noch die Zeit rumbringen: [...] Langeweile regt dazu an, Dummheiten zu begehen. Vor allem, wenn Jugendliche gemeinsam durch die Stadt ziehen.

Für den Soziologen Baier ist das der zweite entscheidende Grund, warum Jugendliche kriminell werden: Sie landen im falschen Freundeskreis und lassen sich zu Taten überreden, die sie allein niemals ausführen würden. Besonders negativ sei dabei das Umfeld in

Haupt- und Förderschulen, wo Schüler wenige positive Anreize bekommen und sich gegenseitig einreden, dass Anstrengung sich eh nicht lohnt.

Viele dieser Jugendlichen fühlen sich vernachlässigt und von der Gesellschaft abgehängt. Der Frust darüber entlädt sich in Gewalt gegen andere – oder aber gegen sich selbst.

Denn ein dritter Hauptgrund für jugendliche Gewalt sind Drogen und Alkohol. Erfreulich ist zwar, dass Jugendliche insgesamt weniger trinken [...]. Dennoch sind es immer noch alarmierend viele, die unter Drogen ihre Hemmungen verlieren. [...]

Generell belegen Studien, dass Gewalt im Elternhaus nachweislich das Risiko eines Kindes steigert, später selbst gewalttätig zu werden. [Diese Kinder empfinden es als normal, dass Gewalt ein Zeichen von Männlichkeit sei.] [...] Kinder werden immer früher mit der Erwachsenenwelt konfrontiert, Eltern und auch Schulen sind häufig überfordert und in unserer hochmobilen Gesellschaft fehlt oftmals die Kontinuität und Stabilität, die gerade ein Mensch in jungen Jahren braucht. [...]

Klormann, Sybille: Wie werden Kinder zu Verbrechern? In: www.ard.de, 26.10.2012

Hochmobile Gesellschaft
häufiger Wechsel von Lebensmittelpunkten

Kontinuität
hier: gleichbleibende Lebensvehältnisse

Empathie
Mitgefühl

M6 Ist das heute wieder langweilig ...

Karikatur: Plaßmann, Thomas

AUFGABEN

1. Nenne, was dazu geführt hat, dass Stefan M. straffällig wurde (**M4**).
2. Warum werden Jugendliche kriminell? Erstelle eine Mindmap (**M5**).
3. Beschreibe die Ursachen von Jugendkriminalität (**M4**, **M5**).
4. Analysiere die Karikatur **M6**. Erkläre dann die Gemeinsamkeiten des Textes (**M5**) und der Karikatur.

F Arbeite heraus, welche Gründe für Jugendkriminalität (**M5**) beim Raubüberfall von Stefan M. (**M4**) eine Rolle gespielt haben.

F Welche der genannten Ursachen für Jugendkriminalität (**M5**) hältst du für besonders überzeugend? Begründe.

Welche Straftaten verüben Jugendliche und wann müssen sie sich dafür verantworten?

Es kommt also vor, dass Kinder und Jugendliche mit ihrem Verhalten gegen das Gesetz verstoßen und straffällig werden. Dabei gibt es Delikte, die durch Jugendliche besonders häufig verübt werden. Welche sind das und wie werden Jugendliche dafür bestraft?

M7 Jugendkriminalität in den Schlagzeilen

a **Betrunkener 15-Jähriger fährt Auto zu Schrott**

Er verlor die Kontrolle über das zuvor gestohlene Fahrzeug, das mit Totalschaden im Straßengraben landete.

b **16-Jähriger ging mit Messer auf Mitschüler los**

Bei einem Streit mit seinem Mitschüler geriet ein 16-Jähriger derart in Wut, dass er mit einem Messer auf seinen zwei Jahre jüngeren Mitschüler losging.

c **Jugendliche Einbrecherbande gestellt**

Die Polizei hat vier jugendliche Einbrecher festgenommen. Sie sind zwischen 14 und 16 Jahre alt und stehen im Verdacht, zweimal in ein Einfamilienhaus eingebrochen zu sein.

M8 Verurteilte Jugendliche in NRW

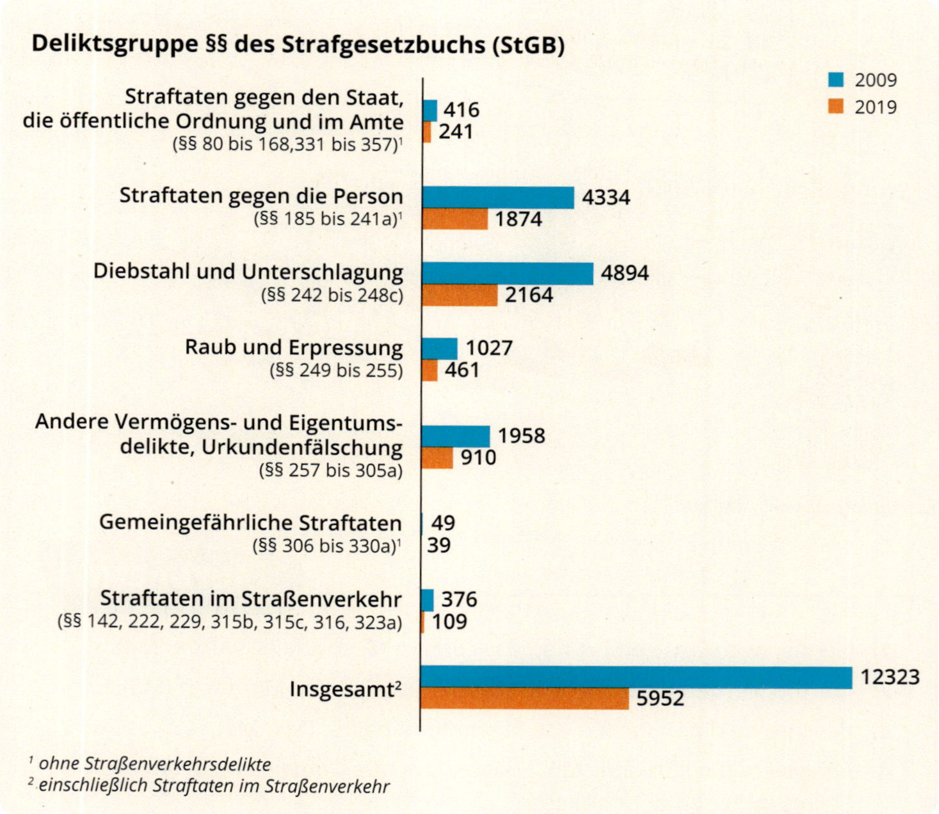

Zahlen: Landesbetrieb Information und Technik Nordrhein-Westfalen (IT.NRW), November 2020

M9 Deliktfähigkeit und Strafmündigkeit

In Deutschland [kann] jemand nur dann für eine Tat bestraft werden [...], wenn man davon ausgeht, dass der Täter auch die Verantwortung für seine Taten tragen kann. Das kann er nur, wenn er die Folgen seines Handelns überblicken konnte. [...] Im Strafgesetzbuch findet sich deshalb eine Regelung, die besagt, dass Kinder unter 14 Jahren nicht schuldfähig sind und deshalb nicht bestraft werden können. Es kann kein Strafverfahren gegen ein Kind eingeleitet werden – das bedeutet auch, dass keine Ermittlungen und Untersuchungen stattfinden können.

Auch wenn Kinder noch nicht strafmündig sind und nicht vor Gericht gestellt werden, können sie ab sieben Jahren im Privatrecht „deliktfähig" sein – das bedeutet, dass sie beim Begehen der Tat durchaus zu der Einsicht fähig waren, dass ihre Handlung verboten ist und einem anderen schaden kann. In dem Fall können sie zumindest „schadensersatzpflichtig" sein.

Hahn, Katharina. In: www.helles-koepfchen.de, Abruf am 18.01.2021

Stufen der Deliktfähigkeit

Deliktsfähigkeit	deliktsunfähig	beschränkt deliktsfähig	voll deliktsfähig
Deliktsfähigkeit ist die Fähigkeit einer Person, wegen einer unerlaubten Handlung, bei der ein Schaden entstanden ist, haftbar (Pflicht zum Schadensersatz) gemacht werden zu können.	Minderjährige unter sieben Jahren und Personen, deren freie Willensbetätigung krankheitsbedingt ausgeschlossen ist	Minderjährige zwischen 7 und 18 Jahren (Spezialfall zwischen 7 und 10: Minderjährigenhaftung bei vorsätzlich verursachtem Verkehrsunfall) und Taubstumme	Volljährige (ab 18 Jahren)

Stufen der Strafmündigkeit

Strafmündigkeit	strafunmündig	strafmündig nach Jugendgerichtsgesetz (JGG)	strafmündig
Die alters- und geistesbedingte Fähigkeit, für das Unrecht einer strafbaren Handlung einzustehen.	Personen unter 14 Jahren sind strafrechtlich nicht verantwortlich.	Personen mit Vollendung des 14. Lebensjahres sind bedingt verantwortlich, nämlich falls die „Strafreife" vorhanden ist, also „die Fähigkeit, das Unrecht der Tat einzusehen und nach dieser Einsicht zu handeln" (§ 3 JGG).	Erwachsene sind voll strafmündig, doch wird bei Heranwachsenden (18 - 21 Jahre) in der Regel das Jugendstrafrecht angewendet. Ab dem 21. Geburtstag muss das Erwachsenenstrafrecht angewendet werden.

AUFGABEN

1. Ordne die Schlagzeilen aus **M7** den Delikten zu (**M8**).
2. Vergleiche die Zahlen in der Tabelle. Benenne auffällige Veränderungen und versuche, eine Erklärung dafür zu geben (**M8**).
3. Erkläre Deliktfähigkeit und Strafmündigkeit (**M9**).

Welche Ziele hat das Jugendstrafrecht?

Strafmündige Jugendliche müssen sich für ihre Taten vor dem Gesetz verantworten, also die Konsequenzen für ihr Handeln tragen. Warum ist das wichtig, was denkst du?

Welchen Zweck hat Strafe?

1. andere abschrecken
2. den Täter von neuen Straftaten abhalten (Prävention)
3. die Schuld ausgleichen, die Tat vergelten
4. das Opfer entschädigen
5. den Täter „auf den richtigen Weg" bringen (Resozialisierung)

Imponiergehabe
jemanden durch auffällige Verhaltensweisen beeindrucken wollen

Leichtsinn
unüberlegtes Verhalten, kein Nachdenken über Konsequenzen

M10 (Wie) Soll Stella bestraft werden?

Stella (15) erhält ihr Zeugnis – sie ist nicht versetzt. Als sie das am Abend ihrem Vater erzählt, ist der stinksauer und enttäuscht. Es kommt zu einem Streit, Stella rennt aus der Wohnung. Ihre Freundin kann sie besser verstehen, sie hatte schon letztes Jahr die Schule geschmissen. Zusammen entwenden sie beim Kiosk ein alkoholisches Mischgetränk. Später gehen sie zur Schule. Stella schmeißt aus Wut ein paar Fensterscheiben mit Steinen ein.

M11 Ziele des Jugendstrafrechts

Das Jugendstrafrecht wird bei Heranwachsenden angewandt, wenn der Täter nach seiner sittlichen und geistigen Entwicklung zur Tatzeit einem Jugendlichen entsprach oder die Tat als eine „Jugendverfehlung" eingeordnet werden kann. Unter Letzterem versteht man Straftaten, die Ausdruck einer typischen jugendlichen Lebenssituation sind, beispielsweise aus Imponiergehabe, jugendlichem Leichtsinn, Neugier oder Gruppendruck begangen worden sind.

„Die Anwendung des Jugendstrafrechts soll vor allem erneuten Straftaten eines Jugendlichen oder Heranwachsenden entgegenwirken. Um dieses Ziel zu erreichen, sind die Rechtsfolgen und unter Beachtung des elterlichen Erziehungsrechts auch das Verfahren vorrangig am Erziehungsgedanken auszurichten", heißt es in § 2 Abs. 1 des Jugendgerichtsgesetzes.

Ostendorf, Heribert: Ziele und Aufgaben des Jugendstrafrechts. In: www.bpb.de, 24.04.2018

M12 Erziehen vor Strafe: Ziele und Sanktionsmöglichkeiten des Jugendstrafrechts

Das wichtigste Ziel des Jugendstrafrechts ist es zu erziehen. Daher besteht ein wichtiger Unterschied zum Erwachsenenstrafrecht darin, dass beispielsweise Gefängnisstrafen (genannt Jugendstrafe) nur in schweren Fällen wiederholter Straffälligkeit angeordnet werden. Stattdessen sieht das Gesetz vielfältige „Erziehungsmaßregeln" vor.

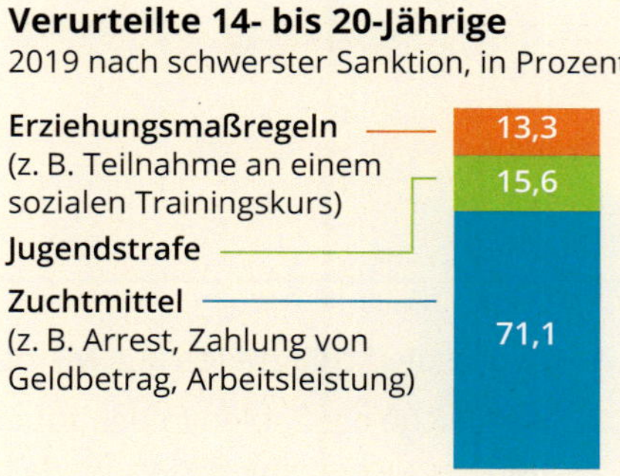

Quelle: Statistisches Bundesamt, Oktober 2020

M13 Wege aus der Gewalt finden

Die Schule schwänzen und im Park abhängen – damit ging es bei Jan los. Es folgten schlechte Noten und Stress mit der Mutter. Dann fing der damals 15-Jährige mit seinen Kumpels an, Mitschüler zu verprügeln. Der vermeintliche Spaß endete für die Gruppe mit Anzeigen wegen Körperverletzung [...]. Der Jugendrichter wollte Jan zu einem Jahr Arrest verurteilen, gab ihm aber noch eine Chance: Er müsse das Anti-Gewalt-Training bei der Caritas beenden. „Wenn ich eine Stunde verpasst hätte", erinnert sich Jan, „wäre ich für ein Jahr hinter Gitter gekommen".

Verantwortung fürs eigene Leben übernehmen

Für straffällige Jugendliche wie Jan hat Uwe Vollmar ein gutes Händchen. Bei ihm landen jene, die einen Weg aus der Gewalt suchen. Fast jeder Teilnehmer seines Anti-Gewalt-Trainings ist wegen Körperverletzung im Zusammenhang mit Drogen- oder Alkoholkonsum verurteilt. Darum ist das Ziel der Straffälligenhilfe [...], die Jugendlichen zur Kontrolle ihrer Aggressionen zu bringen. Und das, bevor sie später zu „richtigen" Kriminellen werden. [...] „Wir versuchen ihnen beizubringen, wie sie kontrolliert auf eine Provokation reagieren können, ohne dabei gleich loszuschlagen", so der 48-Jährige. Sie sollen lernen, Verantwortung für ihr Leben zu übernehmen. [...]

In schwierigen Situationen cool bleiben

[...] Für Jan war dieser Kurs der beste Teil des halbjährigen Trainings. Er lernte, wie er zur Ruhe kommt und „runterfährt". Das konnte er danach sogar öfters anwenden, sagt der Jugendliche: „Auf einem Fest wäre ich fast in eine Schlägerei geraten, dann dachte ich mir aber: ‚Ach, scheiß drauf' und bin weitergegangen." Genau das sei der Sinn der Übungen, erklärt Vollmar: „Sie sollen den Boden dafür bereiten, dass die Jugendlichen in ihrem Alltag anders reagieren." Die meisten Straftaten entstünden nämlich dann, wenn die Jugendlichen unter Stress gerieten. „Dann denken sie sich: Dem haue ich eine auf die Mütze, dann hab ich meinen Stress abgebaut", so der Sozialpädagoge. Für Jan kam das Anti-Gewalt-Training gerade noch zum rechten Zeitpunkt. Er hat den Hauptschulabschluss gemacht und vor kurzem eine Lehre als Gartenlandschaftsbauer begonnen. Und von seinem vorigen Freundeskreis hat er sich auch getrennt: „Es war am Anfang schwer, die Leute hinter sich zu lassen, aber es geht jetzt auch ohne sie."

Reichart, Johannes: Nein sagen und dabei bleiben. In: http://www.caritas-donau-ries.de, Abruf am 18.01.2021

AUFGABEN

1. a) Diskutiert in Partnerarbeit mögliche Strafen für Stella (**M10**).
   b) Begründet eure Entscheidung vor der Klasse.
   c) Erklärt, welchen Zweck ihr mit eurer Strafe verfolgt habt (**M10**, **Rand**).
2. Notiere, was man unter dem Erziehungsgedanken des Jugendstrafrechts versteht (**M11**, **M12**).
3. Erkläre, welche Maßnahme im Fall von Jan zum Einsatz kam und was diese bewirken soll (**M12**, **M13**).

F zu Aufgabe 2
Laut der Pyramide in **M12** sollen Erziehungsmaßregeln am häufigsten, Jugendstrafe am seltensten Anwendung finden. Formuliere Hypothesen, warum 2019 die meisten Delikte mit der Auferlegung von Zuchtmitteln geahndet wurden.

Härtere Strafen für Cybermobbing?

Viele Kinder und Jugendliche erleben Cybermobbing oder Beleidigungen im Netz. In einigen Fällen sind die Täterinnen und Täter Klassenkameraden und häufig selbst noch Kinder oder Jugendliche. Wie soll die Schule mit Cybermobbing umgehen und wie soll es bestraft werden?

M14 Welche Folgen kann Cybermobbing haben?

Onur (15) hat ein glänzendes Zeugnis. Tom (15) ist schon lange genervt, dass Onur nicht nur dauernd gute Noten hat, sondern auch noch mit Linda befreundet ist. Er meint, Onur müsse auch mal Pech haben und postet, dass er ihn mehrfach auf der Schultoilette mit Spickzetteln während Klassenarbeiten gesehen hat. Nach der Schule hält er mit ein paar Freunden die Tür auf der Schultoilette so lange zu, bis Onur den Bus verpasst hat. Onurs Fluchen und Bitten nimmt er mit dem Handy auf und schickt sie im Klassen-Chat herum.

M15 Welche Gesetze gelten im Fall von Cybermobbing?

Es gibt bisher kein eigenständiges Gesetz, das (Cyber-)Mobbing direkt als Straftatbestand darstellt. Aber einzelne Handlungen, die im Zusammenhang mit (Cyber-)Mobbing vorkommen, sind strafbar. Hier sind die häufigsten:

Beleidigung (§ 185 Strafgesetzbuch)	Wer eine andere Person beschimpft, beleidigt oder anderweitig durch Äußerungen oder Handlungen in ihrer Ehre verletzt oder demütigt, macht sich strafbar.
Üble Nachrede und Verleumdung (§§ 186 & 187 Strafgesetzbuch)	Wer z. B. in Foren, sozialen Netzwerken oder Blogs Unwahrheiten über eine Person verbreitet oder Beleidigungen ausspricht, die dazu dienen, dem Ansehen der Person zu schaden, macht sich strafbar.
Nötigung (§ 240 Strafgesetzbuch)	Wer einer anderen Person Gewalt oder anderweitigen Schaden androht, sofern diese einer Forderung nicht nachkommt, etwas zu tun, zu dulden oder etwas zu unterlassen, macht sich strafbar.
Bedrohung (§ 241 Strafgesetzbuch)	Wer einer anderen Person mit einem Verbrechen droht, das sich gegen die Person selbst oder gegen eine dieser nahestehenden Person richtet, macht sich strafbar.
Erpressung (§ 253 Strafgesetzbuch)	Wer einer anderen Person Gewalt antut oder Schäden androht, um sich selbst oder einen Dritten zu bereichern, macht sich der Erpressung strafbar.
Recht am eigenen Bild (§§ 22 & 23 Kunsturheberrechtsgesetz)	Bilder und Videos dürfen nur verbreitet und veröffentlicht werden, wenn die abgebildete Person eingewilligt hat.
Verletzung der Vertraulichkeit des Wortes (§ 201 Strafgesetzbuch)	Wer von einer anderen Person unerlaubt Tonaufnahmen herstellt, z. B. von einem Vortrag, der nur für einen kleinen Personenkreis gedacht war, macht sich strafbar. Das gilt umso mehr, wenn diese Aufnahmen weitergegeben und veröffentlicht werden.
Verletzung des höchstpersönlichen Lebensbereichs (§ 201a Strafgesetzbuch)	Wer eine andere Person in deren Wohnung oder in einer intimen Umgebung, etwa in der Dusche, in der Toilette oder der Umkleide, heimlich fotografiert oder filmt, macht sich strafbar. Das gilt umso mehr, wenn solche Aufnahmen weitergegeben und veröffentlicht werden.

M16 Maßnahmen gegen Cybermobbing

Prävention (Vorbeugung)

- Projekttage zum Thema Cybermobbing
- Smartphone-Regeln
- …

WISSEN

- Profileinstellungen beachten (nur Freunde …)
- …

KONSEQUENZEN

- Entschuldigung
- Handyverbot
- …

HILFE SUCHEN

- Eltern/Lehrer vom Problem erzählen
- …

AUFGABEN

1. Notiert in Partnerarbeit, welche Konsequenzen der Fall für das Opfer und den Täter haben kann (**M14**). MK
2. Erkläre, gegen welche Gesetze der Täter im Fallbeispiel verstößt (**M14**, **M15**).
3. Erarbeitet in 4er-Gruppen ein Plakat mit Maßnahmen zum Umgang mit Cybermobbing. Teilt die vier Bereiche untereinander auf (**M16**). MK
   a) Prävention: Wie können wir Cybermobbing vorbeugen?
   b) Wissen: Wie kann ich meine Profile in Sozialen Medien schützen?
   c) Konsequenz: Wie können die Täter für ihre Taten bestraft werden?
   d) Hilfe: Was kann ich tun, wenn ich weiß, dass eine Person von Cybermobbing betroffen ist oder ich es selbst bin?
4. Diskutiert gemeinsam, welche Maßnahmen und Regeln für euch am sinnvollsten sind.

H **zu Aufgabe 3**
Denkt an alle Beteiligten des Schullebens. Schaut auch nach, was die Handy-Regelung in eurer Schule besagt.

F Erstellt einen Flyer mit euren Maßnahmen gegen Cybermobbing. MK

Eine Gerichtsverhandlung beobachten

Worum geht es?

Viele Gerichtsverhandlungen sind öffentlich, das heißt Unbeteiligte können als Zuschauer daran teilnehmen. Bei einer Jugendgerichtsverhandlung gilt jedoch: Ist der Angeklagte zum Tatzeitpunkt unter 18 Jahre alt gewesen, findet die Verhandlung zum Schutze des Angeklagten unter Ausschluss der Öffentlichkeit statt.
Eine Gerichtsverhandlung zu beobachten kann spannender als ein Film sein. Darüber hinaus könnt ihr durch eine solche direkte Erfahrung viel über das Verfahren, die Prozessbeteiligten, die Urteilsbegründung usw. herausfinden.
In jedem Fall gilt: Je besser ihr euch auf die Beobachtung vorbereitet, desto mehr Erkenntnisse könnt ihr daraus gewinnen.

Geht dabei so vor:

1. Schritt: Vorbereitung

a) Bildet Kleingruppen und tauscht euch darüber aus, was ihr über die Abläufe und Beteiligten einer Gerichtsverhandlung bereits wisst.
b) Recherchiert, welche Rollen es in einer Gerichtsverhandlung gibt und wie der Ablauf im Gerichtssaal geregelt ist.
c) Formuliert Fragen, die ihr durch die Beobachtung klären möchtet.
d) Bereitet euch darauf vor, mit Stift und Papier Notizen zu machen, Ton- und Bildaufnahmen sind im Gerichtssaal nicht erlaubt.

2. Schritt: Beobachtung der Verhandlung

a) Es gibt im Gericht keine formale Kleiderordnung. Mützen und Kappen solltet ihr aber abnehmen und auf Kaugummis verzichten. Darauf reagieren Richter häufig „allergisch“.
b) Verhaltet euch während der Verhandlung ruhig und respektvoll. Jeder hat das Recht auf einen fairen Prozess, und für die Angeklagten kann das Urteil ein schwerwiegender Einschnitt im Leben sein.
c) Macht euch Notizen zu euren Fragen und weiteren Beobachtungen.

3. Schritt: Auswertung und Reflexion

a) Beantwortet in den Gruppen eure vorab gestellten Fragen auf der Grundlage eurer Notizen.
b) Tragt zusammen, was euch bei der Beobachtung erstaunt, überrascht oder irritiert hat.
c) Haltet einen Vortrag (→ Methodenglossar) über eure Gruppenergebnisse vor der Klasse und vergleicht eure Wahrnehmungen.

Beobachtungsbogen für einen Gerichtsbesuch

Mediencode: 70062-25

JUGEND UND KRIMINALITÄT

DAS JUGENDSCHUTZGESETZ

←··· M2, M3

Um Kinder und Jugendliche vor Gefahren zu schützen und ihnen mit zunehmendem Alter mehr Rechte zu geben, gibt es das Jugendschutzgesetz. Das Jugendschutzgesetz beschränkt den Zugang zu Produkten oder Orten, von denen eine mögliche Gefährdung für Kinder und Jugendliche ausgehen kann.

GRÜNDE FÜR JUGENDKRIMINALITÄT

←··· M5

Wenn Jugendliche straffällig werden, finden sich die Gründe dafür häufig in der Geschichte des Jugendlichen. Schlechte schulische Leistungen führen zu einem Misserfolgsgefühl, Anerkennung fehlt. Wenn freundschaftliche Beziehungen fehlen, fehlt eine gute Bindung. Auch hat das Umfeld der Gleichaltrigen großen Einfluss: Jugendliche lassen sich häufig zu Mutproben überreden. Auch eigene Erfahrungen mit Gewalt in der Familie sowie Drogen- und Alkoholkonsum verstärken straffälliges Verhalten. Durch die Straftaten erhoffen sich viele Jugendliche Anerkennung.

STRAFTATEN JUGENDLICHER

←··· M8

Die häufigsten Straftaten, die Jugendliche begehen, stehen in Zusammenhang mit dem Wunsch nach Anerkennung oder mit körperlichen Auseinandersetzungen. Die Jugendlichen wollen damit Aufmerksamkeit erregen, anderen imponieren oder ihre Grenzen austesten.
Bei der Sanktion von Straftaten unterscheidet man zwischen Strafmündigkeit und Deliktfähigkeit. Ein Jugendlicher ist deliktfähig, wenn er dazu herangezogen werden kann, den Schaden seiner Handlungen zu begleichen. Ab 14 Jahren sind Jugendliche dann meist strafmündig, also in der Lage ihr unrechtes Handeln zu erkennen und für ihre Taten strafrechtlich nach dem Jugendgerichtsgesetz einzustehen.

ZIELE UND AUFGABEN DES JUGENDSTRAFRECHTS

←··· M11, M12, M15

Für ihre Taten werden Jugendliche anders bestraft als Erwachsene. Die Strafen zielen darauf ab, dass die Jugendlichen die Schwere ihrer Tat erkennen und nicht wieder rückfällig werden. Dabei steht der Erziehungsgedanke im Vordergrund.
In Zeiten von Social Media muss auch der Umgang mit Cyberkriminalität verstärkt betrachtet werden, zu der auch Cybermobbing gehört. Cyberkriminalität verstößt auf vielfältige Weise gegen geltende Rechte (z. B. Recht am eigenen Bild, Beleidigung, Bedrohung), die bei einer Straftat Anwendung finden. Aber auch Maßnahmen der Prävention müssen verstärkt in den Blick genommen werden, um Cyberkriminalität angemessen vorzubeugen.

Fall 1: Da mach ich nicht mit!

Tanja, Jacqueline, Murat und Kathi sitzen auf dem Spielplatz, sie haben Langeweile.
„Und was machen wir jetzt?“, fragt Tanja.
„Lasst uns doch ins Einkaufszentrum gehen“, schlägt Kathi vor.
Murat erwidert: „Ich habe aber gar kein Geld, was soll ich denn da?“
„Na, das ist doch kein Grund. Mit einer CD kommst du doch locker an der Kasse vorbei – ohne zu zahlen ...“, klärt Kathi ihn auf.
„Du meinst, wir sollen klauen?“, fragt Tanja erschrocken.
„Warum denn nicht? Machen doch viele! Was meinst du, woher Jacqueline ihre neuen Ohrringe hat?!“
Jacqueline grinst.
„Bleib doch hier, wenn du ein Angsthase bist!“, stichelt Kathi. Tanja zögert.

Aufgaben

1. Arbeite heraus, welche Werte und Normen Kathi und Jacqueline verletzen.
2. Erkläre, warum es für Tanja und Murat schwer ist, in dieser Situation „Nein“ zu sagen.
3. Erläutere ausgehend von diesem Beispiel, welche negativen Einflüsse eine Peergroup hat.
4. Kathi und Jacqueline werden das nächste Mal beim Klauen erwischt. Notiere, welche Strafen du mit Blick auf das Jugendstrafrecht angemessen findest und begründe.

Fall 2: Social Media Profile gestalten

Mit Social-Media-Profilen sollen bestimmte Erwartungen geweckt oder erfüllt werden.

Aufgaben

1. Erkläre, welche Bedeutung digitale Medien und die Peergroup für die Identitätsbildung von Jugendlichen haben.
2. Erläutere, was an der Status-Meldung von Thorben problematisch sein könnte.
3. Erstelle fiktive Social-Media-Profile für folgenden Anlässe:
   a) Bewerbungsprofil für einen Ausbildungsplatz
   b) Medienscouts-AG an der Schule
   c) Werbeseite für einen Sportverein
4. Begründe die Auswahl der Inhalte, Bilder und die Öffnung des Profils.

In diesem Kapitel hast du dich mit Jugendlichen, ihren Werten, den Herausforderungen von Selbstbestimmung in der digitalen Welt beschäftigt und hast untersucht, warum einige Jugendliche straffällig werden.
Die folgende Tabelle hilft dir dabei herauszufinden, welche Fähigkeiten du schon erworben hast und wie du bei Bedarf noch weiter üben kannst.

Ich kann ...	Das klappt schon ...	Hier kann ich noch üben ...
... die Vielfalt der Wertorientierungen von Jugendlichen beschreiben.	👍 ✋ 👎	Kapitel 5.1: M3, M5, M7
... Möglichkeiten sozialen Engagements erläutern.	👍 ✋ 👎	Kapitel 5.2: M9, Grundwissen
... die Bedeutung sozialen Engagements für die Identitätsbildung und für die Gesellschaft beurteilen.	👍 ✋ 👎	Kapitel 5.1: M8, Grundwissen
... erklären, wie die Erwartungen anderer Jugendliche in ihrer Entwicklung beeinflussen.	👍 ✋ 👎	Kapitel 5.2: M5, M10, #Peergroup, #Gruppe und Gruppendruck, Grundwissen
... die Bedeutung des Jugendschutzgesetzes erklären.	👍 ✋ 👎	Kapitel 5.3: M2, Grundwissen
... Schwierigkeiten und Potenziale einer vielfältigen Gesellschaft beurteilen	👍 ✋ 👎	Kapitel 5.1: M6, M7, Grundwissen Kapitel 3.2: M4, Grundwissen
... die Bedeutung digitaler Medien für die Identitätsbildung von Jugendlichen beurteilen.	👍 ✋ 👎	Kapitel 5.2: M12, M13
... Ursachen und Formen von Jugendkriminalität beschreiben.	👍 ✋ 👎	Kapitel 5.3: M5, M7, M8, Grundwissen
... Ziele und Aufgaben des Jugendstrafrechts darstellen.	👍 ✋ 👎	Kapitel 5.3: M5, M11, M12, Grundwissen
... unterschiedliche Maßnahmen zur Bekämpfung von Cybermobbing diskutieren.	👍 ✋ 👎	Kapitel 5.3: M16

Friseurin beim Haareschneiden

Zwischen Supermarktregalen

Automatisierte Automobilproduktion

Konflikt im Büro

Demonstration einer Gewerkschaft in Essen

Was weißt du schon?

1. Beschreibe, was die oben dargestellten Bilder mit Unternehmen und Beschäftigten zu tun haben.
2. Erklärt, was Unternehmen benötigen, um Waren produzieren oder Dienstleistungen anbieten zu können.
3. a) „Unternehmen müssen vor allem Gewinne erwirtschaften!", „Unternehmen sind verantwortlich dafür, dass es den Beschäftigten gut geht!" Ordnet den beiden Aussagen jeweils eines der Bilder zu.
   b) Bezieht begründet Stellung, ob ihr den Aussagen zustimmt.

6

#Unternehmen, Arbeitgeber- und Arbeitnehmervertretungen in der Sozialen Marktwirtschaft

In Nordrhein-Westfalen gibt es viele Unternehmen: Kleine mit wenigen Mitarbeiterinnen und Mitarbeitern und Unternehmen mit Tausenden von Beschäftigten. Manche Unternehmen produzieren und verkaufen Waren, andere bieten Dienstleistungen an. Dabei verfolgen die Unternehmen unterschiedliche Ziele: Sie wollen z. B. Gewinne erwirtschaften, ihre Angebote verbessern und spielen eine zentrale Rolle im Leben ihrer Angestellten. Arbeitnehmerinnen und Arbeitnehmer arbeiten viele Stunden in der Woche für das jeweilige Unternehmen und bekommen dafür Gehälter und Löhne, die sie zum Leben benötigen. Dieses Kapitel hilft dir dabei, zu verstehen, wie Unternehmen und Beschäftigte organisiert sind, welche Aufgaben, Interessen und Ziele sie verfolgen und welche Mittel sie haben, diese Interessen zu verwirklichen.

Was lernst du in diesem Kapitel?

... Unternehmen anhand ausgewählter Merkmale zu beschreiben.
... Zusammenhänge in der Organisation von Unternehmen zu beschreiben.
... ökonomische, ökologische und soziale Unternehmensziele zu beurteilen.
... Aufgaben und Funktionen von Gewerkschaften und Arbeitgeberverbänden zu beschreiben.
... Interessen zwischen Gewerkschaften und Arbeitgeberverbänden zu vergleichen.
... Durchsetzungschancen von Gewerkschaften und Arbeitgeberverbänden zu beurteilen.
... Rechte und Pflichten in einem Arbeits- und Ausbildungsverhältnis zu erläutern.

Einen Unternehmenssteckbrief erstellen

Die Welt der Unternehmen ist aber noch viel größer und abwechslungsreicher, als man häufig denkt. Wie viele Unternehmen aus deinem Heimatort kennst du genauer? Gibt es in deiner Stadt vielleicht sogar ein international tätiges Unternehmen? Ist einer deiner Nachbarinnen oder Nachbarn selbst Unternehmerin oder Unternehmer? Mithilfe von Unternehmenssteckbriefen lernt ihr die Unternehmenslandschaft eurer Stadt besser kennen: vom selbstständigen Fliesenleger über die Mediendesignerin bis zum international tätigen Maschinenbau-Unternehmen.

Geht dabei so vor:

Start

1

Verschafft euch einen Überblick über Unternehmen in Nordrhein-Westfalen und Deutschland mit Kap. 6.1, M1-M3.

3

Teilt eure Klasse in Gruppen von mindestens vier Personen auf und lest das Unternehmensbeispiel in Kap. 6.1, M5. Bildet euch in eurer Gruppe zu Expertinnen und Experten fort. Jede Gruppe benötigt diese auf den Gebieten:

- Einkauf (Kap. 6.1, M7, M8)
- Produktion (Kap. 6.1, M9, M10)
- Verkauf (Kap. 6.1, M11, M12)
- Unternehmensziele (Kap. 6.1, M16)

2

- Sammelt in eurer Klasse Vorschläge, was ihr über Unternehmen herausfinden wollt. Mögliche Merkmale wären z. B.: Anzahl der Beschäftigten; Branche; Gründungsjahr; Hauptkunden; Umsatz, Gewinn; Unternehmensziele; ...
- Einigt euch in der Klasse auf maximal zehn Merkmale. Formuliert dazu passende Fragen, die ihr den Unternehmen stellen könnt, wenn ihr sie persönlich ansprecht.

4

Einigt euch in der Gruppe auf ein Unternehmen aus eurer Stadt. Nehmt nicht direkt das erste Unternehmen, das euch einfällt, sondern recherchiert, welche Unternehmen es überhaupt gibt. Achtet darauf, an welchen Unternehmen ihr auf dem Schulweg vorbeikommt. Ihr könnt auch Bekannte fragen, wo sie arbeiten. Oder sucht im Internet mit dem Stichwort „Unternehmen" und dem Namen eurer Stadt.

5

Ihr könnt versuchen, die Informationen über das Unternehmen im Internet zu finden. Meistens ist es jedoch viel interessanter und gewinnbringender, ein persönliches Gespräch zu führen. Möglich ist zum Beispiel ein Telefonat mit einer Mitarbeiterin oder einem Mitarbeiter oder sogar der Geschäftsführung. Auch ein Besuch des Unternehmens eröffnet einem weitere Perspektiven und bietet Gelegenheit zu Fragestellungen.

In jedem Fall solltet ihr vorher per E-Mail oder Telefon anfragen, ob das Unternehmen mit einer Kontaktaufnahme einverstanden ist. Nicht alle Unternehmen geben gerne genau Auskunft, z. B. über ihren Gewinn. Wenn das in eurem Fall so ist, dann müsst ihr das akzeptieren. Manchmal hilft es, nach einer „ungefähren Größenordnung" zu fragen.

6

Fasst eure Ergebnisse auf einem Steckbrief zusammen und präsentiert ihn in der Klasse. Ihr könnt ihn z.B. als Plakat an einer Stellwand hängen oder ihr erstellt eine digitale Präsentation, die ihr der Klasse vorführt.

6.1 Unternehmen in der Sozialen Marktwirtschaft

Was ist eigentlich ein Unternehmen?

Bestimmt kennst du aus deinem Umfeld viele Beispiele für Unternehmen, z. B. Geschäfte, in denen du einkaufst, oder den Betrieb, in dem deine Eltern arbeiten. Aber was genau sind Unternehmen eigentlich? Welche Aufgaben besitzen sie und kann man Unternehmen vergleichen?

M1 Unternehmen in Nordrhein-Westfalen

M2 Unternehmen von klein bis groß

Konzern
Zusammenschluss mehrerer Einzelunternehmen (z. B. gehören zu REWE auch Penny, Toom und der Touristik-Anbiete DER Touristik)

Dienstleistung
Arbeit in der Wirtschaft, die nicht unmittelbar der Produktion von Waren dient (z. B. der Haarschnitt im Friseurgeschäft)

Bestimmt fallen dir weitere Beispiele für Unternehmen ein, vielleicht, weil du Produkte von einem internationalen Konzern wie Apple oder Nike besitzt. Aber auch in deinem Umfeld gibt es viele Unternehmen: Im Supermarkt oder im Fachhandel wie Apotheken oder Elektronikmärkten kannst du alles für den täglichen Bedarf kaufen. Auf dem Wochenmarkt können wir viele Waren auch direkt vom Produzenten erwerben. Andere Unternehmen bieten Dienstleistungen an, der Haarschnitt beim Friseur, die Beratung bei einer Bank oder eine Taxifahrt. Unternehmen können nach verschiedenen Kriterien eingeteilt werden, z. B. nach der Anzahl der Beschäftigten oder dem erzielten Umsatz. Die Spanne reicht vom Kioskbesitzer mit einem monatlichen Umsatz von 50.000 € bis Walmart, dem größten Konzern weltweit mit ca. 2,2 Mio. Beschäftigten und einem monatlichen Umsatz von etwa 36 Mrd. €.

M3 Unternehmensgrößen in Deutschland

Unternehmen nach Beschäftigten 2019
Stand: Dezember 2020

Beschäftigte	0-9	10-49	50-249	ab 250	insgesamt
Anzahl Unternehmen	3.110.639	357.937	73.823	16.798	3.559.197
Anzahl Beschäftigte	5.264.299	7.247.881	7.465.688	15.231.382	35.209.251

Zahlen nach: © Statistisches Bundesamt: Unternehmensregister. In: www.destatis.de, 07.12.2020

Unternehmensbezeichnungen nach Anzahl der Beschäftigten:
- Kleinstunternehmen bis 9
- kleine Unternehmen bis 49
- mittlere Unternehmen bis 249
- große Unternehmen ab 250

M4 Mehr als Umsatz und Arbeit

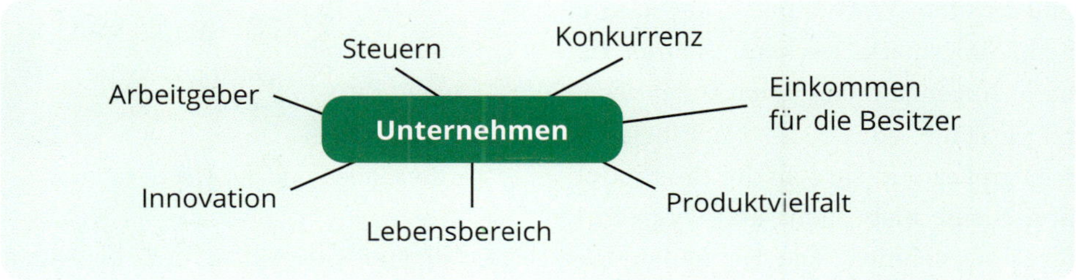

UNTERNEHMEN

Unternehmen sind ein selbstständig tätiger Teil der Wirtschaft. Man unterscheidet Produktionsunternehmen, die Waren herstellen, Dienstleistungsunternehmen, die Serviceleistungen erbringen, und Handelsunternehmen, die ihr Geld mit dem Ein- und Verkauf von Waren verdienen.

AUFGABEN

1. Ordnet die Unternehmen in **M1** zu zweit danach, ob etwas hergestellt wird, ob sie mit Waren handeln oder ob sie Dienstleistungen erbringen. Haltet eure Ergebnisse in Form einer Tabelle fest. MK
2. a) Ergänze deine Tabelle aus Aufgabe 1 mit den Beispielen aus **M2**.
   b) Benenne konkrete Unternehmen aus deiner Stadt für die drei Bereiche deiner Tabelle aus Aufgabe 1.
3. Analysiere die Statistik in **M3**.
4. Erläutere die Aspekte von Unternehmen in **M4** mit eigenen Worten. Unterscheide dabei, ob der Aspekt für eine Einzelperson wichtig ist oder die gesamte Gesellschaft betrifft.
5. Erörtert in der Klasse, welche Bedeutung Unternehmen für euch und die Gesellschaft haben.

H zu Aufgabe 1
Du kannst dazu auch im Internet recherchieren, z. B. auf den Webseiten der einzelnen Unternehmen.

F zu Aufgabe 4
Erweitere **M4** um weitere unternehmerische Aspekte.

Wie sind Unternehmen organisiert?

Zuhause oder in der Schule hängt alles von einer guten Organisation ab. Das gilt natürlich auch für Unternehmen, in denen teilweise mehrere tausend Menschen arbeiten. Für alle Unternehmen kann man drei wesentliche Bereiche unterscheiden, in denen wichtige Entscheidungen getroffen werden: Beschaffung, Produktion und Absatz.

M5 Finjas Feine Früchte

Finjas Kreationen sind äußerst begehrt.

Finja Feinschmecker hat das Unternehmen 3F – Finjas Feine Früchte – gegründet, das leckere Früchte mit Schokoladenüberzug herstellt. Zuerst hat sie die Früchte noch zuhause hergestellt und auf dem Wochenmarkt sowie in einem Supermarkt verkauft. Durch den herausragenden Geschmack der leckeren Früchte wurde die Nachfrage immer größer und sie schaffte die Produktion alleine nicht mehr und vergrößerte ihr Unternehmen. Die Herstellung der Früchte wird jetzt in einer angemieteten Küche von der Konditormeisterin Sirin Sahin übernommen, zusammen mit der Praktikantin Antje Anfängerin. Das Lager hat Finjas alter Freund Carlos Kleinlich übernommen, er sorgt für den Nachschub an Schokolade und Früchten. Die Schokofrüchte werden von dem angestellten Verkäufer Norbert Nascher in einem kleinen Geschäft in der Innenstadt verkauft. Wenn an Wochenenden oder in der Vorweihnachtszeit die Nachfrage besonders groß ist, unterstützt Tatjana Teilzeit als Aushilfe. Finja kümmert sich als Geschäftsführerin um das Management. Bei der Buchhaltung wird sie von ihrem Opa Helmut unterstützt, der im Controlling einer großen Firma tätig war, bevor er letztes Jahr in Rente ging.

Buchhaltung
Abteilung eines Unternehmens, in der alle Einnahmen und Ausgaben bearbeitet werden (über diese wird „Buch geführt")

Controlling
Abteilung eines Unternehmens, die alle Prozesse und Abläufe in einem Unternehmen kontrolliert und die Geschäftsführung unterstützt

M6 Aufbauorganisation

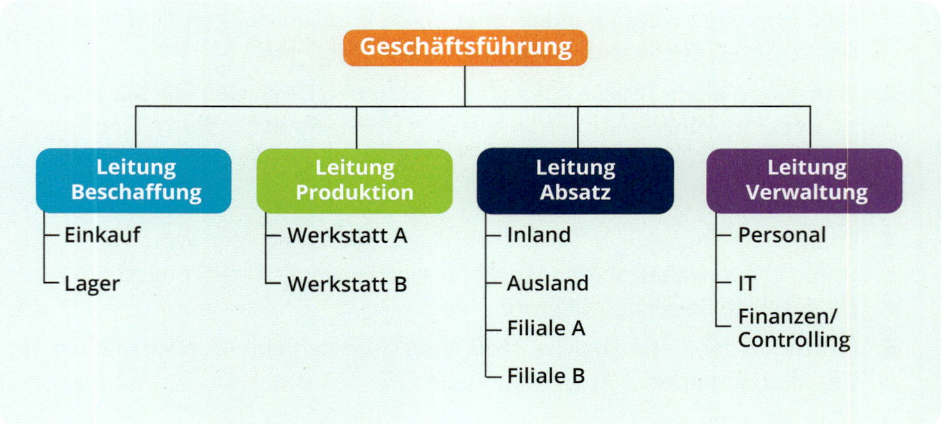

Aufbauorganisation
Aufgaben werden erfasst und in abgrenzbare Abteilungen eingeteilt. Die kleinste Einheit ist die Stelle.

M7 Nur Früchte und Schokolade?

Werkstoffe

Carlos Kleinlich (Lagerleiter): „Welche Rohstoffe und Produkte muss ich für die Produktion einkaufen?“

Früchte, Schokolade, Streusel zum Verzieren, Verpackungsmaterial

Betriebsmittel

Sirin Sahin (Konditormeisterin): „Welche Küchenmaschinen und Werkzeuge benötige ich für die Schokofrüchte?“

Herd, Ofen, Standmixer, Besteck, Strom für die Maschinen

Finanzmittel

Opa Helmut (Buchhalter): „Wie viel Geld benötigen wir für das nächste Jahr?“

Miete für Lager, Küche und Filiale; Lohnkosten der Angestellten; Einkauf der Rohstoffe

Arbeitskräfte

Finja Feinschmecker (Geschäftsführerin): „Wen muss ich einstellen und wann soll gearbeitet werden, damit die Produktion reibungslos klappt?“

Mitarbeitende im Lager, in der Herstellung, für den Verkauf

BESCHAFFUNG

Unter Beschaffung versteht man alle Tätigkeiten, die dazu dienen, ein Unternehmen mit Rohstoffen, Dienstleistungen, Betriebsmitteln und Arbeitskräften zu versorgen. In der Aufbauorganisation ist die Beschaffung in zwei Bereichen zu finden, bei der eigentlichen Beschaffung und im Bereich Verwaltung unter Personal und Buchhaltung.

M8 Leichter gesagt als geplant

„Je weniger ich einkaufe, desto besser. Dann habe ich auch niedrige Kosten!“

„Mit einem aufgefüllten Lager und drei weiteren Angestellten, bin ich gut auf die viele Kundschaft vorbereitet!“

AUFGABEN

1. a) Stelle dar, wie aus der Idee in **M5** ein Unternehmen wurde.
   b) Ordne die Personen aus **M5** den Aufgabenbereichen aus **M6** zu.
2. Erkläre den Unterschied in der Aufbauorganisation zwischen dem Unternehmen aus dem Beispiel (**M5**, **M6**) und einem großen Konzern, der international tätig ist.
3. Erläutere, was passiert, wenn die Aufgaben in **M7** nicht gut geplant werden.
4. Beurteile die Aussagen aus **M8**.
5. Entwerft zu zweit einen Plan, wie die Beschaffung bei dem Beispielunternehmen organisiert werden sollte (**#Beschaffung, M7, M8**).

Wie verkaufen Unternehmen ihre Leistungen?

Wenn das Unternehmen organisiert ist und alle benötigten Rohstoffe und Maschinen eingekauft wurden, geht es an die Arbeit! Die Waren werden produziert und anschließend verkauft. Auch hier muss viel beachtet und geplant werden.

M9 Produktionsentscheidung

Die Konditormeisterin Fr. Sahin leitet die Produktion in der Küche. Leider ist bei ihrer Planung einiges durcheinandergeraten:

M10 Leistungserstellung

Leistungserstellung sind die Vorgänge in einem Unternehmen, in dem die beschafften Güter weiterverarbeitet oder eingesetzt werden.

Leistungserstellung im

- **Produktionsbetrieb:** Erstellung qualitativ hochwertiger Produkte
- **Dienstleistungsbetrieb:** Erbringung einer Leistung durch Personen
- **Handelsbetrieb:** Einkauf und Verkauf verschiedenster Produkte

PRODUKTION

Unter Produktion versteht man den Teil des Unternehmens, in dem die beschafften Rohstoffe, Vorprodukte oder Betriebsmittel weiterverarbeitet oder eingesetzt werden. Je nach Betriebsart unterscheidet man, was als Produktion bezeichnet wird. Bei einem Supermarkt ist es der Ein- und Verkauf von Waren, beim Friseur der Haarschnitt und bei einem Automobilproduzenten der Bau eines Kraftfahrzeugs.

M11 Wie erreicht man die Kundschaft?

1 Mein Freund Nils Nerd hat angeboten, einen Webshop für das Unternehmen zu programmieren. Dann können wir deutschlandweit verkaufen!

2 Teile der Stammkundschaft haben vorgeschlagen, dass für die Schokobananen nur noch Bio-Bananen genutzt werden sollten. Ich frage in der nächsten Woche die Kundschaft im Laden, was sie davon hält.

3 Die Praktikantin Antje hat vorgeschlagen, einige Werbeposts auf dieser neuen Tanz-app zu veröffentlichen, die gerade super angesagt ist.

M12 Absatz

Aufgabenerfüllung im Bereich …

Marktforschung
Was wollen die Kundinnen und Kunden kaufen? Welche Angebote von Konkurrenzunternehmen gibt es?

Vertriebswege
Werden die Produkte oder Dienstleistungen direkt an die Kundschaft verkauft oder über Händlerinnen und Händler? Werden die Produkte auch online angeboten?

Marketingmaßnahmen
Wie werbe ich am besten für meine Produkte? Welche Vorteile benenne ich in der Werbung? Wo soll die Werbung zu sehen sein?

ABSATZ

Unter Absatz versteht man alle Tätigkeiten eines Unternehmens, die dem Verkauf der erstellten Waren oder Dienstleistungen dienen. Neben dem wirklichen Verkauf, z. B. über eigene Geschäfte, Märkte oder den Onlinehandel, gehören auch Marktforschung und Werbung zum Absatz.

AUFGABEN

1. Ordnet zu zweit die Notizen in **M9** den korrekten Schritten zu.
2. Erkläre, um welche Art der Leistungserstellung es sich handelt (**M10**).
3. a) Beschreibe, wie sich die Pläne in **M11** auswirken könnten.
   b) Ordne die Pläne aus **M11** den Aspekten vom Absatz in **M12** zu.
4. Oft hört man die Aussage: „Der Kunde ist König!“ Beziehe in einem kurzen Blogbeitrag Stellung dazu. Ist dieses Sprichwort immer richtig?
5. a) Teilt eure Klasse in Gruppen ein und entwerft eine Werbung für die Beispielfirma Finjas Feine Früchte.
   b) Stellt eure Ergebnisse in der Klasse vor und entscheidet begründet, welche Werbung ihr verwenden würdet.

F zu Aufgabe 5a)
Gute Werbung zeichnet sich vor allem durch ihre Originalität aus. In den letzten Jahren gab es viele kreative Werbemaßnahmen, die man als „Guerilla-Marketing“ bezeichnet. Wähle ein Beispiel aus und beschreibe, weshalb es besonders gelungene Werbung ist.

Hier findest du einige Beispiele:

Mediencode: 82252-15

Keine Zukunft ohne Fortschritt?

Für viele Unternehmen spielt der Bereich Forschung und Entwicklung eine wichtige Rolle. Die Kundinnen und Kunden wünschen sich neue Produkte mit weiteren Funktionen oder einem neuen Design. Die Unternehmen entwickeln ihre Produktion weiter, um kostengünstiger produzieren zu können oder qualitativ hochwertigere Waren herzustellen, z. B. durch Automatisierung oder bessere Verarbeitungstechniken.

M13 News zum Onlinehandel

Durch den Ausbau des Internets und die Verbreitung von Smartphones hat der Onlinehandel in den vergangenen zwanzig Jahren stark zugenommen.

1 **Bald sind die Innenstädte ausgestorben**
Der Handel befürchtet Onlinekonkurrenz.

2 **Onlinehändler vor Rekordjahr**
Amazon steigert Umsatz deutlich.

3 **Zurückgeschickte Neuware wird vernichtet**
Vor allem Kleidung betroffen – Umweltministerium plant Verbot.

4 **Neue Studie zum Einkaufserlebnis**
Immer mehr Menschen wünschen sich persönliche Beratung.

M14 Onlinehandel in Deutschland

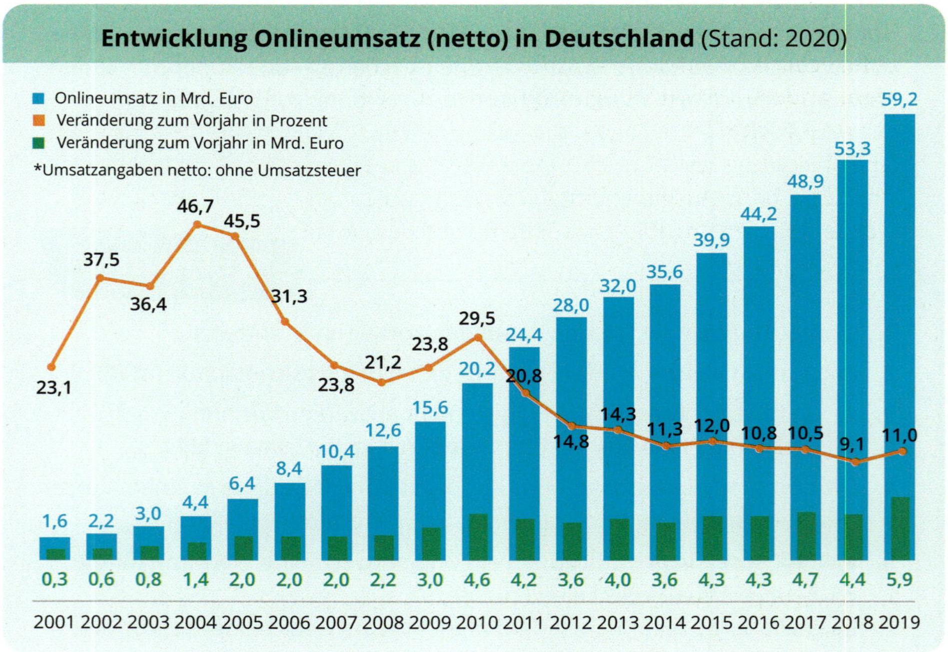

Nach: © Handelsverband Deutschland – HDE e.V., 2020: HDE Online-Monitor 2020. In: www.einzelhandel.de, Abruf am: 11.06.2021

M15 Paketsteuer für den Onlinehandel

Während in den Einkaufsstraßen wegen des Lockdowns eine ziemlich unweihnachtliche Leere herrscht, klingeln die Paketboten in den meisten Häusern derzeit sogar mehrmals täglich an den Türen. Einige Abgeordnete der Unionsfraktion im Bundestag hat das nun zu einem „Pakt für lebendige Innenstädte" inspiriert – inklusive einer Paketabgabe fürs Online-Shopping.

Der Einzelhandel sei unter Druck, der Onlinehandel boome, heißt es in dem entsprechenden Papier [...] Weil [...] der Online-Handel die kommunale Infrastruktur nutze, ohne sich an deren Finanzierung zu beteiligen, schlagen die beiden Abgeordneten als Maßnahme für die Zeit nach der Krise eine Paketabgabe für den Online-Handel vor, proportional zum jeweiligen Bestellwert. [...]

Der Handel selbst aber sieht diesen Vorstoß offenbar skeptisch. Im Verhältnis zum internationalen Online-Handel gehe es vor allem um einen fairen Wettbewerb, teilte der Handelsverband HDE am Wochenende mit. „Dazu braucht es keine neuen Steuern auf Pakete, sondern bessere Kontrollen, um sicherzustellen, dass auch bei Lieferungen aus Fernost unsere hiesigen Regelungen für Produktsicherheit und Steuerzahlungen eingehalten werden", sagte HDE-Hauptgeschäftsführer Stefan Genth. Zudem träfe eine „Paketsteuer" auch heimische Online-Händler und diejenigen stationären Händler, die ihre Waren auch im Internet verkaufen. [...]

Roßbach, Henrike: Unionspolitiker schlagen Paketsteuer für Online-Händler vor. In: www.sueddeutsche.de, 20.12.2020

proportional
im Verhältnis

TECHNOLOGISCHE INNOVATIONEN

Unternehmen forschen laufend an neuen Technologien und entwickeln neue Produkte. Manche Veränderungen betreffen nur wenige Unternehmen, andere Entwicklungen betreffen große Teile der Wirtschaft oder der Gesellschaft, z. B. das Auto oder das Internet. Für Unternehmen kann die Entwicklung immer neuer Angebote eine große Herausforderung darstellen, da sie hohe Ausgaben haben, um mit den Entwicklungen mitzukommen. Die Käuferinnen und Käufer profitieren von den besseren Produkten oder sinkenden Preisen.

Innovation
eine Veränderung oder Neuerung, z. B. die Einführung eines neuen, aber auch die Verbesserung eines bestehenden Produkts

AUFGABEN

1. Beschreibe, welche Folgen die Nachrichtenmeldungen aus **M13** für die Betroffenen haben können.
2. Analysiert zu zweit mit der Statistik **M14**, wie sich der Onlinehandel in Deutschland entwickelt hat.
3. Bewerte den Vorschlag in **M15** aus unterschiedlichen Perspektiven – welche Vor- und Nachteile sind damit für wen verbunden? Würde eine solche Abgabe dein eigenes Verhalten verändern?

H zu Aufgabe 1
Unterscheide zwischen den Geschäften in Innenstädten, Onlinehändlern sowie den Kundinnen und Kunden.

Science for a better life
engl.: Wissenschaft für ein besseres Leben; Werbe-Slogan der Bayer AG

Aktiengesellschaft (AG)
Bei dieser Unternehmensform können Investorinnen bzw. Investoren (Aktionäre) Anteile des Unternehmens in Form von Aktien kaufen und vom Wachstum und den Gewinnen anteilig profitieren.

Unternehmensziele am Beispiel – „Science for a better life"?

Unternehmen verfolgen unterschiedliche Ziele: Natürlich wollen sie möglichst viele Waren und Dienstleistungen herstellen und zu einem hohen Preis verkaufen. Welche weiteren Ziele von Unternehmen verfolgt werden erfährst du in diesem Kapitel.

M16 Unternehmensziele der Bayer AG

Die Bayer AG wurde 1863 in Barmen (heute ein Teil von Wuppertal) gegründet. Heutzutage ist Bayer ein international tätiger Konzern der Pharma- und Chemiebranche mit über 100 000 Mitarbeitenden. Das Unternehmen stellt Waren aus den Bereichen Medikamente, Gesundheitsprodukte und Pflanzenschutzmittel her, das wohl bekannteste Produkt ist das Arzneimittel Aspirin.

Ökonomische Ziele
- Gewinne erzielen (Umsätze steigern, Kosten senken)
- Kundschaft zufriedenstellen
- Marktanteile vergrößern
- neue Märkte erobern
- neue Produkte entwickeln

Soziale Ziele
- Arbeits- und Ausbildungsplätze schaffen
- Gleichberechtigung fördern
- Arbeitsbedingungen verbessern
- Kinderbetreuung anbieten
- Beschäftigte arbeiten im Team
- Mitarbeitende fördern
- Altersvorsorge unterstützen

Ökologische Ziele
- Gesundheit fördern
- Umwelt und Klima schützen
- Energie sparen
- ressourcenschonend produzieren

AUFGABEN

1. a) Teilt eure Klasse in Vierergruppen auf und erarbeitet euch die Informationen in **M16**.
b) Erstellt auf einem Plakat eine Mindmap über die Unternehmensziele der Bayer AG.
c) Tauscht euch in der Gruppe über die Unternehmensziele (**M16**) aus. Entscheidet, welche Ziele ihr für besonders wichtig haltet.

2. Teilt euch in der Gruppe auf die Stationen 1-4 auf und bearbeitet jeweils die zu eurer Station gehörigen Arbeitsaufträge.

3. Bearbeitet gemeinsam in der Gruppe die Arbeitsaufträge von Station 5.

4. Präsentiert eure Ergebnisse in der Klasse.

H zu Aufgabe 1b)
Schreibt „Unternehmensziele der Bayer AG" in die Mitte eurer Mindmap und ordnet die drei Bereiche „Ökonomische Ziele", „Soziale Ziele" und „Ökologische Ziele" um die Mitte herum in Kreisen an.

Station 1: Geld regiert die Welt?

Ein wichtiges Ziel von allen Unternehmen ist es, viele Waren und Dienstleistungen zu verkaufen, um einen möglichst hohen Gewinn zu erzielen.

M17 Erreicht Bayer seine Gewinnziele?

1 2. Quartal 2020: Solide Geschäftsentwicklung trotz COVID-19-Einfluss
Umsatz um 2,5 % gesunken, Ergebnis bei -9,5 Mrd. €

2 Jahresbericht 2019: Bayer strategisch und operativ erfolgreich
Umsatz auf 43,5 Mrd. € gestiegen, Ergebnis steigt auf 4,1 Mrd. €

3 Jahresbericht 2018: Umsatz- und Ergebnisplus
Umsatz auf 39,6 Mrd. € gestiegen, Ergebnis von 1,7 Mrd. €

4 Bayer plant weitere Sparmaßnahmen
Bayer hat inmitten der Corona-Krise zusätzliche Sparmaßnahmen in Milliardenhöhe angekündigt und schließt einen weiteren Arbeitsplatzabbau nicht aus. [...] "Wir müssen unsere Kostenstrukturen an die veränderten Marktbedingungen anpassen und gleichzeitig Mittel für weitere Investitionen in Innovation und Wachstum bereitstellen", sagte Vorstandschef Werner Baumann.

© Reuters: Bayer plant weitere Sparmaßnahmen – Stellenabbau möglich. In: www.reuters.com, 01.10.2020

GEWINNE UND VERLUSTE

Das Ergebnis eines Unternehmens gibt an, wie viel es in einem bestimmten Zeitraum, meist ein Quartal oder ein Jahr, verdient hat. Um den Gewinn oder Verlust zu berechnen, zieht man die Kosten (oder Ausgaben) vom Umsatz (den Einnahmen) ab. Sind die Kosten höher als die Einnahmen macht das Unternehmen einen Verlust. Um den Gewinn zu steigern, kann ein Unternehmen mehr verkaufen, also den Umsatz erhöhen. Es kann aber auch die Preise erhöhen oder die Kosten senken. Es muss aber gut überlegt sein, ob die Kundinnen und Kunden höhere Preise bezahlen werden und ob die Qualität der Produkte bei niedrigeren Kosten gleichbleibt.

AUFGABEN

1. Beschreibe mit **M17**, wie sich das Geschäft der Bayer AG entwickelt hat.
2. Erstelle mit den Informationen aus **M17** einen Zeitstrahl, in dem du die Geschäftsentwicklung von Bayer darstellst.
3. Ergänzt eure Mindmap aus Aufgabe 1 (vorherige Seite).

Station 2: Arbeiten bei der Bayer AG

Unternehmen stellen häufig dar, wie es ist, bei ihnen zu arbeiten. So versuchen Sie, neue Angestellte zu gewinnen und die Kundschaft von ihrer Arbeit zu überzeugen.

M18 Wie stehen Mitarbeiterinnen und Mitarbeiter zu Bayer?

Auf der Webseite der Bayer AG erklären Mitarbeiterinnen und Mitarbeiter, was für sie das Besondere an dem Unternehmen ist:

Wael Ghareeb: Bayer steht für mich für Mobilität, für die Chance, weltweit Erfahrungen zu sammeln.

Rina Kakihara: Bayer bietet unbegrenzte Möglichkeiten in einem gleichermaßen wettbewerbsorientierten wie harmonischen Umfeld. Egal wo in der Welt: Bei Bayer sind wir eine Familie.

Junil Kim: Ich habe bisher bei Bayer in sechs Positionen gearbeitet, jede mit höherer Verantwortung. Chancen gibt es bei Bayer reichlich.

Ryan Lamberson: Ich fühle mich in dieser Firma als Mensch geschätzt. Das heißt: Ich [...] bekomme nicht nur Geld, sondern auch Möglichkeiten, mich weiter zu entwickeln.

Arbana Muhamedi: Mir gefällt unser Ansatz, mithilfe der Wissenschaft das Leben der Menschen zu verbessern.

Katja Nassenstein: Bei Bayer bin ich nicht auf einen bestimmten Job festgelegt. Allein in der Ausbildung habe ich sieben Abteilungen durchlaufen. Das hilft mir, mein berufliches Ziel zu finden.

Mamati Tembe: Bei Bayer ist ‚Diversity' kein Klischee, sondern ein Erfolgsfaktor. Viele Mitarbeiter sind offen für andere Kulturen und können gut mit Menschen jenseits ihrer eigenen Erfahrungswelt umgehen.

Nach: © Bayer AG: Unsere Mitarbeiter. In: www.karriere.bayer.de, 06.06.2019

AUFGABEN

1. Arbeite aus **M18** heraus, welche Ziele von den Mitarbeiterinnen und Mitarbeitern genannt werden.
2. Analysiere, warum Bayer genau diese Aussagen ausgesucht hat, um sie auf der Webseite zu präsentieren. MK
3. Ergänzt eure Mindmap aus Aufgabe 1 (von S. 192).

Station 3: Umweltschutz

Die Ziele von Unternehmen sind nicht immer alle gleichzeitig zu erreichen. Manchmal stehen sie sich auch in einem Zielkonflikt gegenüber.

M19 Übernimmt Bayer ökologische Verantwortung?

Der Leverkusener Pharma- und Agrarchemiekonzern Bayer hat sich in den USA mit einem Großteil der mehr als 100.000 Klägern auf einen Vergleich wegen des Unkrautvernichters Glyphosat verständigt.

Ein Traktor besprüht ein Feld mit Glyphosat

Dafür muss Bayer aber zahlen - für den Vergleich und für mögliche künftige Fälle werden bis zu 10,9 Milliarden Dollar fällig, wie das Unternehmen mitteilte. Damit seien aber etwa drei Viertel der 125.000 eingereichten und drohenden Klagen vom Tisch. Ein US-Bezirksgericht in Kalifornien müsse die Vereinbarung noch genehmigen.Hintergrund sind Klagen von Nutzern des umstrittenen Unkrautvernichters Roundup, die das glyphosathaltige Mittel für ihre Krebserkrankung verantwortlich machen.

Der DAX-Konzern hatte sich 2018 mit dem über 60 Milliarden Dollar teuren Kauf des US-Saatgutriesen Monsanto immense Rechtsrisiken im Zusammenhang mit Glyphosat und anderen Agrarprodukten ins Haus geholt. Nachdem Bayer in den ersten drei Prozessen hohe Schadenersatz-Urteile kassiert hatte, warfen immer mehr Menschen dem Konzern vor, durch Glyphosat Krebs bekommen zu haben.

Die Leverkusener wiesen die Vorwürfe stets zurück und bekamen dabei zuletzt nochmals Rückendeckung von der US-Umweltbehörde EPA, die Glyphosat bei vorschriftsmäßigem Gebrauch nicht als Gesundheitsrisiko einstuft. Die anstehenden Berufungsprozesse in den USA, in denen anders als bislang keine Geschworenen, sondern Berufsrichter geurteilt hätten, sollen trotz des Vergleichs weiterlaufen.

© Tagesschau: Bayer einigt sich mit Glyphosat-Klägern. In: www.tagesschau.de, 24.06.2020

Glyphosat
Glyphosat ist ein sogenanntes Total-Herbizid. Wo Glyphosat ausgebracht wird, wächst kein Gras mehr – auch kein Kraut, Strauch oder Moos. Ackerflächen können so unkrautfrei gemacht werden. Landwirtinnen und Landwirte nutzen Unkrautvernichter, um ihre Ernte zu erhöhen. Über die Frage, ob Glyphosat Krebs erzeugen oder die Krebserzeugung fördern kann, gibt es seit vielen Jahren eine Debatte in der Öffentlichkeit und Wissenschaft.

AUFGABEN

1. Arbeite heraus, welche Ziele in der Nachrichtenmeldung angesprochen werden (**M19**).
2. Erläutere, welche Folgen die in **M19** beschriebene Einigung zwischen Bayer und den Klägerinnen und Klägern hat. Unterscheide dabei zwischen Folgen für das Unternehmen, für die Betroffenen und für Unbeteiligte, die die Nachricht aus der Zeitung erfahren.
3. Ergänzt eure Mindmap aus Aufgabe 1 (von S. 192).

Station 4: Brot für die Welt

Unternehmen tragen auch gesellschaftliche Verantwortung, z. B. für Arbeitsbedingungen in anderen Ländern. Manche engagieren sich auch darüber hinaus für soziale Zwecke.

M20 Übernimmt der Konzern soziale Verantwortung?

Aus einem Interview der Frankfurter Rundschau mit der Welthungerhilfe-Präsidentin Marlehn Thieme. Die Welthungerhilfe unterstützt seit 1962 mit Projekten Menschen in Entwicklungsländern dabei, sich aus Hunger und Armut zu befreien.

Entwicklungshilfeminister Gerd Müller (CSU) will [...] in Afrika und Asien für eine Modernisierung und mehr Produktivität der Landwirtschaft sorgen. [...] Ist das der richtige Ansatz?

Es braucht technisches Know-how und finanzielle Ressourcen, um die Landwirtschaft voranzubringen. Da können dann auch deutsche Unternehmen eine Rolle spielen [...].

Einer der Partner der „Grünen Innovationszentren" ist der Chemie-Konzern Bayer. [...] Sollten wir Global Playern wie Bayer die Hungerbekämpfung überlassen?

Ich kann mir nicht vorstellen, dass das die Gold Nugget ist, um allen Hunger aus der Welt zu schaffen. Alle Kritik, die jetzt an Monsanto laut wird, bestärkt ja auch die Zweifler, die schon immer fragen, welche Nebenwirkungen man sich mit dieser Art von industrieller Landwirtschaft einkauft und ob davon auch die Kleinbauern profitieren.

Die Bundesregierung hat zahlreiche neue Strategiepapiere und Initiativen für den Nachbarkontinent aufgelegt. [W]ie bewerten Sie diesen Afrika-Aktionismus?

Die privaten Investitionen, [...] können die Entwicklungszusammenarbeit ergänzen, wenn sie sich strikt an Menschenrechten ausrichten. Aber unternehmerische und entwicklungspolitische Ziele sind in der Regel nicht deckungsgleich. Die Ärmsten sind meist nicht die präferierten Kunden von Unternehmen. [...]

[2016] hat die Bundesregierung die unternehmerische Verantwortung für die Achtung der Menschenrechte verankert. Bislang setzt die Regierung auf die Freiwilligkeit der Firmen. Brauchen wir eine gesetzliche Verpflichtung?

Ganz klar, wir brauchen ein solches Gesetz. Die Gutwilligen, die ihre menschenrechtliche Sorgfaltspflicht in globalen Liefer- und Wertschöpfungsketten wahrnehmen, dürfen nicht benachteiligt sein. [...]

Schwab, Tobais im Interview mit Welthungerhilfe-Präsidentin Thieme, Marlehn: „Die Ärmsten sind nicht die präferierten Kunden". In: www.fr.de, 26.05.2019

AUFGABEN

1. Arbeite heraus, welche Unternehmensziele in dem Interview angesprochen werden (**M20**).
2. Erläutere, welche Schwierigkeiten Marlehn Thieme bei einem Einsatz von Unternehmen für Ziele wie die Bekämpfung von Hunger und Armut sieht.
3. Ergänzt eure Mindmap aus Aufgabe 1 (von S. 192).

Station 5: Soziale Verantwortung

In den letzten Jahren sind bei manchen Unternehmen neue Ziele in den Fokus gerückt: Die Corporate Social Responsibility (CSR) oder Unternehmerische Gesellschaftsverantwortung. Damit ist gemeint, dass Unternehmen sich neben der Gewinnerzielung auch bei gesellschaftlichen Themen engagieren. Dies kann zum Beispiel in den Bereichen Bildung, Umweltschutz, bei den Rechten von Arbeitnehmerinnen und Arbeitnehmern oder der Inklusion von Menschen mit Behinderung sein.

M21 Meine Entscheidung – meine Verantwortung?

1. Ich kaufe am liebsten bei kleinen lokalen Unternehmen und achte darauf, ob die Produkte umweltschonend produziert wurden.
2. Ich möchte später einen Job, in dem ich Karriere machen kann.
3. Bei meiner späteren Arbeit ist mir wichtig, dass ich Beruf und Familie verbinden kann.
4. Wenn ich etwas kaufe, achte ich vor allem auf die Qualität. Der Preis kann dann auch etwas höher sein.
5. Mit ist besonders wichtig, immer das neueste zu besitzen. Egal, ob Handy oder Schuhe!
6. Wenn ich etwas kaufe achte ich nur auf den Preis. Das Unternehmen ist ja schließlich dafür verantwortlich, wie die Produkte hergestellt werden.

UNTERNEHMENSZIELE

Durch die Unternehmensziele werden alle Aktivitäten und Entscheidungen eines Unternehmens beeinflusst. Das wichtigste Ziel von Unternehmen ist es, Gewinne zu erwirtschaften. Neben den ökonomischen Zielen gibt es aber auch ökologische und soziale Ziele. Auch diese können dazu beitragen, dass das Unternehmen erfolgreich ist. Viele Kundinnen und Kunden legen z. B. Wert auf Produkte, die unter guten Arbeitsbedingungen produziert wurden und bei deren Herstellung die Umwelt wenig belastet wird. Auch arbeiten zufriedene Angestellte fast immer besser.

AUFGABEN

1. a) Stellt euch die Ergebnisse aus den Stationen 1-4 gegenseitig vor.
b) Erklärt euch gegenseitig, welche Verbindungen zwischen den einzelnen Zielen aus den Stationen bestehen.

2. a) Entscheidet, welchen Aussagen aus **M21** ihr zustimmt.
b) Erklärt, welche Unternehmensziele zu den Aussagen gehören.

3. Beurteilt den Stellenwert sozialer Ziele für die Bayer AG (**M18**, **M20**).

4. Formuliert für die Präsentation ein Statement, in dem ihr die Ergebnisse eurer Gruppenarbeit zusammenfasst.

UNTERNEHMENSSTRUKTUR UND -ZIELE

M1-M4 --> #

UNTERNEHMEN ALS TEIL DER WIRTSCHAFT

Unternehmen bilden einen wesentlichen Teil der Wirtschaft. Abhängig von ihrem Leistungsangebot unterscheiden sich Produktionsunternehmen von Dienstleistungs- und Handelsunternehmen. Unternehmen sind finanziell selbstständige Organisationseinheiten und dürfen in Deutschland frei eigene Entscheidungen treffen. Grenzen sind ihnen durch gesetzliche Vorgaben gesetzt, die sie berücksichtigen müssen.

M5-M15 --> #

AUFGABEN VON UNTERNEHMEN

Unternehmen haben vielfältige Aufgaben innerhalb ihrer Organisation und nach außen. Unternehmen bilden als Arbeitgeber für viele Menschen in der Gesellschaft die Einkommensquelle. Mit der Bereitstellung von Arbeitsplätzen an einem geeigneten Lebensort übernehmen Unternehmen auch soziale Verantwortung für ihre Beschäftigten. Unternehmen versorgen die Gesellschaft mit Gütern in Form von Produkten und als angebotene Dienstleistungen. Darüber hinaus bilden Unternehmen mit ihren Steuerabgaben eine Einnahmequelle für den Staat und damit für die Gesellschaft.

M16-M21 --> #

ZIELE VON UNTERNEHMEN

Unternehmen sind in ein Netz verschiedener Interessen eingebunden. Sie verfolgen unterschiedliche Ziele zeitgleich, wobei es leicht zu Konflikten kommen kann. Das wichtigste Ziel ist es, kostendeckend zu arbeiten. Die Einnahmen müssen die Kosten soweit decken, dass das Unternehmen überleben kann. Darüber hinaus versuchen Unternehmen ihren Gewinn zu erhöhen und zu wachsen. Diese Gewinne können wiederum für ökonomische, ökologische oder soziale Ziele eingesetzt werden. Übergeordnete Ziele von Unternehmen sind die Einhaltung der gesetzlichen Vorgaben, die Sicherung und Vergrößerung ihres Marktanteils, die Sicherung der Qualität ihrer angebotenen Güter und die Steigerung ihres Umsatzes. Soziale und Umweltziele sind für die Gesellschaft sehr wichtig, im Unternehmen aber häufig nachrangig.

6.2 Gewerkschaften und Arbeitgeberverbände im Tarifkonflikt

Was sind Gewerkschaften und Arbeitgeberverbände?

Nikita möchte in den Herbstferien mit der Bahn von Düsseldorf nach Berlin fahren, um seinen besten Freund zu besuchen. Aber die Bahn fährt nicht – es wird gestreikt! Zuhause angekommen, recherchiert Nikita, was es mit diesen Streiks auf sich hat, ob man das überhaupt einfach so darf und wer genau daran beteiligt ist.

Streik
Vorübergehende Niederlegung der Arbeit

M1 Vom Streik ausgebremst – der Zug fährt nicht

1

Nikita wartet vergeblich am Bahngleis.

2

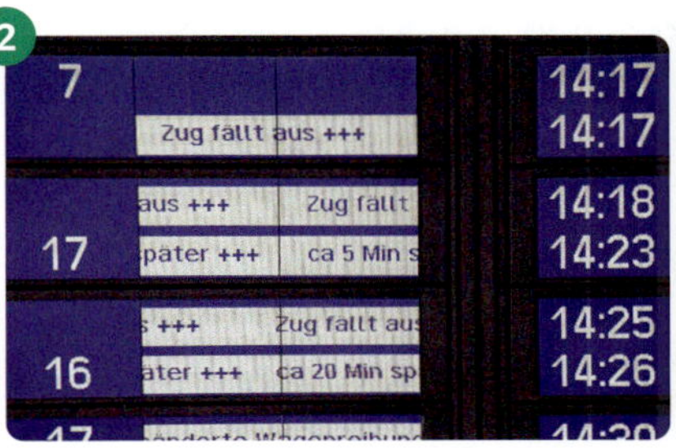

Anzeigetafel für Verspätungen und Zugausfälle

3

Streikende in Duisburg

M2 Die Gewerkschaft Deutscher Lokomotivführer (GDL)

Das Hauptanliegen der GDL ist es, die beruflichen, sozialen, wirtschaftlichen, rechtlichen und ökologischen Interessen ihrer Mitglieder zu wahren und gegenüber politischen Akteuren und dem Arbeitgeberverband zu fördern. So kämpft die GDL für eine Begrenzung der Überstunden, eine Senkung der Arbeitszeit sowie für Tarifverträge, die einen angemessenen Lohn für das Zugpersonal vorsehen. Sie setzt sich darüber hinaus für eine qualifizierte Aus- und Weiterbildung des Zugpersonals ein.

Basierend auf: © GDL-Gewerkschaft Deutscher Lokomotivführer: Was will die GDL erreichen? In: www.gdl.de, Abruf am: 11.06.2021

GEWERKSCHAFT

Eine Gewerkschaft ist ein Zusammenschluss von Arbeitnehmerinnen und Arbeitnehmern. Sie vertritt deren wirtschaftlichen und sozialen Interessen gegenüber den Arbeitgebenden. Diese beiden Gruppen haben oft gegensätzliche Interessen. Damit nicht alle Beschäftigten einzeln mit den Vorgesetzten verhandeln müssen, schließen sich Beschäftigte zu Gewerkschaften zusammen. Sie sehen ihre Aufgabe vor allem darin, in Tarifverträgen bessere Lohn- und Arbeitsbedingungen zu verankern und die Mitbestimmungsrechte von Arbeitnehmerinnen und Arbeitnehmern zu sichern.

Artikel 9 Grundgesetz
(3) Das Recht, zur Wahrung und Förderung der Arbeits- und Wirtschaftsbedingungen Vereinigungen zu bilden, ist für jedermann und für alle Berufe gewährleistet.

M3 Der Arbeitgeberverband der Mobilitäts- und Verkehrsdienstleister (AGV MOVE)

tarifrechtliche Themen
alle Themen, welche die Tarifautonomie betreffen (z. B. Laufzeiten der Arbeitsverträge, Rechtmäßigkeiten von Lohnerhöhungen)

Arbeitgeberverbände vertreten die Interessen von Unternehmen. Ein solcher Arbeitgeberverband ist beispielsweise der AGV MOVE, der sich für die wirtschaftlichen Interessen seiner Mitgliedsunternehmen, zu denen auch die Deutsche Bahn zählt, einsetzt. So entwickelt und verhandelt er z. B. gegenüber der GDL die Tarifverträge. Dabei ist ein wesentliches Ziel, die Kosten seiner Mitglieder zu senken und die Unternehmenseinkommen zu steigern. Außerdem versucht der Arbeitgeberverband, die politischen Akteure von den Interessen seiner Mitglieder zu überzeugen. So fordert er unter anderem staatliche Investitionen in den Schienenausbau. Darüber hinaus schult er seine Mitglieder in arbeits- und tarifrechtlichen Themen sowie Fragestellungen.

Basierend auf: © AGV MOVE e. V.: Verband der Mobilitäts- und Verkehrsdienstleister. In: www.agv-move.net, Abruf am: 11.06.2021

TARIFAUTONOMIE

Organisierte Arbeitnehmerinnen oder Arbeitnehmer und Arbeitgeberinnen oder Arbeitgeber können frei miteinander verhandeln. Sie können die Arbeitsbedingungen und Gehälter ohne staatliche Einflussnahme aushandeln. Artikel 9 Grundgesetz garantiert diese Tarifautonomie als Grundrecht. Die Verträge, die so zwischen den beiden Tarifparteien ausgehandelt werden, bezeichnet man als Tarifverträge. Sie regeln, wer wie viel verdient, wie viel Urlaubstage gewährt werden, ob und wie viel Weihnachtsgeld ausgezahlt wird, wie lange dieser Vertrag gültig ist und vieles mehr. In den Tarifverhandlungen sind meist die Lohnerhöhungen und die Laufzeit des neuen Vertrages die größten Streitpunkte zwischen den Tarifparteien.

AUFGABEN

H zu Aufgabe 1
Versetze dich dazu in die Lage von verschiedenen Fahrgästen:
Wie könnte sich ein Fahrgast fühlen, der morgens pünktlich zur Arbeit muss oder jemand, der wie Nikita gerne seinen Freund besuchen möchte?

1. Erläutert vor dem Hintergrund von **M1** folgende Fragen:
   a) Warum könnten die Lokführer der Deutschen Bahn streiken?
   b) Wie könnten die Fahrgäste auf den Streik reagieren?
   c) Welche Auswirkungen könnte der Streik für die Fahrgäste haben?
2. Erklärt euch zu zweit arbeitsteilig gegenseitig die ...
   a) Funktionen und Interessen von Gewerkschaften am Beispiel der GDL (**M2, #Gewerkschaft, #Tarifautonomie**).
   b) Funktionen und Interessen von Arbeitgeberverbänden am Beispiel der AGV MOVE (**M3, #Tarifautonomie**).
3. Erläutere das Prinzip der Tarifautonomie auf Grundlage der Ergebnisse aus Aufgabe 2 (**#Tarifautonomie**).

Wie läuft ein Tarifkonflikt ab?

Gewerkschaften und Arbeitgeberverbände können sich in einem Tarifkonflikt befinden. Aber wie läuft er eigentlich ab und lässt er sich überhaupt lösen?

M4 Gewerkschaft gegen Arbeitgeberverband – ein Tarifkonflikt

1 Lokführer starten ab Montag bisher längsten Streik

Bahnreisende müssen sich von Dienstag an auf den bisher längsten Streik der Lokführer im Tarifkonflikt bei der Bahn einstellen. [...] Die Gewerkschaft hatte am Donnerstag das neue Tarifangebot des Unternehmens zurückgewiesen und einen weiteren, langen Arbeitskampf angekündigt.

© Welt: Lokführer starten ab Montag bisher längsten Streik. In: www.welt.de, 03.05.2015

2 Einigung im Tarifstreit zwischen GDL und Bahn

Bahnkunden können ohne Sorge vor neuen Lokführerstreiks in den Urlaub aufbrechen. Das Unternehmen und die Lokführergewerkschaft GDL haben sich in dem Tarifkonflikt geeinigt. Mit der Vereinbarung hat die GDL spürbare Einkommenserhöhungen und eine Verkürzung der Arbeitszeit erreicht.

© Frankfurter Allgemeine Zeitung: Einigung im Tarifstreit zwischen GDL und Bahn. In: www.faz.net, 01.07.2015

3 Tarifkonflikt bei der Bahn eskaliert

Die Lokführergewerkschaft GDL hat Gespräche mit der Bahn platzen lassen. Beide Seiten machen sich nun gegenseitig Vorwürfe. Für Bahnreisende ist aber vor allem eines wichtig: Es droht ein neuer Streik.

© Märkische Allgemeine: Tarifkonflikt bei der Bahn eskaliert. In: www.maz-online.de, 18.05.2015

4 Frieden bei der Bahn

Die Lokführer haben in einer Urabstimmung den mühsam erkämpften Kompromiss gebilligt. 94 Prozent der Teilnehmer stimmten für eine Annahme des Tarifergebnisses, wie die GDL mitteilte.

© Frankfurter Allgemeine Zeitung: Frieden bei der Bahn. In: www.faz.net, 01.09.20215

5 Schlichtungsverfahren im Bahn-Tarifkonflikt verlängert

Die Deutsche Bahn und die GDL haben keine Einigung erreicht, setzen die Schlichtung aber fort.

© Westdeutsche Allgemeine Zeitung: Schlichtungsverfahren im Bahn-Tarifkonflikt verlängert. In: www.waz.de, 17.06.2015

Friedenspflicht
verbietet den Gewerkschaften zu streiken, solange ein Tarifvertrag in Kraft ist

Schlichtungsverfahren
zielt auf die Lösung eines Tarifkonflikts ohne Arbeitskampf ab

Urabstimmung
Abstimmung aller Gewerkschaftsmitglieder über einen Streik

Streikgeld
Geld, das die Gewerkschaften den streikenden Arbeitern während der Aussperrung zahlen

Erklärfilm zu Streik

Mediencode: 82252-16

M5 Ablauf eines Tarifkonflikts

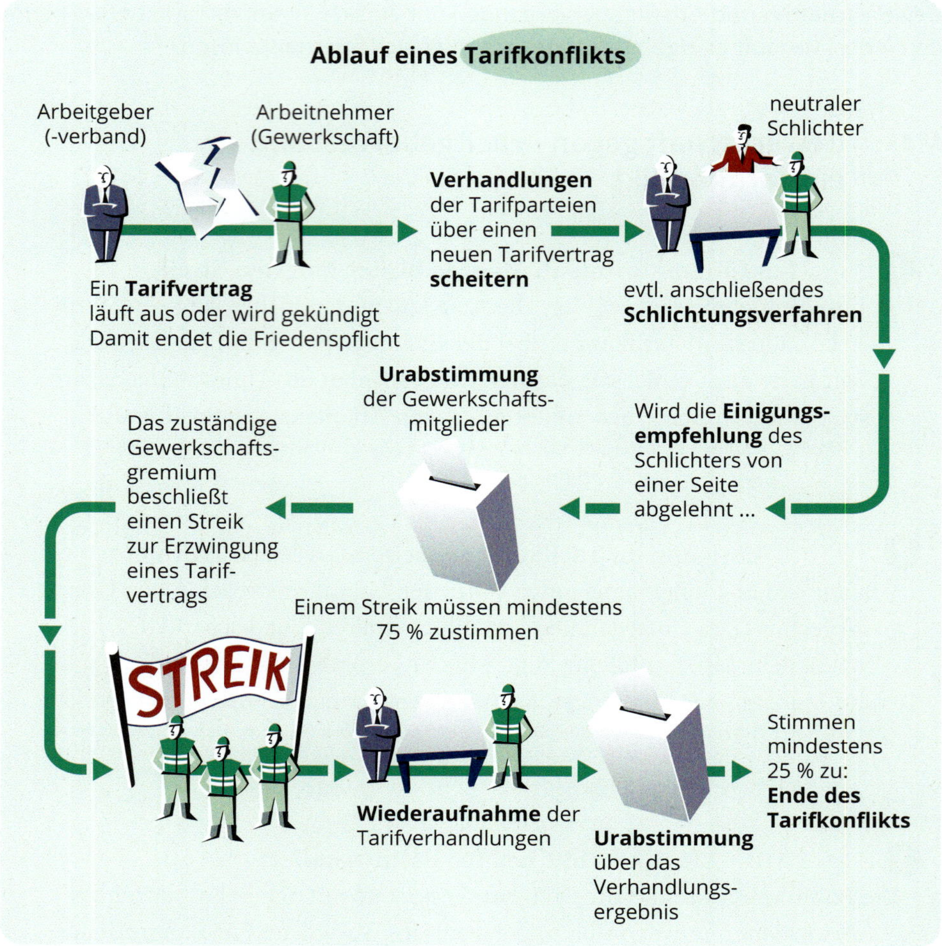

Bergmoser + Höller Verlag AG, Zahlenbilder 244 108

M6 Wie viel wird in anderen Ländern gestreikt?

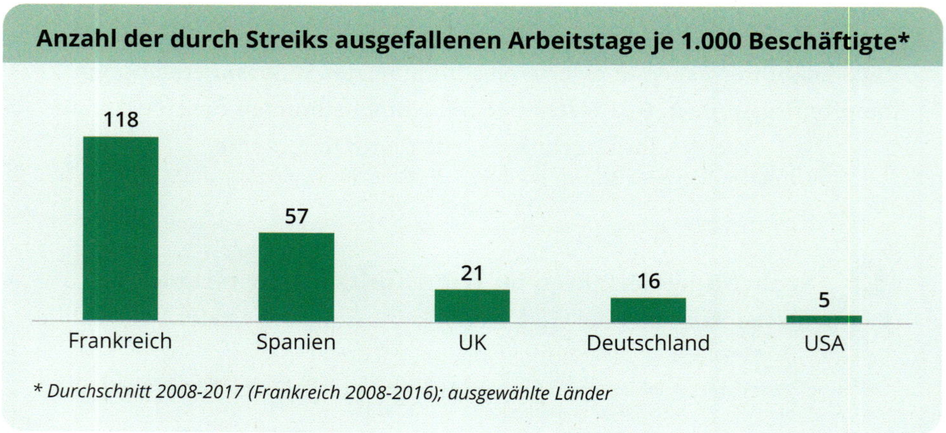

Nach: © statista; Quelle: Hans-Böckler-Stiftung. In: de.statista.com, 08.11.2019

ARBEITSKAMPF

Wenn die tariflichen Auseinandersetzungen zwischen Gewerkschaften und Arbeitgeberverbänden scheitern, endet die sogenannte Friedenspflicht. Gewerkschaften dürfen dann schärfere Maßnahmen wie Boykotts und Streiks ergreifen. Mit der Androhung eines Streiks können Gewerkschaften Druck auf die Verhandlungen mit den Arbeitgebenden ausüben. Wenn Arbeitnehmerinnen und Arbeitnehmer streiken, gehen sie zwar zu ihrer Arbeitsstelle, weigern sich aber ihre Arbeit auszuführen. Darauf reagieren Unternehmen häufig mit Aussperrungen, d. h. sie stellen die Belegschaft von ihrer Arbeitspflicht frei und stoppen die Lohnzahlungen.

M7 Warum wird in Frankreich so viel gestreikt?

Wer die Nachrichten aus unserem Nachbarland verfolgt oder sogar schon eine längere Zeit dort verbracht hat, kann sich eines gewissen Eindrucks nicht erwehren: Die Franzosen streiken und protestieren gerne. Immer wieder werden gesellschaftliche und politische Konflikte auf der Straße ausgetragen, wobei oft zu öffentlichkeitswirksamen Maßnahmen wie Blockaden und Besetzungen gegriffen wird. […] Die französische Verfassung räumt jedem Bürger ein individuelles Streikrecht zur Verbesserung der Arbeitsbedingungen ein – unabhängig von der Mitgliedschaft in einer Organisation, etwa in einer Gewerkschaft. Anders als in Deutschland, wo Streiks nur dann legitim sind, wenn sie im Rahmen von Tarifverhandlungen stattfinden und gewerkschaftlich organisiert sind, gelten in Frankreich auch politische Streiks und Solidaritätsstreiks als rechtmäßig. […] In Frankreich ist der Arbeitnehmer also rein rechtlich deutlich weniger als in Deutschland auf eine Gewerkschaft angewiesen, die seine eigenen Interessen vertritt.

Hamann, Julie: Warum streiken die Franzosen? In: www.bpb.de, 21.01.2013

AUFGABEN

1. Bringe die Meldungen in die korrekte zeitliche Reihenfolge (**M4**).
2. Ordnet zu zweit die Ereignisse aus **M4** begründet in das Ablaufschema für Tarifkonflikte ein (**M5**).
3. Analysiere die Statistik (**M6**).
4. Begründe, warum in Frankreich viel gestreikt wird (**M7**).
5. a) Beziehe Stellung, ob du einen Streik für ein angemessenes Mittel der Gewerkschaften hältst, um ihre Interessen durchzusetzen.
   b) Diskutiert in der Klasse, ob die gesellschaftliche Akzeptanz gegenüber Streiks branchenabhängig ist.

H zu Aufgabe 3
Beschreibe zuerst die Statistik und stelle anschließend Vermutungen auf, warum in manchen Ländern mehr bzw. weniger gestreikt wird.

F zu Aufgabe 3
Recherchiere, warum in den USA sehr wenig gestreikt wird.

H zu Aufgabe 5b)
z. B. Gesundheitsbranche: Streik von Pflegekräften
Bildung: Streik von angestellten Lehrkräften
Luftfahrtbranche: Streik von Pilotinnen und Piloten

Können Verbände helfen, Interessen durchzusetzen?

Eine Mitgliedschaft in Gewerkschaften und Arbeitgeberverbänden ist freiwillig. Wann würde sich eine solche Mitgliedschaft also überhaupt lohnen?

M8 Soll ich beitreten?

Ich heiße Mame Idrissou und führe seit acht Jahren in Dortmund, Bochum und Duisburg sehr erfolgreiche Burger-Restaurants. Nun überlege ich, Mitglied im Arbeitgeberverband zu werden…

Ich bin Lina Steinhorst und arbeite seit drei Jahren als Köchin in einem sehr gut laufenden Burger-Restaurant in Bochum. Immer öfter denke ich darüber nach, in eine Gewerkschaft einzutreten…

M9 Welchen Zweck erfüllt ein Arbeitgeberverband?

Ein Unternehmen muss in Form einer Kosten-Nutzen-Analyse genau abwägen, ob sich eine Mitgliedschaft in einem Arbeitgeberverband wirtschaftlich lohnt. Denn dann sind nicht nur Mitgliedsbeiträge zu zahlen, sondern das Unternehmen ist auch an die Arbeitszeiten und Löhne, die im Tarifvertrag stehen, gebunden. Ein Unternehmen, das kein Mitglied in einem Arbeitgeberverband ist und bisher auch noch nicht war, muss sich nicht an die ausgehandelten Arbeitszeiten sowie Löhne halten. Es kann seinen Angestellten also geringere Löhne zahlen und damit Kosten einsparen. Allerdings müsste das Unternehmen mit jedem seiner Angestellten einzeln verhandeln, was viel Zeit und Geld kostet. Im Falle einer Mitgliedschaft würden diese Verhandlungen vom Arbeitgeberverband übernommen werden. Dabei kann er außerdem auf viele wichtige Informationen zurückgreifen, die ein einzelnes Unternehmen meistens nicht hat. Gelingt es dem Arbeitgeberverband jedoch nicht, einen Kompromiss mit der Gewerkschaft auszuhandeln, drohen den Mitgliedsunternehmen Streiks, die teuer werden können. Auf der anderen Seite bewirkt eine Mitgliedschaft eine bessere Verhandlungsposition: Je mehr Unternehmen im Arbeitgeberverband Mitglied sind, desto lauter können die Forderungen nach Steuersenkungen oder staatlichen Investitionen formuliert werden.

Kosten-Nutzen-Analyse
Das Verhältnis von Kosten und Nutzen werden gegenübergestellt. So kann geprüft werden, ob eine Entscheidung oder Investitionen eher vorteilhaft oder nachteilig ist.

Mitgliedsbeiträge
richten sich bei Arbeitgeberverbänden in der Regel nach der Beschäftigtenzahl und der zu zahlenden Entgeltsumme.

M10 Welchen Zweck erfüllt eine Gewerkschaft?

Ein Arbeitnehmer muss in Form einer Kosten-Nutzen-Analyse abwägen, ob sich eine Mitgliedschaft in einer Gewerkschaft wirtschaftlich lohnt.

Auf der Kostenseite steht unter anderem der monatliche Mitgliedsbeitrag. Bei Beschäftigten beläuft sich dieser auf ein Prozent des Bruttolohns. Auf der Nutzenseite stehen bestimmte Interessen, die von der Gewerkschaft erfolgreich umgesetzt werden sollten. Ein mögliches Mitglied muss sich deshalb fragen, ob es der Gewerkschaft gelingen wird, das Einkommen zu erhöhen, die Arbeitsbedingungen zu verbessern oder den Arbeitsplatz wenigstens zu sichern. Ausschlaggebend für die Kampfkraft der Gewerkschaft ist also die Mitgliederzahl, denn von ihr hängt es ab, ob überhaupt ein aussichtsreicher Streik durchgeführt werden kann.

Wenn die Gewerkschaft im Interesse aller ihrer Mitglieder verhandelt, hat sie eine bessere Verhandlungsposition, da sie mehr Druck ausüben und bessere Ergebnisse erzielen kann. Unter anderem, weil ihr viele Informationen über die wirtschaftliche Situation des Unternehmens, der Branche oder den Verdienst von Kolleginnen und Kollegen zur Verfügung steht.

Bruttolohn
Arbeitsentgelt vor Abzug von Steuern und Sozialversicherungsbeiträgen

M11 Interessen im Vergleich

1 Die Bildungsgewerkschaft GEW mit ihren über 280.000 Mitgliedern fordert zum Schutz vor Corona-Infektionen kostenlose Masken für Schülerinnen und Schüler und Lehrkräfte.

2 Die IG Metall (Industriegewerkschaft) setzt sich unter anderem für ihre Beschäftigte in der Stahlindustrie in NRW ein. Da ihre Forderung nach sechs Prozent mehr Lohn sowie der Einführung eines Urlaubsgelds von 1800 Euro nicht umgesetzt wurde, droht die IG Metall nun mit Warnstreiks.

3 Der Arbeitgeberverband Gesamtmetall vertritt die Metall- und Elektroindustrie. Der Präsident Gesamtmetalls fordert, dass Beschäftigte mehr Arbeit ohne vollen Lohnausgleich leisten. Aus Sicht des Verbandes sind die Lohnkosten in Deutschland zu hoch, wodurch viele Unternehmen ins Ausland abwanderten und Arbeitsplätze in Deutschland gefährdet seien.

4 Der Verband der Automobilindustrie e.V. (VDA) ist ein Arbeitgeberverband der Automobilunternehmen Deutschlands. Der Verband bemüht sich bei der Politik um Kaufprämien für Autos. Aus Sicht des Verbandes steht die Branche unter großem Druck und es müsse sonst zu Entlassungen kommen.

M12 Interessen durchsetzen: Welche Druckmittel gibt es?

Gewerkschaften und Arbeitgeberverbände haben verschiedene Mittel, um ihre Interessen durchzusetzen. So können die Gewerkschaften im äußersten Fall streiken und somit eine ganze Branche lahmlegen. Solche Streiks kosten den Betrieben folglich viel Geld, aber auch die mediale Aufmerksamkeit wächst. Die Arbeitgeberverbände als Interessenvertretung der Unternehmen müssen also schnell eine Lösung finden. Allerdings verfügen sie auch über Druckmittel, sodass sie sich den Forderungen der Gewerkschaften nicht ohnmächtig unterwerfen müssen. So kann der Arbeitgeber auf zu hohe Lohnforderungen der Gewerkschaften mit Arbeitsplatzabbau oder einer Standortverlagerung ins Ausland drohen. So werden deutsche Standorte vor allem in der Industrie immer öfter auf den Arbeitskostenprüfstand gestellt. Auch besteht in immer mehr Branchen die Möglichkeit, die Arbeitnehmerinnen und Arbeitnehmer durch Maschinen zu ersetzten, sodass zu hohe Löhne umgangen werden können.

Basierend auf: Schwarzwälder, Timo: Machtmissbrauchskontrolle von Streiks selbständig organisierter Funktionseliten, 2013, S. 67 ff.

H zu Aufgabe 1b)
Informationen findest du z. B. auf:
https://www.dehoga-bundesverband.de/
https://www.dehoga-nrw.de/

AUFGABEN

1. a) Nenne Gründe, die für bzw. gegen eine Mitgliedschaft in einer Gewerkschaft bzw. im Arbeitgeberverband sprechen (**M8**).
b) Recherchiere im Internet, welcher Arbeitgeberverband für Mame Idrissou und welche Gewerkschaft für Lina Steinhorst in Frage kommen würde und stelle diese vor. **MK**

2. a) Erstelle eine Tabelle, in der du jeweils Vor- und Nachteile einer Mitgliedschaft in einem Arbeitgeberverband und in einer Gewerkschaft sammelst (**M9**, **M10**).
b) Begründe, wieso es für einzelne Arbeitgeberinnen oder Arbeitgeber und Beschäftigte besser sein kann, Verhandlungen über Forderungen an einen Verband zu übertragen, als es selbst zu tun (**M9**, **M10**).

3. Vergleicht zu zweit die Interessen von Gewerkschaften und Arbeitgeberverbänden in **M11**:
a) Welche Forderungen stellen sie?
b) Welche Forderungen haltet ihr für wichtig, welche für weniger wichtig?
c) Welche Forderungen lassen sich eher durchsetzen, welche weniger?

4. Beschreibe Druckmittel von Gewerkschaften und Arbeitgeberverbänden, um Interessen durchzusetzen (**M11**, **M12**).

5. Diskutiert in der Klasse, ob ihr als Unternehmerin oder Unternehmer bzw. Arbeitnehmerin oder Arbeitnehmer einem Arbeitgeberverband beziehungsweise einer Gewerkschaft beitreten würdet.

Tarifverhandlungen – kann eine Einigung gelingen?

Ein neuer Tarifvertrag wird zwischen der Deutschen Post AG und der Gewerkschaft Verdi verhandelt. Aber wie genau läuft eine solche Tarifverhandlung überhaupt ab und kann es zu einer guten Lösung für beide Akteure kommen?

M13 Was wird gefordert?

Zwischen der Deutschen Post AG und der Gewerkschaft Verdi, welche die Interessen und Forderungen der Arbeitnehmerinnen und Arbeitnehmer vertritt, findet eine neue Tarifverhandlung statt. Ausgehandelt sollen vor allem die Löhne der Beschäftigten werden. So fordert Verdi 5,5 % mehr Gehalt bei einer Laufzeit von zwei Jahren für die 140.000 Beschäftigten sowie eine monatliche Erhöhung von 90 Euro für Auszubildende und Dual-Studierende. Außerdem soll es eine Corona-Bonuszahlung für alle Angestellten geben. Die Deutsche Post AG wertet diese Forderungen als überzogen. Ein Tarifkonflikt bahnt sich an.

Eine Post-Niederlassung wird bestreikt.

Dual-Studierende
Als duales Studium wird ein Hochschulstudium mit festen Praxiseinsätzen in Unternehmen bezeichnet.

M14 Die Post profitiert vom steigenden Online-Handel

Die Deutsche Post AG mit Hauptsitz in Bonn ist ein weltweit führender Post- und Logistik-Konzern im Paket-, Express- und Briefgeschäft. Die Deutsche Post AG profitiert erheblich vom sogenannten E-Commerce, der durch die Corona-Pandemie noch einmal verstärkt wurde. So erwartet die Post für das gesamte Jahr 2020 ein Paketaufkommen von insgesamt rund 1,8 Milliarden Sendungen. Insbesondere für die letzten Monate des Jahres rechnet das Unternehmen mit einem regelrechten Lieferboom im Zuge der Weihnachtszeit. Der alte Rekord aus dem vergangenen Jahr lag bei 1,59 Milliarden Sendungen. Für das Gesamtjahr erwartet der Konzern einen operativen Gewinn zwischen 4,1 und 4,4 Milliarden Euro. Die Post könnte damit trotz der Corona-Krise mehr verdienen als noch im Vorjahr.

Zentrale der Deutsche Post AG in Bonn am Rhein

E-Commerce
Internethandel/Onlinehandel, insbesondere durch Onlineversandhändler vorangetrieben

Operativer Gewinn
betriebswirtschaftliches Ergebnis vor Zinszahlungen, Steuern und Abschreibungen

M15 Verschiedene Interessen prallen aufeinander

1 **Martin Peters** ist Personalvorstand der Deutschen Post AG. Er unterstützt die Interessen der Deutschen Post AG und ihrer Aktionäre während der Tarifverhandlungen und versucht, die Forderungen der Gewerkschaft zu verhindern. Seine zentralen Argumente lauten:

- Höhere Löhne und Bonuszahlungen sind für die Deutsche Post erhebliche Mehrkosten und mindern den Gewinn.
- Wenn die Gewinne wegen höherer Löhne und Bonuszahlungen gemindert werden, wird die Deutsche Post unattraktiver für die Aktionäre, die bei der Deutschen Post investieren wollen, beziehungsweise bereits investiert haben.
- Gehaltserhöhungen müssen als Preiserhöhungen an die Verbraucherinnen und Verbraucher weitergegeben werden.

2 **Jana Brinkman** ist in der Funktion als IT-Beraterin bei der Deutschen Post AG tätig. Sie unterstützt die Interessen der Deutschen Post AG. Ihre zentralen Argumente lauten:

- Höhere Löhne und Bonuszahlungen verringern den Spielraum für wichtige Investitionen, die vor allem die Digitalisierung betreffen. So plant die Deutsche Post AG mit ihrer „Strategie 2025" hohe Investitionen in die Modernisierung der IT, in Fortbildungen der Beschäftigten und in den verstärkten Einsatz von Robotern.
- Der Trend des erhöhten Onlinehandels könnte nach der erfolgreichen Bekämpfung von Corona wieder etwas an Fahrt verlieren, erhöhte Löhne würden dann noch stärker auf die wichtigen Investitionen drücken.

3 **Jamila Brahimi** unterstützt als Verdi-Verhandlungsführerin die Forderungen der Post-Beschäftigten bei den Tarifverhandlungen. Sie steht in der Pflicht, die Forderungen der Gewerkschaftsmitglieder durchzusetzen, da die Gewerkschaft sonst Mitglieder verlieren könnte. Ihre zentralen Forderungen lauten:

- 5,5 Prozent mehr Gehalt für die 140.000 Beschäftigten.
- Auszubildende und Dual-Studierende sollen eine monatliche Erhöhung von 90 Euro erhalten.
- Eine Einmalzahlung („Corona-Bonus") für alle Voll- und Teilzeitbeschäftigten mit mehr als 19,25 Wochenarbeitszeit von 400 Euro und für alle Teilzeitbeschäftigten mit genau oder weniger als 19,25 Wochenarbeitszeit von 200 Euro.

4 **Björn Berg** unterstützt als Vorsitzender des Gesamtbetriebsrats die Forderungen der Post-Beschäftigten. Er setzt sich für höhere Löhne und die Bonuszahlung ein. Seine zentralen Argumente lauten:

- Das Geschäft der Deutschen Post AG boomt, Lohnsteigerungen sind deshalb zu finanzieren.
- Die Post-Beschäftigten sind mit ihrem Engagement und ihrer harten Arbeit dafür verantwortlich, dass die Post so hohe Gewinne erwirtschaftet. Die Mitarbeiterinnen und Mitarbeiter sollten deshalb am Erfolg beteiligt werden.
- Die Beschäftigten haben insbesondere während der Pandemie viele Überstunden gemacht, sodass sie hierfür nun belohnt werden müssen.

5 **Dilara Prempeh** agiert als Schlichterin im Tarifkonflikt. Sie versucht, einen Kompromiss zu finden, dem beide Tarifpartner zustimmen könnten. Ihre Kompromisse lauten:

- Die Erhöhung der Löhne könnten etappenweise erfolgen. So wäre eine erste Lohnerhöhung von beispielsweise 3,0 Prozent im ersten Jahr und eine zweite Erhöhung von 2,5 Prozent für die restliche Vertragslaufzeit denkbar.
- Beschäftigte mit einer Wochenarbeitszeit von mehr als 19,25 Stunden bekommen eine Einmalzahlung von 300 Euro und jene, die genau oder weniger als 19,25 Stunden arbeiten, 150 Euro.
- Alle Mitarbeiter bekommen unabhängig von ihrer Wochenarbeitszeit eine Einmalzahlung von 250 Euro.

AUFGABEN

1. Benenne die Forderungen der Gewerkschaft Verdi (**M13**).
2. Erkläre, inwieweit die Post AG vom Trend des Online-Handels profitiert (**M14**).
3. a) Erläutert arbeitsteilig in Fünfer-Gruppen die Argumente und Forderungen der Post AG sowie der Gewerkschaftsmitglieder bzw. der Postbeschäftigten (**M15**).
   b) Bezieht begründet Stellung, welche Argumente und Forderungen ihr am überzeugendsten findet (**M15**).
4. a) Teilt eure Klasse in fünf Gruppen auf und verteilt die Rollen aus **M15** auf jeweils eine Gruppe.
   b) Führt mithilfe der nachfolgenden Methodenkarte eine Tarifverhandlung durch (**M13-M15**).

H **zu Aufgabe 4b)**
Geht bei der Auswertung der Ergebnisse folgenden Fragen nach:
Welche Auswirkungen und Folgen hat das Ergebnis für die einzelnen Betroffenen?
Was konnte durch das Verhandlungsergebnis verhindert werden?
Welche anderen Verhandlungsergebnisse wären möglich gewesen und welche Folgen hätte dies gehabt?

F **zu Aufgabe 4b)**
Überprüft, inwieweit sich euer Verhandlungsergebnis einer realistischen Einigung angenähert haben könnte. Recherchiert dazu im Internet, worauf sich die Post und Verdi geeinigt haben. Untersucht in diesem Zusammenhang auch, welche Konfliktpartei sich aus welchen Gründen eher durchgesetzt hat.

Eine Tarifverhandlung simulieren

Worum geht es?

An den Tarifverhandlungen nehmen auf Seiten des Arbeitgebers der Personalvorstand und die IT-Beraterin der Deutschen Post AG sowie auf Seiten der Arbeitnehmer die Verdi-Verhandlungsführerin und der Vorsitzende des Gesamtbetriebsrats teil. Im Falle eines Schlichtungsverfahrens wird darüber hinaus die Schlichtungsperson aktiv. Der neu ausgehandelte Tarifvertrag soll eine Laufzeit von 28 Monaten haben.

Geht dabei so vor:

1. Schritt: Vorbereitung der Verhandlung

1. Bereitet als Gruppe die euch zugeteilte Position vor und bestimmt eine Gruppensprecherin oder einen Gruppensprecher, um eure Position in der Verhandlung zu vertreten.
2. Entwickelt eine Verhandlungsstrategie, indem ihr u. a. folgende Fragen klärt:
   - Was sind unsere Forderungen und wie können wir diese argumentativ hervorheben?
   - Was sind unsere Minimalziele, auf die wir keinesfalls verzichten werden?
   - Wo können wir unseren Verhandlungspartnerinnen und Verhandlungspartnern entgegenkommen?
3. Erarbeitet ein Eingangsstatement, in dem ihr eure zentralen Forderungen und Standpunkte sowie die wesentlichen Begründungen verdeutlicht.

2. Schritt: Durchführung der ersten Verhandlungsrunde

- Die erste Verhandlungsrunde beginnt mit den jeweiligen Eingangsstatements der Gruppensprecherinnen und Gruppensprecher (2 Minuten Redezeit).
- Danach folgt die erste Verhandlungsrunde in Form einer Aussprache, in der Argumente ausgetauscht werden (8 Minuten Verhandlungszeit).
- Sollte keine Einigung erzielt worden sein, haben alle Beteiligten Zeit, um die eigene Verhandlungsstrategie zu überdenken und bei Bedarf neu festzulegen sowie mögliche Kompromisse zu formulieren (5 Minuten Beratung).

3. Schritt: Durchführung der zweiten Verhandlungsrunde

In der zweiten Verhandlungsrund wird der Ablauf aus Schritt 2 noch einmal mit den angepassten und ergänzten Forderungen durchgeführt.

4. Schritt: Durchführung der dritten Verhandlungsrunde

In der dritten Verhandlungsrunde wird der Ablauf aus Schritt 2 noch einmal mit den angepassten und ergänzten Forderungen durchgeführt.
Die dritte Verhandlungsrunde endet jedoch mit einem Schlichtungsverfahren, sollte keine Einigung erzielt worden sein. Hierfür formuliert die Schlichterin oder der Schlichter einen Kompromiss, den die Parteien entweder ablehnen oder annehmen können.

Bei Einigung:
Bekanntgabe des neu ausgehandelten Tarifvertrages, Ende des Rollenspiels, Auswertung des Verhandlungsverlaufs

Keine Einigung:
Gewerkschaftsmitglieder können über Warnstreiks abstimmen und diesen ggf. ausrufen. Daran anknüpfend können erneut zwei weitere Verhandlungsrunden eingeleitet werden.

5. Schritt: Bewertung der Verhandlungsergebnisse

Wertet die Simulation aus, indem ihr überprüft, wie die Rolle der jeweiligen Konfliktparteien ausgefüllt wurde.
Beurteilt abschließend euer Verhandlungsergebnis aus den Perspektiven der jeweiligen Konfliktparteien.

Basierend auf: Weber, Jan: Praxis Politik 1/2011, S. 42 – 47

ARBEITGEBER UND GEWERKSCHAFT IM TARIFKONFLIKT

M1-M3 → #

ROLLE VON ARBEITGEBERVERBÄNDEN UND GEWERKSCHAFTEN

Artikel 9 des Grundgesetzes erlaubt es den Gewerkschaften und Arbeitgeberverbänden ohne staatlichen Einfluss Tarifverträge zu beschließen. Auf diese Weise sollen Lohnhöhe, Sonderzahlungen, Arbeitszeit, Urlaubsanspruch, Vertragslaufzeit, Mitbestimmungsrechte etc. friedlich ausgehandelt werden. Gewerkschaften versuchen dabei, die Interessen und Forderungen der Arbeitnehmer durchzusetzen, während die Arbeitgeberverbände die Interessen der Unternehmen vertreten.

M4-M7 → #

TARIFKONFLIKT

Wenn es den Gewerkschaften und Arbeitgeberverbänden nicht gelingt, sich auf einen neuen Tarifvertrag zu einigen, kann es zu einem Tarifkonflikt kommen. Die Gewerkschaften haben dann in der Regel die Möglichkeit, nach einer Urabstimmung einen Streik durchzuführen, um ihre Forderungen durchzusetzen. Das Streikrecht gilt auch in vielen anderen Staaten. Besonders in Frankreich wird verhältnismäßig viel gestreikt, weil die französische Verfassung den Bürgerinnen und Bürgern ein individuelles Streikrecht zuspricht.

M8-M12 → #

SINNHAFTIGKEIT EINER MITGLIEDSCHAFT

Eine Mitgliedschaft in einer Gewerkschaft bzw. in einem Arbeitgeberverband ist freiwillig. Zwar müssen Mitglieder einen bestimmten Beitrag zahlen und sich an die jeweiligen Vorgaben in den Tarifverträgen halten, aber dafür bietet eine Mitgliedschaft auch viele Vorteile. Neben der Zeitersparnis und den Informationsvorteilen bei den Verhandlungen bietet eine Mitgliedschaft vor allem eine bessere Verhandlungsposition, sodass die Forderungen und Interessen wirkungsvoller durchgesetzt werden könnten.

M13-M15 → #

TARIFVERHANDLUNGEN

In einer Tarifverhandlung verhandeln die Gewerkschaften und Arbeitgeberverbände meist in mehreren Verhandlungsrunden über die neuen Tarifverträge. Wenn sich die Akteure nicht einigen können, kann die Verhandlung unter Umständen durch einen Streik unterbrochen werden. Die Tarifverhandlungen sind erst dann abgeschlossen, wenn beide Seiten einem neuen Tarifvertrag zustimmen.

6.3 Arbeitsbeziehungen in Unternehmen

Wie werden Rechte und Pflichten geregelt?

Die Beziehung zwischen der Arbeitgeber- und Arbeitnehmerseite wird durch drei wesentliche Elemente bestimmt: Den Arbeitsvertrag – das was Arbeitgebende und Arbeitnehmende direkt miteinander vereinbart haben, den Tarifvertrag – das was Arbeitgeberverbände und Gewerkschaften vereinbart haben und gesetzliche Mindestregeln, die der Staat vorgibt.

M1 Rechte und Pflichten in einem Arbeitsverhältnis

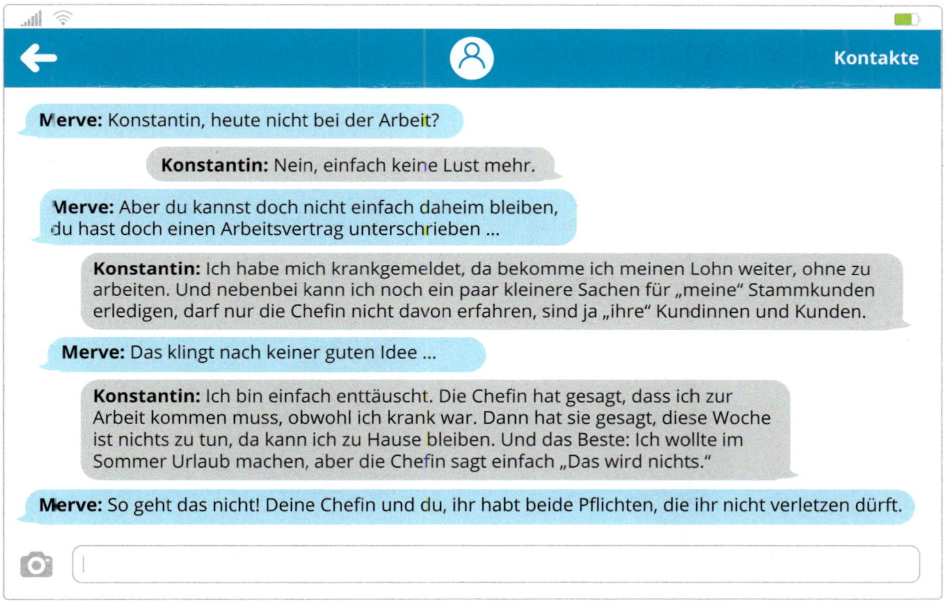

M2 Vertragliche Ebenen von Arbeitsbeziehungen

	Vertragliche Ebene	Beispiel: Urlaubsanspruch
Arbeitsvertrag	**Einzelvertragliche Ebene**	
	Vereinbarungen von Arbeitgeber und Arbeitnehmer	30 Tage bei Fünf-Tage-Wochen im Arbeitsvertrag
Tarifvertrag	**Tarifvertragliche Ebene**	
	Vereinbarungen von Arbeitgeberverbänden und Gewerkschaften	28 Tage bei Fünf-Tage-Wochen
Gesetz	**Gesetzliche Mindestebene / Arbeitsschutz**	
	Gesetzliche Mindestebene / Arbeitsschutz	Mindestens 24 Werktage bei Sechs-Tage-Wochen

Arbeitnehmerüberlassung
dabei wird ein Arbeitnehmer von seinem Arbeitgeber an ein anderes Unternehmen für einen vereinbarten Zeitraum ausgeliehen

M3 Vertragsarten von Arbeitsverträgen

Der **unbefristete Arbeitsvertrag** endet mit der Kündigung durch Arbeitgeber oder Arbeitnehmer.	Der **befristete Arbeitsvertrag** endet mit Ablauf der vereinbarten Befristung ohne Kündigung.
Der **Arbeitsvertrag zur Probe** benötigt eine ausdrückliche Vereinbarung zur Dauer der Probezeit. Sie darf nicht länger als sechs Monate dauern.	Der **Leiharbeitsvertrag** ermöglicht eine Arbeitnehmerüberlassung und bedarf der Erlaubnis der Bundesagentur für Arbeit. Die Arbeitsbedingungen des Leiharbeitsverhältnisses sind schriftlich zu dokumentieren.

M4 Flexible Arbeitszeiten

Karikatur: Mario Lars, 2017

AUFGABEN

1. Erläutere, welche Pflichten auf Arbeitnehmer- und Arbeitgeberseite bestehen (**M1**).
2. Benenne, welche vertraglichen Ebenen bei einer Arbeitsbeziehung unterschieden werden (**M2**).
3. Welche Art von Arbeitsvertrag würdet ihr euch wünschen? Diskutiert zu zweit und bringt die Vertragsarten in eure Wunschreihenfolge (**M3**).
4. a) Interpretiere die Karikatur in **M4** (**Methode**).
   b) „Arbeitnehmerinnen und Arbeitnehmer sollten flexibel sein – am besten 25 Stunden am Tag". Diskutiert in der Klasse, wann aus eurer Sicht Flexibilität sinnvoll ist und wann nicht (**M4**).

Wie kann ich im Betrieb mitbestimmen?

Wenn ihr als Schülerinnen und Schüler wichtige Anliegen habt, ist gesetzlich geregelt, wie und an wen ihr diese vorbringen könnt, damit ihr bei der zuständigen Stelle, in der Regel der Schulleitung, Gehör findet. Sind Azubis und Beschäftigte in einer ähnlichen Situation wie Schülerinnen und Schüler?

M5 Azubi Paul in der Zwickmühle

Paul (20) ist in seinem dritten Ausbildungsjahr zum Industriemechaniker. Seine Arbeitszeiten in einem mittelständischen Betrieb mit 35 Beschäftigten sind Montag bis Freitag von 8 Uhr bis 16.30 Uhr. Sein ganzes Team macht jeden Mittag von 12 Uhr bis 12.30 Uhr gemeinsam Pause. Die Geschäftsleitung der Firma hat die Pausenzeiten streng festgelegt: 10 Minuten am Vormittag und 10 Minuten am Nachmittag. Es wird außerdem toleriert, dass die Azubis sehr oft 10 Minuten früher Feierabend machen dürfen. Paul gefällt diese Regelung überhaupt nicht, denn er hätte gerne 15 Minuten Pause jeden Vormittag und Nachmittag, anstatt früher gehen zu können. Er hat aber Sorge, dass seine Abschlussnote leiden könnte, wenn er darüber einen Konflikt mit den Vorgesetzten anfängt. Außerdem will er seine Chancen, nach seiner Ausbildung übernommen zu werden, nicht gefährden.

M6 Auszug aus dem Jugendarbeitsschutzgesetz (JArbSchG)

§ 8 Dauer der Arbeitszeit

(1) Jugendliche dürfen nicht mehr als acht Stunden täglich und nicht mehr als 40 Stunden wöchentlich beschäftigt werden.

§ 11 Ruhepausen, Aufenthaltsräume

(1) Jugendlichen müssen im Voraus feststehende Ruhepausen von angemessener Dauer gewährt werden. Die Ruhepausen müssen mindestens betragen

1. 30 Minuten bei einer Arbeitszeit von mehr als viereinhalb bis zu sechs Stunden,
2. 60 Minuten bei einer Arbeitszeit von mehr als sechs Stunden.

Als Ruhepause gilt nur eine Arbeitsunterbrechung von mindestens 15 Minuten.

§ 13 Tägliche Freizeit

Nach Beendigung der täglichen Arbeitszeit dürfen Jugendliche nicht vor Ablauf einer ununterbrochenen Freizeit von mindestens 12 Stunden beschäftigt werden.

Bundesministerium der Justiz, www.gesetze-im-internet.de, Abruf am: 30.03.2020

BETRIEBLICHE MITBESTIMMUNG

Der deutsche Staat hat Gesetze erlassen, die Arbeitnehmerinnen und Arbeitnehmern gewisse Mitbestimmungsrechte in ihren Unternehmen garantieren. Betriebe ab fünf Angestellten haben das Recht, einen Betriebsrat zu wählen. Er vertritt die Rechte der Belegschaft gegenüber der Arbeitgeberseite. Mitentscheiden darf er bei der Festlegung von Arbeitszeiten und Urlaubsplänen bzw. Kündigungen und Lohnverhandlungen. In Betrieben mit mindestens fünf Wahlberechtigten, die das 18. Lebensjahr noch nicht vollendet haben, gibt es auch noch die Jugend- und Auszubildendenvertretung (JAV). Sie vertritt dabei speziell die Interessen der minderjährigen Angestellten bis 18 Jahre und der Auszubildenden bis 25 Jahre, für die besonders strenge Arbeitsschutzregeln gelten.

M7 Die Mitbestimmungsrechte des Betriebsrats

Laut Betriebsverfassungsgesetz (BetrVG) hat der Betriebsrat je nach Thema schwache bis starke Beteiligungsrechte:

Beratungsrecht	Anhörungsrecht	Vetorecht	Mitbestimmung
Beispiel Neubauten / Umbauten § 90	**Beispiel** Kündigungen § 102	**Beispiel** Kündigung eines Betriebsrats-mitglieds § 103	**Beispiel** Arbeitszeiten, Betriebsordnung, Urlaubspläne § 87

Schwache Beteiligung → **Starke Beteiligung**

AUFGABEN

1. Stell dir vor, Paul käme mit seinem Problem (**M5**) zu dir: Was würdest du ihm raten?
2. Überprüfe anhand des Jugendarbeitsschutzgesetzes, ob Pauls Arbeitgeber rechtlich korrekt handelt (**M5**, **M6**).
3. Paul entscheidet sich, den Konflikt mit seinen Vorgesetzten auszutragen: Erkläre, wie ihm der Betriebsrat helfen könnte (**M6**, **M7**).
4. Erläutere, inwiefern die Einrichtung eines Betriebsrats die Arbeitnehmerin und den Arbeitnehmer schützt (**M7**).
5. Haben Arbeitnehmerinnen und Arbeitnehmer genug Mitsprache? Führt mit der ganzen Klasse eine Positionslinie (**Methodenglossar**) durch.

H zu Aufgabe 4
Die Rechte des Betriebsrats unterscheiden sich darin, ob er mitentscheiden kann. In Fragen, in denen er nur ein Beratungsrecht hat, kann das Unternehmen die Entscheidungen alleine treffen. Je weiter rechts das Recht steht, desto mehr darf er mitentscheiden.

ARBEITSBEZIEHUNGEN IN UNTERNEHMEN

BEIDE SEITEN HABEN RECHTE UND PFLICHTEN

← M1-M4

Für Arbeitnehmerinnen und Arbeitnehmer sowie Arbeitgeberinnen und Arbeitgeber gelten bestimmte Rechte und Pflichten. Diese werden in einem Arbeitsvertrag festgelegt. Wenn es zu Konflikten über die Arbeitszeit, den Lohn oder die Tätigkeit des Beschäftigten kommt, verschafft der Arbeitsvertrag rechtliche Klarheit.

IN DEUTSCHLAND HABEN ARBEITNEHMERINNEN UND ARBEITNEHMER MITSPRACHERECHTE

← M5-M7

Viele sehen es als großen Standortvorteil für Deutschland, dass Arbeitnehmerinnen und Arbeitnehmer bei wichtigen Themen Mitspracherechte haben. Der Betriebsrat berät die Beschäftigten und schützt ihre Rechte. Das Ziel gegenüber Arbeitgeberinnen oder Arbeitgebern ist, unterschiedliche Interessen gewaltfrei zu einer Einigung zu führen. Es gibt aber auch Kritik daran: Arbeitgeberinnen oder Arbeitgeber klagen z. B. über zu große Hürden, nötige Veränderungen in Unternehmen auch gegen Widerstand durchzusetzen.

M1 Aufruf der Gewerkschaft ver.di zum Streik in den Innenstädten und Ikea

In Dortmund kommen Streikende von Ikea, Primark, Saturn, H&M, TK-Maxx, Smyths Toys, Zara, Galeria Karstadt Kaufhof, Saturn, Esprit und Douglas zu einer zentralen Streikkundgebung zusammen. […]

„Die Beschäftigten in den Innenstädten, die von Kurzarbeit aufgrund der vorübergehenden Schließung der Geschäfte betroffen waren, mussten teilweise von heute auf morgen Gehaltseinbußen von bis zu 40 Prozent hinnehmen. Gerade für sie sind […] Entgelterhöhungen […] dringend notwendig", so die Verhandlungsführerin Silke Zimmer. Auch sie hätten den Laden während der Pandemie am Laufen gehalten. […] „Das war mit harter Arbeit, hoher Flexibilität und nicht zuletzt auch mit vielen persönlichen Kontakten und der damit verbundenen Angst vor einer möglichen Ansteckung verbunden. Dieser Einsatz muss sich nun in einem fairen Tarifabschluss widerspiegeln!"

Ein Angebot von nur einem Prozent nach zwei Nullmonaten für 2021 und eine Einmalzahlung in Höhe von 1,4 Prozent […] für Unternehmen, die gut durch die Pandemie gekommen sind, stehe in keinem Verhältnis zu den historischen Umsatzsteigerungen im Einzelhandel und der außergewöhnlichen Leistung, die die Beschäftigten in der Pandemie erbracht haben. Für Beschäftigte, die für Unternehmen arbeiten, die von Pandemieauswirkungen betroffen waren, soll es in 2021 gar keine Tarifanpassung geben. […]

ver.di fordert für die rund 700.000 Beschäftigten im Einzelhandel NRW 4,5 Prozent und 45 Euro mehr Lohn, Gehalt und Ausbildungsvergütung bei einer Laufzeit von 12 Monaten, sowie ein Mindestentgelt von 12,50 Euro pro Stunde. Außerdem fordert ver.di die gemeinsame Beantragung der Allgemeinverbindlichkeit der Tarifverträge. Die Tarifverhandlungen im Einzelhandel werden am 22. Juni fortgesetzt.

© ver.di: Streik im Einzelhandel NRW wird fortgesetzt: ver.di ruft am Mittwoch Beschäftigte der Innenstädte und Ikea Möbelhäuser auf. In: www.nrw.verdi.de, 16.06.2021

H zu Aufgabe 4
Recherchiere dazu im Internet, z. B. auf der Homepage der Gewerkschaft oder bei den regionalen Tageszeitungen.

H zu Aufgabe 5
Beachte dabei die Sichtweise aller Beteiligten.

Aufgaben

1. Beschreibe, womit die bestreikten Unternehmen Geld verdienen.
2. Arbeite aus dem Material die Gründe für den Streik heraus.
3. Erkläre mögliche Folgen des Streiks für die Beschäftigten, Unternehmen sowie Kundinnen und Kunden.
4. Erstelle einen Zeitstrahl, in dem du den Ablauf des Tarifkonflikts darstellst.
5. Erörtert zu zweit, ob die Forderung von ver.di angemessen ist.

In diesem Kapitel hast du dich mit Unternehmen und den Arbeitgeber- sowie Arbeitnehmervertretungen beschäftigt. Schätze ein, wie sicher du dich in den folgenden Bereichen auskennst.

Ich kann ...	Das klappt schon ...	Hier kann ich noch üben ...
... Unternehmen anhand ausgewählter Merkmale beschreiben.	👍 ✋ 👎	Kapitel 6.1: M1-M4
... erläutern, wie Unternehmen aufgebaut sind.	👍 ✋ 👎	Kapitel 6.1: M5-M6
... die zentralen Aufgaben von Unternehmen erklären.	👍 ✋ 👎	Kapitel 6.1: M7-M12
... Auswirkungen technologischer Entwicklungen analysieren.	👍 ✋ 👎	Kapitel 6.1: M13-M15
... die unterschiedlichen Ziele von Unternehmen analysieren und beurteilen.	👍 ✋ 👎	Kapitel 6.1: M16-M21
... Aufgaben und Funktionen von Gewerkschaften und Arbeitgeberverbänden in der Tarifautonomie erläutern.	👍 ✋ 👎	Kapitel 6.2: M1-M3
... den Ablauf eines Tarifkonflikts erklären.	👍 ✋ 👎	Kapitel 6.2: M4-M7
... über Vor- und Nachteile einer Mitgliedschaft in Gewerkschaften und Arbeitgeberverbänden diskutieren.	👍 ✋ 👎	Kapitel 6.2: M8-M10
... Interessen zwischen Gewerkschaften und Arbeitgeberverbänden sowie ihre Durchsetzungschancen miteinander vergleichen.	👍 ✋ 👎	Kapitel 6.2: M11-M12
... mögliche Verhandlungsergebnisse aus der Perspektive der Betroffenen beurteilen.	👍 ✋ 👎	Kapitel 6.2: M13-M15,
... Rechte und Pflichten in einem Arbeitsverhältnis erläutern.	👍 ✋ 👎	Kapitel 6.3: M1-M4
... die Rolle des Betriebsrates in einem Unternehmen erfassen.	👍 ✋ 👎	Kapitel 6.3: M5-M7

1 „Arme Kinder haben arme Eltern. Expert:innen aus der Praxis fordern stärker familienorientierte und armutssensible Politik“

Krieg, Claudia. In: www.neues-deutschland.de, 15.05.2019

2 „Aus armen Kindern werden chancenlose Erwachsene“

Hook, Silke. In: www.zeit.de, 22.07.2016

3 „Arme Kinder werden zunehmend abgehängt"

Roßbach, Henrike. In: www.sueddeutsche.de, 01.08.2019

4 „1,5 Millionen Kinder in Deutschland sind auf Hartz IV angewiesen“

Rattenhuber, Edeltraud. In: www.sueddeutsche.de, 06.02.2020

5 „Kinderarmut ist mehr als finanzielle Not“

Kurtzbach, Rosali. In: www.nrz.de, 24.12.2017

Was weißt du schon?

1. Notiere zunächst alleine, was dir zu den Schlagzeilen einfällt. Folgende Fragen helfen dir dabei:
- Welches Problem wird angesprochen oder verbirgt sich hinter der Aussage?
- Wer ist beteiligt?
- Welche Folgen sind für die Beteiligten denkbar?

2. Tauscht eure Überlegungen mit einem Partner/einer Partnerin aus. Vergleicht anschließend eure Ergebnisse in der Klasse.

3. Welche offenen Fragen stellen sich euch? Haltet sie auf Karten fest und ordnet sie z. B. nach „Sachfragen“ („Was ist/wie funktioniert ...?“) und „Beurteilungsfragen“ („Sollte ...?“). Beantwortet sie am Ende der Unterrichtseinheit.

7

#Soziale Sicherung für Familien und Kinder in Deutschland

In einem reichen Land wie Deutschland ist es kaum vorstellbar, dass Menschen in Armut leben müssen. Insbesondere Kinder armer Eltern haben jedoch unter den alltäglichen Herausforderungen zu leiden, die die Armut mit sich bringt. Der Sozialstaat in Deutschland versucht, effektive Maßnahmen zu finden und umzusetzen, um damit der Armut entgegenzuwirken und für mehr Gerechtigkeit zu sorgen.

Was lernst du in diesem Kapitel?

... die Begriffe absolute und relative Armut zu unterscheiden.
... das Problem der Armut in Deutschland zu beschreiben.
... Folgen relativer Armut für Familien und insbesondere Kinder in Deutschland zu erklären.
... den Begriff der sozialen Gerechtigkeit im Zusammenhang mit Armut zu erklären.
... unterschiedliche Maßnahmen des Staates zur Bekämpfung der Kinderarmut und Förderung sozialer Gerechtigkeit zu bewerten.

Wir drehen ein Youtube-Video zum Thema „Staatliche Maßnahmen gegen Kinderarmut" MK

In diesem Kapitel lernt ihr viel über das Problem der Kinderarmut in Deutschland und welche Maßnahmen der Staat zur Bekämpfung des Problems bereits ergriffen hat. In einem YouTube Video sollt ihr Zuschauerinnen und Zuschauer über das Thema „Kinderarmut in Deutschland" informieren und über effiziente Maßnahmen aufklären, um dem Problem von staatlicher Seite entgegenzuwirken.

Geht dabei so vor:
Bildet Gruppen von 4-5 Schülerinnen und Schülern. Gemeinsam dreht ihr ein Video für Youtube. In diesem informiert ihr zunächst über das Problem der Kinderarmut in Deutschland. Im Anschluss sollt ihr Zuschauerinnen und Zuschauer über staatliche Maßnahmen, die bereits getroffen wurden, aufklären. Dabei könnt ihr eure Zuschauerinnen und Zuschauer auch über mögliche Verbesserungen der Maßnahmen aus eurer Sicht informieren. Arbeitet euch zunächst in die Begriffe und Themen ein. Beim Durchlaufen der einzelnen Schritte sammelt ihr bereits Ideen für euer Video.

Start

1 Informiert euch über die Unterschiede zwischen relativer und absoluter Armut und überlegt, welche Form der Armut in Deutschland vorkommt. Erschließt euch anhand der Bedürfnispyramide, welche Bedürfnisse nicht befriedigt werden können, wenn Menschen einerseits in absoluter, andererseits in relativer Armut leben müssen. (→ Kap. 7.1, M2-M3)

2 Tauscht euch darüber aus, ob Armut in Deutschland ein Problem ist. Erklärt anschließend, wer in Deutschland besonders von Armut betroffen ist. Tipp: Stellt die Ergebnisse in Form eines Diagramms dar. (→ Kap. 7.1, M5, M6)

3 Welche Folgen hat Armut für Kinder und Jugendliche? Erschließt euch die Folgen und notiert diese in Stichpunkten. (→ Kap. 7.1, M8, M9)

4

Erschließt euch den Begriff #Sozialstaat. Stellt in Form einer Mindmap dar, was der Staat bereits tut, um einkommensschwache Familien mit Kindern zu fördern und welche Kritik daran geübt wird (Leistungen, Zielgruppe, Kritik). (→ Kap. 7.2, M1-M2)

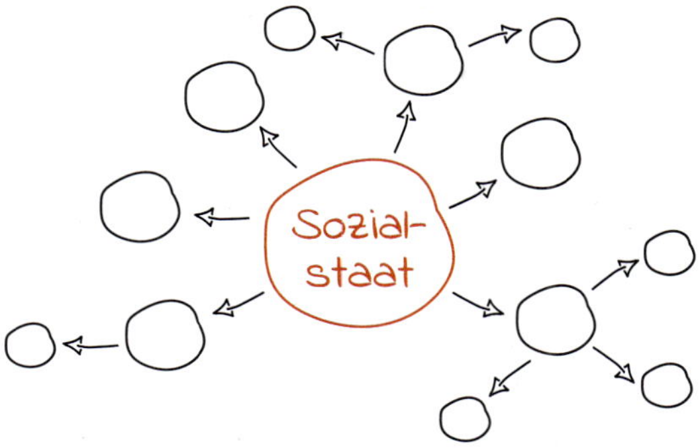

So könntet ihr eure Mindmap aufbauen.

5

Sammelt Pro- und Kontra-Argumente für die Erhöhung der Hartz IV-Regelsätze für Kinder. (→ Kap. 7.2, M4-M6)

6

Dreht nun in euren Gruppen ein kurzes Youtube-Video zum Thema „Staatliche Maßnahmen gegen Kinderarmut“. In dem Video muss deutlich werden, warum ihr die eine oder andere Maßnahme für besonders geeignet haltet, um dem Problem entgegenzuwirken. Überlegt euch zunächst genau, was ihr sagen wollt.

Erklärfilme über Dreh- und Schnitttechniken

Mediencode: 70062-26

7.1 Armut in Deutschland

Arm sein in Deutschland – was bedeutet das?

Arm zu sein, bedeutet nicht in jedem Land auf der Welt das gleiche. Aber was bedeutet es überhaupt, arm in Deutschland zu sein?

M1 Arm sein – gibt es Unterschiede?

Armut in unterschiedlichen Ländern

M2 Welche Arten von Armut gibt es?

Video zu Armutsbegriffen

Mediencode: 70062-27

Armut

Armut ganz allgemein bedeutet, nicht genug von etwas zu haben. Zum Beispiel nicht genug Geld oder nicht genug Essen. Dabei solltest du aber zwei verschiedene Arten von Armut unterscheiden: Es gibt die absolute und die relative Armut.

Absolute Armut

Absolute Armut bedeutet, dass jemand so arm ist, dass er oder sie nicht einmal das Nötigste zum Überleben besitzt. Das ist zum Beispiel der Fall, wenn man weder Essen noch sauberes Trinkwasser hat. Oder wenn man keine Wohnung besitzt und auf der Straße leben muss. [Ein Mensch wird als „extrem arm" bezeichnet, wenn er oder sie nur rund 1,50 Euro pro Tag zur Verfügung hat.] Viele dieser armen Menschen sind krank, können aber den Arzt oder die notwendige Medizin nicht bezahlen. In Ländern, in denen absolute Armut vorkommt, gibt es oft nur wenige Schulen und nicht genügend Arbeitsplätze für alle Menschen. Meist liegen diese Länder in der sogenannten Dritten Welt. Das sind vor allem Afrika, aber auch die meisten Länder Asiens und viele Länder in Mittel- und Südamerika.

Relative Armut

Die andere Art von Armut ist die relative Armut. Relativ arm ist jemand, wenn er oder sie im Vergleich zu dem, was andere haben, nur sehr wenig besitzt. Zum Beispiel hat dieser Mensch weniger Geld als die meisten der anderen in seinem Land. Weil aber für alle dieselben Preise (z.B. für Essen) gelten, kann er sich nicht so leicht gesundes Essen oder neue Kleidung kaufen und ist deswegen auch öfter krank. Meist reicht das Geld auch nicht, um ins Kino zu gehen oder in einem Verein Sport zu machen. Arme Menschen haben auch schlechtere Chancen auf eine gute Ausbildung und einen Beruf, der ihnen aus der Armut heraushelfen würde. Und oft müssen Menschen, die von Armut betroffen sind, auch mit Vorurteilen anderer leben. Das ist neben der eigentlichen Armut für viele mindestens genauso schlimm, denn sie schämen sich für ihre Armut.

Kinderarmut
Sind speziell Kinder von diesen Arten der Armut betroffen, spricht man von Kinderarmut. Es wird geschätzt, dass auf der ganzen Welt zurzeit über eine Milliarde Kinder davon betroffen sind.

Kindersache: Was bedeutet Armut? In: www.kindersache.de, 11.12.2009

M3 Verschiedene Bedürfnisse

Die Bedürfnispyramide
Rangordnung der menschlichen Bedürfnisse

Bedürfnis nach Selbstverwirklichung
Individualität, Talententfaltung

Individuelle (Ich-)Bedürfnisse
Wertschätzung, Respekt, Anerkennung, Einfluss, private/berufliche Erfolge

Soziale Bedürfnisse
Familie, Freunde, Partner, Liebe, Zugehörigkeit, sozialer Anschluss

Sicherheits-Bedürfnisse
Recht und Ordnung, Schutz vor Gefahren, festes Einkommen, Absicherung, Unterkunft

Physiologische (körperliche) Bedürfnisse
z. B. Atmung, Schlaf, Nahrung, Wärme, Gesundheit, Wohnraum, Kleidung, Bewegung

Bedürfnisse sind die Wünsche der Menschen. Aus dem Wunsch, ein Mangelgefühl zu beseitigen, entstehen Bedürfnisse unterschiedlicher Art.

Bedürfnispyramide nach Maslow:
Bedürfnisse werden nach unterschiedlichen Arten unterschieden. Erst wenn die Bedürfnisse einer Stufe befriedigt sind, versuchen Menschen, Bedürfnisse der nächsthöheren Stufe zu stillen.
Das Modell hat der US-amerikanische Psychologe Abraham Maslow entwickelt.

AUFGABEN

1. a) Beschreibe die beiden Bilder zum Thema Armut und vergleiche diese anschließend miteinander.
   b) Stellt in der Klasse Vermutungen an, in welchem Land das Bild aufgenommen worden sein könnte.
2. a) Erkläre mithilfe des Textes (**M2**) die Begriffe Armut, absolute Armut, relative Armut und Kinderarmut.
   b) Erkläre, welche Arten von Armut es in Deutschland gibt.
3. a) Beschreibe die Bedürfnispyramide (**M3**).
   b) Erkläre den Zusammenhang zwischen den Stufen der Bedürfnispyramide (**M3**) und den Begriffen absolute und relative Armut (**M2**).

H zu Aufgabe 2
Schaue dir das Video zu den verschiedenen Arten von Armut an und erkläre die Begriffe Armut, absolute und relative Armut in eigenen Worten. MK

Ist Armut in Deutschland ein Problem?

Auch in einem reichen Land wie Deutschland gibt es Menschen, die in Armut leben. Doch wie viele Menschen und welche Personengruppen sind besonders von Armut betroffen? Was denkst du, ist Armut überhaupt ein großes Problem in Deutschland?

Video tagesschau: Armut in Deutschland

Mediencode: 70062-28

Armutsquote
Anteil der Menschen, die mit einem Einkommen unterhalb der Armutsgrenze auskommen müssen

M4 Wie empfinden die Deutschen das Problem Armut?

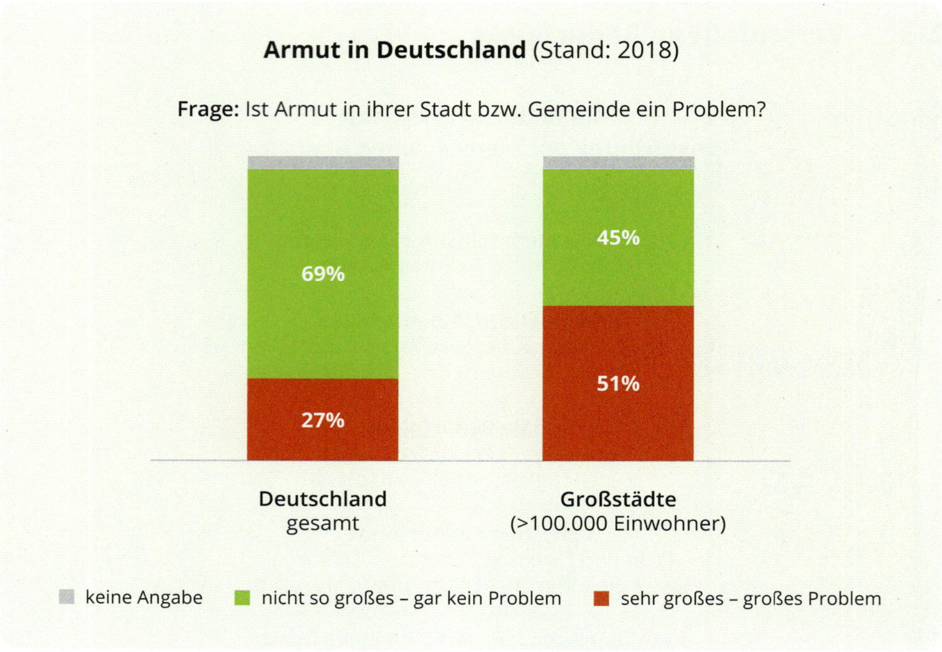

Quelle: Umfrage von Kantar Emnid i.A. der Bertelsmann Stiftung, September 2018

M5 Wer ist besonders von Armut betroffen?

Video planet wissen: Wer ist von Armut bedroht?

Mediencode: 70062-29

Armutsschwelle
Einkommensgrenze, unter der eine Person als arm gilt

Armutsrisiko
Jemand gilt als armutsgefährdet, wenn das Einkommen dauerhaft unter der Armutsschwelle liegt.

Im Jahr 2019 waren knapp 16 Prozent der gesamten Bevölkerung in Deutschland von Armut bedroht, also fast jede 6. Person. Verdient eine Person, die alleine in einem Haushalt lebt, weniger als 60 Prozent eines durchschnittlichen Haushaltseinkommens (2019: 1.074 Euro), liegt ihr Einkommen unter der Armutsschwelle und sie gilt somit als arm.

Personengruppen, die besonders von Armut betroffen sind, sind z.B. Alleinerziehende. 2015 lag der Armutsanteil unter den Alleinerziehenden bei ca. 44 Prozent. Alleinerziehende Elternteile können z.T. nicht in Vollzeit arbeiten und verdienen dementsprechend weniger. Aber auch Familien mit vielen Kindern zählen zu den von Armut bedrohten Bevölkerungsgruppen. Der Anteil liegt bei 25 Prozent.

Kinder und Jugendliche, die in von Armut betroffenen Familien leben, wachsen somit selbst in Armut auf.

Das Armutsrisiko junger Menschen steigt, wenn sie eine geringe Berufsqualifikation aufweisen, weil sie damit schlechtere Chancen auf dem Arbeitsmarkt haben und geringere Löhne erhalten. Ein Viertel der 18- bis 25-Jährigen lebt unter der Armutsschwelle. Zum

Teil studieren die jungen Leute oder machen eine Ausbildung. Dadurch haben sie die Aussicht auf ein steigendes Einkommen. Aber die Chancen für einen Aufstieg hat nicht jeder und somit können aus armen Kindern arme Eltern und später arme Rentner werden. Der Anteil der Bevölkerungsgruppe, die von Altersarmut betroffen ist, steigt stark an.

M6 Armut ein Leben lang?

Karikatur: Koufogiorgos, Kostas: Lebenslauf, 2014

AUFGABEN

1. a) Stimmt zunächst in der Klasse ab: Nehmt ihr Armut als ein nicht so großes/kein Problem oder als ein großes/sehr großes Problem wahr?
   b) Vergleicht eure Ergebnisse in der Klasse mit der Statistik (**M4**).
2. Analysiere den Text (**M5**) im Hinblick auf folgende Fragen:
   - Ab wann gilt man in Deutschland als arm?
   - Welche Bevölkerungsgruppen sind besonders von Armut bedroht/betroffen?
   - Warum sind die genannten Bevölkerungsgruppen besonders von Armut bedroht/betroffen?
3. Analysiere die Karikatur (**M6**).
4. Ist Armut in Deutschland ein Problem? Diskutiert die Fragestellung vor dem Hintergrund eurer bisherigen Ergebnisse.

H Schaue dir die Videos an und beantworte folgende Fragen:
- Ab wann gilt man in Deutschland als arm?
- Wer ist besonders von Armut bedroht? MK

Welche Folgen hat Armut für Kinder und Jugendliche?

Das Problem der Armut betrifft nicht nur Erwachsene in Deutschland, sondern insbesondere auch ihre Kinder. Hast du eine Vorstellung: Wie wirkt sich die Armut auf die Lebensverhältnisse dieser Kinder und Jugendlichen aus?

M7 Welche Folgen hat Armut für Kinder?

Mit diesem Plakatmotiv machte der Sozialverband VdK im Rahmen einer großen bundesweiten Kampagne auf die wachsende Kinderarmut in Deutschland aufmerksam.

M8 Ein anderes Leben ein paar Straßen weiter…

Hannah und Selina führen komplett unterschiedliche Leben in Hamburg.

Hannahs Familie:
Hannahs Mutter arbeitet als Lehrerin an einem Gymnasium in Ottensen; Hannahs Vater ist als Ingenieur bei der Lufthansa tätig. Hannah hat eine 11-jährige Schwester.

Selinas Familie:
Selinas Mutter ist arbeitssuchend, sie erhält Arbeitslosengeld vom Staat (Hartz IV). Seit der Trennung von Selinas Vater ist sie alleinerziehend. Selina hat zwei Halbbrüder im Alter von 12 und 15 Jahren, die aus einer früheren Beziehung ihrer Mutter stammen.

Hannah, 9 Jahre, aus Ottensen
Ottensen, 7 Uhr
Jeden Morgen wird Hannah von einem ihrer Elternteile geweckt. Ihr Tag beginnt mit einem Frühstück, das ihr Vater zubereitet hat. Am liebsten isst Hannah Vollkornbrötchen mit Käse, manchmal hat sie aber auch Appetit auf Müsli mit Milch und Obst. Dazu gibt es Früchtetee, Orangensaft oder Bio-Kakao. Die vierköpfige Familie isst gemeinsam im Esszimmer der 150 Quadratmeter großen Neubauwohnung mit zwei Balkonen.

Selina, 9 Jahre, Wilhelmsburg
Wilhelmsburg, 7 Uhr
Der Wecker von Selinas Halbbruder Max klingelt – sie teilen sich das Zimmer, in dem ein Etagenbett steht. Der älteste Bruder Dustin hat sein eigenes Zimmer. Selinas Mutter schläft auf der Couch im Wohnzimmer. Die 75 Quadratmeter große Wohnung wird vom Staat bezahlt. Inzwischen ist sie aber zu klein für die Familie geworden. Morgens drängeln sich alle in das kleine Badezimmer. Für ein Frühstück bleibt keine Zeit. Für die Schule hat Selina sich zwei Scheiben Toastbrot mit Salami eingepackt.

Ottensen, 17.15 Uhr

Hannah ist soeben vom Hockey-Training nach Hause gekommen, das zwei Mal pro Woche stattfindet. Neben dem Sport besucht sie noch eine Musikschule und lernt dort das Klavierspielen. Viele ihrer Freundinnen sind ebenfalls in der Musikschule. In der Freizeit genießt es Hannah, einfach daheim zu bleiben und ein Buch zu lesen oder sich mit ihren Spielsachen zu beschäftigen.

Wilhelmsburg, 16.45 Uhr

Nach der Schule ist Selina oft auf dem Spielplatz, der in der Nähe ihrer Wohnung liegt. In letzter Zeit besucht Selina häufiger das Kinder-Jugend-Familienzentrum Kirchdorf e.V., das vielfältige Freizeit- und Sportangebote bereitstellt. Dort bekommt Selina auch Hilfe bei ihren Hausaufgaben.

Hannah erhält pro Woche 3 Euro Taschengeld. Die Familie verreist zweimal im Jahr in den Urlaub; im Sommer nach Schweden in ein Ferienhaus und im Winter zum Skifahren. Hannahs Mutter bringt sie jeden Morgen mit dem Auto in die Schule.

Selina bekommt 2 Euro Taschengeld pro Woche. Ihre Familie fährt nie in den Urlaub und ihre Ferien verbringt sie manchmal bei den Großeltern, die auch in Wilhelmsburg leben. Ein Auto kann sich die Familie nicht leisten.

M9 Warum trifft Armut Kinder besonders hart?

[…] Kinder, die unter prekären Verhältnissen bei Alleinerziehenden oder in komplizierten Patchwork-Familien aufwachsen, leiden besonders unter der Armut. Das zeigt eine Studie des Deutschen Jugendinstituts (DJI) […]. Die Belastung dieser Kinder äußert sich in emotionalen Problemen, Hyperaktivität, Unaufmerksamkeit, Verhaltensproblemen und Konflikten mit Freunden und Gleichaltrigen. […] Jedes fünfte Kind in Deutschland ist arm oder von Armut bedroht. Diese Kinder sind statistisch gesehen häufiger krank und sozial isoliert, haben weniger gute Noten in der Schule und langfristig schlechtere Perspektiven als Kinder aus gut situierten Familien. Dabei ist Geld alleine der Studie zufolge für Kinder häufig gar nicht so wichtig. Solange sie in einem intakten Umfeld leben, fühlen sie sich wohl und vermissen wenig. Doch materielle Armut ist meist folgenreich: Finanzielle Sorgen belasten die Eltern, setzen sie unter Druck, schaffen Konflikte in der Beziehung […].

Rattenhuber, Edeltraud/Süddeutsche Zeitung: Kinder in komplizierten Familien leiden besonders unter Armut. In: Süddeutsche Online, 01.04.2020

prekär
unsicher, problematisch, finanziell schlecht gestellt

gut situiert
in guten wirtschaftlichen Verhältnissen lebend

Hyperaktivität
äußert sich oft in übermäßig unruhigem, ungeduldigen Verhalten. Z. B. kann es hyperaktiven Kindern sehr schwer fallen, still sitzen zu bleiben oder sich zu konzentrieren.

AUFGABEN

1. Beschreibt das Plakatmotiv (**M7**) und formuliert in einem Placemat Vermutungen, was mit der Aussage „… und raus bist du." gemeint ist.
2. a) Arbeite aus **M8** die Unterschiede in der Alltags- und Freizeitgestaltung von Hannah und Selina heraus.
   b) Diskutiert in der Klasse, welche weiteren Vor- und Nachteile für die beiden Mädchen durch ihre unterschiedlichen Lebensverhältnisse zukünftig entstehen könnten.
3. Sind Kinder und Jugendliche besonders von den Folgen von Armut betroffen? Erkläre mithilfe von **M9** und des Videos #STOPPTKINDERARMUT. **MK**

Video der Initiative #STOPPTKINDERARMUT

Mediencode: 70062-30

ARMUT IN DEUTSCHLAND

M2, M3 --> #

WAS ARMUT BEDEUTET

Armut bedeutet allgemein, von etwas (Essen, Kleidung, Geld etc.) nicht genug zu haben. Es werden zwei Arten von Armut unterschieden: Von absoluter Armut spricht man, wenn ein Mensch rund 1,50 Euro pro Tag zur Verfügung hat. Dementsprechend verfügen Menschen, die in absoluter Armut leben, nicht über das Nötigste zum Leben (Essen, sauberes Trinkwasser, keine Wohnung etc.). Auch können sich diese Menschen keine medizinische Versorgung leisten. Absolute Armut herrscht z. B. in Ländern der Dritten Welt.

Menschen, die in relativer Armut leben, können zwar ihre physiologischen (körperlichen) Bedürfnisse erfüllen. Aber sie haben deutlich weniger Geld als viele andere Menschen in ihrem Land. Häufig haben sie z. B. zu wenig Geld, um mit Freunden ins Kino zu gehen oder Sport in einem Verein zu machen. Sie haben zudem schlechtere Chancen auf eine gute Ausbildung und dementsprechend auf einen Beruf mit einem Einkommen, mit dem sie nicht mehr in relativer Armut leben müssten. Betrifft Armut Kinder oder ältere Menschen, spricht man von Kinder- oder Altersarmut.

M6 --> #

ARMUT IN DEUTSCHLAND

Auch in einem reichen Land wie Deutschland gibt es das Problem der Armut, nämlich der relativen. Ob jemand von relativer Armut betroffen ist, wird anhand des Einkommens bestimmt. Verdient eine Person, die alleine in einem Haushalt lebt, weniger als 60 Prozent eines durchschnittlichen Haushaltseinkommens (2019: 1.074 Euro), liegt ihr Einkommen unter der Armutsschwelle und sie gilt somit als relativ arm. Es gibt Bevölkerungsgruppen, die in Deutschland eher von einem Leben in relativer Armut bedroht sind. Dazu zählen Alleinerziehende, Familien mit vielen Kindern, Personen mit einer geringen Berufsqualifizierung sowie alte Menschen.

M8, M9 --> #

AUSWIRKUNGEN VON KINDERARMUT

In Deutschland ist knapp jedes fünfte Kind von Armut bedroht. Kinder, die in relativer Armut aufwachsen müssen, trifft das Problem besonders hart, denn aufgrund der finanziellen Sorgen ihrer Eltern müssen die Kinder und Jugendlichen auf verschiedene Dinge verzichten, die für Gleichaltrige wohlmöglich selbstverständlich sind (z. B. Kleidung, Spielzeug, Urlaub, Freizeitaktivitäten, Musikunterricht etc.). Auch kann die Belastung dieser Kinder u. a. zu emotionalen Problemen, Hyperaktivität oder Verhaltensproblemen und Konflikten mit Freunden und Gleichaltrigen führen. Darüber hinaus ist besonders problematisch, dass die Kinder häufig schlechtere Noten in der Schule und damit schlechtere Zukunftsperspektiven haben. Somit ist die Wahrscheinlichkeit höher, dass diese Kinder auch als Erwachsene in relativer Armut leben.

7.2 Kinderarmut – was kann der Staat tun?

Wie fördert der Staat Familien mit Kindern?

Jede Familie mit Kindern erhält Leistungen vom Staat, wie z. B. Kindergeld. Doch reicht das Geld überhaupt, um Kindern und Jugendlichen ein besseres Leben zu ermöglichen?

M1 Was sollte der Staat bezahlen?

Nathalie ist neun Jahre alt und lebt in armen Verhältnissen. Armut ist für sie:

„Wenn man nicht genug zum Anziehen kaufen kann. Wenn man nicht genug zum Essen hat. Wenn man nichts in seiner Freizeit machen kann. Wenn man keinen Fotoapparat hat, für Erinnerungen. Wenn man etwas zur Schule mitbringen muss, ein Buch oder eine Kassette, und man das nicht hat."

Rehrmann, Nicole: Armut macht Kinder krank. UGB-Forum 4/08. In: www.ugb.de

SOZIALSTAAT

[Deutschland ist ein Sozialstaat], der sich bis zu einem gewissen Grad um seine Bürgerinnen und Bürger kümmert und gegen bestimmte Risiken absichert.

Dazu gibt es zum Beispiel die [...] Kranken-, Renten-, Pflege- und Arbeitslosenversicherung. Der [Sozialstaat] sorgt auch dafür, dass alle Menschen die Chance haben, ein selbstbestimmtes Leben zu führen. Dazu werden zum Beispiel Schulen gebaut, die alle Menschen besuchen können, nicht nur die Wohlhabenden. Und eine weitere Aufgabe des [Sozialstaates] ist es dafür zu sorgen, dass auch die Menschen, die sich nicht selbst versorgen können, Geld haben, um ihren Lebensunterhalt zu zahlen. [...] [Auch unterstützt der Staat Familien durch bestimmte Sozialleistungen wie dem Kindergeld.]

Toyka-Seid, Christiane / Schneider, Gerd: Wohlfahrtsstaat. Großes Lexikon, Hanisauland. Politik für dich. In: www.hanisauland.de, Abruf am 21.01.2021

Erklärvideo zu Kindergeld

Mediencode: 70062-31

M2 Geld für Kinder

a) Geld für jedes Kind

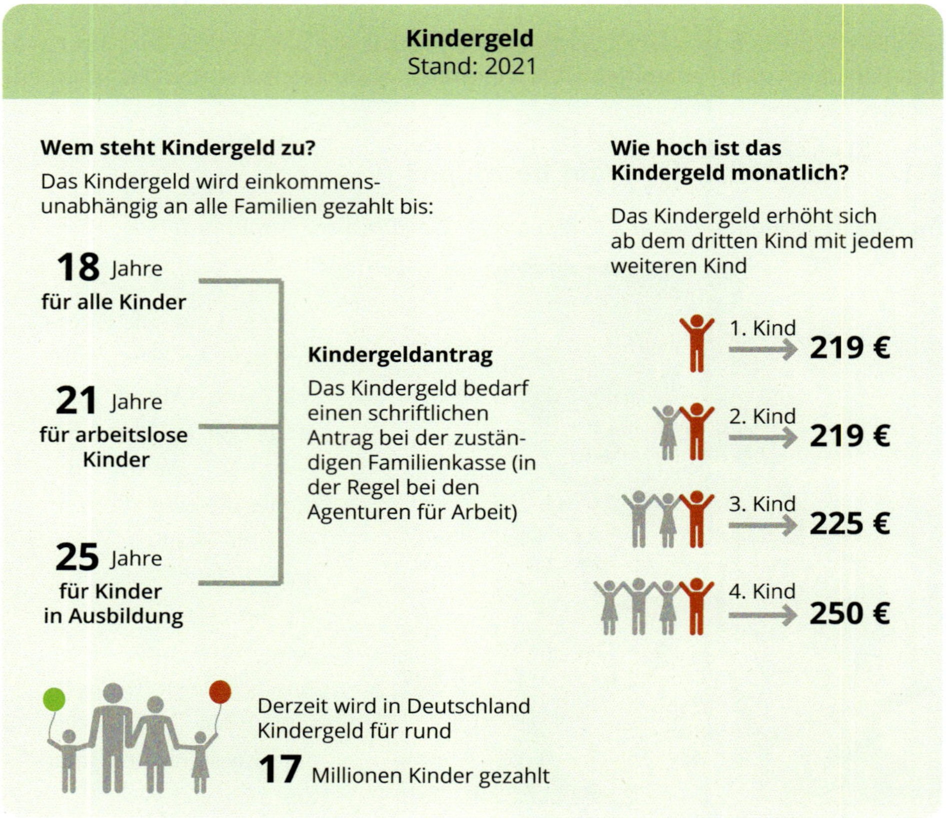

Kindergeld.org (Hg.): Kindergeld Ratgeber 2020/21. In: www.kindergeld.org, Abruf am 21.01.2021

b) Und wenn das Geld nicht reicht?

Wenn das Einkommen nicht für die ganze Familie reicht, können Eltern beziehungsweise Erziehungsberechtigte zusätzlich zum Kindergeld den Kinderzuschlag (umgangssprachlich: Kindergeldzuschlag) erhalten. Der Antrag auf Kinderzuschlag [höchstens 205 Euro pro Kind] muss jedoch gesondert bei der Familienkasse gestellt werden. In der Regel erhalten [s]ie Kinderzuschlag für 6 Monate. Ist der Bewilligungszeitraum abgelaufen, müssen […] [Eltern bzw. Erziehungsberechtigte] Kinderzuschlag neu beantragen.

Voraussetzungen für Kinderzuschlag

- […] [Das Kind lebt im Haushalt der Erziehungsberechtigten] ist unter 25 Jahre alt und nicht verheiratet beziehungsweise nicht in einer eingetragenen Lebenspartnerschaft.
- […] [Die Erziehungsberechtigten] erhalten Kindergeld (oder eine vergleichbare Leistung) für […] [das] Kind.
- Das Bruttoeinkommen […] [der] Familie beträgt mindestens 900 Euro (Paare) beziehungsweise 600 Euro (Alleinerziehende) [ohne Wohngeld, Kindergeld und Kinderzuschlag].

Bundesagentur für Arbeit (BA), 2020: Kinderzuschlag: Anspruch, Höhe, Dauer, https://www.arbeitsagentur.de/familie-und-kinder/kinderzuschlag-anspruch-hoehe-dauer, Stand: 23.08.2021

eingetragene Lebenspartnerschaft
gleichgeschlechtliche Paare können in Deutschland eine Lebenspartnerschaft eintragen lassen, die einer Ehe ähnlich ist

Bewilligungszeitraum
Zeitraum, in der die Leistung gezahlt wird

c) Das Starke-Familien-Gesetz – was ist neu?

Mit dem Bildungs- und Teilhabepaket will der Staat einkommensschwache Familien unterstützen und gegen Kinderarmut vorgehen. Mit dem Starke-Familien-Gesetz wurde am 01. August 2020 das Bildungs- und Teilhabepaket überarbeitet, um die Leistungen für Familien zu verbessern.

STARKE-FAMILIEN-GESETZ bringt Verbesserungen im Bildungspaket

Mehr Unterstützung für Kinder aus Familien mit geringem Einkommen*

Was ist neu?

	Bisher:	Neu:
LERNFÖRDERUNG	Vielfach nur bei gefährdeter Versetzung	**Unabhängig von Versetzungsgefährdung**
MITTAGESSEN UND SCHÜLERBEFÖRDERUNG	Mit Zuzahlung	**Kostenfrei**
SCHULBEDARF	100 € für Schulmaterial	**150 € und ab 2021 jährliche Erhöhung**
TEILHABEBEITRAG (bei Teilnahme z. B. bei Sport, Spiel oder Kultur)	Bis zu 10 € pro Monat	**15 € monatlich pauschal**

Neu: **Weniger Aufwand bei Beantragung und Abrechnung dieser Leistungen**

**Alle Familien, die Grundsicherung, Kinderzuschlag, Wohngeld oder Asylbewerberleistungen beziehen*

Bundesministerium für Arbeit und Soziales (Hg.): Die Leistungen des Bildungspakets, 17.06.2020

AUFGABEN

1. Tauscht euch darüber aus, für welche der Dinge, die Nathalie (**M1**) aufzählt, der Staat finanzielle Unterstützung leisten sollte. Fallen euch noch weitere Leistungen ein, die euch besonders wichtig erscheinen?
2. Analysiert arbeitsteilig die Materialien **M2a-c** als Gruppenpuzzle (**Methode**). Präsentiert euch anschließend gegenseitig eure Ergebnisse.
3. Erläutere anhand der Ergebnisse und **#Sozialstaat**, warum und wie der Staat versucht, Kinder und Jugendliche aus Familien mit geringen Einkommen zu fördern.
4. Diskutiert in der Klasse, ob die staatlichen Maßnahmen eurer Meinung nach effektiv genug sind, um Kinderarmut entgegen zu wirken.

H zu Aufgabe 2
Folgende Fragestellungen helfen dir bei der Analyse:
1. Wie hoch ist die Leistung vom Staat?
2. Wofür wird das Geld gezahlt?
3. Wie bekommen Familien das Geld?

H zu Aufgabe 4
- Decken die staatlichen Maßnahmen die richtigen/genügend Bereiche ab?
- Haltet ihr die finanziellen Leistungen für ausreichend?
- Ist das System aus unterschiedlichen Leistungen kompliziert/nicht kompliziert?

Ein Gruppenpuzzle durchführen

Worum geht es?

Diese Unterrichtsmethode ist eine Form der Gruppenarbeit. Sie arbeitet mit zwei Gruppenformen, der Stamm- und der Expertengruppe.
Beim Gruppenpuzzle werden die Mitglieder einer Klasse in Gruppen eingeteilt. Jede Gruppe bearbeitet das Gesamtthema, jedoch jedes Mitglied in Einzelarbeit einen anderen Teil.

Geht dabei so vor:

1. Schritt: Bildet Stammgruppen

- Teilt die Klasse in Stammgruppen von drei bis sechs Personen auf.
- Teilt jedem Mitglied einer Stammgruppe eine Teilaufgabe zu. Jedes Gruppenmitglied wird somit zum „Experten“ eines Themas.
- Gebt euch ausreichend Zeit, damit ihr euch in euer Gebiet einarbeiten könnt.

Stammgruppen

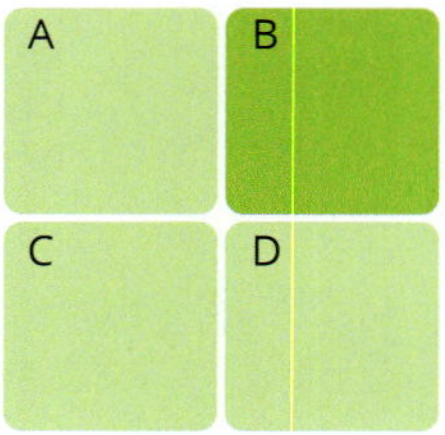

2. Schritt: Bildet Expertengruppen

- Bildet nun „Expertengruppen“, indem sich Mitglieder des gleichen Themengebiets treffen und ihre Ergebnisse vergleichen.
- Besprecht in euren „Expertengruppen“ eure Teilaufgabe als Experten. Löst zusammen die Teilaufgabe und formuliert ein Ergebnis mit dem sich jeder „Experte“ einverstanden erklärt.

Expertengruppen

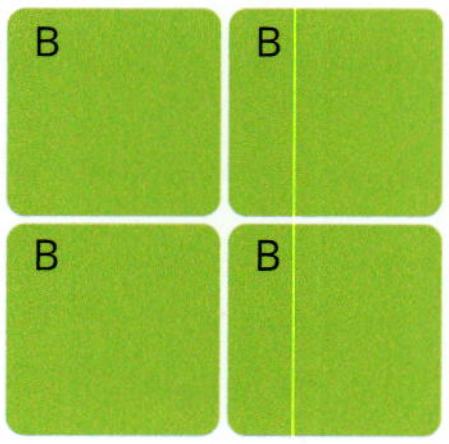

3. Schritt: Rückkehr in die Stammgruppen

- Kehrt als „Experten“ anschließend in eure ursprünglichen Gruppen zurück.
- Vermittelt als „Experten“ euren anderen Gruppenmitgliedern, was ihr über euer Themengebiet erarbeitet habt.
- Hört den anderen Experten zu und stellt ihnen gegebenenfalls Verständnisfragen.

Stammgruppen

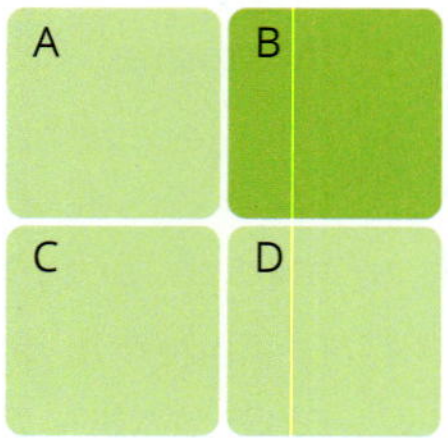

Sollten die Hartz IV Beiträge für Kinder erhöht werden?

Immer wieder streiten Politikerinnen und Politiker über die Höhe der Hartz IV-Regelsätze. Doch was spricht für und was gegen eine Erhöhung der Regelsätze insbesondere für Kinder?

M3 Reicht die Sicherung für Kinder?

Karikatur: Koufogiorgos, Kostas: Kinderarmut, 2018

ARBEITSLOSENGELD II (HARTZ IV)

Arbeitslosengeld II bezeichnet die Grundsicherung für Arbeitssuchende. Es dient dazu, den sogenannten Regelbedarf (u. a. Kosten für Ernährung, Kleidung, Produkte des täglichen Lebens etc.) decken zu können. Es wird aus Steuern bezahlt.

Hartz IV wird unabhängig vom vorherigen Gehalt gezahlt. Auch die Kosten für Wohnung und Heizung werden i.d.R. übernommen. Das Kindergeld wird angerechnet. Einen Anspruch auf Hartz IV haben alle in Deutschland lebenden erwerbsfähigen, hilfebedürftigen Personen im Alter von 15 Jahren bis zum Renteneintrittsalter.

Hartz IV Finanzierung
Die Leistungen von Hartz IV werden aus Steuermitteln bezahlt, zum Teil aus dem Bundeshaushalt, zum Teil von den Kommunen. Die Finanzierung erfolgt also durch die Steuerzahlenden. Wichtige Steuern sind z. B. die Einkommensteuer auf Gehälter und die Mehrwertsteuer, die auf alle Konsumausgaben anfällt.

M4 Fallbeispiel: Immer noch arbeitslos – und jetzt?

Simon Neudecker ist alleinerziehender Vater eines Sohnes und hat vor einem Jahr seinen Job verloren. Für 12 Monate hat er Arbeitslosengeld I bezogen, was 67 Prozent seines Nettoeinkommens entspricht. Da er nach wie vor arbeitslos ist und das ALG I ausläuft, müssen er und sein Sohn nun mit Arbeitslosengeld II (Hartz IV) über die Runden kommen. Dafür hat Herr Neudecker einen Haushaltsplan erstellt:

Hinweise zu den Einnahmen im Arbeitslosengeld II

- Das Kindergeld ist eine sogenannte Transferzahlung aus Steuermitteln. Es wird unabhängig vom Einkommen gezahlt. Wer jedoch ALG II bezieht, erhält kein Kindergeld zusätzlich.
- Miete inkl. Heizkosten (in ‚angemessener' Höhe) werden von der Bundesagentur für Arbeit übernommen und direkt an den Vermieter überwiesen.

Haushaltsplan

Einnahmen	**Arbeitslosengeld I:**	**zukünftiges Arbeitslosengeld II**
Einnahmen vor der Arbeitslosigkeit		
1.950 € netto + 204 € Kindergeld **= 2.154 €**	1.306,50 = € ALG I + 204 € Kindergeld **= 1.510,50 = €**	Summe der Regelsätze: ... € (Erwachsener) + ... € (Kind) = ... €
Ausgaben	**monatliche Ausgaben bisher**	**zukünftige monatliche Ausgaben**
Miete inkl. Heizkosten	468 €	Bitte ins Heft!
Strom	45 €	
Telefon und Internet	29 €	
Benzin	90 €	
Mitgliedsbeiträge Sportverein	40 €	
Bildung (Musikunterricht, Nachhilfe)	80 €	
Lebensversicherung	80 €	
Lebensmittel	400 €	
Körperpflege / Medikamente	30 €	
Freizeit und Kultur (Kino, Bücher usw.)	40 €	
Taschengeld	12 €	
	jährliche Ausgaben bisher	**jährliche Ausgaben zukünftig**
Kfz-Versicherung	480 €	Bitte ins Heft!
Kfz-Steuer	195 €	
Haftpflichtversicherung	70 €	
Urlaub	–	
Möbel und Haushaltsgegenstände	40 €	
Kleidung und Schuhe	650 €	
Schulbedarf und Schulausflüge	170 €	
monatlich gesamt		

M5 Wie hoch sind die Hartz IV-Regelsätze?

Hartz IV-Regelsätze (in Euro)	2019	2020	2021
Alleinstehende/Alleinerziehende	424	432	446
Im Haushalt lebende Partner	382	389	401
Im Haushalt lebende Erwachsene (Kinder)	339	345	357
Jugendliche von 14 bis 17 Jahren	322	328	373
Kinder von 6 bis 13 Jahren	302	308	309
Kinder von 0 bis 5 Jahren	245	250	283

M6 Sollen die Hartz IV-Leistungen für Kinder erhöht werden?

[W]arum erhalten Leistungsberechtigte exakt 446 Euro [Stand: 2021]? Warum nicht 400 oder vielleicht auch 600 Euro? [...] Technisch gesehen liegt es am Regelbedarfs-Ermittlungsgesetz. Dieses führt dazu, dass der Regelbedarf jeweils zum 1. Januar eines Jahres neu berechnet wird. Das Verfahren ist extrem kompliziert. Im Kern erfassen Statistiker, wie viel Geld relativ arme Menschen in Deutschland für welche Dinge ausgeben. Von diesen Ausgaben zieht der Gesetzgeber alles ab, was er für nicht „regelbedarfsrelevant" hält. Die Ausgaben für Alkohol und Tabak etwa sieht er als entbehrlich oder unsinnig an. Eingespeist in die Rechnung wird danach noch, wie sich die Nettolöhne und -gehälter in Deutschland entwickelt haben. Am Ende steht der Regelsatz, der ein „menschenwürdiges Existenzminimum" ermöglichen soll.

[...] Der Bundesagentur für Arbeit zufolge dürfen alleinlebende Erwachsene 147,83 Euro im Monat für Nahrung und Getränke ausgeben, sie haben 40,68 Euro für Freizeitaktivitäten zur Verfügung und 37,16 Euro für Bekleidung und Schuhe [...]. Ein Warenkorb ist auch für Minderjährige vorgesehen. Hier zeigt sich besonders auffällig, wie knapp bemessen manche Leistung ausfällt. Ein Kind im Alter von 6 bis 14 Jahren kann demnach im Monat 44,85 Euro für Bekleidung und Schuhe ausgeben. Für Gesundheitspflege sind 7,58 Euro vorgesehen, für das Thema „Bildungswesen" gerade einmal 54 Cent. Anders ausgedrückt: Das Geld reicht gerade mal für ein Buch im Jahr, sofern es nicht mehr als 6,48 Euro kostet. Allerdings [...] zahlt die Staatskasse auf Antrag alle Ausgaben für Klassenfahrten und Schulausflüge extra und gibt auch 100 Euro im Jahr für Schulbedarfe. Trotzdem lässt sich nicht bestreiten, dass die Kinder armer Menschen erhebliche Nachteile haben: Sollten sie ein Instrument lernen wollen, darf der Unterricht im Monat nicht mehr als zehn Euro kosten. Im Rhein-Main-Gebiet erhält man dafür etwa 20 Minuten Unterricht (insgesamt, nicht jede Woche).

Nach: Schäfer, Christoph: Hartz-IV-Kinder haben 54 Cent für Bildung. In: www.faz.net, 31.05.2019

AUFGABEN

1. Analysiere die Karikatur (**M3**).
2. a) Arbeitet in Gruppen: Versetzt euch in die Situation von Simon Neudecker und seinem Sohn (**M4**). Verteilt gemeinsam das zukünftige Arbeitslosengeld II (Hartz IV) (**M5**) auf die Posten des Haushaltsplans mit einem der Jahres-Regelsätze. Nehmt dort Kürzungen vor, wo es euch möglich erscheint.
   b) Vergleicht eure Lösungen in der Klasse.
   c) Trägt die Erhöhung der Regelsätze zur drastischen Verbesserung der Lebenssituation von Familie Neudecker bei? Begründet.
3. Arbeite aus **M6** heraus, wie die Hartz IV-Regelsätze berechnet werden und welche Gründe für und gegen eine Erhöhung sprechen.
4. Führt mithilfe der Methodenkarte eine politische Podiumsdiskussion durch: Sollten die Hartz IV-Regelsätze für Kinder deutlicher erhöht werden?

F zu Aufgabe 3
Fügt euren Ergebnissen weitere Gründe hinzu.

Eine politische Podiumsdiskussion durchführen

Worum geht es?

Einmal im Jahr können Jugendliche im Plenarsaal des Landtages auf den Stühlen der Abgeordneten Platz nehmen, um über aktuelle Themen zu debattieren und abzustimmen. Angenommen, zur Debatte steht dieses Mal die Frage, ob die Hartz IV-Regelsätze für Kinder deutlicher erhöht werden sollten.

Im Jahr 2019 waren noch immer ca. 1,5 Millionen Kinder unter 14 Jahren auf Hartz IV angewiesen. Zwar werden zum Jahresbeginn die Hartz IV-Regelsätze regelmäßig erhöht, jedoch profitierten z. B. Kinder von 6 bis 13 Jahren lange kaum von der Erhöhung. Auch ist die Frage, ob die jährliche Erhöhung allgemein ausreicht, um Kindern und Jugendlichen, deren Eltern auf Hartz IV angewiesen sind, ein besseres Leben zu ermöglichen.

Geht dabei so vor:

Im Vorfeld der Debatte nehmen als Vertreterinnen und Vertreter des Jugendparlaments Frederick Gunther (Jusos), Julia Hannemann (Junge Union), Tim Janssen (Junge Liberale), Ann-Kathrin Strate (Grüne Jugend) und Laura Bingenfeld (Schülersprecherin) an einer öffentlichen Podiumsdiskussion teil. Die Diskussion wird von Axel Heidemann moderiert und dem Thema werden ca. 15-20 Minuten gewidmet.

Rollenkarten

Frederik Gunther (16): Du bist Mitglied der Jugendsozialisten („Jusos") der Jugendorganisation der SPD. **Im Jugendlandtag setzt du dich für eine Erhöhung der Regelsätze für Kinder ein.** Du findest es wichtig, dass der Sozialstaat an dieser Stelle mehr investiert. Die Regelsätze sollten es jedem Kind ermöglichen, nicht nur den grundlegenden Bedarf des alltäglichen Lebens zu decken, sondern auch an dem gesellschaftlichen Leben teilnehmen zu können, d. h. z. B. an Freizeitaktivitäten. Kinder und Jugendliche müssen außerdem die gleichen Bildungschancen erhalten, damit es später ausreichend qualifizierte Menschen gibt, die ein ausreichendes Einkommen erhalten und nicht in relativer Armut leben müssen.

Julia Hannemann (14): Du bist vor einem Jahr der Jungen Union, der Jugendorganisation der CDU, beigetreten. Du setzt dich dafür ein, dass alle Kinder und Jugendlichen gute Startbedingungen fürs Leben erhalten sollen. **Allerdings hältst du nicht viel von der pauschalen Erhöhung der „Hartz IV"-Regelsätze**. Deiner Auffassung nach sollte es mehr Sachleistungen geben: beispielsweise kostenlose Schulbücher und Schulmaterial, kostenlose Nachhilfeangebote oder freier Eintritt bei Kulturveranstaltungen für die Kinder von Sozialleistungsbeziehern. Dafür könnten Gutscheine ausgegeben werden. Wenn einfach die Regelsätze erhöht würden, dann sinkt deiner Ansicht nach der Anreiz für die erwerbsfähigen Eltern, eine Arbeit aufzunehmen.

Tim Janssen (17): Seit deinem 15. Lebensjahr bist du Mitglied der Jungen Liberalen, der Jugendorganisation der FDP. Dein Onkel hat gezeigt, wie man aus einfachen Verhältnissen mit viel Eigeninitiative und Anstrengung „nach oben" kommen kann. **Im Jugendlandtag argumentierst du gegen eine Erhöhung der Regelsätze.** Die Diskussion über „Kinderarmut" in Deutschland hältst du insgesamt für nicht angemessen: Schließlich muss in Deutschland kein Kind hungern und die Schulbildung ist für alle umsonst. Wenn arbeitslose Familien insgesamt durch höhere Kinderregelsätze mehr Geld zur Verfügung hätten, dann wäre nicht gesichert, dass sie es auch zum Wohle der Kinder ausgeben. Außerdem muss sich Arbeit lohnen und Arbeitslosigkeit darf nicht komfortabel sein. Nur wer durch Arbeit deutlich mehr Geld zur Verfügung hat, wird sich anstrengen und Leistung erbringen.

Laura Bingenfeld (16): Du bist als Schülersprecherin in der Landes-Schülervertretung aktiv und zum Jugendlandtag eingeladen worden. Einer politischen Partei gehörst du nicht an, du bist aber davon überzeugt, dass alle Kinder gleiche Ausgangsbedingungen in der Schule haben sollten. Du hast viel durch die Einführung des Ganztages an deiner Schule über Schulessen und den Zusammenhang von gesundem Essen und Leistungsfähigkeit gelernt. Kinder aus (nicht nur) arbeitslosen Familien kommen häufig ohne Verpflegung in die Schule. Wenn ein Mittagessen in der Schule angeboten wird, dann kostet es im Schnitt 3,50 €. Das lässt sich durch den Hartz-IV-Regelsatz nicht decken. Du plädierst im Jugendlandtag für ein kostenloses Schulessen für alle Kinder sowie eine Erhöhung der Kinder-Regelsätze. Eine Gutschein-Lösung käme für dich nur in Frage, wenn ganz sichergestellt ist, dass die Mitschülerinnen und Mitschüler nichts davon erfahren können.

Axel Heidemann (17): Du bist als ehemaliger Vorsitzender der Landes-Schülervertretung gebeten worden, die Sitzung zu moderieren. Deine Aufgabe besteht darin, die Diskussion einzuleiten und ihren Verlauf zu strukturieren.

- Einleitend fasst du die Problemsituation und die Leitfrage der Debatte kurz zusammen (→ schriftlich vorbereiten).
- Du eröffnest die Diskussion, indem du alle Teilnehmer aufforderst sich kurz vorzustellen und ein **kurzes Eingangsstatement** zur Leitfrage zu formulieren.
- Du bringst die Diskussion voran, indem du inhaltliche Fragen stellst (schriftlich vorbereiten).
- Du forderst die Gesprächsteilnehmenden gegen Ende der Diskussionszeit dazu auf, nach einem Kompromiss zu suchen (mögliche Kompromisse schriftlich vorbereiten).
- Du fasst am Ende der Diskussion das Ergebnis zusammen.

Ann-Kathrin Strate (15): Du bist seit zwei Jahren engagiertes Mitglied der Grünen Jugend, der Jugendorganisation der Partei Bündnis 90/Grüne. Neben dem Umweltschutz interessierst du dich sehr für Sozialpolitik. Einen starken Sozialstaat findest du wichtig, damit der soziale Frieden im Lande erhalten wird. Wer viel verdient, kann auch mehr Steuern zahlen – schließlich haben doch auch die Gutverdienenden von den staatlichen Einrichtungen profitiert. Jeder kann in eine Notlage geraten und dann auf staatliche Hilfe angewiesen sein. Kinder arbeitsloser Eltern sind immer völlig unverschuldet in diese Lage geraten. **Im Jugendlandtag setzt du dich für höhere Kinder-Regelsätze ein.** Wichtig ist für dich, dass Kinder sich nicht ausgegrenzt fühlen.

Verschiedene Auffassungen von Gerechtigkeit

1. **Chancengerechtigkeit** bedeutet, dass Kinder und Jugendliche die gleichen Chancen in der Schule haben und keine Nachteile erfahren, weil ihre Eltern sich z. B. keine Nachhilfe leisten können.
2. **Leistungsgerechtigkeit** meint, dass es gerecht ist, wenn diejenigen, die z. B. mehr in ihrem Beruf oder in der Schule leisten, auch mehr verdienen bzw. besser benotet werden. Nach dieser Auffassung können die, die sich mehr anstrengen, auch bessere Lebensbedingungen erreichen.
3. **Bedarfsgerechtigkeit** bedeutet, dass jede oder jeder in einer Gesellschaft den notwendigen Bedarf an Dingen wie z. B. Essen und Kleidung decken können soll. Die Personen, die mehr verdienen, sollen deshalb auch mehr Steuern zahlen, um einkommensschwächere Menschen zu unterstützen.
4. **Teilhabegerechtigkeit** heißt, dass jede oder jeder die Möglichkeit haben sollte, an Einrichtungen der Gesellschaft (Schule, Arbeitsplatz, Kulturangebote etc.) teilnehmen zu können.

AUFGABEN

1. Lest die Situationsbeschreibung und positioniert euch auf einer Meinungslinie zur Frage, ob die Hartz IV-Regelsätze für Kinder (**M5**) erhöht werden sollten. Begründet euer Spontanurteil kurz.
2. Übernehmt in Gruppen jeweils eine der Rollen und klärt die auf der Rollenkarte beschriebene Position. Bereitet euch auf die Diskussion strategisch vor, indem ihr die zentrale Behauptung notiert und durch den passenden Gerechtigkeitsbegriff (Infokasten), weitere Argumente, Sachwissen und Beispiele unterstützt.
3. Wählt ein Gruppenmitglied aus, das die Rolle in der Diskussion übernehmen wird. Die anderen beobachten jeweils einen Rollenträger aus einer anderen Gruppe.
4. Wiederholt die Positionierung auf der Meinungslinie. Hat sich eure Auffassung geändert? Begründet euer Urteil und ggf. eure Abweichungen vom Spontanurteil nun ausführlicher.

H zu Aufgabe 3
Beobachtungsaufträge:
- Jeder wählt eine Person aus einer anderen Gruppe aus, die er/sie während der Diskussion beobachten möchte.
- Macht euch während der Diskussion Stichpunkt zu wichtigen Aussagen eurer Person.
- Ordnet die Aussagen eurer Person den Auffassungen von Gerechtigkeit zu und beurteilt, ob sie ihre Auffassung überzeugend vertreten hat.

STAATLICHE FÖRDERUNG FÜR FAMILIEN MIT KINDERN

KINDERGELD UND -ZUSCHLAG

← M2a, M2b

Das Kindergeld ist eine sozialstaatliche Leistung, die pro Kind unabhängig vom Einkommen der Eltern gezahlt wird. Die Höhe der Leistung erhöht sich ab dem dritten Kind mit jedem weiteren Kind, da die Eltern dementsprechend mehr Kosten tragen müssen. Kindergeld kann maximal bis zum 25. Lebensjahr gezahlt werden, sollte sich das Kind bis dahin in einer Ausbildung befinden. Verdienen Eltern genug für sich selbst, aber das Einkommen reicht nicht oder nur knapp für die Versorgung der Familie, können sie unter bestimmten Voraussetzungen bei der Familienkasse einen Antrag auf Kinderzuschlag stellen. Dieses wird i.d.R. sechs Monate gezahlt und beträgt pro Kind 185 Euro.

BILDUNGS- UND TEILHABEPAKET

← M2c

Das Bildungs- und Teilhabepaket dient dazu, Familien mit geringen Einkommen zu unterstützen. 2020 wurde das Paket durch das Starke-Familien-Gesetz überarbeitet, um die getroffenen Maßnahmen zu verbessern. Nun erhalten Kinder und Jugendliche unabhängig von einer Versetzungsgefährdung Lernförderung, Mittagessen und die Beförderungen von Kindern und Jugendlichen ist kostenfrei (Bus, Bahn). Für den Schulbedarf werden 150 Euro gezahlt (jährliche Erhöhung) und es wird ein Teilhabebeitrag von pauschal 15 Euro gezahlt, um z. B. die Mitgliedschaft in einem Sportverein zu bezahlen. Zudem soll die Beantragung und Abrechnung der Leistungen vereinfacht worden sein, da der Aufwand zur Beantragung zuvor in die Kritik geriet. Es bleibt umstritten, ob die Leistungen ausreichen, einkommensschwache Familien hinreichend zu unterstützen.

HARTZ IV-LEISTUNGEN FÜR KINDER

← #Arbeitslosengeld II; M6

Das Arbeitslosengeld II (Hartz IV) ist die staatliche, steuerfinanzierte Grundsicherung für Arbeitssuchende, die unabhängig von ihrem vorherigen Gehalt gezahlt wird. Damit sollen Personen ihren Bedarf des täglichen Lebens (Nahrung, Kleidung etc.) decken. Wer Hartz IV bezieht, bekommt kein Kindergeld extra. Jährlich werden die Hartz IV-Sätze angepasst, auch die für Kinder und Jugendliche. Dabei unterscheiden sich die Hartz IV-Sätze je nach Altersgruppe. In der Gesellschaft und Politik wird immer wieder über die Höhe der Hartz IV-Sätze gestritten. Auch die Frage, ob die Hartz IV-Sätze für Kinder und Jugendliche ausreichend sind, gilt als umstritten. Für eine stärkere Erhöhung der Hartz IV-Regelsätze für Kinder und Jugendliche spricht z. B., dass das Geld in eine bessere Bildung und die Teilnahme am gesellschaftlichen Leben (z. B. Freizeitaktivitäten) investiert werden könnte, sodass die Berufschancen steigen und Kinder und Jugendliche nicht ausgeschlossen werden. Gegen eine mögliche Erhöhung spricht z. B., dass der Anreiz für Eltern, sich eine Arbeit zu suchen, sinken könnte und es eher mehr kostenlose Sachleistungen (Schulmaterial, Nachhilfeangebote, Mittagessen etc.) geben sollte.

Fall 1: Hartz IV-Erhöhung

Karikatur: Bengen, Harm: Hartz-Ballons, 2016

Aufgabe

Analysiere die Karikatur und nimm vor dem Hintergrund deiner Kenntnisse Stellung zur Kritik des Karikaturisten.

Fall 2: Armutsquote nach Altersgruppen in Deutschland

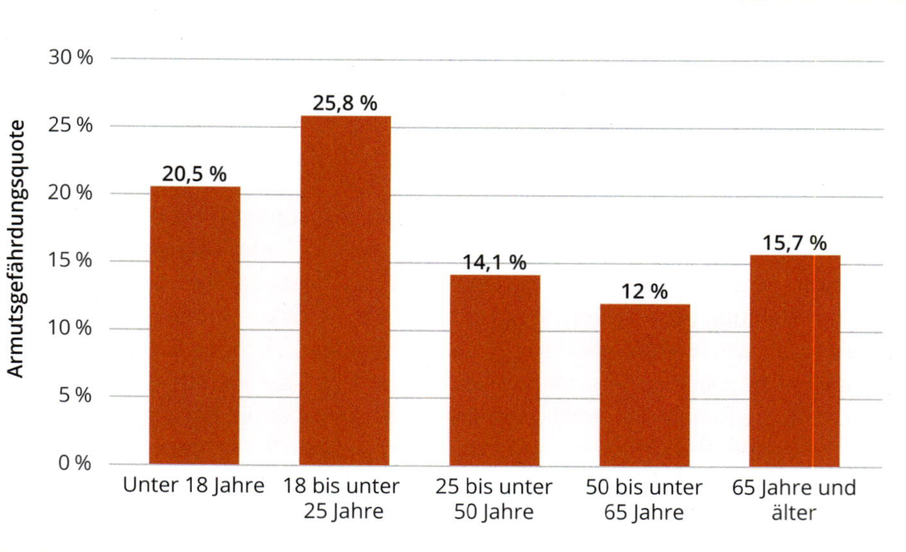

Statista 2021

Aufgaben

1. Analysiere die Statistik mithilfe deiner im letzten Kapitel erworbenen Kenntnisse.
2. Nimm begründet Stellung zu der Aussage, „Da in Deutschland dank Hartz IV niemand verhungern muss, gibt es hier keine Armut“.

In diesem Kapitel hast du dich damit auseinandergesetzt, inwieweit Kinderarmut ein Problem in Deutschland ist und welche Maßnahmen der Staat bereits ergriffen hat, um diesem Problem entgegenzuwirken.
Die folgende Tabelle hilft dir, herauszufinden, welche Fähigkeiten (= Kompetenzen) du dabei erworben hast. Zugleich zeigt es dir, an welchen Stellen du noch weiter üben kannst.

Ich kann ...	Das klappt schon ...	Hier kann ich noch üben ...
... die Begriffe Armut, relative Armut, absolute Armut sowie Kinderarmut erklären und unterscheiden.		Kapitel 7.1, M2, Grundwissen
... den Aufbau der Bedürfnispyramide erklären.		Kapitel 7.1, M3, Grundwissen
... Bedürfnisse den unterschiedlichen Arten von Armut zuordnen.		Kapitel 7.1, M2, M3, Grundwissen
... die Bevölkerungsgruppen benennen, die in Deutschland besonders von relativer Armut bedroht sind.		Kapitel 7.1, M5, M6, Grundwissen
... die Folgen von Kinderarmut in Deutschland erklären.		Kapitel 7.1, M8, M9, Grundwissen
... staatliche Leistungen zur Unterstützung von Familien unterscheiden (Kindergeld, Kinderzuschlag, Bildungs- und Teilhabepaket).		Kapitel 7.2, M2, Grundwissen
... Pro- und Kontra-Argumente für die Erhöhung der Hartz IV-Leistungen für Kinder erläutern.		Kapitel 7.2, M4, M5, M6 Grundwissen
... bewerten, ob die Hartz IV-Leistungen für Kinder erhöht werden sollten.		Kapitel 7.2, M4, M5, M6 Grundwissen

1

Die neusten Smartphones werden in einem Elektronikmarkt angeboten.

2

Repair Café

Wegwerfen? Denkste!

Zwei Männer tüfteln gemeinsam in einem „Repair Café“

Was ist ein Repair Cafe?

Mediencode: 82252-17

Was weißt du schon?

1. Nenne Möglichkeiten, wie du defekte elektronische Geräte wieder nutzen kannst. Wo kannst du Hilfe bekommen?
2. Beschreibe, was du dir unter einem Repair-Café vorstellst und überprüfe deine Einschätzung mithilfe des Mediencodes.
3. Der Akku deines zwei Jahre alten Smartphones ist defekt. Entscheide, ob du dir ein neues Smartphone kaufen oder erstmal ein Repair Café besuchen würdest. Begründe deine Antwort.

8

#Nachhaltige Entwicklung in Wirtschaft, Politik und Gesellschaft

Nachhaltige Entwicklung ist mehr als Klimaschutz. Ressourcensparender zu leben und auf fossile Brennstoffe (Erdöl, Erdgas usw.) zu verzichten, ist eine große Herausforderung nachhaltigen Lebens und Wirtschaftens und Aufgabe von Gesellschaft, Unternehmen und Politik. Hinzu kommen weitere große Aufgaben: Geschlechtergerechtigkeit, der Kampf gegen Armut, Bildung für alle, sind nur drei weitere Themen von insgesamt siebzehn großen Zielen einer nachhaltigen Entwicklung, die sich die Vereinten Nationen gesetzt haben. Was können wir, Gesellschaft, Unternehmen und Politik tun, um diese Ziele zu erreichen?

Was lernst du in diesem Kapitel?

... ausgewählte gesellschaftliche, politische und wirtschaftliche Folgen der Ressourcenknappheit zu beschreiben.

... welchen Beitrag Verbraucherinnen und Verbraucher, Unternehmen und Politik zu einer nachhaltigeren Gesellschaft leisten können.

... das eigene Konsumverhalten zu reflektieren und dessen Auswirkungen auf andere globale oder nationale Akteure oder auf die Umwelt abzuschätzen.

... sogenanntes Greenwashing von Produkten und Dienstleistungen kritisch zu hinterfragen.

... Produkte und Dienstleistungen nach ausgewählten Kriterien zu analysieren.

Ein **Lapbook** ist eine kreative Form eines Notizbuchs. Informationen werden dabei auf unterschiedlichste Gestaltungselementen (Taschen, Klappkarten, Leporellos, Kärtchen, Klappbilder, Karten) festgehalten.

Lapbooks gestalten MK

Der Klimawandel ist eine der größten Herausforderungen unserer Zeit. In allen Bereichen findet gegenwärtig ein Umdenken statt, egal ob in der Wirtschaft, in der Politik oder in der Gesellschaft. Fast allen ist bewusst, dass etwas passieren muss. Das wirft auch Fragen auf:
Welchen Beitrag leisten Verbraucherinnen und Verbraucher, Unternehmen und die Politik, um Ressourcen zu schonen und den Energiebedarf zu reduzieren? Geht Nachhaltigkeit und Wirtschaftswachstum zusammen? Was zeichnet nachhaltige Produkte aus und wie kann der Staat zum Klimaschutz beitragen?
Mit den Informationen aus diesem Kapitel könnt ihr ein Lapbook zur Nachhaltigkeit in Wirtschaft, Politik und Gesellschaft erstellen und ein kreatives Gedächtnis anlegen.

Geht dabei so vor:

Start

1

Bildet Vierergruppen und teilt die Arbeit in den Gruppen auf:

- Wer macht was?
- Gibt es ein Kreativ-Team und ein Recherche-Team?
- Machen alle alles und jeder hilft dem anderen?
- Teilt ihr die Inhalte und die kreative Arbeit jeweils auf?

Wichtig ist: Am Ende hat jeder ein eigenes Lapbook!

2

Informiert euch über die Gestaltungsmöglichkeiten und das Vorgehen bei der Erstellung eines Lapbooks im Internet über den Mediencode. Dort findet ihr auch Vorlagen, an denen ihr euch orientieren könnt.

Vorlagen zur Gestaltung eines Lapbooks

Mediencode: 82252-18

Hier findet ihr Bilder eines Lapbooks als Beispiel

Mediencode: 82252-19

3

Um euer Lapbook bestmöglich mit Informationen zum Thema zu füllen, entscheidet euch zunächst für die wichtigsten Aspekte des Kapitels.
Unbedingt dabei sein sollten:
Kap. 8.1., M4, M6, M8, M10, M11, M13, M14, M17, M18, #KfW
Kap. 8.2, M2, M5, M6, #Greenwashing

Hilfreich ist es zudem, alle **Grundwissen** Seiten dieses Kapitels gelesen zu haben.

4

Organisiert einen Grundstock an möglichst bunten Bastelmaterialien. Allen voran benötigt ihr 4 DIN A3 Blätter (oder größer). Ihr könnt außerdem speziell zu den Inhalten passende Materialien, Grafiken etc. ergänzen.
Klebstoffe, Büro- und Musterklammern sowie ein Tacker können beim Verbinden der Materialien sehr hilfreich sein.

5

Überlegt euch, wie ihr die Inhalte in euren Lapbooks präsentieren könnt. Seid bei der Erstellung kreativ, aber denkt auch funktionell.

- Könnt ihr euch bildliche Eselsbrücken bauen?
- Kann man mit dem Lapbook gut lernen?
- Sind alle wichtigen Informationen enthalten?
- Sind die Informationen sinnvoll angeordnet?

6

Präsentiert alle Lapbooks aus der Lerngruppe in einem Gallery Walk (→ Methodenglossar) in eurem Unterrichtsraum.

- Wer hatte die kreativsten Ideen?
- Welche Inhalte sind besonders gut aufbereitet?
- Lieber funktionell und praktisch oder lieber kreativ verspielt?

8.1 „Grenzen des Wachstums?“ Ressourcen- und Energieeinsparungen

Bis zum letzten Tropfen Öl?

Die Erde bietet unzählige Arten von Lebensräumen, Stoffen und Materialien, die sich der Mensch auf verschiedenste Art und Weise zunutze machen kann. Allerdings wachsen viele der Ressourcen nicht oder nur sehr, sehr langsam nach. Das führt zu Problemen.

Ressourcenknappheit: Rohstoffe (z. B. Erdöl, Erdgas) werden für viele Prozesse benötigt. Diese Rohstoffe können nicht hergestellt werden, sie werden auf der Erde abgebaut und sind erschöpflich, denn es gibt von ihnen nur einen begrenzten Vorrat. Durch die stetige Förderung dieser begrenzten Rohstoffe kann es zu einer Ressourcenknappheit kommen. Viele gewaltsame innerstaatliche oder zwischenstaatliche Konflikte entstehen durch einen Streit um Ressourcen.

M1 Ressourcenabbau und dessen mögliche Folgen

1

Tagebau

2

Sauberes Trinkwasser

3

Einseitige Landwirtschaft (Monokulturen)

4

Krieg und Konflikte um Ressourcen

5

Hunger

6

Rodung von (Ur-)Wäldern

M2 Das Ende des Steinkohleabbaus im Ruhrgebiet

Der Letzte macht das Licht aus. Was in der eigenen Wohnung ein Leichtes ist, fällt in anderen Bereichen deutlich schwerer. Als am 31.12.2018 tief unter der Stadt Bottrop das symbolische letzte Stück Steinkohle aus der Zeche Prosper Hainel gefördert wurde, ging das Licht für einen ganzen Industriezweig aus. Hunderttausende Kumpel, so nennt man sich unter Tage, hatten über Generationen Steinkohle zur Erzeugung von Wärme- und elektrischer Energie sowie zur Herstellung von Eisen und Stahl aus den Stollen gefördert.
Nur noch ca. 83 Millionen Tonnen Steinkohle lagern unter deutschem Staatsgebiet. Das ist nicht viel, sieht man sich die Fördermengen vergangener Jahre an. Allein im Jahr 1970 wurden ca. 110 Millionen Tonnen Steinkohle in Deutschland gefördert. Doch der Hauptgrund für das Ende der Steinkohleförderung waren die Kosten. Die Kohle liegt in Deutschland sehr tief unter der Erde. Das macht den Abbau kompliziert und teuer. Außerdem sind die Lohnkosten höher und Umweltauflagen strenger als in konkurrierenden Ländern wie Russland oder Australien. Viele Jahre hat der Staat die Kohleförderung finanziell unterstützen müssen, um sie aufrecht zu erhalten, bis man entschied, die Förderung ganz einzustellen. Das ist gut für die Umwelt, aber ein Problem für das Ruhrgebiet, das wirtschaftlich sehr an die Kohle gebunden war.

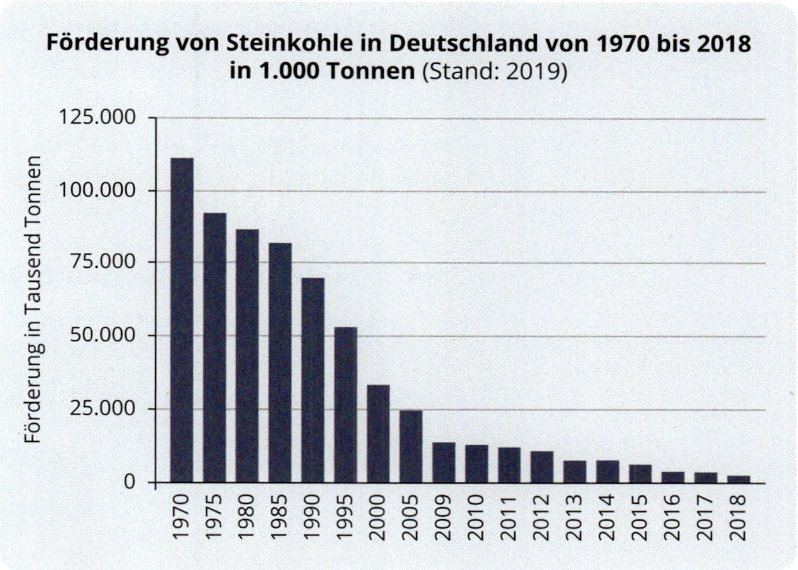

Zahlen nach: ©Statistik der Kohlewirtschaft, in: www.statista.de, Februar 2019

AUFGABEN

1. Betrachtet die Abbildungen in **M1**.
   a) Beschreibe die Bilder und benenne, welche Ressourcen du erkennen kannst.
   b) Erläutere mögliche Zusammenhänge der Abbildungen. Dazu kannst du zunächst nach Ursachen und Folgen sortieren.
   c) Diskutiert mögliche Auswirkungen einer zunehmenden Ressourcenknappheit auf Wirtschaft, Politik und Gesellschaft.
2. Analysiert die Folgen von Ressourcenknappheit (**M2**).
   a) Beschreibe die Statistik.
   b) Nenne mögliche Gründe für die den Rückgang der Kohleförderung.
   c) Was kommt nach der Kohle? Recherchiere, welche Alternativen zur Energieerzeugung genutzt werden können. MK

H zu Aufgabe 2c
Nutzt den Mediencode, um Informationen über neue Perspektiven der Energiegewinnung zu recherchieren.

Mediencode: 82252-20

Akteurin, Akteur
Als Akteurin oder Akteur wird eine Person bezeichnet, die an einem bestimmten Geschehen beteiligt ist.

Wer leistet welchen Beitrag?

Einsparungen großer Mengen sind nur möglich und vor allem fair, wenn mehrere Akteurinnen bzw. Akteure zusammenarbeiten, sich abstimmen und auf die Bedürfnisse der einzelnen Gruppen Rücksicht nehmen. Wer diese Akteurinnen sind und welche Aufgabe sie übernehmen, ist nicht immer ganz eindeutig.

M3 Nachhaltig einkaufen – gar nicht so einfach ...

„Ist es denn wirklich so schwer, ein bezahlbares Bambusfahrrad zu finden?" fragt Marcus seinen Kumpel Alex, als er wieder einmal das Internet danach durchforstet. „Die wenigen Räder, die ich finde, kosten mindestens 1500 Euro. Wer soll sich das leisten können? Dabei sehen die so super aus, sind viel leichter als normale Räder und deutlich ressourcenschonender." Alex fragt: „Was willst du mit so einem Ding? Ich finde, die sehen alles andere als super aus und nach 2 Tagen im Regen ist das Ding dann verrottet, oder wie?" „Wenn es die in einem Geschäft in der Stadt gäbe, würde ich dir zeigen, warum die so super sind, aber keine Chance. Kein Wunder bei den Preisen" erwidert Alex.

M4 Akteure im Spannungsverhältnis

Konsumgüter
Güter, die für den Konsum durch Privatpersonen produziert werden (z. B. Nahrungsmittel, Kleidung, Kosmetik etc.)

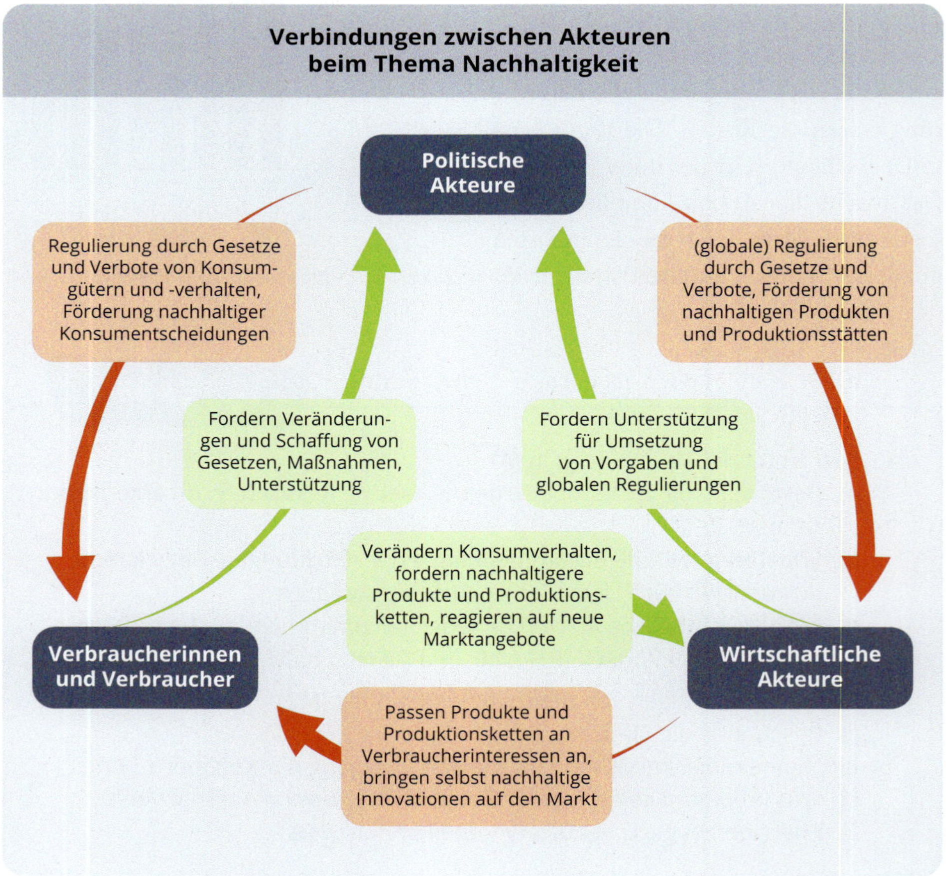

M5 Die Politik schreitet ein ...

a) Bundesregierung beschließt Förderung für nachhaltige Fahrräder

Fahrradinteressenverbände fordern: „Wer mit dem Rad fährt, spart viel CO_2 ein und stärkt die eigene Gesundheit. Wir wollen, dass mehr Leute auf das Rad umsteigen und das Radfahren noch komfortabler und ressourcenschonender machen. Deshalb fordern wir die Regierung auf, Geschäfte, die Räder aus Bambus oder anderem Holz anbieten, bei der Gründung zu unterstützen und den Kauf von Holzfahrrädern mit mindestens 1000 € zu subventionieren. Sie sollen für Kundinnen und Kunden bezahlbar werden.“

Subventionen
Zuschüssen vom Staat zur Unterstützung bestimmter Wirtschaftszweige oder einzelner Unternehmen

b) Neueröffnung in der Innenstadt

Alex und Marcus gehen nach der Schule durch die Stadt. Sie bemerken ein neues Geschäft, das vor kurzem aufgemacht hat, und bleiben davor stehen. „Eco Wheels“ – nachhaltig auf Zweirädern“ steht groß über der Eingangstür. Marcus freut sich und weist Alex auf den Aufsteller vor dem Geschäft hin. „Mega! Endlich kann ich mich hier über aktuelle Angebote informieren und muss nicht mühsam das Internet danach durchforsten. Und dir zeige ich jetzt erstmal, warum die Räder so super sind. Komm mit!“

AUFGABEN

1. Beschreibe, welches Problem Alex hat und wie sein Freund Marcus dazu steht (**M3**).
2. Erläutert zu zweit die Abbildung **M4**.
   a) Beschreibt euch gegenseitig das dargestellte Spannungsverhältnis in eigenen Worten (**M4**).
   b) Bewertet, ob es sich dabei aus eurer Sicht um ein faires bzw. ausgeglichenes Verhältnis handelt.
3. Untersuche mögliche Lösungen des Problems.
   a) Erkläre die Forderung der Fahrradinteressenverbände. Kennst du andere Subventionsmaßnahmen (**M5a**)?
   b) Stelle Vermutungen darüber an, warum das Geschäft in der Innenstadt eröffnet hat (**M5b**).
   c) Erzähle die Geschichte zu Ende und begründe dabei die Entscheidungen der beiden Figuren (**M5b**).
4. Stelle den Zusammenhang zwischen dem Schaubild aus **M4** und den Texten (**M3**, **M5**) her, indem du die Aspekte des Schaubildes entsprechend zuordnest.

F zu Aufgabe 3b
Recherchiere, warum die Bundesregierung keine E-Bikes fördert.

Was können die Verbraucherinnen und Verbraucher leisten?

Energiewende
bezeichnet den Übergang von der Nutzung fossiler (Kohle, Gas usw.) hin zu nachhaltigen Energieträgern (Sonne, Wind usw.)

Verbraucherinnen und Verbraucher können einen entscheidenden Beitrag zur Ressourcen- und Energieeinsparung leisten. Sie setzen nicht nur Vorgaben um, sondern tragen auch mit veränderten Konsuminteressen dazu bei, dass sich Angebote verändern. Allerdings wirtschaften sie nicht alleine und ohne Veränderungen bei weiteren Akteuren kann eine Energiewende nicht gelingen.

M6 Veränderungen mit Erfolg?

- erhöhte Energieeffizienz von Elektrogeräten
- Anteil von Bio-Produkten in Supermärkten
- …

- Mikroplastik in Hygiene- und Kosmetikprodukten
- Reduzierung von Produktverpackungen
- …

M7 Was bedeutet nachhaltiger Konsum?

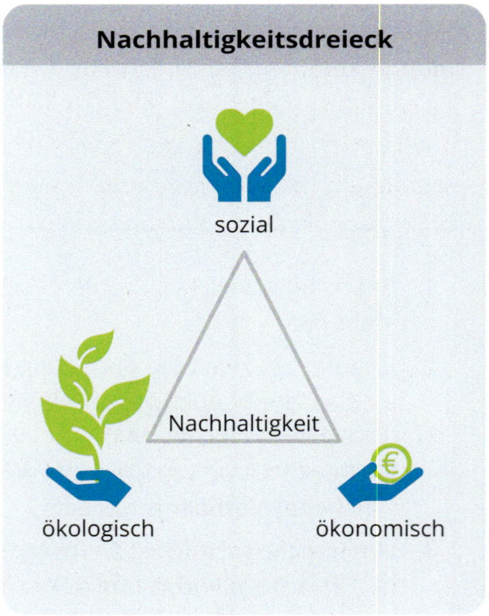

Nachhaltig zu konsumieren bedeutet, bei seiner Lebensweise auch auf die Umwelt und das soziale Miteinander zu achten. Zum Beispiel geht es darum, Produkte zu kaufen, die möglichst wenige Rohstoffe verbrauchen und die umweltschonend hergestellt werden. Nachhaltiger Konsum bedeutet, Ressourcen zu schonen und Rücksicht auf die Generationen der Zukunft zu nehmen. Vom Wohlstand sollen möglichst alle profitieren, also auch die Hersteller der Konsumgüter. Dazu gehört auch, dass die Arbeiterinnen und Arbeiter, beispielsweise in den Entwicklungsländern, unter menschenwürdigen Bedingungen arbeiten und so viel verdienen, dass sie gut davon leben können.

Wenn man die Nachhaltigkeit von Produkten bestimmen möchte, sind neben den Bedingungen, unter denen Menschen arbeiten, auch die Ökobilanzen der Konsumgüter ein wichtiges Kriterium. Diese umfassen alle Umweltbelastungen (z. B. Luft- und Wasserverschmutzung, Energie- und Ressourcenverbrauch), die ein Produkt erzeugt – von der Produktion über die Nutzung des Konsumenten bis zur Entsorgung.

Ökobilanz
Auswirkungen eines Produktes auf die Umwelt

M8 Brauche ich das wirklich?

1 Julia liebt Deko. Ihre Wohnung passt sie stets an die entsprechende Jahreszeit oder besondere Feiertage an. Dafür ist sie immer auf der Suche nach schönen Artikeln. Ihre Frau Laura ist davon genervt. „Du hast kistenweise für jeden Anlass im Keller stehen. Reicht das nicht für die nächsten Jahre?"

2 Um die Fliesen im Bad abzustemmen, will Carsten einen Presslufthammer kaufen. Seine Frau Aenne ist wenig begeistert. „Na Schatz, ist das wieder so ein Gerät, das nach der Nutzung im Schrank verstaubt und nie wieder gebraucht wird? Kannst du dir das nicht vom Nachbarn leihen oder irgendwo mieten?"

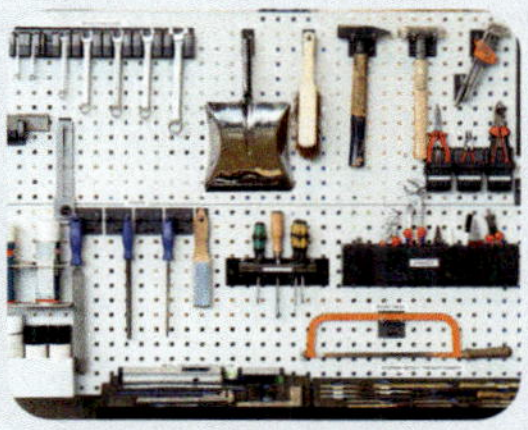

3 Mesut arbeitet bei einem Modeversand. Er bekommt von seinem Arbeitgeber sehr viel Kleidung geschenkt. Was ihm nicht gefällt, wirft er direkt weg. Was er behält, trägt er kaum, weil ständig neue Klamotten kommen. Da Mesut kaum Platz hat, wirft er diese daher auch weg. „Die Sachen sind doch alle noch super! Willst du sie nicht weiterverkaufen oder verschenken? Ist doch schade um den Aufwand und das ganze Material!" meint seine Freundin Caro beim gemeinsamen Ausmisten dazu.

Nutzung intensivieren

Konsum reduzieren

Nutzungsdauer verlängern

AUFGABEN

1. Nenne weitere Beispiele dafür, wie Verbraucherinnen und Verbraucher durch Änderung des Konsumverhaltens Ressourcen und Energie eingespart haben (**M6**).
2. Erarbeite die Bedeutung von Nachhaltigkeit beim Konsum (**M7**).
   a) Erkläre anhand von **M7**, was Nachhaltigkeit bedeutet.
   b) Finde zu jedem Aspekt von Nachhaltigkeit ein Beispiel aus dem Alltag.
3. Setzt euch zu zweit mit der Bedeutung eures eigenen Konsumverhaltens auseinander (**M8**).
   a) Erläutert, was ihr unter den drei Begriffen am Ende versteht.
   b) Ordnet die Handlungsmöglichkeiten den Texten zu (**M8**).
4. Erkläre, wie es durch das Verhalten von Verbraucherinnen und Verbraucher zu den Veränderungen aus **M6** und Aufgabe 1 gekommen sein könnte. Nutze dafür die Begriffe und Beispiele aus **M8** als Grundlage.

F zu Aufgabe 2
Dem Konzept des nachhaltigen Konsums steht das Konzept des Konsumverzichts gegenüber. Recherchiere, worum es dabei geht und stelle das Konzept in einem Kurzvortrag der Klasse vor.

F zu Aufgabe 4
Diskutiert in Kleingruppen die Aussage: „Die Deutschen sind ein besonders sparsames Volk. Klimaschutz wird beim Konsum zwar wichtiger, aber zusätzlich kosten darf es nichts."

Was leisten die Unternehmen?

Unternehmen sparen Energie und Ressourcen ein, weil Kundinnen und Kunden das wünschen, weil politische Vorgaben sie dazu verpflichten und weil sie aus ökonomischen Gründen davon profitieren. In den seltensten Fällen kann hier klar getrennt werden. Das macht ihr Handeln ebenso interessant wie undurchsichtig.

M9 Was Politikerinnen und Politiker verlangen

Seit dem 03.06.2021 ist die Herstellung und der Verkauf bestimmter Einwegartikel aus Kunststoff zum Schutz der Meere und der Umwelt verboten.

M10 Was Kundinnen und Kunden wünschen

Der Wunsch nach nachhaltigen Produkten, Produktionsketten und Unternehmen steigt bei Verbraucherinnen und Verbrauchern stetig an. Viele neue Unternehmen werden mit dem Ziel gegründet, nachhaltige Produkte zu verkaufen. Bestehende Unternehmen wollen und müssen auf die veränderten Bedürfnisse reagieren, wenn sie wettbewerbsfähig bleiben wollen.

Manche Unternehmen setzen deshalb auf ein besonders nachhaltiges Image. Sie bewerben verstärkt die veränderten Produkte, Produktionsketten sowie Einsparungserfolge, um dem veränderten Interesse besonders zu entsprechen. So soll neue Kundschaft gewonnen werden.

Wenn große Unternehmen oder Konzerne ihre Maßnahmen bewerben, mag es nicht immer nach großen Errungenschaften klingen. Beispielsweise hat eine bekannte Möbelhauskette das Ziel, seine Fleischbällchen langfristig durch ein pflanzliches Produkt zu ersetzen, deren Klimabilanz bei nur 4 % verglichen zur Fleisch-Variante liegt. Da die Kette davon jährlich allerdings ca. eine Milliarde Stück verkauft, ist das Energie- und Ressourceneinsparpotenzial riesig.

M11 Was Unternehmen wollen

Für Unternehmen sind Energie- und Ressourceneinsparungen besonders attraktiv, wenn sie mit möglichst geringen Investitionen die Betriebs- und Produktionskosten schnell und dauerhaft senken können. Je größer die nötige Investition ist, je geringer die Einspareffekte ausfallen oder je länger es dauert, bis sich die Investition lohnt (amortisiert), umso unattraktiver wird eine Einsparmaßnahme für ein Unternehmen.

1. Das kostenlose Wasser aus PET-Flaschen gegen einen Wasserspender tauschen.
2. Die Produktkataloge nur noch digital zur Verfügung stellen.
3. Die bestehende Produktionsanlange schrittweise modernisieren.
4. Die aufwändig gestaltete Produktverpackung gegen ein schlichtes Modell tauschen.
5. Eine neue Produktionsanlage mit modernster Gebäude- und Prozesstechnik errichten.

M12 Welche Entscheidung soll getroffen werden?

Anne-Judith überprüft ihre Stoffe.

Anne-Judith und ihr Mann Alex betreiben eine kleines Nähatelier. Dort nähen und verkaufen sie Kleidung für Babys und Kleinkinder. Sie werben mit dem Slogan „Kleidung für die Kleinsten aus der Nähe". Alex ist für den Wareneinkauf zuständig. Er achtet darauf, dass die Stoffe in Deutschland hergestellt werden. Ihre große Stammkundschaft weiß das sehr zu schätzen. Für die neue Kollektion hat Alex einen besonderen Stoff gefunden, den Anne-Judith unbedingt verarbeiten möchte. Der Stoff weist großartige Eigenschaften auf und ist trotzdem viel günstiger als sonst. Allerdings wird er in China produziert. So sehr Anne-Judith sich diesen Traum erfüllen möchte, diesen Stoff zu verarbeiten, so sehr sorgen sich beide auch um ihre Stammkundschaft.

AUFGABEN

1. Beziehe spontan Stellung zu der in **M9** dargestellten Maßnahme der Bundesregierung: Ist die Maßnahme ein Gewinn für die Umwelt? Kann die betroffene Branche davon auch profitieren?
2. Beschreibe, welche Auswirkungen die Wünsche von Kundinnen und Kunden auf das Verhalten von Unternehmen haben (**M10**).
3. Arbeite heraus, welche Ziele Unternehmen mit der Umstellung auf nachhaltigere Produkte verfolgen (**M11**).
4. Vergleicht die Einsparungseffekte von privaten Haushalten, mit denen von Großkonzernen. Was stellt ihr fest (**M10**, **M11**)?
5. Bewerte die beispielhaften Maßnahmen nach ihrer Attraktivität für Unternehmen. Stelle dazu ein Ranking auf (**M11**).
6. Bildet Kleingruppen. Durchlauft die Schritte 1-5 der nachfolgenden Methodenkarte Fallstudie. Benennt in Schritt 6 gemeinsam Kriterien, nach denen die Entscheidung getroffen werden sollte (**M12**).

Eine Fallstudie durchführen

Worum geht es?

Eine Fallstudie stellt ein Beispiel dar, an dem konkrete Lösungsmöglichkeiten diskutiert werden können. Zielsetzung ist es, aus dem Einzelfall allgemeine Prinzipien für andere Fälle abzuleiten. Eine Fallstudie gliedert sich in sechs Phasen.

Geht dabei so vor:

1. Schritt: Vorstellung eines Fallbeispiels

Was ist passiert bzw. was ist die Herausforderung? In welcher Situation befinden wir uns? Wer sind die handelnden Personen?

Beispiel: *Ein Nähatelier möchte einen neuen Stoff verwenden.*
Anne-Judith und Alex betreiben ein Nähgeschäft für Kinderbekleidung. Sie verwenden Stoffe aus Deutschland und haben eine große Stammkundschaft, die auf Regionalität Wert legt.

2. Schritt: Vorwissen und Informationsbeschaffung

Welche Informationen stehen bereit? Welche Informationen fehlen noch und sind zu beschaffen? Woher können weitere Informationen beschafft werden?

Beispiel: *Der neue Stoff kommt aus China.*
Anne-Judith möchte sich mit der Verarbeitung des Stoffes einen Traum erfüllen. Der Stoff ist aus China. Sie haben eine große Stammkundschaft, denen Regionalität sehr wichtig ist.

3. Schritt: Informationsverarbeitung und Lösungsmöglichkeiten

Wie könnte eine Lösung aussehen? Gibt es mehrere Lösungsmöglichkeiten? Was sind die Vor- und Nachteile der verschiedenen Lösungsmöglichkeiten?

Beispiel: *Mehrere Lösungsmöglichkeiten sind denkbar.*
Die Entscheidung über den Stoff kann verschiedene Auswirkungen auf ihr Geschäft haben.

Modell 1: Anne-Judith und Alex verzichten auf ihren Traum, um die Stammkundschaft nicht zu verärgern.

Modell 2: Anne-Judith und Alex verarbeiten den Stoff, riskieren Ärger, können aber eine andere Kundschaft gewinnen.

Modell 3: Anne Judith und Alex entscheiden sich mit viel Aufwand zwei Kollektionen parallel anzubieten.

Modell 4: Anne-Judith und Alex deklarieren den gekauften Stoff um und bieten ihn wie gewohnt als deutsches Erzeugnis an.

4. Schritt: Begründung einer Entscheidung

Welche Lösungsmöglichkeit ist die beste? Wie sind die Vor- und Nachteile der verschiedenen Lösungsmöglichkeiten zu bewerten?

Beispiel: *Den Stoff nicht verwenden.*
Entscheidung für Modell 1 bei folgender Begründung: Anne-Judith und Alex sind auf die Einnahmen der Stammkundschaft angewiesen. Das Risiko, sie zu verlieren, könnte das Geschäft so sehr schädigen, dass sie es aufgeben müssen. Dadurch würden sie ihre Lebensgrundlage verlieren und müssten neu anfangen.

5. Schritt: Diskussion der Entscheidung

Welche Konsequenzen hat die getroffene Entscheidung? Warum wäre eine andere Lösungsmöglichkeit besser? Warum werden Vor- und Nachteile unterschiedlich beurteilt?

Beispiel: *Eine getroffene Entscheidung wird diskutiert.*
In einem Unternehmen gibt es verschiedene Interessengruppen, zum Beispiel den Eigentümer, die Mitarbeiter und die Kunden. Deshalb muss eine Lösung gefunden werden, die möglichst alle Interessen ausgleicht.

6. Schritt: Vergleich der Entscheidung

Wie haben andere in vergleichbaren Situationen entschieden? Welche Vor- und Nachteile haben andere betrachtet?

Beispiel: *Die Entscheidung wird mit anderen Fällen verglichen.*
Wie vollziehen andere Unternehmen die Entscheidung zur Produkt- und Materialauswahl? Kann die Entscheidung von Judith und Alex auf andere Unternehmen übertragen werden? Welche Kriterien sind zu beachten?

Was leistet die Politik?

Politische Entscheidungen setzen oft darauf, Anreize zur Veränderung zu geben oder Veränderungen zu erzwingen. Das gilt für Verbraucherinnen und Verbraucher sowie für Unternehmen. Maßnahmen zu Ressourcen- und Energieeinsparungen können davon profitieren. Das ist jedoch nicht alles.

M13 Neue Technik mit staatlicher Hilfe

Franka ist Leiterin einer Traditionsbäckerei. Ihr Großvater baute den Betrieb vor vielen Jahren auf. So alt sind auch die Maschinen und vor allem die Backöfen. Mittlerweile gehen sie oft kaputt. Die Reparaturen sind teuer und zeitaufwendig. Franka möchte deshalb die Backstube vollständig modernisieren. Die neuen Geräte sind nicht nur zuverlässig, sondern deutlich leiser und energieeffizienter als die alten. Davon erhofft sich Franka stark reduzierte Nebenkosten und größere Gewinne, ohne dass sie etwas an den stadtbekannten Backwaren verändern muss.
Die Modernisierung der Backstube ist jedoch eine sehr große Investition, die sie nicht allein tragen kann. Deshalb fragt sie bei der Kreditanstalt für Wideraufbau (KfW) nach, ob es für das Projekt eine staatliche Förderung gibt. Sie hat Glück. Die Bank fördert ihr Projekt mit großzügigen Zuschüssen und Krediten. Dafür verlangt diese aber den Einbau sehr effizienter Maschinen, was Franka sowieso vorhatte.
Eigentlich wollte Franka im gleichen Zuge auch noch einen neuen Firmenwagen mit Elektroantrieb für die Bäckerei finanzieren, allerdings war ihr die staatliche Unterstützung nicht attraktiv genug. Daher hat sie sich dagegen entschieden.

KREDITANSTALT FÜR WIDERAUFBAU

Die Kreditanstalt für Wiederaufbau (KfW) ist eine der größten staatlichen Förderbanken der Welt. Sie unterstützt Unternehmen und Privatpersonen mit Krediten sowie anderen Zuschüssen bei der Umsetzung ihrer Vorhaben.
Im Gegensatz zu anderen Banken ist die KfW kein Privatunternehmen, sondern eine Anstalt des öffentlichen Rechts. Sie wurde mit dem Ziel gegründet, die wirtschaftlichen, sozialen und ökologischen Lebensbedingungen zu verbessern. Ihre Hauptförderfelder sind unter anderem: Unterstützung von Maßnahmen zum Schutz der Umwelt, Programme zur energieeffizienten Sanierung von Wohngebäuden, Förderung kleiner und mittlerer Unternehmen sowie Existenzgründern und die Bildungsförderung für private Kunden.

M14 Zuhören und Grundlagen schaffen

Es gibt eine Vielzahl an Projekten und unternehmerischen Strategien, die das Ziel verfolgen, Energie einzusparen und Ressourcen zu schonen. Auch vernetzen diese Unternehmungen sich häufig in kleinen bis größeren Kreisen miteinander, um sich zu unterstützen oder gemeinsame Ziele zu verfolgen. Für

globale Probleme wie dem Klimawandel bedarf es allerdings auch länderübergreifender oder internationaler Zusammenarbeit und damit der Hilfe politischer Institutionen. Diese werden entweder selbst tätig, indem sie Vorschläge einbringen, oder auf Forderungen aus der Gesellschaft reagieren.
Mit politischer Hilfe kann eine gemeinsame Basis geschaffen werden. Das Ziel: möglichst viele zu verpflichten, möglichst viel zur Einsparung von Ressourcen und Energie beizutragen. Egal ob auf nationaler, europäischer oder internationaler Ebene. Dazu müssen politische Entscheidungen die Interessen von Unternehmen, Verbraucherinnen und Verbrauchern, aber auch von politischen Gruppen oder anderen Staaten berücksichtigen und einen Kompromiss bilden, der für alle tragbar ist. Dazu werden Abkommen, Strategien, Richtlinien und Gesetze genutzt. Je kleiner die Ebene, desto konkreter, meistens fordernder, werden die Maßnahmen.

Pariser Klimaabkommen

Weltweit

Green Deal

Europäische Union

Klimaschutzplan 2050

Deutschland

M15 Ausrangiert?

Nach der jährlichen Wartung der Ölheizung sucht der Mitarbeiter der Heizungsfirma das Gespräch mit Eduard Rauch (83). Er erläutert ihm, dass sein alter Ölbrennkessel zur Warmwasseraufbereitung nun 30 Jahre fehlerfrei heizte, aber bis zum Jahresende ausgewechselt werden muss. Grund hierfür sind neue gesetzliche Bestimmungen und Umweltrichtlinien. Der Monteur empfiehlt den Einbau einer modernen und energiesparenden Gasheizung. Die Kosten für das Gerät und den Einbau belaufen sich auf ca. 12.000 €, abzüglich ca. 2.000 € staatlicher Austauschprämie. Herr Rauch ärgert sich „Warum soll ich eine funktionierende Heizung austauschen? Werde ich jetzt auch ausrangiert, nur, weil ich schon 83 Jahre bin?!“

AUFGABEN

1. Setze dich mit Anreizen der Politik zur Ressourceneinsparung auseinander (**M13**).
   a) Benenne Vor- und Nachteile, die Franka von ihrem Investitionsvorhaben hat (**M13**).
   b) Beschreibe die Rolle der Kreditanstalt für Wiederaufbau in Frankas Vorhaben (**M13**, **#Kreditanstalt für Wiederaufbau**).
   c) Erläutere das Prinzip von Fördern und Fordern an Frankas Beispiel. Gehe auch darauf ein, warum es nicht immer funktioniert (**M13**).
2. Entwickelt zu zweit Ideen, wie Franka ihre Bäckerei noch energie- und ressourcenschonender gestalten kann und wie die Politik sie dabei unterstützen könnte (**M13**, **#Kreditanstalt für Wiederaufbau**, **M14**).
3. Stelle Vermutungen an, warum Klimaschutzmaßnahmen auf kleinerer Ebene meist konkreter und strenger geregelt sein könnten (**M14**).
4. Diskutiert den Fall **M15**. Sammelt gemeinsam Pro- und Kontra-Argumente für bzw. gegen den Austausch der alten Heizungsanlage von Herrn Rauch.

F zu Aufgabe 3
Geht in Dreier-Gruppen zusammen und recherchiert arbeitsteilig zu den drei Programmen in den Kästen und stellt diese dem Rest der Gruppe vor.

Wie schützt der Staat das Klima?

Das Klima zu schützen, ist keine einfache Aufgabe. Damit es funktioniert, müssen alle dabei mithelfen. Der Staat hat die Möglichkeit, über Investitionen und Gesetze zum Schutz des Klimas bezutragen.

Hier könnt ihr euch Informationen zu Bhutan anhören

Mediencode: 82252-21

M16 Bhutan – Ein Vorbild?

Kloster Taktsang in Bhutan

Geographische Lage Bhutans

Das Königreich Buthan, zwischen China und Indien gelegen, gilt als Vorreiter in Sachen Klimaschutz. Ein eindrucksvolles Beispiel ist die Erzeugung von elektrischer Energie. Die besondere geografische Lage macht es möglich, Energie aus Wasserkraft für die gesamte Bevölkerung und für den Export zu erzeugen. Buthan gilt als der einzige klimaneutrale Staat der Welt.

M17 Klimaschutz in Deutschland

Gesetze für das Klima

1 Klimaschutzgesetz
- Im Vergleich zu 1990 sollen die Treibhausgase bis 2030 um 55 % gesenkt werden.
- Treibhausgasneutralität bis 2050

2 Brennstoffemissionshandelsgesetz
- Unternehmen, die Heizöl, Erdgas, Benzin und Diesel in den Markt bringen, bezahlen ab 2021 dafür einen CO_2-Preis.

3 Kohleausstiegsgesetz
- Ausstieg aus der Kohleverstromung bis 2038
- Anpassungsgeld für ältere Beschäftigte bei Jobverlust

4 Erneuerbare-Energien-Gesetz
- Bis 2030 soll der Anteil an erneuerbaren Energien von 43 % (in 2019) auf 65 % steigen.

Investitionen in Klimaschutz

5 Die Nationale Klimaschutzinitiative fördert Klimaschutzprojekte in ganz Deutschland (z.B. Zuschuss zur Anschaffung einer Solaranlage zum Beheizen eines Freibades)

6 Umweltbonus für den Kauf von Elektroautos

M18 Stimmen aus der Bevölkerung

Constantin, 36, Landwirt: „Ich finde die Projekte der Regierung super. Auf den Feldern baue ich jetzt Energiepflanzen an und verstrome sie in meiner subventionierten Biogasanlage."

Barbara, 42, Baggerfahrerin: „Spätestens 2038 bin ich meinen Job los. Zwanzig Jahre habe ich Braunkohle abgebaut. Ich habe Angst! Ich möchte nicht arbeitslos werden."

Elif, 22, Studentin: „Das jetzt mehr Energie aus Wind- und Solarkraft gewonnen wird, finde ich toll. Aber was mich nachts bei geöffnetem Fenster stört, ist das Surren der Windräder."

M19 Individualverkehr beschleunigt das Klimaproblem

AUFGABEN

1. Arbeitet zu zweit heraus, durch welche Besonderheiten der Staat Bhutan seine CO_2-Neutralität erreicht (**M16**, **Mediencode**).
2. a) Erkläre die Maßnahmen zum Klimaschutz aus **M17** in eigenen Worten.
   b) Sammle ausgehend von **M18** Chancen und Gefahren der Maßnahmen aus **M17**.
3. Wie könnte der Verkehr in Köln im Jahr 2050 aussehen? Entwickelt in Gruppen mithilfe von **M19** ein mögliches Szenario (**Methodenglossar**).

F zu Aufgabe 2a
Diskutiert zu zweit weitere Gesetze und Investitionen zum Klimaschutz, die ihr der Regierung zur Umsetzung vorschlagen würdet.

NACHHALTIGES WIRTSCHAFTEN

M1-M2 → #

RESSOURCENMANGEL

Als Ressourcen werden im Allgemeinen Rohstoffe bezeichnet, die natürlich auf der Welt vorkommen. Dazu zählen z. B. Wasser, Sonnenlicht, Kohle und Erdöl. Ressourcen können in regenerative (erneuerbare) und fossile Energieträger unterteilt werden. Als regenerative Energieträger bezeichnet man jene, die nahezu unbegrenzt (z. B. Sonnenenergie) oder schnell nachwachsend (z. B. Maispflanzen) sind. Als fossile Energieträger werden jene bezeichnet, die vor sehr langer Zeit aus Abbauprodukten toter Pflanzen und Tiere entstanden sind. Hierzu zählen u. a. Braunkohle, Erdgas, Erdöl. Werden diese Ressourcen abgebaut, kommt es letztlich zu einem Mangel, denn sie können nicht wiederhergestellt werden. Gewaltsame inner- oder zwischenstaatliche Konflikte haben ihren Ursprung oft im Streit um Ressourcen.

M3-M5, M17-M18 → #

DIE ROLLE DES STAATES ZUR RESSOURCENEINSPARUNG

Beim Klimaschutz sind viele Akteure gefragt. Der Staat kann durch Gesetze und klimaschädliche Prozesse (z. B. den Braunkohleabbau und die Kohleverstromung) unterbinden oder mit Förderprogrammen positive Anreize für einen Wechsel auf umweltfreundlichere Technologien (z. B. den Austausch des alten Heizkessels gegen einen neuen) schaffen. Zudem strebt der Staat eine Energiewende an. Das heißt, dass zukünftig möglichst viel Energie aus nachwachsenden Rohstoffen gewonnen oder aus regenerativen Energiequellen (Wind-, Sonnenenergie) umgewandelt werden sollte.

M6-M11 → #

DIE ROLLE VON VERBRAUCHERINNEN UND VERBRAUCHERN

Tritt eine verstärkte Nachfrage nach nachhaltig produzierten Produkten und Dienstleistungen durch die Verbraucherinnen und Verbraucher auf, werden Unternehmen versuchen, diese Nachfrage zu bedienen. Die Verbraucherinnen und Verbraucher können durch ihr Konsumverhalten Einfluss auf die Angebote der Unternehmen üben.

M12-M9 → #

DIE ROLLE DER UNTERNEHMEN IN DER NACHHALTIGKEIT

Um gewandeltes Konsumverhalten zu bedienen, ist es notwendig, dass Unternehmen passende Technologien, Produkte und Dienstleistungen entwickeln, produzieren und verkaufen. Nachhaltige Angebote stellen dabei auch eine Chance für Unternehmen dar, sich im Wettbewerb gegenüber Konkurrenten hervorzutun.

8.2 Wirtschaften im Zeichen der Nachhaltigkeit

Gehen Nachhaltigkeit und Wirtschaftswachstum (doch) zusammen?

„Die Wirtschaft boomt" – Eine Schlagzeile, die immer wieder in den Nachrichten zu lesen oder hören ist. Dazu werden z. B. Bilder von Autos gezeigt, die zu Tausenden gebaut und verkauft werden. Wird hier auch an Nachhaltigkeit gedacht oder am Ende doch nur an die Gewinne?

M1 Der Schrei nach Wachstum

Karikatur: Mester, Gerhard

WIRTSCHAFTSWACHSTUM

Eine Wirtschaft wächst, wenn das Bruttoinlandsprodukt (BIP) eines Jahres größer ist, als das des Vorjahres. Dies umfasst alles, was in einer Volkswirtschaft in einem Jahr z. B. an Waren und Dienstleistungen hergestellt wurde.

Steigt das Bruttoinlandsprodukt im Vergleich zum Vorjahr, wird von Wachstum gesprochen. Werden im Vergleich zum Vorjahr weniger Güter, Waren und Dienstleistungen hergestellt, wird dieses Phänomen als Rezession (aus dem Lateinischen für Rückgang) bezeichnet.

Als ein Teil des „magischen Vierecks" ist das Wirtschaftswachstum, also das stetige Wachstum der Wirtschaft, ein wesentliches wirtschaftspolitisches Ziel der Bundesrepublik Deutschland.

Bruttoinlandsprodukt (BIP)
Das BIP ist die Summe aller wirtschaftlichen Leistungen eines Landes in einem Jahr.

Magisches Viereck
Als "magisches Viereck" werden die wichtigsten wirtschaftspolitischen Ziele bezeichnet, die nicht alle zugleich im selben Maß erreicht werden können.

M2 Wachstum um jeden Preis?

Das Wirtschaftswachstum wird anhand des Bruttoinlandsprodukts (BIP) eines Landes gemessen. Aber kann man den Wohlstand der Menschen allein an der Summe produzierter Güter feststellen? Befürworter des Wirtschaftswachstums argumentieren, dass eine gut funktionierende Wirtschaft Arbeitsplätze schafft, Löhne steigen lässt und der Konsum angeregt wird. Es gibt jedoch auch zahlreiche kritische Stimmen. Sie argumentieren, dass ein stetiges Wirtschaftswachstum und der damit verbundene angeregte Konsum zunehmend mehr Ressourcen (fossile Energie, Metalle, seltene Erden etc.) verbraucht. Zudem lässt sich durch das Bruttoinlandsprodukt als Berechnungsgrundlage des Wirtschaftswachstums nicht feststellen, welche Güter unter welchen Bedingungen produziert wurden. Die globale Erderwärmung kann bei ungebremstem Wirtschaftswachstum nicht gestoppt werden, so die Kritikerinnen und Kritiker.

M3 Wirtschaften mit Gewinn

Luisa, 32, Unternehmerin
Ich verkaufe in meinen Geschäften nur Produkte und Dienstleistungen, die fair und umweltverträglich produziert wurden, und erziele damit gute Gewinne.

John, 41, Leiter Vertrieb
Seitdem unsere Motoren noch effizienter und leiser sind, verkaufen wir deutlich mehr Autos und machen satte Gewinne.

Magrit, 52, Leiterin Strategisches Management
Die Nachfrage nach Produkten aus aller Welt boomt, ganz gleich ob fair produziert oder nicht. Die Waren müssen an Ihren Zielort transportiert werden. Wir erwirtschaften nach wir vor solide Gewinne aus dem Kraftstoffgeschäft (Diesel, Benzin und Kerosin).

AUFGABEN

1. Interpretiere die Karikatur. Nutze dazu die Methodenkarte auf S. 60 (**M1**, **#Wirtschaftswachstum**).
2. Erläutert euch zu zweit gegenseitig mit eigenen Worten, was Wirtschaftswachstum bedeutet. Geht dabei auch auf das Bruttoinlandsprodukt ein (**#Wirtschaftswachstum**, **M2**).
3. Vergleiche die Aussagen in **M3**.
   a) Beschreibe, worin sich die Einstellungen der Personen unterscheiden.
   b) Diskutiert, ob und wie diese Unternehmen zu einem nachhaltigen Wachstum der Wirtschaft beitragen.

F zu Aufgabe 2
Recherchiert, was das Bruttonationalglück ist und wie es sich vom Bruttoinlandsprodukt unterscheidet und in welchem Land es bereits eine Rolle spielt. Nutzt für Eure Recherchen das Internet.

Was zeichnet nachhaltige Produkte und Dienstleistungen aus?

Sicherlich kennst du die Situation: Du stehst vor dem Supermarktregal und möchtest ein bestimmtes Produkt kaufen. Dabei fallen dir ähnliche Produkte ins Auge, die irgendwie umweltbewusster und „grüner" aussehen. Für welches Produkt entscheidest du dich und warum?

M4 Grün – die richtige Wahl?

M5 Grün – die Farbe der Nachhaltigkeit?

Konsumentinnen und Konsumenten reagieren auf Farben. Rot ist eine sogenannte Signalfarbe, sie macht uns z. B. auf Gefahren an einer Ampel oder auf Angebote im Supermarkt aufmerksam. Die Farbe Blau strahlt Ruhe und Tiefe aus. Sie steht auch für Kälte und Distanz. Die Farbe Grün ist eng mit der Natur, Ruhe und Kraft verknüpft. Das scheint nachvollziehbar, denn ein Spaziergang in der Natur lässt uns ruhiger werden und entspannt uns. So liegt es nahe, dass Unternehmen versuchen, Konsumentinnen und Konsumenten mit „grünen" Produkten und Dienstleistungen zu locken. Die Strategien der Unternehmen sind sehr unterschiedlich. Produkte werden u. a. in grünen oder natürlich aussehenden Verpackungen angeboten, mit Siegeln oder besonderen Werbeaufdrucken (z.B. 100 % natürlich, CO_2-neutral usw.) versehen. Dabei treffen die Unternehmen auf eine zahlungsbereite Zielgruppe. Eine Umfrage des Instituts für ökologische Wirtschaftsforschung unter 1.034 Jugendlichen und jungen Erwachsenen im Jahr 2017 ergab, dass 71 % der Befragten grundsätzlich bereit sind, für umweltfreundliche Produkte mehr Geld auszugeben. Ob die angebotenen Produkte wirklich nachhaltig hergestellt, transportiert und verpackt wurden, ist auf den ersten Blick nur schwer zu erkennen.

Hier findest du ein Video mit Beispielen von Greenwashing

Mediencode: 82252-22

GREENWASHING

Greenwashing ist eine Strategie, mit der sich Unternehmen durch bewusstes Verbreiten von Informationen ein nachhaltiges bzw. grünes Image aufbauen möchten, um weniger oder nicht nachhaltige Prozesse zu kaschieren. In der Regel wird dafür die Werbung genutzt. Ziel ist es, die Attraktivität eines Produktes oder des ganzen Unternehmens zu steigern, da Verbraucherinnen und Verbrauchern nachhaltiger Konsum immer wichtiger wird. Dazu werden häufig bestimmte Farben, Bildsprachen und Worte genutzt oder eigene Siegel entworfen, um den Effekt zu verstärken.
Werbung mit nachhaltigen Produkten ist nicht per se Greenwashing, sondern nur, wenn die herausgegebenen Informationen Verbraucherinnen und Verbraucher täuschen sollen.

M6 Checkliste für nachhaltige Produkte und Dienstleistungen

CHECKLISTE

- ✓ Informiere dich in Zeitschriften, auf Testportalen oder per App über die angebotenen Produkte und Dienstleistungen.
- ✓ Achte auf korrekte Siegel (z. B. EU-Bio Siegel, Blauer Engel, FSC).
- ✓ Achte auf möglichst präzise Werbeaussagen (z. B. „aus 100 % zertifizierter Bio-Baumwolle" im Gegensatz zu „mit Bio-Baumwolle").
- ✓ Frage das Unternehmen oder die Verkäuferin bzw. den Verkäufer: Wo werden die Waren produziert? Wie werden sie transportiert?

AUFGABEN

1. Beschreibe, wie die Siegel auf dich als Verbraucherin oder Verbraucher wirken. Hast du bereits Produkte mit ähnlichen Siegeln in Supermärkten und Drogerien gesehen (**M4**)?
2. Erläutere, warum immer mehr Produkte und Logos in grünen Designs erscheinen (**M5**).
3. Nimm begründet Stellung: Ist Konsum ohne schlechtes Gewissen möglich? (**M4**, **M5**, **#Greenwashing**).
4. Diskutiert folgende Aussagen (**M4-M6**, **#Greenwashing**).:
   a) „Mit dem Kauf der richtigen Getränkemarke kann ich das Klima schützen und Regenwald retten."
   b) „Wenn du ein neues Produkt im Supermarkt findest, kannst du nicht wissen, ob es wirklich nachhaltig ist oder nicht."

F zu Aufgabe 2
Kennst du Fälle von Greenwashing aus deinem Alltag? Erkläre, warum diese Fälle Beispiele für Greenwashing sind.

WACHSTUM UND NACHHALTIGKEIT

DIE LEISTUNGSFÄHIGKEIT EINER VOLKSWIRTSCHAFT MESSEN

← M1-M3

Wie es der Wirtschaft geht, wird daran gemessen, wie viel in einem Land im Laufe eines Jahres produziert und gekauft wird. Die Größe heißt Bruttoinlandsprodukt (BIP). Wenn das BIP größer als im Vorjahr ist, spricht man von Wirtschaftswachstum. Die Maßzahl des BIP bildet aber kein vollständiges Bild ab. Häusliche Arbeiten oder Schäden an der Umwelt durch nicht nachhaltige Produktion werden nicht berücksichtigt. Deshalb gibt es neben dem BIP auch andere Möglichkeiten, wirtschaftlichen Wohlstand zu messen.

NACHHALTIGE PRODUKTE UND DIENSTLEISTUNGEN

← M4-M6

Ob ein Produkt oder eine Dienstleistung nachhaltig produziert wurde, ist auf den ersten Blick nicht immer zu erkennen. Unter welchen Bedingungen für Menschen und Umwelt das Produkt produziert wurde oder wie es zu uns gelangt ist (per Schiff, LKW, Flugzeug) ist bei den meisten Produkten nicht ersichtlich. Zudem versuchen viele Unternehmen durch sogenanntes Greenwashing, Produkten und Dienstleistungen ein besseres Image zu geben, um ihren Absatz zu fördern. Offizielle Siegel (FSC, Blauer Engel u. a.) und Informationsquellen (Stiftung Warentest, ÖkoTest u. a.) können Konsumentinnen und Konsumenten bei einer bewussteren Kaufentscheidung unterstützen.

M1 Beschlüsse mit Folgen

Seit Monaten spricht man in der nordreinwestfälischen Stadt Iserlohn von nichts anderem. Die Bundesregierung hat das Verkaufsverbot von vielen Einwegprodukten aus Plastik tatsächlich beschlossen. Zuviel unnötiger Plastikmüll ist in den letzten Jahrzehnten angefallen und hat die Weltmeere verschmutzt. Während sich Umweltaktivistinnen und -aktivisten freuen, stehen die ortsansässigen Unternehmen vor großen Herausforderungen. Viele von ihnen hatten sich auf die Produktion von Einwegprodukten aus Plastik (Einweggeschirr und -besteck, Trinkbecher, Wattestäbchen) spezialisiert. Um kein Personal entlassen zu müssen, werden mit Hochdruck neue, alternative Produkte entwickelt und erprobt.
Eine Unternehmerin mit 26 Angestellten stellt ab sofort plastikfreie Wattestäbchen her. Ihr Personal hatte die Idee, den Plastikstab durch verfestigtes Altpapier auszutauschen. „Damit sind wir wieder im Rennen. Ich bin so stolz auf meine Mitarbeiterinnen und Mitarbeiter!" berichtet die Geschäftsführerin freudig. Andere Unternehmen sind ratlos. Die Entwicklung von neuen Produktlinien würde Unsummen kosten. Viele Angestellte sind verunsichert. Eine Mitarbeiterin erzählt im Gespräch: „Wenn nicht bald ein Wunder geschieht, werden wir uns einen neuen Job suchen müssen. Wenn nicht hier, dann in einer anderen Stadt. Hoffentlich müssen wir nicht umziehen.".

Aufgaben

1. Setze dich mit der Notwendigkeit der Maßnahme in **M1** auseinander.
   a) Nenne Gründe für das Verbot von Einwegplastik durch die Bundesregierung.
   b) Beschreibe Situationen, in denen Verbraucherinnen und Verbraucher gerne auf Einwegplastik zurückgreifen.
   c) Findet gemeinsam plastikfreie Alternativen zu den in **Aufgabe 1b)** dargestellten Situationen.
2. Beschreibe, welche Unterstützungsmöglichkeiten durch den Staat für Unternehmen denkbar wären.
3. Diskutiert gemeinsam, welche (weiteren) Folgen das Verbot von Einwegplastik auf Politik, Wirtschaft und Gesellschaft hat. Seht ihr auch Chancen in dem Verbot?

Im Laufe des vorangegangenen Kapitels hast du dich mit vielfältigen Aspekten nachhaltiger Entwicklung in Politik, Wirtschaft und Gesellschaft beschäftigt. Schätze ein, wie sicher du dich in den folgenden Bereichen auskennst.

Ich kann ...	Das klappt schon ...	Hier kann ich noch üben ...
... beschreiben, was unter Ressourcenknappheit zu verstehen ist und welche gesellschaftlichen, politischen und wirtschaftlichen Folgen daraus entstehen können.		Kap. 8.1: M1, M2, M17 Kap. 8.2: M2
... anhand von Beispielen erklären, welchen Beitrag Verbraucherinnen und Verbraucher, Politik und Unternehmen zu einer nachhaltigeren Gesellschaft leisten können.		Kap. 8.1: M3-M5, M8-M11, M13-M14, M17-M19 Kap. 8.2: M6
... erklären, welchen Einfluss mein Konsumverhalten auf andere globale oder nationale Akteure oder auf die Umwelt hat.		Kap. 8.1: M6, M7, M12 Kap. 8.2: M3
... den Begriff Bruttoinlandsprodukt erklären und erläutern, in welchem Zusammenhang dieser Wert mit dem Wirtschaftswachstum steht.		Kap. 8.2: M1-M3, #Wirtschaftswachstum
... beschreiben, was unter Greenwashing zu verstehen ist.		Kap. 8.2: M4, M5, #Greenwashing
... Kriterien für einen nachhaltigen Konsum von Produkten und Dienstleistungen erläutern.		Kap. 8.1: M6, M8 Kap. 8.2: M6

Die Europäische Union – in Vielfalt geeint?

Die Europäische Union ist eine Gemeinschaft.

Die phönizische Prinzessin „Europa" aus der griechischen Sage auf dem Stier, hier vor dem Europaparlament in Straßburg.

Wie Europa zu seinem Namen kam

Mediencode: 70062-32

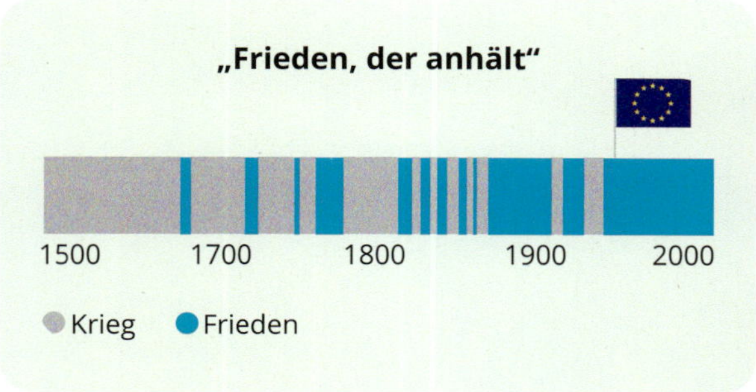

Die Europäische Union im Zeitstrahl: alle Zeiträume und Kategorien

Mediencode: 70062-33

Flüchtlingspolitik als Herausforderung für die Europäische Union. Demonstration nach dem Feuer im überfüllten griechischen Flüchtlingslager Moria, Köln, 09.09.2020.

Was weißt du schon?

1. Was ist die Europäischen Union? Beschreibe, was du mit der Europäischen Union verbindest.
2. Wie fühlst du dich – als ...? Übertragt die vier Bezeichnungen auf Plakate und hängt diese in die Ecken eures Klassenzimmers. Stellt euch zu dem Plakat, das am meisten darstellt, wie ihr euch fühlt.

Ich fühle mich als ...			
Düsseldorfer, Münsteranerin, Paderborner ...	Deutscher, Griechin, Syrer, Spanierin, Türke	Europäer / Europäerin	Weltbürgerin / Weltbürger

3. Diskutiert das Ergebnis in der Klasse und begründet eure Zuordnung.

9

#Leben in der Europäischen Union

Ein Wochenendausflug zum Strand nach Den Haag, ein Skiurlaub in Italien oder das Bezahlen der Einkäufe mit dem Euro – das Leben in der Europäischen Union ist eng vernetzt. Doch all das war für die Menschen nicht immer selbstverständlich. Nach dem Zweiten Weltkrieg begann das Zusammenwachsen der Länder in Europa, die eine friedvolle und solidarische Gemeinschaft aufbauen wollten.
Hast du dir schon einmal überlegt, wie die Europäische Union (EU) deinen Alltag bestimmt und welche Möglichkeiten sie dir bietet? Oder überwiegt für dich der Blick auf die großen Herausforderungen, vor denen die Gemeinschaft steht?

Was lernst du in diesem Kapitel?

- ... Berührungspunkte der EU im täglichen Leben zu beschreiben und den Einfluss von politischen Entscheidungen der EU auf dein Leben zu benennen.
- ... die Entwicklung der EU als Friedensgemeinschaft zu beschreiben.
- ... die Motive und Ziele des europäischen Einigungsprozesses zu benennen und zu erklären.
- ... Möglichkeiten für das Lernen in der EU zu beschreiben.
- ... Chancen und Herausforderungen der Politikgestaltung in ausgewählten Bereichen der EU-Politik (Asylpolitik) zu beurteilen.

Wir veranstalten einen Europatag

Jedes Jahr findet am 9. Mai der Europatag statt. Dies ist ein Gedenktag, um auf die Einheit der Europäischen Union hinzuweisen. Der Tag soll an die Gründung der Europäischen Union erinnern sowie die positiven Aspekte der Gemeinschaft herausstellen. Eure Erkenntnisse aus diesem Kapitel könnt ihr auch für eure Schulgemeinschaft aufbereiten und nutzbar machen: Organisiert für eure Schule einen eigenen Europatag, zum Beispiel zu einem Tag der offenen Tür.

Geht dabei so vor:

Start

1

Bildet Kleingruppen und teilt euch die Themen auf, die ihr am Europatag vorstellen möchtet.

a) Die EU in unserem Alltag.
b) Wer gehört dem Staatenbund an?
c) Werte und Solidarität – was verbindet die EU?
d) Von- und miteinander lernen in der EU.
e) Zufluchtsort Europa – Herausforderung für die Werteunion.
f) Wie sind Asylpolitik und Grenzschutz in der EU organisiert?
g) Verletzt die EU an ihren Außengrenzen die eigenen Ansprüche?
h) Warum ist eine europäische Einigung schwer?

2

Erarbeitet in Kleingruppen das gewählte Thema. Bearbeitet dazu die Aufgaben auf den entsprechenden Buchseiten im Think-Pair-Share.

a) Kapitel 9.1, M1-M3
b) Kapitel 9.1, M4-M6
c) Kapitel 9.1, M7-M10
d) Kapitel 9.1, M11-M13
e) Kapitel 9.2, M1-M3
f) Kapitel 9.2, M4-M6
g) Kapitel 9.2, M7-M9
h) Kapitel 9.2, M10-M12

3

Wie möchtet ihr das Thema an eurem Europatag den Gästen vorstellen? Entscheidet euch für eine Präsentationsform (z. B. Methode: Eine Power-Point-Präsentation erstellen und halten).

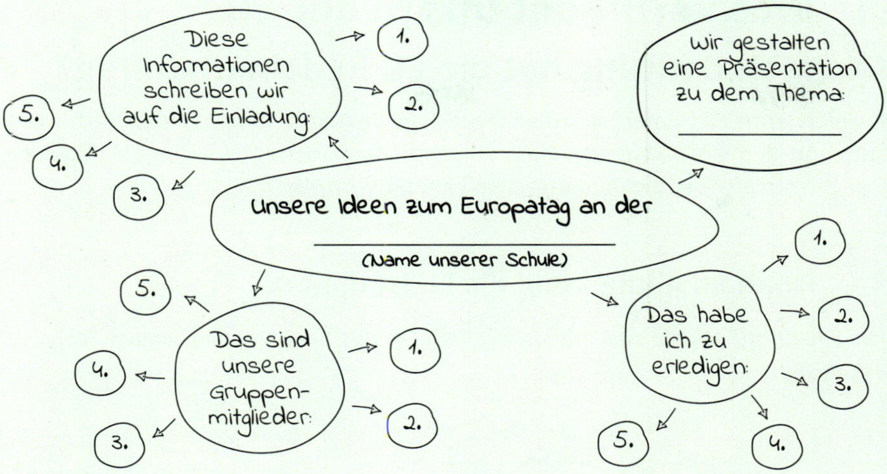

Weitere Ideen zu einem EU-Projekttag

Mediencode: 70062-34

4 Erarbeitet eine Präsentation über euer Thema. Denkt daran, wie ihr das Thema für die Zielgruppe besonders anschaulich und attraktiv aufbereiten könnt. MK

5 Einigt euch auf einen Termin und gestaltet Einladungen für den Europatag. Organisiert gemeinsam mit eurer Lehrkraft den Tag. Gestaltet eventuell auch Werbung für diesen Tag, um Gäste einzuladen.

6 Führt den Europatag durch und haltet ihn mit Fotos oder Filmen fest.

Ziel

7 Wie lautet euer Feedback? Gebt den Teilnehmern und Teilnehmerinnen eine Möglichkeit, Feedback zu geben. Führt dazu am Ende der Stationen/Präsentationen eine digitale Umfrage zum Europatag durch (z. B. über www.menti.com).

9.1 Was verbindet uns in der EU?

Welche Bedeutung hat die EU in deinem Alltag?

Seit vielen Jahren kümmert sich die EU um viele Politikthemen, z. B. den Verbraucherschutz und den Umweltschutz. Hast du schon mal überlegt, welche EU-Regelungen hinter Dingen stehen, die dein tägliches Leben berühren?

M1 Noah im Alltag – und die EU ist dabei

Noah schaut mit seinem Austauschschüler Bojan aus Kroatien und seinem Schulfreund Carlo Fußball.

Wir können den Stromanbieter wechseln – ohne Extrakosten, Stress und Ärger.

Wenn ich im Ausland bin, kann ich frei von teuren Roaming-Gebühren nach Hause telefonieren.

EU-Staaten können Exklusiv-Senderechte für Fußballübertragungen verhindern. So werden Fußballspiele nicht nur im Bezahl-Fernsehen übertragen.

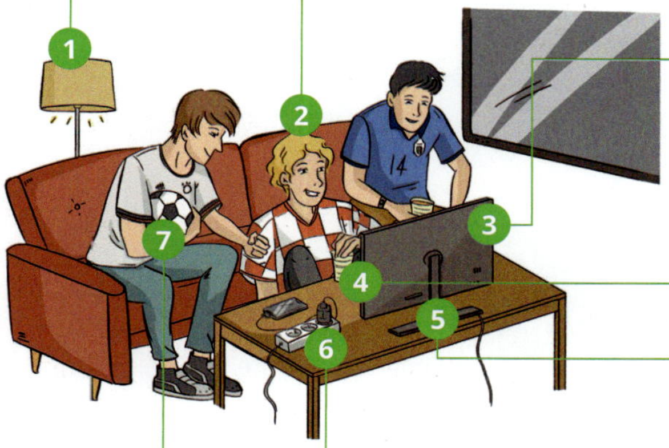

Plastikteller und -besteck, Luftballonhalter aus Plastik und Plastiktrinkhalme, Getränkebecher aus Styropor u. a. dürfen ab 2021 nicht mehr gehandelt werden.

Die EU hat festgelegt, dass TV-Sendungen nicht länger als 12 Minuten pro Stunde durch Werbung unterbrochen werden dürfen.

Dank der EU gibt es einheitliche Ladegeräte für Smartphones.

Wir haben eine garantierte zweiwöchige Umtauschfrist für Produkte, die wir im Internet gekauft haben.

M2 EU verbietet Plastikgeschirr – ist das sinnvoll?

Ich finde, dass sich die EU endlich um wichtigere Dinge als Plastik kümmern sollte. Wenn ich Lust auf einen Kakao habe, will ich an jedem Kiosk einen im To-Go-Becher bekommen.

Es ist gut, dass sich die EU um die Plastikvermeidung kümmert. Aber wenn wir ehrlich sind, ist das auch nur ein Tropfen auf dem heißen Stein.

Es müssen Regeln von oben kommen. Von sich aus fängt kein Land mit Verboten an. Auch die Menschen würden freiwillig nicht auf Plastik verzichten.

?

SUBSIDIARITÄT

Subsidiarität bedeutet, dass sich jeder Staat erst einmal selbst helfen soll. Bei vielen Problemen ist es aber sinnvoller, über Grenzen hinweg zusammenzuarbeiten, erst dann handelt die EU.

In der EU arbeiten die Mitgliedstaaten in vielen Bereichen ganz eng zusammen: Bei Fragen der Menschenrechte, beim Handel und beim Verbraucherschutz, in der Umwelt- oder der Fischereipolitik. Der weitaus größere Teil der deutschen Gesetze geht auf EU-weite Regelungen zurück. Dabei gilt jedoch das Grundprinzip der Subsidiarität. Das bedeutet, dass die Europäische Union nur dann aktiv werden darf, wenn Maßnahmen der Mitgliedstaaten nicht ausreichen, um Probleme zu lösen und wenn die politischen Ziele besser gemeinsam auf der EU-Ebene erreicht werden können.

Erklärfilm zur Europäischen Union

Mediencode: 70062-35

M3 Um welche Politikfelder kümmert sich die EU?

Zuständigkeiten in der EU		
allein die EU ist zuständig	**gemischte Zuständigkeiten EU und Mitgliedstaaten**	**allein Mitgliedstaaten sind zuständig**
Außenhandelspolitik	Energiepolitik	Zivilschutz
Zollunion	Landwirtschaft, Fischerei	Sport
Währungspolitik	Verbraucherschutz	Jugend
Wettbewerbsrecht	Forschung und Entwicklung	Kultur
	Sozialpolitik	Bildung
	Sicherheits- und Verteidigungspolitik	
	Umweltpolitik	
	Verkehr	

Zwischen der Europäischen Union und den Mitgliedstaaten gibt es eine Verteilung der Zuständigkeiten. Es gibt Politikfelder, um die sich ausschließlich die EU kümmert. Dann gibt es Politikfelder, die sich die EU und die Mitgliedsstaaten aufteilen. Und es gibt Politikfelder, für die die einzelnen Mitgliedstaaten alleine verantwortlich sind.

AUFGABEN

1. a) Benenne, wo Noah und seinen Freunden die Europäische Union beim Fernsehabend begegnet (**M1**).
   b) Wo begegnet dir die EU im Alltag? Ergänze weitere Beispiele (**M1**, **M2**).
2. Formuliere deine Meinung zum Verbot von Einwegplastik (**M2**).
3. Erkläre mithilfe des Begriffs „Subsidiaritätsprinzip", warum einige Regelungen für die EU gemeinsam und länderübergreifend getroffen werden.
4. Benenne Politikfelder, die von der EU gestaltet werden (**M3**).
5. „Die EU ist für mich (zu) weit weg und hat mit meinem Alltag nichts zu tun." – Stimmst du der Aussage zu oder nicht? Begründe deine Meinung.

F zu Aufgabe 1
Recherchiere nach weiteren EU-Regelungen, die deinen Alltag betreffen. Überlegt zu zweit, ob und wann euch EU-Regelungen in eurem Leben genutzt haben (**M1-M3**).

Wer gehört zur Europäischen Union?

Mal sprechen wir von Europa, mal von der Europäischen Union oder vom Reiseeuropa. Doch wofür stehen die unterschiedlichen Begriffe? Und was sind die besonderen Ziele der EU?

M4 Wer gehört denn nun zur EU…?

Noah: Tessa, wir haben doch neulich die Mitgliedstaaten der Europäischen Union im Politikunterricht kennengelernt. Warum spielt denn bei der Europameisterschaft die Türkei mit? Die gehören doch gar nicht zur EU.

Tessa: Gute Frage. Weißt du noch im Mai, als der Eurovision Song Contest ausgetragen wurde? Da waren auch die Türkei und sogar Aserbaidschan unter den Teilnehmern …

Noah: Wo fängt denn jetzt die EU an, und wo hört sie auf?

M5 Die Europäische Union ist nicht gleich Europa – aber fast

Impulsvideo: Ben zur EU

Mediencode: 70062-50

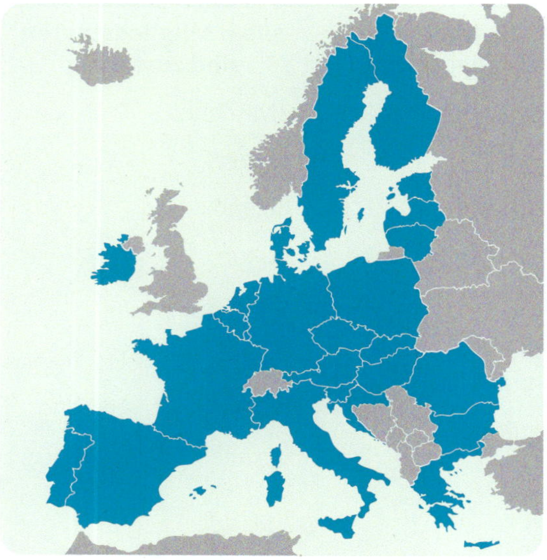

Die Mitgliedstaaten der Europäischen Union (Stand: 2021)

In Europa, einem Kontinent mit vier Zeitzonen und 49 Ländern, haben sich 27 Staaten zu einem Bündnis zusammengeschlossen. Dieses nennt sich seit dem Jahre 1992 Europäische Union. Viele Länder, die nicht Mitglied der Europäischen Union sind, arbeiten eng mit ihr zusammen. Das sind z. B. Norwegen oder die Schweiz. Die meisten Menschen in der EU sind in der Lage Englisch zu sprechen, gefolgt von Deutsch, Französisch und Italienisch.

M6 Das Ziel: eine Friedensgemeinschaft

EU-Zeitstrahl

Mediencode: 70062-33

Nach dem Zweiten Weltkrieg hatte der britische Premier Winston Churchill 1946 eine Idee. Er wollte ein neues Europa schaffen. Nach dem Vorbild der USA sollte es eine Art Vereinigte Staaten von Europa sein. Die Hoffnung dahinter war: Eine Gemeinschaft, die in wirtschaftlichen Bereichen verflochten ist, vielleicht sogar eine Armee oder eine gemeinsame Währung hat, würde nicht gegeneinander Kriege führen. Zudem haben die Gründungsväter und -mütter das Ziel verfolgt, gemeinsame Werte zu stärken und Herausforderungen gemeinsam als Solidargemeinschaft zu lösen.

1951
Europa der sechs: Deutschland, Frankreich, Italien, Belgien, Niederlande, Luxemburg – Gründung der Europäischen Gemeinschaft für Kohle und Stahl (EGKS) (Wegfall der Zölle für diese Produkte)

1973
Europa der neun: Großbritannien, Irland, Dänemark

1981/86
Europa der zwölf: Griechenland, Spanien, Portugal

1995
Beitritt von Schweden, Finnland, Österreich

2004/07/13
Osterweiterung: Polen, Ungarn, Tschechien, Estland, Lettland, Litauen, Slowakei, Slowenien, Malta, Zypern, Rumänien, Bulgarien, Kroatien

2021
Austritt Großbritanniens aus der EU (Brexit)

1957
Europäische Wirtschaftsgemeinschaft (EWG) (Wegfall der Zölle auf Produkte aus der Landwirtschaft und Fischerei)

1957
Europäische Atomgemeinschaft (EURATOM)

1958
Gemeinsame Versammlungen, aus denen das Europäische Parlament entstand

1979
Erste Wahl zum Europäischen Parlament durch die Wahlberechtigten

1992
Vereinfachung der Zusammenarbeit durch den Vertrag von Maastricht (EU)

2002
Der Euro wird einheitliche Währung in 19 EU-Staaten.

AUFGABEN

1. a) Stelle Vermutungen an, warum Wettbewerbe in Europa mit unterschiedlichen Staaten stattfinden (**M4**).
   b) Recherchiere nach den folgenden Definitionen von Europa: der Kontinent Europa, die Europäische Union, das Fußball-/UEFA-Europa, die Europäische Rundfunkunion. **MK**
   c) Formuliere für Noah und Tessa Antworten auf ihre Fragen.
2. Beschreibe die Ziele, die Winston Churchill mit seiner Idee einer Europäische Union verfolgte (**M6**).
3. Kennst du alle Mitgliedstaaten? Notiere die Länder (**M5**, **M6**) und gestaltet arbeitsteilig eine Girlande mit den Flaggen der Europäischen Union.

F zu Aufgabe 2
Wähle ein europäisches Land und erstelle einen Steckbrief.

F zu Aufgabe 3
Recherchiere Details zu den einzelnen Entstehungsetappen der EU. Skizziere mithilfe eines Flussdiagramms die Entstehungsgeschichte der EU (**M6**).

Werte und Solidarität – was verbindet die EU?

Die Mitgliedstaaten der EU sind zu großen Teilen durch wirtschaftliche Interessen miteinander verbunden. Oft hört man aber auch von der „Wertegemeinschaft“. Was verbirgt sich dahinter? Welche gemeinsamen Werte teilen wir als EU-Bürgerinnen und -Bürger? Welche sind dir besonders wichtig?

Hintergrund-Text: EUnify Hoodie: Wenn Mode politisch wird

Mediencode: 70062-36

M7 Ein EU-Hoodie wird zum Trend

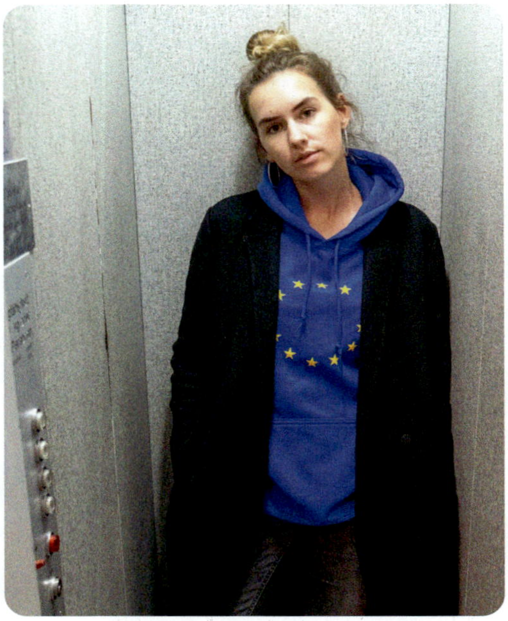

Vanessa Schwenk postet bei Instagram ein Foto, auf dem sie einen EU-Hoodie trägt. Dafür bekam sie tausende Likes und Kommentare.

M8 Die europäische Solidar- und Wertegemeinschaft

Schon die Gründung der Europäischen Wirtschaftsgemeinschaft (EWG, 1957) bezieht sich auf die Erhaltung des größten Wertes überhaupt, den Frieden. In Artikel 2 des Vertrages über die Europäische Union heißt es: „Die Werte, auf die sich die Union gründet, sind die Achtung der Menschenwürde, Freiheit, Demokratie, Gleichheit, Rechtsstaatlichkeit und die Wahrung der Menschenrechte einschließlich der Rechte der Personen, die Minderheiten angehören."

Rechtsstaatlichkeit
Die Grundrechte aller Menschen werden respektiert, staatliche Entscheidungen werden von unabhängigen Gerichten überprüft. Der Staat hält sich an bestehende Gesetze.

Die EU ist daneben auch eine Solidargemeinschaft, in der der Stärkere den Schwächeren unterstützen soll. So etwas kennst du auch. Kinder bekommen von ihren Eltern Hilfe, in der Klasse setzt sich der Starke für den Schwachen ein. In der EU ist die Strukturpolitik ein Beispiel für eine Solidargemeinschaft: So gibt es wirtschaftlich schwächere, aber auch stärkere Länder. Um einen Ausgleich zwischen ihnen zu schaffen, verteilt die EU finanzielle Mittel. Die Verteilung der Gelder beschließt die europäische Kommission gemeinsam mit den Mitgliedstaaten. Gefördert werden Maßnahmen zur Bildung, zum Ausbau oder Modernisierung der Infrastruktur oder Investitionen in nachhaltige Agrarpolitik.

M9 Darauf baut die Wertegemeinschaft EU

Zentrale Werte sind häufig in den Vorworten und ersten Artikeln von Verträgen festgeschrieben. Im Vertrag von Lissabon und in der Charta der Grundrechte beruft sich die EU auf folgende.

Gesellschaftliche Werte, durch die sich die einzelnen Mitgliedstaaten der EU auszeichnen

„In Vielfalt geeint"
Das Motto der EU soll zum Ausdruck bringen, dass sich Länder in Europa zusammengeschlossen haben, um gemeinsam zu handeln und dabei die Unterschiede (Kulturen, Traditionen, Sprachen) zu schätzen. Das Motto wurde im Jahr 2000 im Rahmen eines Wettbewerbs als Leitspruch für das Staatenbündnis gewählt.

M10 Symbole zum Ausdruck der Wertegemeinschaft

In der EU gibt es viele Symbole, um die Gemeinschaft zu stärken.

a) Europaflagge

Seit 1955 sind die 12 kreisförmig angeordneten Sterne auf blauem Grund das Symbol für den Weg in ein vereintes Europa. Seit 1986 wird die Flagge von der EU verwendet. Die Sterne stehen für die Völker Europas vor dem blauen Himmel der westlichen Welt. Die Zahl 12 ist das Symbol für Vollkommenheit, bzw. Vollständigkeit. Der Tierkreis der Sternzeichen hat 12 Zeichen, die Uhr ist eingeteilt in 12 Stunden, die Griechen in der Antike hatten 12 Götter. Wenn du genau hinschaust, erkennst du, dass alle Sternenspitzen genau nach oben zeigen.

Die EU-Flagge

b) Hymne

Die Europahymne „Ode an die Freude" wurde vor 200 Jahren von Ludwig van Beethoven komponiert. Da zur EU 23 verschiedene Sprachen gehören, wird der Text von Friedrich Schiller nie gesungen.

c) Europatag

Am 9. Mai findet jährlich der Europatag statt. Dieser erinnert an die Idee des damaligen französischen Politikers (Robert Schuman), der am 9. Mai seine Erklärung zur europäischen Gemeinschaft verkündete.

AUFGABEN

1. Warum wird ein EU-Hoodie zum Modetrend (**M7**)?
   a) Diskutiert, warum Influencer das Foto mit dem EU-Hoodie gepostet haben könnten. MK
   b) Beantworte für Vanessa die Fragen in den Kommentaren.
   c) Würdest du einen EU-Hoodie tragen? Begründe.
2. Erkläre, inwiefern die EU eine Werte- und Solidargemeinschaft ist (**M8**, **M9**).
3. Erkläre, inwiefern die Symbole der EU für die gemeinsamen Werte stehen (**M8-M10**).

F zu Aufgabe 2
Führt eine Umfrage an der Schule durch: Für welche Werte steht die EU (**M9**)?

F zu Aufgabe 3
Erstellt in Kleingruppen ein eigenes Symbol für die EU.

Lern Europa kennen – Schüleraustausch in der Europäischen Union

Seit vielen Jahren gibt es zwischen Schulen in Europa Partnerschaften und Kooperationen. Hast du schon mal darüber nachgedacht, was dir persönlich ein solcher Schüleraustausch bringen könnte?

M11 Schüleraustausch – eine Chance für dich?

Tessa und Noah gehen jetzt in die 8. Klasse ihrer Realschule in Köln. Am Schwarzen Brett sehen die beiden die aktuellen Angebote der Schüleraustausche in der EU.

Schüleraustausch nach Dänemark: *Wie lernen wir in Europa?*

Schüleraustausch nach Italien: *Vorhang auf – ein bilinguales Theaterprojekt in Italien.*

Tessa: Schau mal, anscheinend haben wir wieder neue Partnerschulen. Also, mir wird das zu viel ...

Noah: Ich finde es toll, dass wir über die Schule die Möglichkeit haben, das Land und die Leute kennenzulernen.

Tessa: Na und? Das können wir auch, wenn wir im Unterricht darüber sprechen.

Noah: Aber das ist doch was ganz anderes. So können wir reisen und das Leben vor Ort in einer Familie erleben. Und ganz nebenbei lernst du die Fremdsprache.

Tessa: Als ob ihr immer auf Englisch sprecht ... Ich habe gehört, dass die Deutschen oft lieber unter sich bleiben ...

M12 Ein Reiseblog aus Kroatien

Nachdem Noahs Austauschschüler in Deutschland war, besucht er Bojan in Kroatien. Einige Klassenkameraden verfolgen seinen Reiseblog.

1

Bojan, seine Clique und ich sind in Zagreb, der Hauptstadt Kroatiens. #austausch #sightseeing

47 views

2

Heute hat seine Oma Cevapcici gekocht. Das ist vielleicht lecker #kroatisches Nationalgericht

59 views

3

Bezahlt wird hier nicht mit dem Euro #KUNA

12 views

M13 Ab ins Ausland!

Schüleraustausche innerhalb der EU sind sehr vielfältig. Du lernst neue Menschen kennen, andere Schulsysteme, Sprachen und Lebensweisen. Auch die Erfahrung, durch eine aufregende Reise neue Herausforderungen zu meistern, ist bereichernd und macht dich selbstständig.

1 Im Programm Erasmus+ bietet die EU viele Möglichkeiten für deinen Auslandsaufenthalt: Bietet deine Schule schon einen **Schüleraustausch** an? Wenn nicht: Schlage deinem Lehrer vor, einen Austausch zu organisieren! Du möchtest lieber alleine losziehen? Lass dich von Eurodesk beraten: *www.rausvonzuhaus.de/Beratung/vor-Ort* [...]

2 **Ein Praktikum oder Aus- und Weiterbildungsmaßnahmen im Ausland** sind während oder bis zu 12 Monate nach deiner Ausbildung möglich! Sprich mit deinem Chef und deiner Berufsschule darüber. Weitere Infos: *www.azubi-mobil.de* und *www.machmehrausdeinerausbildung.de* [...]

3 Internationale **Jugendbegegnungen**. Mehr Infos auf *www.jugend-in-aktion.de*

4 Internationale Zusammenarbeit im Bereich **Sport**. Schau mal hier: *www.ec.europa.eu/programmes/erasmus-plus/opportunities/sport_de*

5 Bei einem **Freiwilligendienst** verbringst du einige Zeit im Ausland und arbeitest ehrenamtlich, zum Beispiel in Kinderheimen, Schulen oder bei Umweltorganisationen. Du bekommst in der Regel ein Taschengeld, Unterkunft und Verpflegung. Schau bei *www.solidaritaetskorps.de* vorbei!

6 Weitere Infos zu Auslandaufenthalten findest du unter *www.rausvonzuhaus.de/Wege-ins-Ausland*

Bundeszentrale für politische Bildung: Was geht? Das Heft über die Europäische Union, 2019, S. 29

Links zu Förderprogrammen

Mediencode: 70062-37

Förderprogramme
Der Austausch ist für das bessere Verstehen anderer Länder und Gesellschaften wichtig. Deshalb gibt es in Deutschland viele Programme, die solche Aktivitäten finanziell fördern. Oft findet der Austausch im Rahmen von Städtepartnerschaften statt. [Du kannst aber auch einen Austausch auf freiwilliger Basis in den Ferien oder nach deinem Schulabschluss machen].

Toyka-Seid, Christiane: Großes Lexikon, Hanisauland. Schüleraustausch. In: www.hanisauland.de, Abruf am 30.01.2021

AUFGABEN

1. Würdest du gerne an einem Schüleraustausch teilnehmen (**M11**)? Tausche dich mit einem Partner aus.
2. Beschreibe Noahs Erfahrungen im Kroatien (**M12**).
3. Erarbeite eine Power-Point-Präsentation über ein Austauschprogramm (**M13**). Stelle dabei Besonderheiten vor. MK
4. Stelle Chancen und Bedenken zu einem Auslandsaufenthalt gegenüber. Erkundige dich zu Austauschprogrammen an deiner Schule.

F **zu Aufgabe 1**
Vielleicht kennst du in deinem persönlichen Umfeld (Freunde, Familie, Lehrkräfte usw.) Menschen, die bereits an einem Austauschprogramm teilgenommen haben. Erkundige dich nach Programmen an deiner Schule.

Eine Powerpoint-Präsentation erstellen und halten MK

Worum geht es?

Eine digitale Präsentation zu erstellen ist eine wichtige Kompetenz, die du immer wieder anwenden kannst: Egal ob in der Schule für ein Referat oder später im Berufsleben. Doch wie erstellst du eine gute und übersichtliche Präsentation, die Themen und Inhalte professionell veranschaulicht?

Geht dabei so vor:

1. Schritt: Vorbereitungen treffen

- Wähle und öffne ein Programm, mit dem du die Präsentation erstellen möchtest.
- Wähle ein passendes Layout für die Präsentation.
  Entscheide, ob das Thema ein schlichtes oder farbenfrohes Layout benötigt. Du kannst schlicht gestaltete Folien später noch mit Fotos aufwerten.

2. Schritt: Texte verfassen und in die Präsentation einfügen

- Schreibe dir die wichtigsten Aspekte aus deinen Informationstexten heraus.
- Gliedere den Inhalt in eine sinnvolle Reihenfolge.
- Füge die Texte in die Präsentation ein. Jetzt kannst du damit beginnen, die Folien mit Texten zu füllen. Unterscheide zwischen Überschriften und Textbausteinen.
  Tipp: Formuliere eine aussagekräftige und prägnante Überschrift, die das Thema treffend wiedergibt. Formuliere die Textbausteine kurz und übersichtlich. Vollständige Sätze sind für die Zuhörer schwierig zu erfassen.

3. Schritt: Präsentation gestalten

- Schrift ändern. Achte darauf, dass die Schriftart und die Schriftgröße gut lesbar sind. Verwende eine Schriftfarbe, die einen guten Kontrast zum Hintergrund bietet.
- grafische Elemente und Bilder einfügen
- weitere Folien einfügen

Tipps zur Gestaltung der Präsentation

Mediencode: 70062-38

4. Schritt: Präsentation üben und halten

- Für eine gelungene Präsentation solltest du vorher deinen Vortrag üben. Erstelle dazu Notizzettel auf Karteikarten, oder nutze die Notiz-Funktion in der Software. Stelle dich dazu zu Hause vor einen Spiegel und sprich den Text laut. Lerne einige Formulierungen auswendig, um frei sprechen zu können. Achte auf eine angemessene und aufrechte Körperhaltung. Behalte Augenkontakt mit deinen Zuhörern.
- Wähle eine Folienvariante und starte deine Präsentation.

WAS VERBINDET UNS IN DER EU?

ZUSAMMENARBEIT IN DER EUROPÄISCHEN UNION

M1-M3

Die EU und ihre Politik haben großen Einfluss auf unseren Alltag. Ein Beispiel ist das Verbot von Einweg-Plastik ab 2021.
Die Europäische Union ist ein Zusammenschluss von derzeit 27 Mitgliedstaaten, die in vielen Politikbereichen (z. B. Warenhandel, Umweltschutz) eng zusammenarbeiten. In anderen Politikbereichen (z. B. Steuerrecht, Sozialrecht) haben die Nationalstaaten weiterhin eigene Zuständigkeiten. Die Zusammenarbeit funktioniert nach dem Grundprinzip der Subsidiarität: Erst wenn ein Staat Probleme nicht selbst lösen kann, wird die EU zuständig.

WERTE UND SOLIDARITÄT VERBINDEN DIE EUROPÄISCHE UNION

M5, M6, M8-M10

Die Europäische Union ist aus der Europäischen Wirtschaftsgemeinschaft hervorgegangen, die 1957 in Rom gegründet wurde. Das oberste Ziel war es, dass die europäischen Staaten nach zwei großen Kriegen endlich friedlich leben und miteinander Handel betreiben können. Die ersten Maßnahmen der Gründungsstaaten waren es, Kohle, Stahl und Atomenergie gemeinsam zu nutzen und den wirtschaftlichen Austausch zu vereinfachen. So sollte für alle der Wohlstand vergrößert werden. In mehreren Schritten der Erweiterung und durch weitere Verträge ist die heutige Europäische Union entstanden. Alle Mitgliedstaaten habe sich auf gemeinsame Werte verpflichtet: die Wahrung der Menschenwürde, Freiheit, Demokratie, Menschenrechte und Rechtsstaatlichkeit.

AUSTAUSCH IN DER EUROPÄISCHEN UNION

M13

Damit die Menschen der Union miteinander in Kontakt kommen, gibt es Städte-Partnerschaften und viele Förder- und Austauschprogramme. Auch Schulen gehen Partnerschaften ein. Schülerinnen und Schüler können so neue Sprachen lernen, Kontakte knüpfen und Kulturen kennenlernen.

9.2 Politikgestaltung in der Europäischen Union: Flüchtlings- und Asylpolitik

Zufluchtsort Europa – Herausforderung für die Wertegemeinschaft

Die EU hat sich der Friedenssicherung und den Menschenrechten verpflichtet. Sie bekennt sich auch zum Asylrecht, das Menschen zusteht, die vor Krieg und Verfolgung fliehen. Warum ist die Asylpolitik eine große Herausforderung für die EU?

M1 Hoffnung Europa

Auf diesem acht Meter langen Boot sind 42 Migranten über das Mittelmeer zur italienischen Insel Lampedusa gefahren. Bei derart gefährlichen Überfahrten ertrinken jedes Jahr viele Menschen.

Außerhalb von Europa leiden viele Menschen unter Verfolgung, Kriegen und Hungersnöten. Sie suchen Schutz und nehmen gefährliche und weite Wege auf sich, um in Sicherheit leben zu können. Viele kommen bis nach Europa.

M2 EU- Ziel: Raum der Freiheit, der Sicherheit und des Rechts

RICHTLINIE 2004/83/EG DES RATES
vom 29. April 2004

über Mindestnormen für die Anerkennung und den Status von Drittstaatsangehörigen oder Staatenlosen als Flüchtlinge oder als Personen, die anderweitig internationalen Schutz benötigen, und über den Inhalt des zu gewährenden Schutzes

(1) Eine gemeinsame Asylpolitik einschließlich eines Gemeinsamen Europäischen Asylsystems ist wesentlicher Bestandteil des Ziels der Europäischen Union, schrittweise einen Raum der Freiheit, der Sicherheit und des Rechts aufzubauen, der allen offen steht, die wegen besonderer Umstände rechtmäßig in der Gemeinschaft um Schutz ersuchen.

ASYL IN DER EU

Die EU-Mitgliedstaaten haben sich darauf geeinigt, dass Menschen in der EU Asyl (Schutz) beantragen können – das ergibt sich aus den Werten und Zielen der EU.

Flüchtlinge dürfen nicht in ihr Heimatland zurück geschickt werden, wenn sie dort aufgrund ihrer Rasse, Religion, ihrer Zugehörigkeit zu einer bestimmten sozialen Gruppe oder ihrer politischen Überzeugungen verfolgt werden. So steht es in den Verträgen. Die Realität sieht teilweise anders aus.

Asylrecht – logo! erklärt:

Mediencode: 70062-39

M3 Die Asylsituation in der EU

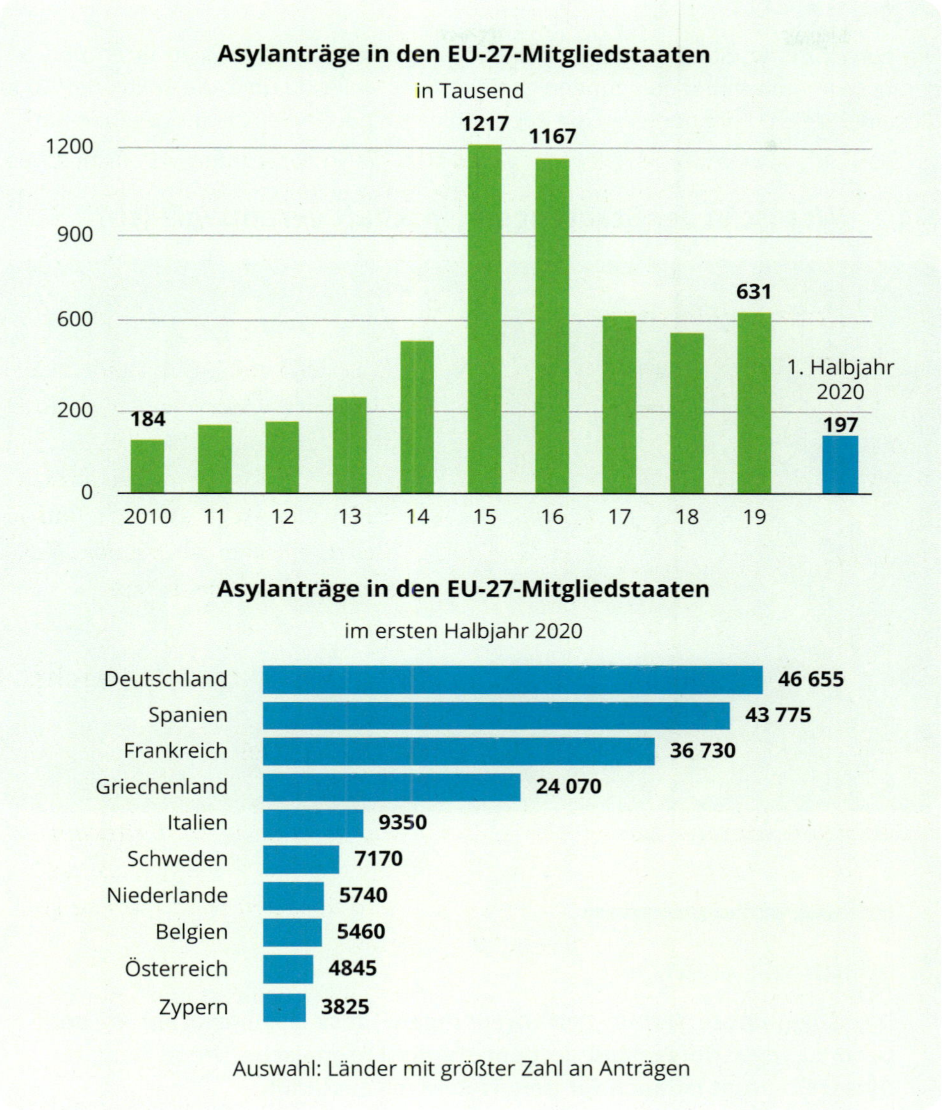

dpa, 101521, Quelle: Eurostat

AUFGABEN

1. Was wisst ihr schon über die Asylpolitik in der EU? Tauscht euch mit einem Partner aus und erstellt in der Klasse eine Mindmap.
2. Erkläre, warum Menschen ihr Heimatland verlassen, einen gefährlichen Weg auf sich nehmen und Schutz in der Europäischen Union suchen (**M1**, **M2**).
3. Beschreibe die Entwicklung und die Verteilung der Asylanträge (**M3**).
4. Stelle Vermutungen an, welche Herausforderungen mit der Asylpolitik für die EU verbunden sind (**M3**).

F Recherchiere und erkläre, warum es wichtig ist, dass sich die EU gemeinschaftlich um Migration kümmert: MK

Mediencode: 70062-40

Wie sind Asylpolitik und Grenzschutz in der EU organisiert?

Die europäischen Staaten hatten sich auf ein gemeinsames Asylverfahren und angemessene Aufnahmebedingungen geeinigt. Was weißt du über die Politik der EU in diesem Bereich? Funktionieren die Regeln, die sich die Gemeinschaft gegeben hat?

M4 Wer ist in der Staatengemeinschaft verantwortlich?

Karikatur: Koufogiorgos, Kostas, 2015

DUBLIN-VERFAHREN

Das sogenannte Dublin-Verfahren regelt, dass Asylbewerber in dem Land zu registrieren sind, in dem sie die Europäische Union betreten. Dieser EU-Staat ist auch für den Asylantrag zuständig.
Dieses Verfahren soll sicherstellen, dass jeder Asylantrag nur von einem Mitgliedstaat inhaltlich geprüft wird. Stellt sich im Gespräch mit dem Asylsuchenden heraus, dass der Asylantrag in einem anderen Mitgliedstaat zu bearbeiten ist, wird dieser Staat gebeten, den Antragssteller zu übernehmen.

Nach: Bundesregierung: Was ist das Dublin-Verfahren. In: www.bundesregierung.de, Abruf am 03.02.2021

logo! zur Verteilung von Flüchtlingen

Mediencode: 70062-41

M5 Welche Rolle spielt Frontex beim Grenzschutz?

Frontex (französisch: Frontières Extérieures – Außengrenzen) ist eine Agentur der Europäischen Union, die die europäischen Außengrenzen schützen sowie illegale Einwanderung verhindern soll.

Wie arbeitet Frontex genau?

Die EU-Mitgliedstaaten sind dafür verantwortlich, dass ihre Grenzen überwacht und kontrolliert werden. Frontex hilft den EU-Staaten, die gegen illegale Einwanderung ankämpfen. Dafür dirigiert Frontex nationale Einsatzkräfte bei der Küstenüberwachung und stellt bei Bedarf eine schnelle Eingreiftruppe von Grenzbeamten zusammen. Flüchtlingsboote werden zum Beispiel abgefangen und in die Gewässer afrikanischer Staaten zurück eskortiert. Es stehen Hubschrauber, Dutzende Boote, Radaranlagen und Wärmebildkameras zur Verfügung. Außerdem bildet Frontex Grenzschutzbeamte aus. […]

Gibt es Kritik an Frontex?

Menschenrechts- und Flüchtlingsorganisationen werfen Frontex vor, gegen die Europäische Menschenrechtskonvention, das Seerecht und die Genfer Flüchtlingskonvention zu verstoßen. So prüften die Beamten auf See nicht, ob sich an Deck Schutzbedürftige befinden, die ein Anrecht auf Asyl hätten. Frontex entgegnet, dass sie den Flüchtlingen helfe, sie auf hoher See rette und sie nicht zur Umkehr zwinge.

Tagesschau: Wie funktioniert Frontex? In: www.tagesschau.de, Abruf am 08.03.2021

Das Gemeinsame Europäische Asylsystem (GEAS) im Schaubild

Mediencode: 70062-42

M6 Hat das Dublin-System versagt?

Die Grundregel des Dublin-Systems ist perfide: Jener EU-Staat, der einen Flüchtling die EU hat betreten lassen, ist auch für ihn verantwortlich. Die EU-Regelung schiebt damit die Verantwortung für den Flüchtlingsschutz an EU-Randstaaten ab. So müssen zum Beispiel Griechenland, Bulgarien u. a. die Asylverfahren leiten und fühlen sich von anderen EU-Mitgliedstaaten im Stich gelassen. [Das] motiviert sie, Flüchtlinge möglichst effektiv abzuwehren. Oder so schlecht zu behandeln, dass sie in andere EU-Staaten weiterfliehen – die daraufhin versuchen, die Flüchtlinge zurückzuschieben. Die Folge: Flüchtlinge irren durch Europa und werden wie Stückgut hin- und hergeschoben.

Aber das Dublin-System ist nicht allein flüchtlingsfeindlich. Die unsolidarische Regelung hat unter den EU-Staaten längst einen existenziellen Konflikt ausgelöst.

Pro Asyl: Das Dublin System. In: www.proasyl.de, Abruf am 08.03.2021

perfide
gemein, hinterhältig

Pro Asyl
Menschenrechtsorganisation, die sich für die Rechte von Flüchtlingen und Migranten einsetzt

unsolidarisch
Gegenteil von solidarisch: für jemanden einstehen, gemeinsam verantwortlich

existenziell
in der Existenz / dem Bestand bedroht

AUFGABEN

1. Analysiert die Karikatur und benennt Probleme, vor denen die EU bei der Asylpolitik steht (**M4**).
2. Welches Land ist für Asylsuchende verantwortlich? Erkläre das Dublin-Verfahren (**#Dublin-Verfahren**).
3. Erläutere die Grenzsicherung der EU und die Rolle von Frontex (**M5**).
4. a) Notiere Kritikpunkte am Dublin-Verfahren (**M6**).
   b) Nimm begründet Stellung zum Dublin-Verfahren in der europäischen Asylpolitik (**M4-M6**).

F zu Aufgabe 4
Immer wieder kommt es zu Schiffsunglücken im Mittelmeer. Sammle Zeitungsartikel, die darauf aufmerksam machen.

Wie die EU an ihren Außengrenzen die eigenen Ansprüche verletzt

Die Mitgliedstaaten der EU haben sich zum Ziel gesetzt, einen Raum der Freiheit, der Sicherheit und des Rechts zu errichten. Warum gelingt es in der europäischen Asylpolitik nicht, diesem Anspruch gerecht zu werden?

M7 Die Lage in griechischen Flüchtlingslagern

Auf den griechischen Inseln landen seit vielen Jahren mehr Flüchtlinge, als in den Aufnahmelagern Platz haben. Die Zustände sind schon lange katastrophal. Im Herbst 2020 hatte ein Feuer das Lager Moria auf Lesbos zerstört. Danach spitzte sich die Lage weiter zu.

Die Stimmung im Lager Kara Tepe sei hoffnungslos und verzweifelt, sagt die Ärztin [Katrin Glatz-Brubakk von Ärzte ohne Grenzen]. Es sei matschig, kalt und die Zelte seien zu dünn für den zunehmenden Wind. Es gebe keine Heizmöglichkeiten in den Zelten, um nasse Kleidung zu trocknen, und es fehlten genügend sanitäre Anlagen.

„Es gibt Menschen im Lager, die seit drei Monaten nicht duschen konnten", sagt Katrin Glatz-Brubakk, „weil es einfach keine Duschen gab." [...] Zudem würden Toiletten bei dem windigen Wetter umkippen, sodass der Inhalt aus- und zwischen die Zelte fließen würde.

Vor allem den Kindern gehe es schlecht im Lager, sagt die Kinderpsychologin: „Sie verzweifeln über die Lage." Nirgendwo könnten sie sicher spielen, sie dürften nicht zur Schule gehen, und die gesamten Bedingungen würden die Kinder psychologisch krank machen, so Glatz-Brubakk. [...]

Seit fünf Jahren würden Ärzte ohne Grenzen und andere Nichtregierungsorganisationen auf die Zustände auf Lesbos hinweisen. Katrin Glatz-Brobakk sei bereits zum neunten Mal auf Lesbos und die Situation werde immer schlimmer. [...]

In dieser Woche haben 7.000 Flüchtlinge auf die Not in ihrem Zeltlager [...] aufmerksam gemacht – mit einem Brief an die EU-Kommission und an alle Europäer. [...] Sie sagen, die Zustände seien dort zum Teil schlimmer als im alten Lager Moria, und selbst Tiere hätten mehr Rechte als sie.

Demnitz, Jana: Lager Kara Tepe auf Lesbos. In: www.deutschlandfunkkultur.de, 27.12.2020 (Reihenfolge geändert)

M8 Geflüchtete in Seenot – verstößt Rettung gegen Recht?

[Die Kapitänin Carola Rackete] hatte 40 Menschen an Bord, die dringend an Land versorgt werden mussten. Mitte Juni hatte die „Sea-Watch 3" Geflüchtete gerettet, die auf dem Mittelmeer in Seenot geraten waren.

Mehr als zwei Wochen lang war das Schiff mit den Geretteten an Bord unterwegs. Die italienische Regierung wollte die Geflüchteten nur an Land lassen, wenn andere Länder aus der Europäischen Union (EU) versprechen, die Geflüchteten aufzunehmen.

Als Carola Rackete am [29.06.2019] mit dem Rettungsschiff „Sea Watch 3" im Hafen der italienischen Insel Lampedusa anlegte, wurde sie von der Polizei festgenommen. Ihr wurde vorgeworfen, gegen das italienische Seerecht verstoßen zu haben. Denn Italien hatte dem Rettungsschiff verboten, in den Hafen einzulaufen. […]

Eine italienische Richterin entschied am Dienstagabend jedoch, Carola Rackete wieder freizulassen. Die Kapitänin habe ihre Pflicht erfüllt, Menschenleben zu schützen, sagte sie. […]

Es passiert immer wieder, dass Rettungsschiffe mit Geflüchteten tage- oder sogar wochenlang darauf warten, in einem Hafen anlegen zu dürfen. […] In den vergangenen Jahren sind Hunderttausende Flüchtlinge an den italienischen Küsten angekommen. Das Land fordert schon lange mehr Unterstützung durch die anderen EU-Länder.

Streit um Rettungsschiff „Sea-Watch 3". In: www.zdf.de, 03.07.2019 (Reihenfolge geändert)

M9 Werte im Müll?

Karikatur: Bengen, Harm

AUFGABEN

1. a) Beschreibe die Lage in griechischen Flüchtlingslagern (**M7**).
b) Erstelle eine Collage mit Bildern, die die Zustände in Flüchtlingslagern an den europäischen Außengrenzen zeigen. **MK**

2. a) Warum konnte die Kapitänin die Menschen nicht ohne Probleme an Land bringen? Fasse den Fall Carola Rackete kurz zusammen (**M8**).
b) Hättest du auch wie Carola reagiert? Diskutiert das Vorgehen der Kapitänin (**M8**).

3. Welche Werte werden (warum) an den Außengrenzen der EU „weggeworfen"? Analysiere die Karikatur (**M9**).

H zu Aufgabe 2
Vor welcher Entscheidung stand Carola Rackete?

F zu Aufgabe 3
Schreibe einen Brief an die EU-Kommission, warum die Zustände in Flüchtlingslagern für die EU schlimm sind. Beachte auch die Werte, die für die EU „eigentlich" wichtig sind (Kap. 9.1: M8, Kap. 9.2: **M2**).

Einzelgänge der Staaten oder gemeinsame Lösungen – warum ist eine europäische Einigung so schwer?

Die Asyl- und Flüchtlingspolitik der EU steht in der Kritik. Hast du Ideen, warum es so schwer ist, sich auf eine gemeinsame Politik zu verständigen?

Durchgangsstaaten
Länder, die von Flüchtlingen durchquert werden, um Zielländer zu erreichen, in denen diese Asyl beantragen möchten

EuGH
Der Europäische Gerichtshof stellt sicher, dass sich alle Länder der EU an die Gesetze der Europäischen Union halten.

M10 Flüchtlingspolitik in den Schlagzeilen

a **Ungarn baut zweiten Grenzzaun zu Serbien.** Flüchtlinge auf der Balkan-Route sollen gestoppt werden. EU-Partner zeigen sich verärgert

b **Österreich führt eine Obergrenze für Asylsuchende ein.** Auch der deutsche Innenminister Seehofer hatte eine solche immer wieder gefordert.

c **EU schließt Abkommen mit der Türkei.** Die EU sagt zu, anerkannte Flüchtlinge aufzunehmen und Geld zu zahlen, damit die Türkei die Flüchtlinge unterstützen kann. Im Gegenzug verstärkt die Türkei den Grenzschutz.

d ***Abkommen zur Migration mit Durchgangsstaaten abgeschlossen***

e **Vorwürfe gegen Frontex:** Werden Flüchtlinge zurückgedrängt?

f **EU unterstützt Griechenland finanziell. Seit 2015 wurden etwa 2,4 Milliarden Euro für Umgang mit Flüchtlingen bewilligt.**

g ***EU-Kommission ermahnt Griechenland:*** *Das Asylrecht darf nicht missachtet bleiben!*

h EU-Kommission klagt gegen Mitgliedstaaten Ungarn, Polen und Tschechien wegen Verletzung der Verträge vor dem EuGH

i **Katastrophale Zustände in Flüchtlingslagern.** Zur Situation vor den Grenzen der EU in Bosnien

j **Italien arbeitet am Ausbau des sogenannten Hotspot-Systems.** Asylsuchende sollen schnellstmöglich registriert und anschließend in Europa verteilt werden

M11 Europäische Asyl- und Flüchtlingspolitik seit 2015 – eine Bilanz

EU-Kommission
Die Europäische Kommission ist eine EU-Organisation. Zu den Aufgaben der Kommission gehört es, im Namen der EU internationale Verträge auszuhandeln.

Schleuser
bringen Menschen gegen Bezahlung in andere Länder. Sie umgehen dabei die vorgeschriebenen Gesetze zur Einreise.

Die EU-Mitgliedstaaten ringen seit vielen Jahren um einen gemeinsamen Kurs in der Asylpolitik, nicht erst seit der umfangreichen Fluchtzuwanderung 2015. […] In den Jahren 2015 und 2016 sind so viele Asylbewerberinnen und -bewerber nach Europa gekommen wie nie zuvor. […] Die Auswirkungen der Fluchtzuwanderung auf die einzelnen EU-Mitgliedstaaten waren und sind sehr verschieden. […]

Im Mai 2015 legte die EU-Kommission eine „Europäische Agenda für Migration" vor, die die strategischen Leitlinien der Migrationspolitik für die folgenden Jahre enthält. Zentrale Ziele der Migrationsagenda sind das Vorgehen gegen Schleuser, die Bekämpfung von Fluchtursachen und der Ausbau der Zuwanderungsmöglichkeiten für Arbeitskräfte aus Drittstaaten. Zudem setzt sich die Kommission […] für einen dauerhaften

Mechanismus zur gerechteren Verteilung von Asylantragstellenden auf die EU-Mitgliedstaaten [ein]. […]

Die Vorschläge der EU-Kommission führten zu Streit zwischen den Mitgliedstaaten. Insbesondere die osteuropäischen Staaten, Spanien und das Vereinigte Königreich machten deutlich, dass sie nicht bereit waren, deutlich mehr Flüchtlinge aufzunehmen als bisher. Sie verwiesen u.a. auf eigene [wirtschaftliche] Probleme und die mangelnde Aufnahmebereitschaft ihrer Bevölkerungen. Für eine innereuropäische Umverteilung sprachen sich hingegen an wichtigen Migrationsrouten liegende Staaten wie Griechenland, Italien und Malta aus. Auch die Regierungen von Staaten mit hohen Asylantragszahlen wie Deutschland, Österreich, Belgien oder Schweden plädierten für eine stärkere Verantwortungsteilung innerhalb der EU.

[Ein] Beschluss sah die verpflichtende Aufnahme umzusiedelnder Schutzsuchender auf Basis eines Verteilungsschlüssels vor, der die Bevölkerungsgröße, die Wirtschaftskraft, die Zahl bereits aufgenommener Asylsuchender und die Arbeitslosenquote berücksichtigte. Er wurde jedoch […] gegen den Widerstand von Ungarn, Tschechien, der Slowakei und Rumänien durchgesetzt, die dagegen [gestimmt] hatten.

Die Umsiedlung […] vollzog sich in der Folge äußerst schleppend und war am Ende mäßig erfolgreich […]. Viele EU-Staaten waren nicht bereit, ihrer (Selbst-)Verpflichtung zur Aufnahme von Asylantragstellenden nachzukommen. […]

[Die EU und einzelne Mitgliedstaaten versuchten im Folgenden auf verschiedene Weise, in diesem Politikfeld Fortschritte zu erzielen.]

dpa-Grafik 101486; Quelle: Eurostat

Trotz zahlreicher Einigungsversuche konnten sich die EU-Mitgliedstaaten bis zum […] Frühjahr 2019 nicht auf eine Reform der gemeinsamen Asylpolitik einigen. In den zurückliegenden Jahren wurden lediglich Maßnahmen des Außengrenzschutzes und der erweiterten Kooperation mit Transitstaaten [= Durchgangsstaaten] beschlossen.

Engler, Marcus: Europäische Asyl- und Flüchtlingspolitik seit 2015 – eine Bilanz. In: www.bpb.de, 11.05.2019

M12 (Wie) Kann die Flüchtlingskrise gelöst werden? Ideen

Abschottung – Grenzschutz verbessern:
Illegale Migration muss effizienter bekämpft werden. Frontex-Operationen werden ausgeweitet und die Grenzen der EU besser geschützt. Die EU unterstützt die Grenzschutz-Kapazitäten ihrer Nachbarstaaten, damit es weniger irreguläre Migration gibt.

Auslagerung des Grenzschutzes:
In den Nachbarstaaten der EU, z. B. in Nordafrika, werden Flüchtlingslager geschaffen. Der UNHCR überprüft in diesen Lagern die Asylanträge und Menschen mit positivem Bescheid dürfen legal in die EU einreisen.

Push-Faktoren reduzieren:
Krisen, Kriege und andere Push-Faktoren in den Herkunftsländern von Flüchtlingen werden bekämpft (z. B. durch mehr wirtschaftliche Zusammenarbeit oder internationale Hilfe), damit mittelfristig die Gründe für Flucht und Migration verringert werden.

Humanitäres Visum:
Durch eine legale Einreisemöglichkeit in die EU (z. B. Asylantrag in einer Botschaft) sollen Flüchtlingstragödien an den EU-Außengrenzen verhindert und das Geschäft mit der illegalen Migration (Schlepper) bekämpft werden. Wenn kein Asyl gewährt wird, können die Menschen wieder ausgewiesen werden.

EU-weiter Verteilungsschlüssel für Asylbewerber:innen:
Eine Quote für die Zuteilung von Asylbewerber:innen auf die EU-Mitgliedstaaten wird erarbeitet. Diese berücksichtigt Faktoren wie die Größe des Staates, Wirtschaftsleistung (BIP), Bevölkerungsanteil sowie die nationale Arbeitslosenquote. Dadurch haben alle EU-Staaten relativ gleich viele Asylbewerber:innen zu versorgen.

Natterer, Lisa: Wanderausstellung Migration on Tour, Demokratiezentrum Wien, In: www.netzfrauen.org, 04.08.2015

F zu Aufgabe 1
Recherchiere nach Akteuren aktueller Diskussionen rund um die Asylpolitik und ergänze die Tabelle. MK

F zu Aufgabe 3
Zeichne in eine Europakarte die Außengrenzen ein. Nutze die Vorlage und notiere die einzelnen Interessen der Länder in den vorgesehenen Sprechblasen.

AUFGABEN

1. Wer entscheidet in der Asylpolitik? Ordne die genannten Akteure in eine Tabelle ein (**M10**).

EU-Länder / Nationalstaaten	Politische Organe der Europäischen Union	Politiker der einzelnen Länder

2. Arbeite heraus, welche Gründe einzelne Staaten gegen eine gerechtere Verteilung für Flüchtlinge anführen (**M11**).
3. Erstelle eine Übersicht über die unterschiedlichen Interessen in der Asylpolitik der aufgelisteten Akteure.
4. Bewerte die Vorschläge in **M12**:
   a) Inwiefern tragen die Ansätze zu einer Lösung des Problems bei (Effektivität und Nutzen)?
   b) Inwiefern sind die Lösungsansätze gerechtfertigt (Legitimität – Hier kannst du an Werte wie Solidarität und Menschenwürde denken)?
5. „Die Bilanz der europäischen Asyl- und Flüchtlingspolitik ist traurig.“ Stimmst du dieser Aussage zu? Bildet eine Positionslinie und begründet eure Standpunkte.

FLÜCHTLINGS- UND ASYLPOLITIK IN DER EUROPÄISCHEN UNION

DIE GEMEINSAME LEITLINIE DER EUROPÄISCHEN UNION

← M2, #Asyl in der EU

Die EU-Mitgliedstaaten haben sich dazu verpflichtet, Schutzbedürftigen Asyl zu gewähren. Niemand darf in einen Staat abgeschoben werden, in dem ihm die Todesstrafe, Folter oder eine andere unmenschliche Strafe drohen. Die Union hat sich vorgenommen, die Regeln für Asylverfahren, die Anerkennung von Schutzbedürftigen und die Aufnahmebedingungen zu vereinheitlichen.

GRENZSCHUTZ UND DUBLIN-VERFAHREN

← M5, M6, #Dublin-Verfahren

Da alle Bürgerinnen und Bürger der EU sich frei innerhalb der EU bewegen dürfen, ist der Schutz der Außengrenzen eine zentrale Aufgabe. Zuständig sind grundsätzlich die Einzelstaaten. Die europäische Grenzschutzagentur Frontex unterstützt diese jedoch dabei, die Außengrenzen vor illegaler Zuwanderung zu schützen. Dabei muss sie aber die Grundrechte der EU (Asylrecht) einhalten.

Die Dublin-Verordnung sieht vor, dass Geflüchtete in dem EU-Staat Asyl beantragen müssen, den sie zuerst betreten. Damit sind die Länder an den Außengrenzen der EU besonders betroffen. Allerdings hat sich in der Praxis der letzten Jahre (v. a. 2015/2016) gezeigt, dass das Dublin-System in den EU-Staaten nicht immer angewandt wurde. Die Länder am Rand waren mit dem Zuzug vieler Flüchtlinge überfordert und viele Geflüchtete haben auch in Deutschland Asyl beantragt.

UNMENSCHLICHE ZUSTÄNDE

← M7, M8, M9

Die Bedingungen in den Flüchtlingslagern in den Grenzregionen und vor den EU-Außengrenzen sind seit Langem untragbar. Menschenrechtsorganisationen kritisieren unmenschliche Zustände und unermessliches Leid der Geflüchteten. Die Lager sind häufig stark überfüllt, es fehlt das Nötigste. Die EU wird ihrem Anspruch an die eigenen Werte nicht gerecht.

DIE SUCHE NACH EINER GEMEINSCHAFTLICHEN LÖSUNG

← M10, M11, M12

Obwohl sich die Mitgliedstaaten eigentlich auf gemeinsame Leitlinien bei der Asylpolitik verständigt haben, agieren viele Länder eigenständig und verstoßen gegen gemeinsames Recht und die Werte der Union. Vor allem auf eine gerechtere Verteilung von Geflüchteten können sich die Staaten nicht einigen. Viele Länder argumentieren, dass sie sich selbst in wirtschaftlichen Schwierigkeiten befänden oder dass ihre Bevölkerung eine Umverteilung nicht mittragen würde. Bisher konnte sich die Gemeinschaft auf keine nachhaltige gemeinschaftliche Lösung verständigen.

Fall 1: Europa-Quiz

1	Wie viele Sterne sind auf der europäischen Flagge zu sehen?	◯ 12	◯ 14	◯ 27
2	Welches dieser Länder ist nicht Mitglied der EU?	◯ Schweiz	◯ Bulgarien	◯ Malta
3	Wie viele Länder gehören heute der EU an?	◯ 15	◯ 24	◯ 27
4	Wann wurde die EWG gegründet?	◯ 1992	◯ 1957	◯ 1976
5	Welcher Wert wird nicht von der EU verfolgt?	◯ Gleichberechtigung	◯ Freiheit	◯ Intoleranz
6	Wie heißt das Programm, mit dem der Austausch von Studierenden in der EU gefördert werden soll?	◯ Schuman	◯ Erasmus	◯ Adenauer
7	In welchem Jahr hat die EU den Friedensnobelpreis erhalten?	◯ 2020	◯ 1989	◯ 2012
8	Wie häufig finden Wahlen zum Europaparlament statt?	◯ alle vier Jahre	◯ alle fünf Jahre	◯ alle sechs Jahre

Aufgaben

1. Führe das Europa-Quiz durch.
2. Erstelle ein eigenes Europa-Quiz (z. B. digital, mit der App Kahoot). Dieses kannst du auch für die Planung des Europatags verwenden. MK

Fall 2: Europa versucht eine gemeinsame Politik zu finden: Asyl- und Flüchtlingspolitik

[Flüchtende suchen Schutz in Europa,] zum Beispiel weil in ihrem Land Krieg herrscht. Die meisten erreichen zuerst Länder, die am Rand der EU liegen, wie Italien oder Griechenland. Diese Länder möchten, dass alle Mitglieder der EU sie bei der Versorgung der Menschen unterstützen und auch bei sich Geflüchtete aufnehmen. Manche EU-Mitglieder weigern sich jedoch und es gibt Streit unter den Mitgliedsländern.

Es ist wichtig, dass die EU-Mitgliedsländer in der Migrationspolitik zusammenarbeiten und gemeinsame Lösungen vereinbaren. Denn alleine kann kein Land diese Herausforderung meistern.

Die Interessen der Mitgliedsländer sind so verschieden, dass sie sich nie einigen. So kann die EU Probleme nicht gemeinsam lösen. Jedes Land muss alleine entscheiden, wie es mit Migration umgeht.

Bundeszentrale für politische Bildung: Was geht? Das Heft über die Europäische Union, 2019, S. 11

Aufgaben

1. Wie stehst du zur Asylpolitik in der EU? Lies die beiden Kästen und begründe deinen Standpunkt.
   Beziehe die Leitlinien und Werte der EU in deine Überlegungen mit ein.
   Was wünscht du dir für das zukünftige Vorgehen der Politik?
2. Visualisiere in einem Schaubild die Herausforderungen zur Gestaltung einer gemeinsamen europäischen Asylpolitik.
3. Verfasse einen Brief als junge EU-Bürgerin oder junger EU-Bürger, in welchem du die europäische Asylpolitik beurteilst.

In diesem Kapitel hast du dich mit der Idee und der Entstehung der Europäischen Union beschäftigt. Außerdem hast du gelernt, welche Rolle die EU in deinem Alltag spielt. Schließlich hast du dich mit dem Politikfeld der Asylpolitik der EU auseinandergesetzt und Herausforderungen für die EU analysiert. Hier kannst du überprüfen, was du kannst und was du noch üben musst.

Ich kann ...	Das klappt schon ...	Hier kann ich noch üben ...
... erklären, wo mir die EU im täglichen Leben begegnet.	👍 ✋ 👎	Kapitel 9.1: M1, M2, M3, M4 Grundwissen
... die Entwicklung der EU als Friedensgemeinschaft beschreiben.	👍 ✋ 👎	Kapitel 9.1: M5, M6, Grundwissen
... die Symbole der EU beschreiben.	👍 ✋ 👎	Kapitel 9.1: M7, M10
... die Werte der EU benennen und erklären.	👍 ✋ 👎	Kapitel 9.1: M8, M9 Grundwissen
... Chancen europäischer Austauschprogramme erläutern.	👍 ✋ 👎	Kapitel 9.1: M11, M13 Grundwissen
... die Herausforderungen der EU in der Asylpolitik analysieren.	👍 ✋ 👎	Kapitel 9.2: M1, M2, M3 Grundwissen
... die Organisation der europäischen Asylpolitik beschreiben.	👍 ✋ 👎	Kapitel 9.2: M5, M6 Grundwissen
... nationale Interessen und Akteure in der Asylpolitik beschreiben.	👍 ✋ 👎	Kapitel 9.2: M7-M11 Grundwissen
... Chancen und Herausforderungen der Politikgestaltung im Bereich der Asylpolitik beurteilen.	👍 ✋ 👎	Kapitel 9.2: M10-M12

Eine junge Ingenieurin justiert eine Maschine.

Ein Mann verlegt in Bonn einen Rollrasen.

Eine Frau sitzt in Essen an einer Supermarktkasse.

Eine Frau arbeitet mit zwei Bildschirmen.

Ein Vater kümmert sich um sein Kind.

Was weißt du schon?

1. Benenne die Abbildung, die am ehesten zu deiner jetzigen beruflichen Zukunftsvorstellung passt.
2. Erläutert euch zu zweit gegenseitig, warum ihr euch für das Bild entschieden habt.
3. Erstelle eine Bild-Collage oder einen Instagram-Post zu deiner Zukunft, in der deutlich wird, wie du arbeiten und leben möchtest. MK
4. Diskutiert eure Zukunftsvorstellungen in der Klasse und stellt Gemeinsamkeiten und Unterschiede heraus.

10

#Arbeit und deine berufliche Zukunft

Noch gehst du zur Schule und nicht täglich zur Arbeit wie viele Erwachsene. Was arbeiten bedeutet, hast Du wahrscheinlich aber schon erfahren. Denn hierzu zählt nicht nur die Tätigkeit im Büro oder am Tresen des eigenen Geschäfts. Vielleicht kennst du Jugendliche, die sich bei der Feuerwehr in ihrer Freizeit engagieren oder sich aktiv in einem Sportverein einbringen? Auch das ist Arbeit – freiwillige oder ehrenamtliche. Sie wird meist nicht bezahlt, manchmal gibt es eine Aufwandsentschädigung.Das Arbeiten ohne direkte Bezahlung gilt auch für Arbeiten im eigenen Haushalt wie die Kindererziehung, Einkaufen, Kochen oder dem Durchführen von Reparaturen. In diesem Kapitel lernst du verschiedene Formen von Arbeit kennen. Außerdem wirst du dich selbst genauer analysieren, um deine Stärken und Interessen zu entdecken. Du lernst Berufe und Berufsfelder kennen und entwickelst eine Vision deines eigenen Lebens und Arbeitens. Auf geht’s auf diese spannende Entdeckungstour.

Was lernst du in diesem Kapitel?

... verschiedene Formen von Arbeit zu benennen.
... die Bedeutung von bezahlter und unbezahlter Arbeit für die Gesellschaft und dich selbst zu analysieren.
... das Verhältnis von Arbeit und Freizeit zu erörtern.
... deine Stärken, Interessen und Fähigkeiten als Grundlage deines beruflichen Orientierungsprozesses zu beschreiben.
... unterschiedliche Berufe, Bildungs- und Ausbildungswege sowie die damit verbundenen Anforderungen und Einkommensmöglichkeiten zu unterscheiden.
... Ideen und Perspektiven für deine eigene Berufswahl zu entwickeln.
... Arbeitsplätze und ihre Anforderungsprofile mit deinen persönlichen Wünschen, Interessen und Fähigkeiten in Beziehung zu setzen.

Am Zukunftstag für Mädchen und Jungen teilnehmen MK

Einmal im Jahr habt ihr am Girl's Day und Boys' Day die Chance, in Unternehmen, Behörden, Hochschulen und andere Einrichtungen hineinzuschnuppern. Kennt ihr einen Beruf, der „typisch" für Frauen ist? Oder einen Beruf, in dem deutlich mehr Männer arbeiten? Entscheidend ist nicht, ob man ein Mädchen oder Junge ist, sondern dass man genau das macht, was einem gefällt. Vergesst also die typischen Klischees von Frauen- und Männerberufen und die Trendberufe, die viele toll finden, und probiert etwas Neues aus. Plant gemeinsam diesen spannenden Tag!

Geht dabei so vor:

Start

1

Erkunde deine Stärken und Interessen und überlege dir, wie du arbeiten möchtest.
(→ Kapitel 10.2: M1-M3, M5, M7)
Diskutiert eure Überlegungen zu zweit.

2

Wähle Berufe aus, die zu deinen Interessen passen und recherchiere, welche Unternehmen passende Plätze anbieten. Melde dich für den Zukunftstag an.
→ girls-day.de
→ boys-day.de

3

Beim Zukunftstag gibt es viel zu entdecken! Bildet Dreiergruppen und teilt die folgenden Themen unter euch auf:

- Arbeitsteilung (→ Kapitel 10.1: #Arbeitsteilung, M4-M6)
- Zukunft der Arbeit (→ Kapitel 10.3: M3)
- Vergleichskriterien für Arbeit und Beruf (→ Kapitel 10.3: M8)

Entwickelt für eure Themen jeweils eine Checkliste. Diese soll Fragen und Beobachtungsaufträge für eine gründliche Erkundung der Arbeitsplätze enthalten.

4

Stellt euch eure Fragebögen und Beobachtungspläne gegenseitig vor. Entscheidet, welche Aspekte für euch so wichtig sind, dass ihr sie überprüfen wollt und nehmt euer Ergebnis mit zu eurem persönlichen Zukunftstag.

5

Halte deine Erlebnisse schriftlich in deinem Portfolio (Methodenglossar) fest.

- Beschreibe, was du über den Arbeitsplatz herausgefunden hast.
- Erläutere, welchen beruflichen Weg du einschlagen müsstest, wenn du in diesem Unternehmen arbeiten möchtest (→ Kapitel 10.3: M1-M2).
- Formuliere noch offen gebliebene Fragen. Diskutiere dein Vorgehen zur Beantwortung der Fragen.
- Beschreibe, welche Bedeutung Arbeit jetzt und in Zukunft in deinem Leben hat (→ Kapitel 10.1: M1-M4).

6

Stelle dein Portfolio zu deinem persönlichen Zukunftstag deiner Klasse vor. Diskutiert gemeinsam, welche nächsten Schritte ihr bei eurer beruflichen Orientierung gehen wollt.

10.1 Arbeit und ihre Bedeutung

Ist das alles Arbeit?

Noch bestimmt die Schule deinen Alltag. Erfahrungen mit Arbeit machst du sicherlich schon jetzt im Haushalt oder vielleicht auch bei Aushilfs- und Ferienjobs. Doch ist das eigentlich Arbeit, wenn man zu Hause den Müll rausbringt oder in der Schule einen Test schreibt?

M1 Alles Arbeit oder was?

Die Belegschaft eines Unternehmens trifft sich zur jährlichen Weihnachtsfeier.	J N	Eine Sportlerin wird über das vergangene Turnier interviewt.	J N
Du hilfst deinen neuen Nachbarn beim Einzug in die dritte Etage.	J N	Deine große Schwester lädt Freunde ein und kocht ein aufwendiges Essen.	J N
Nach der Schule gehst du Lebensmittel einkaufen und bringst sie nach Hause.	J N	Nach dem Ausschlafen klappt dein Vater seinen Laptop auf, um E-Mails zu beantworten.	J N
Eine Band probt einen neuen Song.	J N	Erwachsene spielen mit Kindern im Garten.	J N
Eine Zweiradmechatronikerin wechselt einen Akku bei einem E-Bike.	J N	Du bringst zu Hause den Müll raus.	J N
Du bearbeitest deine Hausaufgaben.	J N	Ein Eishockeyteam erzielt einen Punkt.	J N
Eine Aushilfskraft führt Kopieraufträge aus.	J N	Ein Autohändler verhandelt über den Preis eines gebrauchten Wohnmobils.	J N
Ein Jugendlicher ist Mitglied der freiwilligen Feuerwehr und löscht einen Brand.	J N	Du schreibst in der Schule einen Test.	J N
Ein Landwirt holt seine Kühe von der Alm.	J N	Du hilfst einer Person beim Finden des Wegs.	J N

ARBEIT

Arbeit bezeichnet eine planmäßige und zielgerichtete Tätigkeit. Meistens zielt sie auf den Erwerb von Einkommen ab. Aber es gibt auch Arbeiten, bei denen man kein Geld verdient, wie beispielsweise im eigenen Haushalt, bei der Erziehung oder Pflege Angehöriger oder auch beim ehrenamtlichen Engagement.

Um in einem Beruf zu arbeiten, muss man gewisse Qualifikationen erwerben. Man kann beispielsweise eine duale Ausbildung machen oder studieren. Bei einem Job arbeitet man meist zeitlich befristet und in geringem Umfang. Diese Form der Beschäftigung setzt in der Regel keine spezifischen Qualifikationen voraus.

Qualifikationen
Sind individuelle Voraussetzungen, die man beispielsweise durch eine Ausbildung oder ein Studium erwirbt.

M2 Arbeit ist nicht gleich Arbeit!

1 Befristet
Bei einem befristeten Arbeitsvertrag arbeitet man nur für eine festgelegte Zeitspanne.

Unbefristet
Ein unbefristeter Arbeitsvertrag endet dann, wenn eine Kündigung ausgesprochen wird. Dabei sind bestimmte Fristen einzuhalten, sodass Arbeitnehmer und -geber Zeit haben, um sich darauf vorzubereiten.

2 Angestellt
Wenn man z. B. für ein Unternehmen oder eine Behörde arbeitet, ist man angestellt. Man sagt dazu auch abhängige Beschäftigung, weil man dann von einem Arbeitgeber abhängig ist. Dafür erhält man einen individuell oder tariflich vereinbarten Lohn.

Selbstständig
Ist man hingegen beruflich selbstständig, erwirtschaftet man seine Einkünfte auf eigenen Namen und auf eigene Rechnung. Als eigene Chefin oder Chef kann man seine Arbeit eigenständiger gestalten. Es wird in der Regel nicht vorgegeben, wo und wann man wie viel arbeiten soll. Als Selbstständige trägt man aber auch das Risiko, dass man scheitert oder nicht so viel Geld verdient, dass es für den Lebensunterhalt ausreicht. Auch für die Rente muss man privat vorsorgen, denn man zahlt nicht automatisch in die Rentenversicherung ein.

tariflich
siehe Kapitel 6.2

3 Vollzeit
Vollzeit bedeutet, dass man je nach Arbeitsvertrag zwischen 36-40 Stunden pro Woche arbeitet.

Teilzeit
Wenn man weniger Stunden in der Woche arbeitet, spricht man von Teilzeit.

M3 Viel zu tun: mein (Arbeits-)Alltag

A Mein typischer Arbeitstag beginnt früh morgens um 6:30 Uhr. Als Fachkraft für Kurier-, Express- und Postdienstleistungen habe ich eine zweijährige Ausbildung absolviert und bin jetzt unbefristet angestellt. Im Zustellzentrum hole ich die Postsendungen ab und stelle sie den Kundinnen und Kunden zu. Dabei bin ich mit einem E-Bike viel an der frischen Luft. Da ich nur halbtags arbeite, ist meine Runde meistens schon mittags zu Ende.

B Bei mir ist jeder Arbeitstag verschieden. Gemeinsam mit einer Partnerin gründe ich ein eigenes Unternehmen. Wir haben ein Speiseeis entwickelt, das super schmeckt und viel nachhaltiger hergestellt wird als andere Eissorten. Als Konditorin habe ich viel Know-How. Meine Partnerin hat Betriebswirtschaftslehre studiert und kennt sich daher mit den wirtschaftlichen Fragen aus. Wir sitzen gerade beide viel am Schreibtisch, um die Planungen abzuschließen. Bald möchte ich aber in unserer eigenen Eiskonditorei stehen und wieder praktisch arbeiten. Ich mag es, zu sehen, was ich tue.

C Mein Arbeitsort kann überall sein, manchmal arbeite ich in meinem Büro, manchmal zu Hause, aber manchmal auch im Café. Ich habe keine spezifische Ausbildung. Aber durch meine lustigen Slogans und Texte habe ich jetzt eine auf ein Jahr befristete Anstellung als Werbetexterin bei einem großen Unternehmen. Die Kreativität in meinem Job finde ich prima, aber manchmal stört es mich, so viel am PC zu sitzen.

F **zu Aufgabe 3**
Beschreibe, was die Arbeitsformen „Minijob“ und „Leiharbeit“ jeweils kennzeichnet.

AUFGABEN

1. Beurteile, ob es sich bei den beschriebenen Tätigkeiten um Arbeit handelt (**M1**).
2. Erläutere die Definition von Arbeit aus **#Arbeit** anhand der Beispiele in **M1**.
3. Analysiere mithilfe von **M2**, welche Form von Arbeit die Personen in **M3** ausführen.
4. Diskutiert in Kleingruppen, welche Vor- und Nachteile mit den verschiedenen Arbeitsformen einhergehen (**M2, M3**).

Ist Arbeit nur zum Geldverdienen da?

Ist Arbeit ein notwendiges Übel oder kann sie auch Spaß machen? Arbeit kann dir helfen, deine Freizeitwünsche zu erfüllen, mit netten Leuten in Kontakt zu sein und dich selbst zu verwirklichen. Was für dich Arbeiten bedeutet, wirst du jetzt und im Laufe der nächsten Jahre erkunden. Aber eines ist klar: Arbeit wird einen Großteil deines Lebens bestimmen.

M4 Was bedeutet Arbeit für mich?

Zandonella, Bruno: Wirtschaft für Einsteiger. In: Bundeszentrale für politische Bildung (Hg.): Thema im Unterricht/Extra. In: www.bpb.de, April 2020, S. 20

M5 Arbeiten wir, um zu leben oder leben wir, um zu arbeiten?

Erin: Ich möchte sorgenfrei leben und angstfrei in die Zukunft schauen können. Mein Gehalt ermöglicht es mir, so zu leben wie ich möchte. Eine Arbeit, die mich stresst, kommt für mich nicht in Frage. Ich verbiege mich auch nicht für meine Arbeit, sondern arbeite, damit ich mein Privatleben schön gestalten kann. Der Wechsel aus Freizeit und Arbeit ist mir wichtig, da die Arbeit mir hilft, meinen Tag zu strukturieren.

Kim: Arbeit muss sein und jeder sollte sein Bestes bei der Arbeit geben, damit wir es besser haben als unsere Großväter und -mütter. Damit man die maximale Leistung erbringt, muss man sich anstrengen. Arbeit muss nicht Spaß machen, sondern ist eine wichtige Pflicht! Mir ist der Kontakt zu meinen Kolleginnen und Kollegen wichtig, mit denen ich in der Mittagspause auch gerne über Privates spreche.

Karla: Mir sind Arbeit und Leben gleich wichtig und helfen mir bei meiner Selbstverwirklichung. Meine Arbeit erlebe ich als sinnvoll. Daher engagiere ich mich gern und freue mich, wenn ich dafür Lob und Anerkennung erhalte. Stress am Arbeitsplatz gefällt mir nicht. Ich möchte gerne meine Arbeitszeit und den Ort, an dem ich arbeite, mitgestalten und auch den Inhalt auswählen.

M6 Lebensarbeitszeit in Jahren

Dauer der Schulpflicht	**12**
Renteneintrittsalter	**67**
Lebenserwartung Männer	**79,1**
Lebenserwartung Frauen	**84,1**

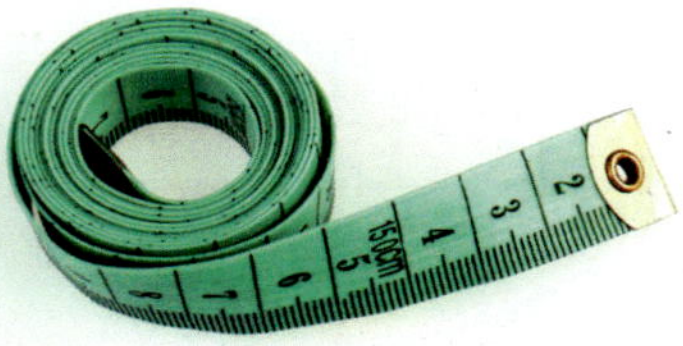

M7 Arbeit und Freizeit

Karikatur: Chaz Hutton

AUFGABEN

1. Beschreibe mithilfe der Wortwolke in **M4**, was Arbeit für dich bedeutet.
2. a) Erkläre, welche Bedeutung Arbeit und Freizeit für die verschiedenen Personen hat (**M5**).
   b) Ordne passende Begriffe aus der Wortwolke in **M4** den Personen in **M5** zu.
3. a) Veranschauliche dein Leben anhand von **M6** und mithilfe eines 1m Maßbands.
   b) Analysiere, welche Bedeutung Arbeit in deinem zukünftigen Leben hat.
4. Analysiere die Karikatur in **M7** (**Methode**).

H zu Aufgabe 3
Wenn du kein Maßband hast, kannst du auch einen Zeitstrahl zeichnen.

Teilen macht Freude – auch bei Arbeit?

Kennst du das, du teilst etwas und nicht nur deine Freundin oder dein Freund freut sich darüber, sondern dir selbst geht es anschließend richtig gut? Doch warum sollte man Arbeit teilen? Auch hier gibt es gute Gründe zu teilen, denn dadurch wird sie weniger. Welche Vor- und Nachteile eine solche Arbeitsteilung hat und wo überall Arbeit aufgeteilt wird, lernst du in diesem Kapitel.

M8 Arbeitsteilung in der Familie

In der Münsteraner Straße 3 wohnen fünf Personen. Die beiden Kinder Lisa (14) und Chris (9), der Vater Markus (45) und seine neue Freundin Alicja (47). Außerdem wohnt dort noch „Oma Gretchen", die eigentlich gar nicht die leibliche Oma von Lisa und Chris ist. Ihr gehört das Haus und ab und an kocht sie für die ganze Hausgemeinschaft und kümmert sich so gut sie kann um den großen Garten. Dort leben auch der Kater und die beiden Hasen. Oft gibt es im Haus Diskussionen wegen der anfallenden Hausarbeit:

Müll rausbringen | Geschirrspüler ein- und ausräumen | staubwischen

staubsaugen | Fenster putzen | Tisch decken

im Haus etwas reparieren | Tiere füttern | einkaufen

WC putzen | Hasenstall reinigen | Auto waschen

kochen | Wäsche waschen | aufräumen

ARBEITSTEILUNG

Arbeitsteilung bezeichnet die Aufteilung der Produktion in einzelne Arbeitsgänge. Diese werden auf die unterschiedlichen Wirtschaftseinheiten verteilt.

Verschiedene Personen, Abteilungen, Betriebe, Wirtschaftsbereiche oder Volkswirtschaften übernehmen einzelne Produktionsaufgaben.

Arbeitsteilung führt in der Regel zu einer erhöhten Effizienz in der Herstellung von Produkten oder der Bereitstellung von Dienstleistungen, da jede und jeder Einzelne sich auf einen bestimmten Bereich spezialisieren kann. Andererseits wird damit auch eine gewisse Entfremdung von Arbeit verbunden, da der Produktionsvorgang nicht mehr von Anfang bis Ende begleitet wird.

Produktivität
Verhältnis zwischen dem Ergebnis der Produktion und dem Einsatz von Energie, Geld, Arbeit etc., die zur Produktion benötigt werden

Erwerbslosigkeit
Arbeitslosigkeit

M9 Vor- und Nachteile der Arbeitsteilung

Mögliche Vorteile	Mögliche Nachteile
Die Produktivität eines Menschen, eines Unternehmens oder einer Wirtschaft steigt und führt zu einer besseren Güterversorgung.	Aus einseitiger körperlicher Belastung können gesundheitliche Schädigungen hervorgehen.
Spezielle Begabungen werden besser genutzt und gefördert.	Das Gesamtprodukt ist für den einzelnen Menschen nicht mehr erkennbar. Er erlebt seine Arbeit daher als sinnlos.
Durch die kleinen Aufgaben und die stetige Wiederholung dieser, wird die Arbeit gut beherrscht und kann mit hoher Qualität durchgeführt werden.	Durch die spezielle Einübung einer spezifischen Tätigkeit ist der Arbeitende nicht mehr flexibel bei anderen Arbeitsgängen einsetzbar.
Da lediglich wenige, spezialisierte Aufgaben erlernt werden müssen, sind kurze Ausbildungszeiten ausreichend.	Bei einer Erwerbslosigkeit ist die Arbeitssuche für spezialisierte Arbeitende erschwert.
Der Einsatz von Maschinen für einzelne Arbeitsschritte ist möglich. Das kann dazu führen, dass dem Arbeitenden die Arbeit erleichtert wird.	Die immer gleichbleibende Tätigkeit führt zu Langeweile und einem Verlust von Arbeitsfreude.
	Die einzelnen Arbeitsgänge stehen in einer Abhängigkeit zueinander. Die Selbstständigkeit der Arbeitenden ist daher beschränkt.

F zu Aufgabe 1
Recherchiere, wie die Arbeitsteilung in privaten Haushalten zwischen den Geschlechtern in Deutschland zumeist aufgeteilt ist und nimm dazu kritisch Stellung.

AUFGABEN

1. a) Beschreibe, welche Aufgaben im Haus anfallen (**M8**).
   b) Bildet 5er Gruppen und teilt die Mitglieder der Wohngemeinschaft der Münsteraner Straße unter euch auf. Entscheide, welche Aufgaben im Haushalt du gerne übernehmen würdest und welche dir Schwierigkeiten bereiten würden. Begründe deine Entscheidung.
   c) Der Haussegen hängt schief. Die ewige Streiterei um die Verteilung der Aufgaben soll durch einen Haushaltsplan (→ siehe Kap. 2.2) gelöst werden. Führt ein Rollenspiel durch (**Methode**).
2. Beschreibe Beispiele aus deinem Alltag, in denen Arbeitsteilung genutzt wird (**#Arbeitsteilung**).
3. a) Entscheidet, ob ihr Arbeitsteilung für euch positiv oder negativ bewertet (**M9**).
   b) Beurteilt die Vor- und Nachteile der Arbeitsteilung (**M9**) anhand eines Firmen-Experiments mithilfe der nachfolgenden Methodenkarte.

Ein Firmen-Experiment durchführen

Worum geht es?

In diesem Experiment könnt ihr selbst herausfinden, wie ein bestimmtes Produkt mittels Arbeitsteilung am effektivsten hergestellt werden kann. Ihr schlüpft dafür in die Rolle von Arbeitnehmerinnen und Arbeitnehmern eines Unternehmens oder übernehmt die Beobachterrolle im Marktforschungsinstitut.

Geht dabei so vor:

1.Schritt: Gruppenbildung

In diesem Experiment werdet ihr als Arbeitnehmerinnen und Arbeitnehmer in einem Unternehmen arbeiten. Bildet dazu in eurer Klasse gleich große Gruppen, die etwa 8-10 Personen umfassen. Bestimmt dann so viele Schülerinnen und Schüler, die in einer weiteren Gruppe als Marktforschungsinstitut arbeiten können, bis die Gruppen der Arbeitnehmerinnen und Arbeitnehmer gleich groß sind.

2. Schritt: Vorbereitung

In eurem Unternehmen stellt ihr ein fiktives Produkt her. Gebt eurer Firma und eurem Produkt einen Namen und bereitet eure Produktionsstätte vor.
Ihr benötigt:

- Zwei Tische
- Eine Produktionstabelle
- Drei Locher
- Einen Heftstreifen
- Heftklammern
- Papier

3. Schritt: Durchführung der Produktion bzw. der Beobachtung

Gruppe Produktion: Nun beginnt ihr mit der Produktion und produziert 45 Sekunden lang euer Produkt anhand der Skizze, die ihr auf der nächsten Seite dieser Methodenkarte findet. Das soll einen realen Produktionszeitraum von einer Woche darstellen. Ihr spielt mehrere Runden.
Beachtet dabei folgende Regeln:

- Ihr beginnt mit einem Beschäftigten.
- Jede Runde kommt ein weiterer Beschäftigter hinzu.
- Eure Arbeitsfläche und die Ausstattung bleiben immer gleich.
- Produkte, die auf den Boden fallen, sind beschädigt. Sie werden gesondert gesammelt.

Gruppe Marktforschung: Wenn du zur Marktforschung gehörst, beobachte die Unternehmen und achte dabei auf Folgendes:

- Wie werden die Produkte in den einzelnen Unternehmen produziert?
- Welche Gemeinsamkeiten und Unterschiede kannst du beim Produktionsablauf erkennen?
- Wie verändert sich der Ablauf mit steigender Anzahl der Arbeitenden?

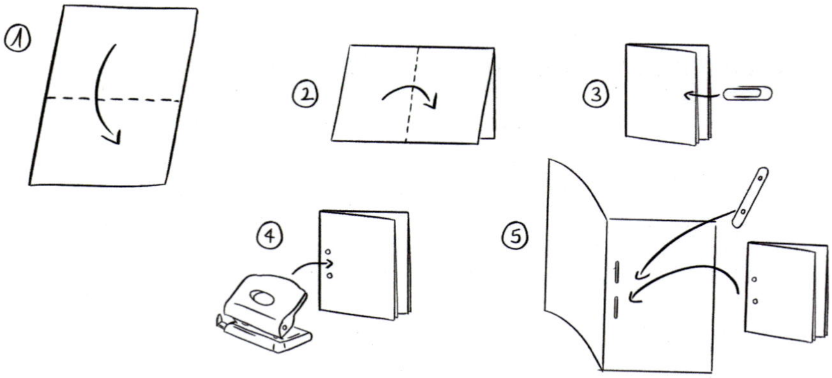

4. Schritt: Bilanz

Sobald eine Woche vorbei ist, wird Bilanz gezogen:

- Zählt eure hergestellten Produkte und tragt die Anzahl in die untenstehende Produktionstabelle ein.
- Zählt nur die makellosen Produkte.

Runde	Anzahl der Mitarbeitenden	Anzahl der Produkte
1		
2		
3		
...		

Jetzt kann es weitergehen zur nächsten Produktionsrunde. Ihr bekommt eine Mitarbeiterin oder einen Mitarbeiter mehr!

5. Schritt: Auswertung

Die Gruppe für Marktforschung vergleicht, wie sich die Produktivität in Abhängigkeit zur Anzahl der Mitarbeitenden verändert hat und stellt die Ergebnisse vor.

Diskutiert gemeinsam in der Klasse, was die Arbeitsteilung bewirkt hat.

Manchmal entlohnt, aber oft unbezahlt: Care-Arbeit

Arbeit bedeutet nicht immer, dass man damit auch Geld verdient. Die Hausarbeit, die Erziehung von Kindern und die Pflege von Angehörigen sind wichtige Aufgaben, die jedoch zumeist nicht bezahlt werden. Könntest du dir vorstellen zu arbeiten, ohne dafür bezahlt zu werden?

M10 Sich Kümmern ist Arbeit – Care-Arbeit

Die Kinder warten darauf, aus der Kita abgeholt zu werden, der Kühlschrank ist leer und auch die Mülltonne quillt über. Und wenn man krank im Bett liegt, wartet man vergeblich auf einen Tee und eine Wärmflasche. Wenn sich keiner um andere kümmert, ist der Alltag plötzlich ganz schön trist!

Basierend auf: Katz, Julia / Kolosowa, Wlada: „Wer hat eigentlich verdient, gut zu leben?". In: www.zeit.de, 11.02.2019

CARE-ARBEIT

Care-Arbeit wird auch als Pflege- oder Sorgearbeit bezeichnet und beschreibt Tätigkeiten des Sorgens, der Pflege und des sich Kümmerns. Dazu zählen Haushaltstätigkeiten wie Kochen, Putzen und Reparaturen, aber auch die Kinderbetreuung, Altenpflege, die Pflege von Angehörigen im eigenen Haushalt, familiäre Unterstützung oder Hilfe unter Freunden. Care-Arbeit ist häufig unbezahlte Arbeit, die teilweise neben der Erwerbsarbeit durchgeführt wird. Es gibt aber auch Care-Berufe, bei denen diese Arbeit dann bezahlt wird, wie zum Beispiel in der Altenpflege.

M11 Wen kümmert's? Zur gesellschaftlichen Bedeutung von Care-Arbeit

Gesellschaftlich wird Erwerbsarbeit wesentlich mehr Bedeutung beigemessen als Care-Arbeit. Im Bereich der Erwerbsarbeit „leistet man etwas", hier wird „Karriere gemacht". Wer eine Erwerbsarbeit hat, gehört gesellschaftlich dazu. Die Care-Arbeit hingegen wird kaum wahrgenommen und erfährt nur wenig gesellschaftliche Anerkennung. Wer sich um die Erziehung von Kindern oder die Pflege von Angehörigen oder Freund:innen kümmert, ist z. B. „nur" Hausmann oder Hausfrau. Die mangelnde Anerkennung zeigt sich auch in der Bezahlung: Care-Arbeit ist unbezahlt oder schlecht bezahlt.

M12 Frauen und Männer bei der Care-Arbeit

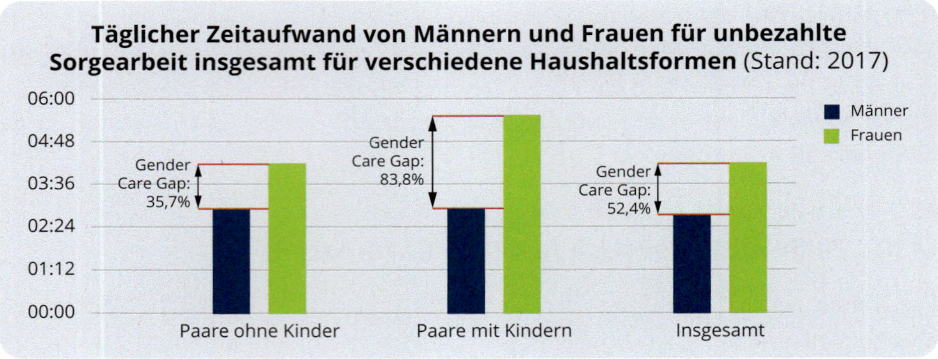

Zahlen nach: ©Bundesministerium für Familie, Senioren, Frauen und Jugend: Zweiter Gleichstellungsbericht der Bundesregierung. Eine Zusammenfassung. In: www.bmfsfj.de, November 2018, S.12

Gender Care Gap
statistisches Anzeichen, das den unterschiedlichen Zeitaufwand von Männern und Frauen bei unbezahlter Sorgearbeit darstellt

M13 Care-Arbeit neu verteilen

Care-Arbeit lässt sich auch anders verteilen. Ein Beispiel dafür ist der nachbarschaftliche Pflegedienst Buurtzorg. Pflegenden und zu pflegende Personen koordinieren in Absprache das Unterstützungsnetzwerk. Dieses besteht aus Ärzt:innen, Therapeut:innen, Fachpersonal, Angehörigen, Freund:innen und Nachbar:innen. So übernimmt beispielsweise eine Freundin einer gehbeeinträchtigten Person den Wocheneinkauf oder ein Nachbar, der ohnehin kocht, versorgt eine weitere Person mit, die dazu gerade nicht in der Lage ist. Durch die Beteiligung von vielen Menschen entsteht eine Entlastung für den Einzelnen. Dem Pflegepersonal wird ein hohes Maß an Eigenverantwortung übertragen, sodass sie ihren Arbeitsalltag eigenständig gestalten können. Dabei wird jedoch auf Kontinuität geachtet, wodurch Sicherheit und Vertrauen erzielt werden. Die Pflegebedürftigen können so ein eigenständiges Leben führen und die Care-Arbeit wird gemeinschaftlich getragen.

Basierend auf: ©Konzeptwerk Neue Ökonomie e.V. / Fairbindung e.V.: Buurtzog: Der nachbarschaftliche Pflegedienst, in: www.endlich-wachstum.de, Abruf am: 01.03.2021

Buurtzorg
(deutsch: „Nachbarschaftspflege) ein niederländisches Unternehmen

AUFGABEN

1. Benenne Tätigkeiten, die als Care-Arbeit bezeichnet werden (**M10, #Care-Arbeit**).
2. Vergleicht zu zweit die gesellschaftliche Bedeutung von Erwerbsarbeit und Care-Arbeit (**M11**).
3. a) Analysiere die Grafik und stelle heraus, wie Care Arbeit zwischen Frauen und Männern verteilt ist (**M12**).
   b) Nimm Stellung, ob diese Aufteilung gerecht ist.
4. a) Bewerte, ob der nachbarschaftliche Pflegedienst (**M12**) zu einer faireren Verteilung von Care-Arbeit führt.
   b) Erörtere, ob du dir vorstellen könntest, Care-Tätigkeiten für einen Nachbarn oder eine Nachbarin zu übernehmen.

F zu Aufgabe 3
Recherchiere, was der Equal Care Day ist.

Arbeit, die uns allen guttut: das Ehrenamt

Kennst du jemanden, der bei der Freiwilligen Feuerwehr mitmacht, beim Roten Kreuz oder sich bei einer Umweltinitiative engagiert? Die Arbeit, die dort geleistet wird, erfolgt ohne Bezahlung und hilft der Gesellschaft. Doch nützt sie vielleicht auch den Ehrenamtlichen?

M14 Ehrenamt – viele Möglichkeiten für besondere Tätigkeiten

Elif: Einmal im Jahr gibt es bei uns einen großen Marathon, bei dem über 200 Personen mithelfen. Ich habe mich freiwillig dazu entschieden mitzumachen und bin damit ein Teil der Gemeinschaft von Helfenden!

Johann: Ich wollte mich immer gerne engagieren und Tieren etwas Gutes tun. Ich spende zwar schon jedes Jahr Geld, möchte aber auch ehrenamtlich tätig werden. Ich habe mir mehrere Vereine und Organisationen angesehen, bevor ich entschieden habe, in welchem ich mitmache.

Moritz: Ich leite eine Selbsthilfegruppe, die arbeitslose Menschen ermutigt, sich auszutauschen und gegenseitig zu unterstützen. Dafür bekomme ich kein Gehalt, aber eine Aufwandsentschädigung, mit der ich meine Fahrtkosten begleichen kann.

Carlos: Ich mache gerade ein ökologisches Jahr auf einem Kinderbauernhof. Das macht mir Spaß und hilft dem Gemeinwohl, also vielen Bewohnern in unserer Stadt.

Tekla: Ich kümmere mich auch zuhause darum, dass es allen gutgeht. Aber bei der gemeinnützigen Organisation „Tafel" helfe ich im öffentlichen Raum und verteile Lebensmittel an Bedürftige

EHRENAMT

Mit dem Begriff Ehrenamt oder auch Freiwilligenarbeit und bürgerschaftliches Engagement werden Tätigkeiten bezeichnet, die freiwillig ausgeübt werden. Hierbei steht das Gemeinwohl im Fokus und es geht nicht darum sich finanziell abzusichern oder anderweitig einen persönlichen Nutzen oder Vorteil zu erzielen. Ehrenamtliche Tätigkeiten finden öffentlich oder im öffentlichen Raum statt und werden meist gemeinschaftlich ausgeübt. Über ein Ehrenamt kann sich jeder einbringen und zum Zusammenhalt der Gesellschaft beitragen.

Nach: Hollstein, Bettina: Das Ehrenamt. Empirie und Theorie des bürgerschaftlichen Engagements. In: www.bpb.de, 31.03.2017

M15 Motive für ehrenamtliches Engagement

M16 Ehrenamt braucht viele Hände

Die Freiwilligen Feuerwehren übernehmen eine wichtige Funktion in der aktiven Gefahrenabwehr in Deutschland. Neben einigen Festangestellten arbeiten hier größtenteils ehrenamtliche Mitglieder.

AUFGABEN

1. a) Benenne die Tätigkeiten, welche die Personen aus **M14** ausführen.
   b) Sammelt zu zweit fünf weitere Beispiele für ehrenamtliches Engagement.
2. Erläutere mithilfe der Fallbeispiele aus **M14** die Merkmale einer ehrenamtlichen Tätigkeit, die in der Definition genannt werden (**#Ehrenamt**).
3. Begründe, welches Motiv dich am ehesten für ein Engagement motivieren würde (**M15**).
   a) Interpretiere die Grafik in **M16** in Verbindung mit dem nebenstehenden Text. Du kannst dich zur Bearbeitung an der Methodenkarte zur Karikaturenanalyse orientieren (**Methode**).
   b) Entwickle Ideen, wo du dich ehrenamtlich engagieren könntest.

F zu Aufgabe 3
Führe ein Interview mit jemandem durch, die bzw. der sich engagiert und finde die Motive hierfür heraus.

H zu Aufgabe 4b
Recherchiere dazu in einer Datenbank unter: https://ehrenamt.bund.de/

Service Learning – Lernen durch Engagement

Worum geht es?

„Ehrenamtliches Engagement ist eine nette Idee für später!", denkst du vielleicht? Das stimmt so nicht ganz, denn die Methode „Service Learning" ist auch an Schulen schon stark verbreitet. Dabei entwickelst du dein Projekt selbst und stellst dich einer echten gesellschaftlichen Herausforderung. Entdecke den Unterstützungsbedarf in deinem Stadtteil und starte damit dein eigenes Service-Learning-Projekt.

Geht dabei so vor:

1. Schritt: Bestimmung eigener Stärken

Schreibe 5 Stärken auf Moderationskarten. Bildet 5er Gruppen und legt eure Karten zusammen, sodass ihr seht, über welche Stärken ihr als Team verfügt!
Nutzt dafür auch Kapitel 5.2.

↓ ↓ ↓

2. Schritt: Inhaltliche Orientierung

Überlegt gemeinsam, ob ihr ein Thema aus dem Unterricht kennt, dass ihr gerne vertiefen würdet und das für euer Engagement geeignet ist. Sprecht auch eure Fachlehrpersonen an oder blickt in die Lehrpläne der einzelnen Fächer.

↓ ↓ ↓

3. Schritt: Erkundung der Umgebung

Erforscht eure Gemeinde oder eure Stadt. Findet heraus, was gut läuft und wo es Verbesserungsmöglichkeiten gibt!
Beobachtet verschiedene öffentliche Orte, wie z. B. Parks, zentrale Verkehrspunkte oder öffentliche Einrichtungen. Dokumentiert eure Beobachtungen.

↓ ↓ ↓

4. Schritt: Expertenbefragung

Sprecht mit verschiedenen Menschen vor Ort. Überlegt euch zentrale Fragen und entscheidet, wen ihr befragen wollt. Ihr könnt zum Beispiel:

- Bürgermeisterin oder Bürgermeister, Pfarrer oder Polizeibeamtinnen bzw. -beamte fragen, da sie einen Überblick über den Ort haben,
- Mitarbeitende gemeinnütziger Institutionen oder Vereine fragen,
- Bewohnerinnen und Bewohner befragen,

Nutzt dafür auch die Methodenkarte „Die Expertenbefragung" aus Kapitel 1.

↓ ↓ ↓

5. Schritt: Recherche

Recherchiere im Internet, was in den letzten Wochen in deiner Gegend passiert ist. Analysiere die Berichte und dokumentiere positive und negative Aspekte.

6. Schritt: Entscheidung für ein Engagement

Entscheidet euch zum Abschluss für ein Projekt, dass sinnvoll ist, euch gefällt und bei dem ihr sowohl anderen helfen könnt als auch etwas lernt. Führt dieses Projekt gemeinsam durch. Orientieren könnt ihr euch an den folgenden zwei Beispielen für Service-Learning.

1. Beispiel	2. Beispiel
Im Wirtschaftsunterricht beschäftigt ihr euch mit dem Thema Konsum und Nachhaltigkeit. Ihr werdet zu Expertinnen und Experten für nachhaltiges Handeln und wollt euer Wissen weitergeben. Dazu erstellt ihr Filme und Präsentationen. Diese sind über die Homepage frei zugänglich und werden im Schulshop genutzt, um auf besonders nachhaltige Produkte hinzuweisen.	Im Rahmen der beruflichen Orientierung lernt ihr wie wichtig es ist, die eigenen Stärken und Interessen zu erkunden. Man benötigt aber auch ein großes Wissen über verschiedene berufliche Wege. In eurer Gemeinde gibt es eine Unterkunft für Geflüchtete. Dort kommen auch viele junge Menschen an. Damit sie eine Perspektive entwickeln können, entwickelt ihr einen „Stärkenparkours" und erprobt diesen gemeinsam mit den Geflüchteten.

Weiterführende Informationen sowie ergänzende Beispiele findet ihr unter dem Mediencode.

Mediencode: 82252-23

BERUF UND ARBEITSWELT

ARBEIT IST MEHR ALS ERWERBSARBEIT

M1-M3

Arbeit bezeichnet eine planmäßige und zielgerichtete Tätigkeit. Sie dient nicht immer nur dem Geld verdienen, sondern spielt auch in anderer Form eine wichtige Rolle in unserem Leben und der Gesellschaft. Beispielsweise in Form der Care-Arbeit. Wie und wo jemand arbeitet, kann ganz unterschiedlich aussehen. Es gibt nicht nur vielfältige Arbeitsorte, sondern man unterscheidet auch zwischen Vollzeit oder Teilzeit-Arbeit oder befristeten und unbefristeten Arbeitsverhältnissen. Selbstständige Unternehmerinnen und Unternehmer gestalten ihre Tätigkeit flexibler und können über Arbeitszeit und Ort frei bestimmen, haben aber auch ein größeres Risiko als Festangestellte. Auch für die Rente hat dies Konsequenzen, Selbstständige müssen selbst vorsorgen.

BEDEUTUNG VON ARBEIT FÜR DEIN LEBEN

M4-M6

Im Vergleich zu deiner Schulzeit wird deine Lebensarbeitszeit vermutlich um einiges länger sein. Erwerbsarbeit hat für die einzelnen Menschen dabei ganz unterschiedliche Bedeutungen. Zentral ist die Funktion als Einkommensquelle. Darüber hinaus kann sie aber auch eine Form der Selbstverwirklichung darstellen, als soziale Verankerung, als notwendiges Übel und vieles mehr wahrgenommen werden. Du hast die Chance, über Schülerinnen- bzw. Schüler- oder Ferienjobs und Praktika deine eigenen Erfahrungen mit Arbeit zu sammeln, bevor du dich für einen beruflichen Weg entscheidest.

ARBEITSTEILUNG

M8-M10

Im Haushalt, in der Produktion und weltweit wird das Prinzip der Arbeitsteilung genutzt, um erfolgreich zu wirtschaften. Idealerweise macht jede und jeder das, was er oder sie besonders gut kann. So können sich Betriebe und ihre Belegschaft spezialisieren und die Produktivität insgesamt gesteigert werden. Arbeitsteilung ist aber auch mit einigen Nachteilen verbunden, wenn nur noch sehr kleinschrittig und routiniert immer wieder dieselben Arbeitsschritte erfolgen.

UNBEZAHLTE ARBEIT

M11-M16

Im Haushalt, bei der Pflege von Angehörigen oder der Betreuung von Kindern wird auch Arbeit geleistet, die man mit Care-Arbeit bezeichnet. Obwohl es auch Care-Berufe gibt, bei denen die Angestellten Lohn erhalten, werden viele dieser Tätigkeiten unbezahlt ausgeführt. Für die Gesellschaft sind sie genauso wichtig, wie das ehrenamtliche Engagement vieler Freiwilliger. Ehrenamtlich sind freiwillige und oft unbezahlte Tätigkeiten, die das Gemeinwohl fördern.

10.2 Typisch ich!?

Das kann ich: eigene Stärken finden

Jeder Mensch hat Stärken und Schwächen. Vielleicht werden dir deine Schwächen öfter vor Augen geführt, wenn du z.B. bei einer Schulaufgabe Hilfe brauchst oder dir von anderen gesagt wird, dass du etwas nicht kannst. Dort, wo deine Stärken liegen, fallen dir hingegen Arbeiten leicht und du erzielst meist gute Ergebnisse. Deine Stärken können dir dabei helfen, einen Beruf zu finden, der gut zu dir passt und dir Spaß macht.

M1 Welche Stärken lassen sich unterteilen?

Kopf

Herz

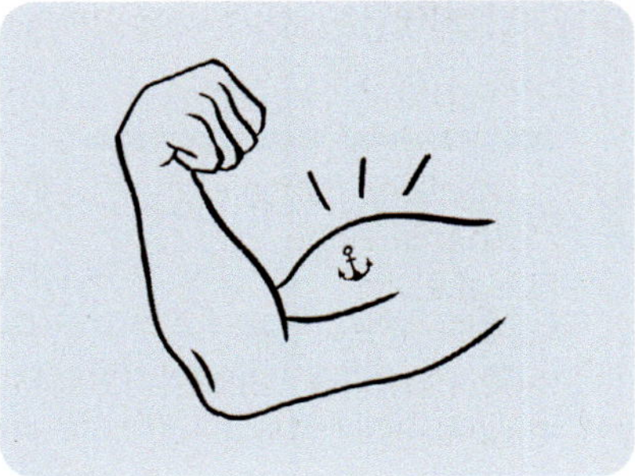
Körper

M2 Worin zeigen sich unsere Fähigkeiten?

Carla

Carla spielt in ihrer Freizeit stundenlang Computerspiele. Darüber regen sich ihre Eltern auf. Es zeigt aber auch, dass sie sich (zumindest beim Computerspielen) lange konzentrieren kann. Carla hat also eine hohe Konzentrationsfähigkeit, die sie vielleicht auch in einem Beruf, bei dem z.B. viel am Computer gearbeitet wird, zeigen kann.

Antonia

Antonia verbringt viel Zeit mit ihrem Großvater. Am liebsten bastelt sie an der Modelleisenbahn auf dem Dachboden. Einen Teil der Landschaft hat sie selbst gestaltet. Dazu hat sie Miniaturhäuser zusammengebaut, einen ganzen Wald aus einzelnen Bäumen und kleine Figuren aufgeklebt. Neben Geduld und Kreativität scheint Antonia auch über Feinmotorik zu verfügen.

Feinmotorik
Fähigkeit, kleine Bewegungen sehr kontrolliert und genau auszuführen

PERSÖNLICHE STÄRKEN

Jeder Mensch hat unterschiedliche Stärken und Schwächen, also Bereiche, in denen er gut ist und Gebiete, in denen er weniger gut ist.
Allgemein lassen sich drei Fähigkeitsbereiche unterscheiden, die auch dabei helfen können, einen geeigneten Beruf zu finden: Intellektuelle bzw. geistige Fähigkeiten, körperliche Fähigkeiten und emotionale bzw. soziale Fähigkeiten.

M3 Fähigkeitsbereiche im Überblick

Geistige Fähigkeiten	Körperliche Fähigkeiten	Soziale Fähigkeiten
• Technisches Verständnis • Sprachliche Fähigkeiten • Mathematische Fähigkeiten • Musikalisches Talent • Gestalterisches Talent • Kreativität • Fantasie • Räumliches Vorstellungsvermögen • Logisches Denken • Konzentrationsfähigkeit • Merkfähigkeit • Gutes Orientierungsvermögen	• Körperliche Belastbarkeit • Körperliche Ausdauer • Muskelkraft • Geschicklichkeit • Fingerfertigkeit • Handwerkliches Geschick • Schwindelfreiheit • Fingerspitzengefühl • Schnelligkeit • Wendigkeit • Gutes Sehvermögen • Gutes Hörvermögen • Guter Geruchs- und Geschmackssinn	• Hilfsbereitschaft • Teamfähigkeit • Ordnungssinn • Gewissenhaftigkeit • Sauberkeit • Zuverlässigkeit • Kontaktfähigkeit Geduld • Selbstbewusstsein • Spontaneität • Flexibilität • Selbstständigkeit • Konsequenz • Einfühlungsvermögen

Basierend auf: Ebner, Peter/Fritz, Sabine: Berufswahl: Das will ich. Das kann ich. Das mach ich. Lebensplanung spielerisch ausprobieren, September 2005

AUFGABEN

1. Diskutiert zu zweit eure Stärken und sortiert sie den drei Bildern in **M1** zu.
2. Beschreibe, was du gerne machst und benenne die dazu nötigen Stärken (**M2**).
3. Erklärt euch abwechselnd zu zweit die Fähigkeiten in **M3** und findet Beispiele aus eurem Alltag.
4. a) Gehe nun die Tabelle der Fähigkeiten aus **M3** allein durch und bewerte, ob und wie sie auf dich zutreffen. Mache dir hierzu Notizen.
   b) Suche dir zu jedem Fähigkeitsbereich mindestens drei deiner Fähigkeiten aus und erläutere, wie sie für andere sichtbar sind.

H zu Aufgabe 3
Benennt unbekannte Fähigkeiten zur Klärung in der Klasse.

H zu Aufgabe 4b
Versetze dich dafür in eine Person, die dich gut kennt und überlege, wie sie deine Fähigkeiten beschreiben würde.

Das ist mir wichtig: eigene Vorlieben entdecken

Wer seine Stärken und Schwächen kennt, kann oftmals begründen, weshalb er oder sie für einen Beruf geeignet bzw. nicht geeignet ist. Und dennoch spielen weitere Überlegungen bei der Wahl eines Berufes eine wichtige Rolle. Denn nicht alles, was man gut kann, macht man auch zwangsläufig gerne!

M4 Das Wollen zählt auch

Miriam kann sehr gut zeichnen und auch Flyer am Computer gestalten. Die damit verbundenen Fähigkeiten: Kreativität, Fantasie, sprachliche Begabung und räumliches Vorstellungsvermögen zählen zu Miriams Stärken. In einem Praktikum hat sie aber herausgefunden, dass sie das nicht auf Dauer beruflich machen möchte. Sie legt hingegen großen Wert auf körperliche Bewegung bei der Arbeit und möchte lieber Menschen in irgendeiner Weise helfen.

Miriam lebt ihre Kreativität am Computer aus.

M5 Was mache ich gerne?

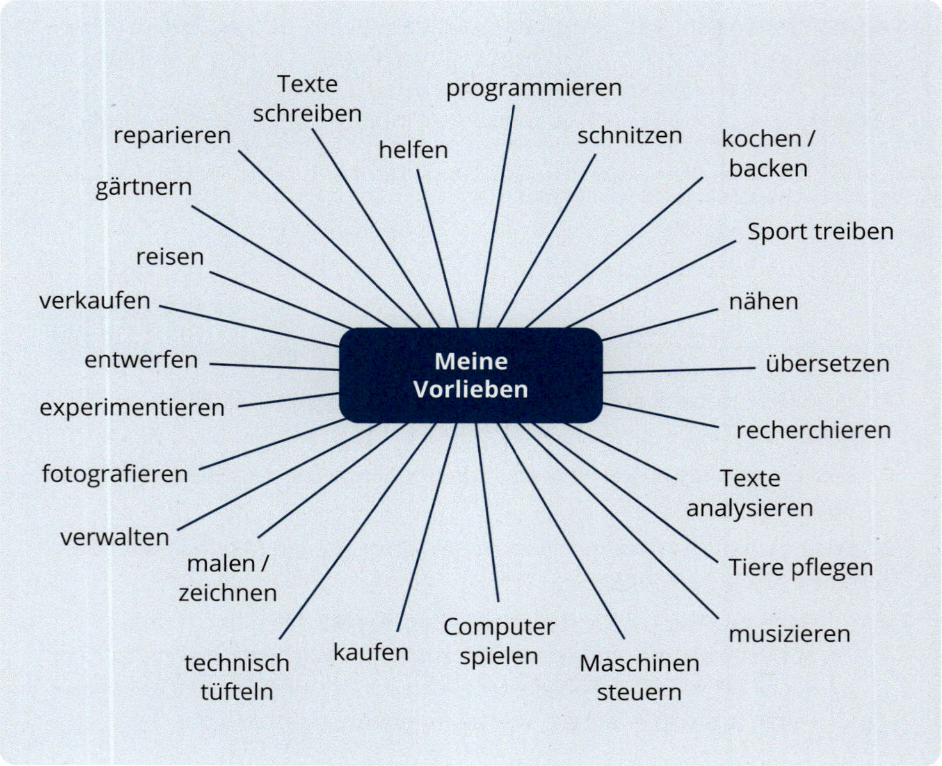

M6 Kunterbunte Arbeitswelt

Frau mit Kittel

Frau mit Hund

Mann beim Backen

Frau beim Sägen

Frauen im Zug

M7 Wie möchte ich arbeiten?

unterwegs sein	etwas verkaufen	etwas organisieren	Träume erfüllen
Hobby ausüben	im Büro arbeiten	in der Gastronomie arbeiten	viel Freizeit
reich werden	sicherer Arbeitsplatz	Neues entdecken	eigener Chef sein
im Ausland arbeiten	im Team arbeiten	Lebensunterhalt aufbringen	Waren herstellen
unabhängig sein	etwas verwalten	anderen helfen	Karriere machen
erziehen	in der Werkstatt arbeiten	in Teilzeit arbeiten	Wissen vermitteln
im Freien arbeiten	flexible Arbeitszeit	Nachtarbeit	im Verkaufsraum arbeiten

AUFGABEN

1. Tauscht euch zu zweit darüber aus, ob ihr Stärken habt, die ihr beruflich nicht nutzen wollt, und begründet eure Einschätzung (**M4**).
2. Was möchtest du arbeiten?
   a) Erstelle eine Tabelle mit drei Spalten und ordne die Tätigkeiten in **M5** danach, wie gerne du sie machst:
   a) sehr gerne; b) gerne; c) nicht gerne.
   b) Diskutiert zu zweit, inwieweit diese Tätigkeiten in verschiedenen Berufen eine Rolle spielen und nennt euch bekannte Berufe (**M6**).
3. Wähle mindestens sieben Merkmale aus **M7** aus. Trage dazu die Bausteine, die für dich bei einer Arbeit am wichtigsten sind, von oben nach unten in Form einer Pyramide ein.
4. a) Stelle deine Stärken bzw. Fähigkeiten und Interessen anschaulich dar. Gestalte dazu ein Plakat (**Methodenglossar**).
   b) Präsentiere dein Plakat Personen, die dich gut kennen (z. B. deine Eltern). Hole dir Feedback ein und überarbeite ggf. dein Plakat.
   c) Stelle das überarbeitete Plakat deiner Klasse vor.

H zu Aufgabe 3
Erklärt euch zu zweit abwechselnd die einzelnen Begriffskärtchen aus M7 und recherchiert zu euch unbekannten Begriffen, z. B. im Internet (Methodenglossar).

F zu Aufgabe 4
Erstellt auf Grundlage der Plakate ein Ratespiel. Die Lösungen sollen die Namen der Schülerinnen und Schüler eurer Klasse sein.

WAS PASST ZU MIR?

M1-M4 --> #

MEINE STÄRKEN

Jeder Mensch hat sowohl Stärken als auch Schwächen. Diese zu kennen, ist eine wesentliche Voraussetzung dafür, einen passenden Beruf zu finden. Du kannst zwar an deinen Schwächen in bestimmtem Maße arbeiten, du solltest aber immer von deinen Stärken ausgehen.

Unsere Stärken werden auch als Fähigkeiten bezeichnet. Sie lassen sich in drei Fähigkeitsbereiche unterteilen: Geistige Fähigkeiten umfassen alle Fähigkeiten, die höhere Leistungen des Gehirns erfordern. Bei den körperlichen Fähigkeiten stehen Koordination von Bewegungen, die Muskeln und Sinne zur Bewältigung von Aufgaben im Vordergrund. Als soziale Fähigkeiten werden diejenigen Fähigkeiten bezeichnet, die mit persönlichen Einstellungen und dem Agieren mit anderen Menschen im Zusammenhang stehen. Generell sind alle Fähigkeitsbereiche wichtig und in vielen Berufen kommt es auf eine Mischung von Fähigkeiten aus allen drei Fähigkeitsbereichen an.

M5-M7 --> #

MEINE INTERESSEN

Deine Interessen zeigen sich oftmals in deinen Hobbys. Hier wendest du meist auch deine Stärken an. Darüber hinaus spielen aber auch deine Vorlieben für bestimmte Tätigkeiten und deine Vorstellungen darüber, wie du gerne arbeiten möchtest, eine Rolle. Die Redewendung „sein Hobby zum Beruf machen" macht den Zusammenhang deutlich. Das ist aber nicht immer möglich und auch nicht zwangsläufig gewollt. Teilweise wird deshalb auch zwischen privaten und beruflichen Interessen unterschieden.

10.3 Viele Möglichkeiten – Ideen für (d)einen beruflichen Weg nach der Schule

Viele Möglichkeiten – wo geht dein Weg hin?

Nach dem Verlassen der Schule hast du zahlreiche Entscheidungsmöglichkeiten. Es gibt allein über 300 staatlich anerkannte Ausbildungen und mit einer Hochschulberechtigung (umgangssprachlich: Fachabitur oder Abitur) kann dann aus über 8000 Studiengängen ausgewählt werden.

M1 Wege nach der 10. Klasse

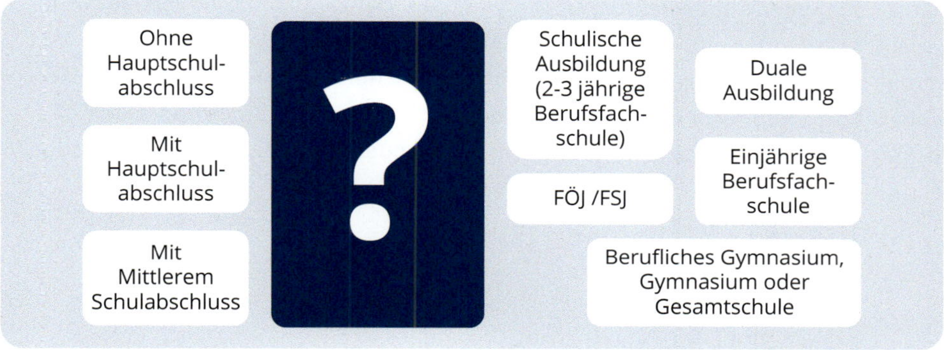

M2 Wer die Wahl hat, hat die Qual?!

1 Schon in der 9. Klasse war mir klar, dass ich nicht weiter zur Schule gehen wollte. Ich wollte möglichst schnell ausziehen und auf eigenen Beinen stehen. Deshalb habe ich mich nach einer Ausbildung umgeschaut und mich beworben. Nach mehreren Ablehnungen habe ich die Zusage von zwei Betrieben bekommen. Ich habe die Ausbildung zur Industriekauffrau dann angenommen und bin dazu in eine 30 km entfernte Stadt gezogen, in der sowohl der Ausbildungsbetrieb als auch die Berufsschule waren. Mit meiner Ausbildungsvergütung habe ich mir dort ein Zimmer in einer Wohngemeinschaft gemietet.

2 Ich habe mich schon immer für Bewegung und Sport interessiert. Anfangs habe ich überlegt, ob ich Sportwissenschaften studieren möchte. Schlussendlich habe ich mich aber dafür entschieden, dass ich zunächst eine Ausbildung zum Gymnastiklehrer an der Berufsfachschule um die Ecke mache. Im Rahmen dieser schulischen Ausbildung werde ich auch meine Fachhochschulreife erwerben und kann nach der Ausbildung entscheiden, ob ich erst einmal arbeiten oder doch studieren möchte.

3 Mein größter Traum war es immer, so wie meine Eltern und Großeltern zuvor, Arzt zu werden. Mit etwas Glück habe ich nach der zehnten Klasse die Zulassung für die gymnasiale Oberstufe bekommen. Ich habe mich ganz bewusst gegen ein Gymnasium und für das berufliche Gymnasium in der Nachbarstadt entschieden. Dieses hat einen Schwerpunkt auf Gesundheit und Soziales, wovon ich mir einen Vorteil fürs Studium erhoffe. Dafür nehme ich auch die Stunde Fahrweg gerne in Kauf.

4 In der Schulzeit hat mich meine berufliche Zukunft nicht interessiert. Nach der neunten Klasse stand ich also ohne eine Ausbildung da und ohne zu wissen, wie es für mich weitergeht. Das war ein wirklich blödes Gefühl. Meine Mutter machte dann auch noch Stress und hat mit mir zahlreiche Bewerbungen für irgendwelche Ausbildungen geschrieben. Wenn ich überhaupt eine Antwort bekommen habe, dann meistens eine Absage. Schlussendlich hat mich meine Mutter dann zur einjährigen Ausbildungsvorbereitung an der Berufsfachschule angemeldet. Da kann ich meinen Schulabschluss nachmachen und weiß jetzt auch schon, wo ich mich danach bewerben werde.

5 Für mich war bereits zu Beginn der neunten Klasse klar, dass ich später einmal den Beruf des Altenpflegers ergreifen möchte. Leider bin ich für die Ausbildung noch zu jung und muss deshalb erst einmal ein Jahr überbrücken. Durch einen Freund bin ich aber auf das FSJ (freiwilliges soziales Jahr) aufmerksam geworden. Für ein Jahr lang helfe ich jetzt in einem Altenheim, lerne bereits Aufgaben des Berufes kennen und bekomme dafür auch noch etwas Geld. Auch andere Freunde haben sich für das FSJ entschieden, wobei zwei davon im Kulturbereich untergekommen sind. Ich hätte nicht gedacht, dass es solch vielfältige Möglichkeiten gibt.

6 Schon in meiner Schulzeit habe ich mich bei „Fridays for future" engagiert und später möchte ich auch beruflich in den Naturschutz. Auch wenn ich eigentlich ganz gute Noten habe, so fehlt es mir gerade etwas an Motivation, um weiter zur Schule zu gehen. Ich habe mich deshalb entschieden, dass ich ein freiwilliges ökologisches Jahr (FÖJ) mache. In dieser Zeit werde ich entscheiden, ob ich im Anschluss eine Ausbildung oder das Abitur mache und dann studiere. Natürlich habe ich mir eine Stelle im Naturschutz gesucht und das ist genau das richtige für mich! Mit dem Taschengeld im FÖJ komme ich auch gut über die Runden.

AUFGABEN

1. Wähle mindestens zwei berufliche Wege aus, die dich interessieren, und recherchiere, welche Voraussetzungen man dabei erfüllen muss (**M1**).
2. Analysiert als Gruppenpuzzle (**Methode**) die Fallbeispiele (**M2**).
   a) Beschreibt die verschiedenen Wege nach der Schule aus **M1** und nennt die dazugehörigen Informationen aus den Sprechblasen in **M2**. Leitet zudem Tipps aus den Beispielen ab.
   b) Erstellt ein Plakat (**Methode**) oder Lapbook (→ Gemeinsam Aktiv, Kap. 8) aus dem ersichtlich wird, welche Wege nach der Schule möglich sind.

Deine Möglichkeiten nach der Schule

Nach der 10. Klasse endet in NRW die allgemeine Schulpflicht und die meisten Schülerinnen und Schüler müssen sich entscheiden, wie es dann weitergehen soll. Dabei gibt es viele Möglichkeiten.

M3 Celinas Möglichkeiten

Hey, ich heiße Celina. Ich werde dieses Jahr meinen erweiterten Hauptschulabschluss (auch: erweiterte Berufsbildungsreife) machen. Ich habe kürzlich bei einem Praktikum im Kindergarten gemerkt, dass mir die Arbeit im sozialen Bereich Spaß macht. Ich möchte aber gerne im IT-Bereich arbeiten. Meine Mutter meinte, ich solle machen, was mich glücklich macht. Sie riet mir aber auch, erst einmal ein FSJ zu machen, um zu sehen, ob mir die Arbeit mit Menschen nicht doch besser gefällt.

M4 Entscheidungskriterien

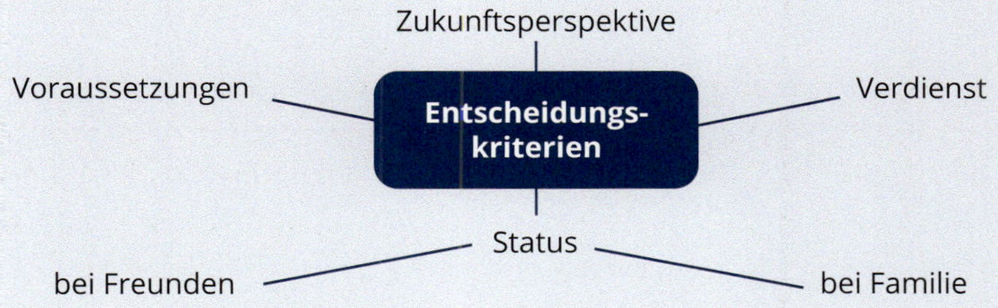

AUFGABEN

1. Stellt zu zweit Kriterien (Dauer, Wohnortnähe, Verdienst etc.), welche Celinas Entscheidung in **M3** beeinflussen sollten, als Mindmap dar.
2. Arbeitet zu viert. Teilt die verschiedenen Lösungsmöglichkeiten anhand der nachfolgenden Methode unter euch auf: LA1: Duale Ausbildung, LA2: Schulische Ausbildung, LA3: FSJ/FÖJ, LA4: Fachhochschulreife.
   a) Recherchiert nach verschiedenen Möglichkeiten (inklusive der Kriterien), die Celina nach der Schule hat.
   b) Diskutiert die Entscheidungskriterien für Celina und einigt euch auf eine gemeinsame Bewertung bzw. Gewichtung dieser.
   c) Berechnet die Nutzwerte und erklärt, wie sich Celina eurer Meinung nach entscheiden sollte.
3. Bewerte, inwieweit die vorgeschlagene Entscheidung auch auf dich zutreffen würde. Diskutiere dazu auch den Nutzen der Methode an dieser Stelle.

Hier findet ihr einen Erklärfilm zur Nutzwertanalyse

Mediencode: 82252-24

Eine Nutzwertanalyse durchführen

Worum geht es?

Wir treffen jeden Tag zahlreiche Entscheidungen. Einige davon – wie z.B. die Wahl des Mittagessens – können wir getrost aus dem Bauch heraus treffen. Andere sollten wir hingegen nicht so leichtfertig treffen. Zu ihnen gehört u.a. die Frage: Was soll ich nach der Schulzeit tun? Die Methode der Nutzwertanalyse kann dir helfen, dich zwischen mehreren Alternativen zu entscheiden. Dabei bewertest du die Entscheidungsalternativen mithilfe von Entscheidungskriterien, die du nach deinen Vorlieben gewichtest. Als Ergebnis siehst du die Nutzwerte der verschiedenen Alternativen, anhand derer du dich entscheiden kannst.

	LA1: Duale Ausbildung			LA2: FSJ		LA3: Lösungsalternative 3		...	
Lösungsalternativen / Entscheidungskriterien	Gewichtung (p)	Bewertung (BL1)	Gewichtetes Ergebnis (EL1)	Bewertung (BL2)	Gewichtetes Ergebnis (EL2)	Bewertung (BL3)	Gewichtetes Ergebnis (EL3)	...	...
K1: Verdienst	50	8	400						
K2: Fahrzeit	20	1	20						
K3: Entscheidungskriterium 3	10	...	...						
...	20								
Summe / Nutzwert	= 100		= ???						

Gehe dabei so vor:

1. Schritt: Bestimmung der Lösungsalternativen

Bestimme, welche Lösungen es für deine Entscheidung gibt (LA1, LA2 usw.).
Zum Beispiel: Duale Ausbildung, FSJ etc.

2. Schritt: Bestimmung der Entscheidungskriterien

Bestimme die Kriterien, nach denen du die Entscheidung beurteilen kannst (K1, K2 usw.).
Zum Beispiel: Verdienst, Fahrzeit etc.

3. Schritt: Bewertung der Lösungsalternativen

Bewerte jedes Entscheidungskriterium für jede Lösungsalternative mit 1-10 Punkten (BL1, BL2 usw.).
Zum Beispiel: 1 Punkt für eine sehr lange Fahrzeit zum Ausbildungsbetrieb.

4. Schritt: Gewichtung der Entscheidungskriterien

Gewichte die Entscheidungskriterien (p) nach deinen Vorstellungen in Prozentpunkten. Die Summe aller Kriterien muss daher 100 % betragen.
Zum Beispiel: Die Fahrzeit ist dir weniger wichtig als der Verdienst.

5. Schritt: Berechnung der gewichteten Bewertungen

Multipliziere dann jeweils die Gewichtung (des Entscheidungskriteriums) mit den Bewertungen der Lösungsalternative (EL1, EL2 usw.).
Zum Beispiel: 50 x 8 = 400 für den Verdienst in der dualen Ausbildung.

6. Schritt: Bestimmung der Nutzwerte

Addiere die gewichteten Teilergebnisse der Entscheidungskriterien einer jeden Lösungsalternative zum Nutzwert.

7. Schritt: Auswahl der optimalen Lösungsalternative

Vergleiche die Nutzwerte der verschiedenen Lösungsalternativen und bestimme den höchsten Nutzen. Die Alternative mit dem höchsten Wert ist jene, die für dich den höchsten nutzen hat.

WIE KANN ICH MICH ENTSCHEIDEN?

M1-M2 ⇢ #

WEGE NACH DER SCHULE

Neben deinen Stärken und Interessen beeinflussen auch andere Faktoren deine Möglichkeiten, wie es nach der Schule weitergehen kann. So kann dein Schulabschluss darüber entscheiden, ob du z.B. in der gymnasialen Oberstufe die Fach- oder Allgemeine Hochschulreife erwerben kannst. Andere Möglichkeiten, wie die der schulischen oder dualen Ausbildung und des FSJ oder FÖJ, sind hingegen weniger an einen bestimmten Schulabschluss gebunden.

M4, Nutzwertanalyse ⇢ #

SICH ENTSCHEIDEN

Beim Erkunden der über 300 Ausbildungsberufen und mehreren Tausend Studiengängen heißt es, einen kühlen Kopf zu behalten. Die Nutzwertanalyse kannst du verwenden, um eine sachliche Entscheidung zwischen mehreren Entscheidungsmöglichkeiten zu treffen. Dazu gehst du kriteriengeleitet vor und gewichtest diese. Die nötigen Informationen für eine Entscheidung und die Nutzwertanalyse können auch im Internet recherchiert werden.

10.4 Wir lernen Berufe kennen

Arbeiten gestern, heute und morgen – Entwicklung von Berufen

Von vielen verschiedenen Berufen hast du sicherlich schon einmal gehört. In diesem Kapitel erfährst du, wie Berufe entstanden sind und wie sie sich unterscheiden lassen und du beginnst zu überlegen, wo es für dich beruflich hingehen könnte.

M1 Berufe damals

Holzschnitt von 1490

Holzschnitt von 1479

Holzschnitt von 1536

M2 Wie Berufe entstanden sind

Die ersten Menschen lebten als Jäger und Sammler in Familien oder Sippen und von dem, was die Natur ihnen gab. Sie lebten als Nomaden und zogen weiter, wenn es z. B. keine Nahrung mehr gab. Vor ca. 10.000 Jahren siedelten sich die Menschen an und begannen die Natur zu gestalten. Sie betrieben Ackerbau und Viehzucht. Schon damals gab es eine gewisse Arbeitsteilung innerhalb der Gemeinschaft und besonders Begabte übernahmen bestimmte Tätigkeiten für die gesamte Gruppe. Es gab auch schon einen grundlegenden Handel zwischen den Gemeinschaften. Durch zunehmend größer werdende Siedlungen stieg die Möglichkeit Einzelner, sich auf bestimmte Tätigkeiten zu konzentrieren.

Einige Vorläufer unserer heutigen Berufe können auf das Mittelalter zurückgeführt werden. So gab es beispielsweise nicht nur den Beruf des Schmieds, sondern auch sehr spezialisierte Berufe wie Rüstungs-, Wagen- oder Hufschmiede. Das erworbene Wissen und die Fertigkeiten wurden streng gehütet und anfangs oft innerhalb der Familie von einer Generation zur nächsten weitergegeben. Die Jungen erlernten zumeist den Beruf des Vaters. Die Mädchen lernten von ihren Müttern die Fertigkeiten zur Haushaltsführung. Auch heute noch gibt es Familien, in denen mehrere Generationen den gleichen Beruf ausüben. Und auch heute noch spiegeln sich die historischen Berufe in einigen Familiennamen (z. B. Müller oder Fischer) wider. Heute stehen in Deutschland aber prinzipiell alle Berufe allen offen. So zeigt sich in den Berufsbezeichnungen (z. B. Einzelhandelskaufmann/-frau), dass sie unabhängig vom Geschlecht gewählt werden können.

Arbeitsteilung
Zusammenarbeit mehrerer Personen, bei der die einzelnen Tätigkeiten oder Arbeitsschritte untereinander aufgeteilt werden

BERUF UND JOB

Sowohl Beruf als auch Job sind Bezeichnungen für Erwerbsarbeit (→ #Arbeit, Kap. 5.1). Sie dienen dem Erwirtschaften des Lebensunterhalts. Auch wenn die Begriffe Job und Beruf in der Alltagssprache oft gleichbedeutend verwendet werden, so lassen sich die Begriffe voneinander abgrenzen. Oftmals werden Jobs weniger gut bezahlt als Berufe. Das liegt daran, dass ein Beruf eine besondere Qualifikation (eine abgeschlossene Ausbildung oder ein abgeschlossenes Studium) voraussetzt. Jobs hingegen setzen keine Ausbildung voraus. Die nötigen Fähigkeiten und Fertigkeiten und das Wissen zur Ausübung der Arbeiten ist in der Regel weniger umfangreich, sodass Personen in kürzerer Zeit angelernt werden können. Die beruflichen Qualifikationen von Berufen sind in Deutschland staatlich geregelt, sodass beispielsweise ein Bäcker in Berlin das Gleiche in der Ausbildung erlernt, wie eine Bäckerin in Dortmund.

M3 Arbeiten in der Zukunft

Mit dem Jobfutoromat könnt ihr überprüfen, wie sich bestimmte Berufe in Zukunft verändern werden

Mediencode: 82252-25

Auch in Zukunft werden Berufe einen hohen Stellenwert haben. Dabei werden neue Berufe (auch Berufsbilder genannt) entstehen, andere werden wegfallen oder Berufe werden zusammengelegt. In vielen Bereichen steigt der Anspruch an die ausübenden Personen. Gab es beispielsweise früher den Beruf des Kfz-Mechanikers und der Kfz-Mechanikerin, so wurde dieses Berufsbild durch den Bereich der Elektronik erweitert. Heute heißt dieses Berufsbild deshalb Kfz-Mechatronikerin bzw. -Mechatroniker.

Daneben spielt aber auch die Spezialisierung der Berufe eine wichtige Rolle. Das Beherrschen von komplexen Maschinen oder von komplizierter Software macht es erforderlich, sich auch nach der Ausbildung oder nach einem Studium weiterzubilden. Arbeit in der Zukunft setzt also noch mehr voraus, dass du dich dein Leben lang weiterbildest. Das wird als „Lebenslanges Lernen" bezeichnet. Hinzu kommt auch der Einfluss der Digitalisierung, der gerade in der Corona-Krise z. B. durch Video-Konferenzen und neuartige Formen der digitalen Zusammenarbeit aus dem Homeoffice auf viele zugekommen ist und auch in der Schule Einzug gehalten hat.

Homeoffice
Arbeiten von zuhause

AUFGABEN

1. Beschreibe die Abbildungen und benenne die in **M1** dargestellten Berufe.
2. Benenne stichpunktartig, wie Berufe entstanden sind (**M2**).
3. Erkläre den Unterschied zwischen Job und Beruf. Nenne dazu auch noch weitere Beispiele (**#Beruf und Job**).
4. Diskutiert anhand der Informationen aus **M3** die folgende Aussage: „Nach der Ausbildung oder dem Studium hat man ausgelernt."
5. Befragt Erwachsene zu den Auswirkungen der Corona-Pandemie auf das Arbeiten in verschiedenen Berufen und diskutiert, inwiefern die Veränderungen positiv oder negativ zu bewerten sind.

F zu Aufgabe 4
Beurteile, ob in Zukunft nur noch Spezialistinnen und Spezialisten gebraucht werden.

Traumjob Influencer!?

Chris überlegt schon seit Langem, was er werden möchte. Sein Freund Tom rät ihm: „Werde doch einfach Influencer – damit kannst du gut Geld verdienen." Den Begriff des Influencers hat Chris schon einmal gehört, was sich aber genau dahinter verbirgt, weiß er nicht. Auch seine Mutter ist da nicht hilfreich. Sie meinte, dass sei eine Grippe. Also recherchiert Chris im Internet und stößt gleich auf Bibi, Mesut Özil und weitere Promis, die als Influencer bezeichnet werden.

M4 Wer ist Influencer?

Bianca „Bibi" Claßen: 7,6 Millionen Abonnenten auf einer social media Plattform (Stand: März 2021)

Mesut Özil: 24 Millionen Abonnenten auf einer social media Plattform (Stand: März 2021)

Der Begriff Influencer stammt vom englischen Begriff to influence, also beeinflussen, ab. Eine Influencerin oder ein Influencer ist also eine Person, die andere beeinflusst. Im heutigen Sprachgebrauch bezieht sich der Begriff auf die Beeinflussung durch soziale Medien.

Um Influencerin oder Influencer zu werden, brauchst du vor allem eins: viele Follower! Ein anerkannter Ausbildungsberuf ist Influencer aber nicht. Es ist hilfreich, wenn du schon vorher (meist durch Radio oder Fernsehen) bekannt bist. Andernfalls startest du bei Null und wirst wahrscheinlich nicht so schnell Follower finden. Damit du Follower gewinnst, musst du andere zuerst auf dich aufmerksam machen und dann dafür sorgen, dass sie dir wirklich (weiter-) folgen. Wer das erfolgreich geschafft hat, kann als Influencer auch Geld verdienen.

Follower
regelmäßiger Empfänger von Nachrichten, z. B. durch das Abonnement eines Kanals

M5 Wie verdienen Influencer Geld?

Wer viele Follower hat, der ist auch für die Werbung interessant. Teilweise machen Influencer Spots für das Fernsehen, Fotos für Plakate oder sie werben in ihren Beiträgen. Teilweise kann der Follower die Werbung als solches schnell erkennen. Bei anderen Beiträgen wird nicht offensichtlich, wofür geworben wird, sondern Produkte werden nur beiläufig erwähnt oder sind sichtbar. Hier spricht man auch von Produktplazierungen, die nicht immer erlaubt sind. Für das Bewerben von Produkten bekommen Influencer von den Unternehmen Geld oder kostenlose Produkte. Die bekannten Influencerinnen und Influencer können davon gut leben und verdienen teilweise deutlich mehr als bekannte Schauspielerinnen oder Schauspieler. In vielen Fällen werden Influencer durch professionelle Redakteure, Kameraleute und Werbefachleute unterstützt, die dann alle mitverdienen.

M6 Worauf kommt es also an?

Heutige Influencer haben Follower durch interessante Themen, interessante Aktionen, ihre Prominenz und durch ihr Aussehen oder ihre sympathische Art erworben. Damit die Follower ihr Interesse nicht wieder verlieren, posten Influencer immer wieder neue Inhalte, auch content genannt, die oftmals professionell und mit viel Aufwand produziert werden.

Influencer, die davon leben wollen, müssen für die Werbeindustrie interessant sein. Dazu müssen sie möglichst viele echte Follower haben. Bots (Follower, die ein Computerprogramm erstellt und verwaltet) und bezahlte Follower gaukeln die Beliebtheit nur vor. Unternehmen können das erkennen und bieten lukrative Werbedeals nur Influencern mit echten Followern an, die dann möglichst die beworbenen Produkte auch kaufen. Damit Influencer möglichst viele (echte) Follower bekommen, netzwerken sie. Das heißt in diesem Fall, sie verbinden ihre Benutzerprofile (Accounts) mit denen anderer Influencer in der Hoffnung, dass die User auch Follower werden. Und dann heißt es: immer neue und interessante Inhalte (content) kreieren bzw. posten. Die Posts der Follower beantworten und kommentieren. Das kostet also viel Zeit und Influencer geben viel ihrer Persönlichkeit und des persönlichen Lebens den unbekannten Followern preis.

AUFGABEN

1. Fasse zusammen, welche Personen häufig zu Influencern werden (**M4**).
2. Recherchiere zu bekannten Influencern und notiere:
   a) mit welchen Themen sie sich befassen,
   b) welche Zielgruppe sie haben, also wen sie ansprechen wollen und
   c) womit sie vermutlich ihr Geld verdienen. **MK**
3. Erstellt gemeinsam einen Post (Blog-Beitrag, Foto, Video), welcher dein Start für eine Influencer-Karriere sein könnte. Bezieht dabei **M5** mit ein. Diskutiert die Ergebnisse gemeinsam in der Klasse. **MK**
4. Analysiert zu zweit anhand der Informationen aus **M6**, welches Potenzial ihr als Influencer hättet.

Alles gleich? Wir vergleichen Berufe

Wenn wir etwas miteinander vergleichen, dann nutzen wir hierfür Kriterien. Auch Berufe lassen sich so miteinander vergleichen. Ein paar hast du bereits kennengelernt, z. B. zur Unterscheidung verschiedener Formen von Arbeit (→ Kap. 5.1). Einige Kriterien zum Vergleich verschiedener Berufe sind hier im Folgenden dargestellt.

Kriterien
sind Orientierungshilfen, mit denen wir beurteilen können, ob etwas passt oder nicht. Wenn du dir beispielsweise rote Schuhe kaufen möchtest, dann ist vor allem die Farbe Rot dein Kriterium für die Suche.

M7 Vielfalt von Arbeit und Beruf

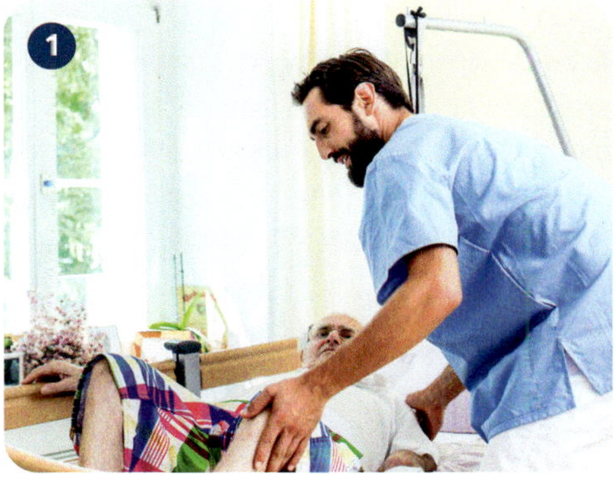

Ein Mann kümmert sich um einen Pflegebedürftigen.

Ein Mitarbeiter meldet digital den Beginn seiner Arbeit an.

Eine Frau bedient eine Maschine in der Fertigung.

Studierende verfolgen eine Vorlesung.

Geschmolzenes Eisen wird in eine Form gegossen.

Menschen in einem Großraumbüro.

M8 Vergleichskriterien für Arbeit und Beruf

a Arbeitsort: Wo wird gearbeitet?
Arbeitsorte sind die Orte, an denen die jeweilige Arbeit erledigt wird. Es gibt Berufe, die auf einen Arbeitsort festgelegt sind. Andere haben mehrere feste oder flexible Arbeitsorte.

b Arbeitsgegenstand: Was wird erarbeitet?
Beim Arbeitsgegenstand handelt es sich um Stoffe, Güter und Informationen, die durch die Arbeit in ihrem Zustand, ihrer Form oder Lage verändert werden.

c Arbeitsmittel: Womit wird gearbeitet?
Als Arbeitsmittel werden alle Gegenstände bezeichnet, die für die Verrichtung einer Arbeit benötigt werden.

d Arbeitszeiten: Wann wird gearbeitet?
Arbeitszeiten können einerseits nach dem täglichen Arbeitsbeginn, andererseits auch nach dem Stundenumfang in Teilzeit- und Vollzeitarbeit unterschieden werden.

e Art der Arbeit: Wie wird gearbeitet?
Entsprechend der drei Fähigkeitsbereiche (siehe Kap. 5.2) werden körperliche, geistige und soziale Arbeiten unterschieden.

f Art der Ausbildung: Welche Qualifikationen werden benötigt?
Im Gegensatz zu Jobs setzen Berufe eine (anerkannte) Qualifikation voraus. Während man für Jobs (nur) angelernt wird, benötigt man für Berufe eine duale Ausbildung, eine schulische Ausbildung oder ein abgeschlossenes Studium.

Hier findest du eine Übersicht über Berufsfelder

Mediencode: 82252-26

Hier kannst du weiterführende Informationen über Berufe suchen

Mediencode: 82252-27

F zu Aufgabe 3
Beziehe in deine Recherche auch die vorausgesetzten Schulabschlüsse und die Geschlechterverteilung in dem Beruf mit ein. Nimm kritisch Stellung zu deinen Ergebnissen.

AUFGABEN

1. Überlege spontan, inwiefern die Bilder in **M7** etwas mit der Unterscheidung von Berufen zu tun haben.
2. Ordne die Bilder aus **M7** den Begriffen in **M8** zu und vergleicht im Anschluss eure Zuordnungen zu zweit.
3. a) Erklärt euch zu zweit gegenseitig die Begriffe **a-f** aus M8 und ergänzt sie mit eigenen Beispielen.
   b) Stelle dir vor, dass das Anfertigen von Hausaufgaben ein Beruf wäre. Beschreibe deinen „Beruf" nach den Kriterien aus **M8**.
4. Stelle die Kriterien für einen dir bekannten Beruf übersichtlich z. B. in Form einer Mindmap dar.
   a) Nutze dafür die Informationen aus dem Buch und recherchiere im Internet (**Methode**). Helfen können dir dabei die nebenstehenden Mediencodes. **MK**
   b) Bewerte auf Grundlage deiner Fähigkeiten und Interessen deine Eignung für den Beruf.
   c) Präsentiere dein Arbeitsergebnis der Klasse.

WIE ENTWICKELN SICH BERUFE UND WIE LASSEN SIE SICH VERGLEICHEN?

BERUFE HABEN OFT EINE TRADITION

← M1-M2

Viele Berufe, wie der Beruf des Schmieds, haben eine lange Tradition und früher wurde das Wissen und Können zumeist innerhalb einer Familie weitergegeben. Heute stehen den meisten bei entsprechendem Bildungsabschluss unabhängig von Geschlecht und Herkunft viele Berufe offen und du kannst dich frei zwischen den zahlreichen Berufen entscheiden.

BERUF UND JOB

← #BERUF UND JOB

Umgangssprachlich werden Beruf und Job oft gleichbedeutend verwendet. Beide sind Bezeichnungen für Erwerbsarbeit, die der Erwirtschaftung des Lebensunterhalts dient. Berufe setzen dabei eine abgeschlossene Ausbildung oder ein abgeschlossenes Studium (als Qualifikation) voraus und werden deshalb oft höher bezahlt. Für Jobs werden die nötigen Voraussetzungen hingegen durch (kurzes) Anlernen erworben. Das ist möglich, da der Umfang der Tätigkeiten i.d.R. geringer ist.

ARBEITEN IN DER ZUKUNFT

← M3-M6

Sowohl Berufe als auch Jobs entwickeln sich immer weiter. Während der Job Influencer beispielsweise neu entstanden ist, nimmt die Bedeutung einzelner Berufe ab. Durch die Digitalisierung und Automatisierung von Arbeiten fallen bestimmte (oft besonders einfache) Tätigkeiten weg, es werden ähnliche Berufe zusammengelegt oder sie entstehen neu. Und auch wie wir in Zukunft arbeiten, wird sich in den nächsten Jahren noch weiter verändern.

VERGLEICHSKRITERIEN VON ARBEIT UND BERUF

← M7, M8

Um Arbeiten und Berufe miteinander zu vergleichen, verwenden wir bestimmte Kriterien. Auch die benötigten Fähigkeiten verwenden wir, um Berufe miteinander und mit unseren (Zukunfts-)Vorstellungen vergleichen zu können. Daneben gehören auch der Arbeitsort, der Arbeitsgegenstand, die verwendeten Arbeitsmittel, die Art der Ausbildung sowie die Art der Arbeit und die Arbeitszeit(en) zu den Vergleichskriterien.

M1 Berufsporträts erstellen

Habt ihr euren Traumberuf schon gefunden? Erstellt zu den in eurer Klasse genannten Berufswünschen jeweils Kurzporträts.

Formuliert zunächst Leitfragen. Berücksichtigt z. B. folgende Aspekte:

- Über welche Fähigkeiten sollte derjenige, der den Beruf ausüben möchte, verfügen?
- Welche schulischen Voraussetzungen werden verlangt?
- Wie lange dauert die Ausbildung?
- Welche Tätigkeiten werden ausgeübt?
- Wie sind die Verdienstmöglichkeiten?
- Welche Aufstiegschancen hat man?
- Hat man die Möglichkeit, diesen Beruf auch im Ausland auszuüben?
- Wie ist die aktuelle Lage auf dem Arbeitsmarkt?
- Ist der Beruf ein krisensicherer Beruf?
- Wie sind die Zukunftschancen?

Analysiert in einem zweiten Schritt, z. B. durch die Auswertung entsprechender Stellenanzeigen, welche spezifischen Anforderungen an diesen Beruf gestellt werden.

Informationen findet ihr z. B. hier:
Seite der Bundesagentur für Arbeit für Jugendliche und Auszubildende:
www.planet-beruf.de

Aufgabe

Erstellt mit diesen Informationen eine kleine Sammlung von Berufsbeschreibungen (Wandposter, Karteikarten, Dateien ...).

Die Berufswahl ist ein langer Prozess und sicher nicht nach der Bearbeitung dieses Kapitels abgeschlossen. Hier kannst du aber testen, was du bereits über die Arbeitswelt weißt und wie weit du bei deiner persönlichen Lebens- und Arbeitsplanung bist.

Ich kann ...	Das klappt schon ...	Hier kann ich noch üben ...
... verschiedene Formen von Arbeit beschreiben.		Kapitel 10.1: M1-M3
... das Verhältnis von Arbeit und Freizeit diskutieren.		Kapitel 10.1: M6-M7
... die Bedeutung von bezahlter und unbezahlter Arbeit für mich selbst und andere bewerten.		Kapitel 10.1: M8, M11-M13, M15
... die Chancen und Herausforderungen von Arbeitsteilung und Spezialisierung beurteilen.		Kapitel 10.1: M8-M9
... Care-Arbeit definieren und anhand von Beispielen erläutern.		Kapitel 10.1: M10
... Motive für ehrenamtliches Engagement reflektieren.		Kapitel 10.1: M15, M16
... meine Stärken, Interessen und Fähigkeiten beschreiben.		Kapitel 10.2: M1-M3
... den Zusammenhang von Fähigkeiten und beruflichen Tätigkeiten erläutern.		Kapitel 10.2: M2-M6
... Möglichkeiten erläutern, wie es nach der Schule weitergehen kann und diese bewerten.		Kapitel 10.3: M1-M4
... die Entstehung von Berufen erklären.		Kapitel 10.4: M1-M2
... Veränderungen in der Berufs- und Arbeitswelt benennen.		Kapitel 10.4: M3-M6
... Berufe kriteriengeleitet vergleichen.		Kapitel 10.4: M7, M8

Weltkarte

Was weißt du schon?

1. Hängt in eurem Klassenzimmer eine Europa- und eine Weltkarte auf. Dort markiert jeder von euch mit einer Pinnnadel seinen Geburtsort. Alternative: Die lebendige Weltkarte: Ihr seid die Pinnnadeln, euer Schulhof ist die Karte. Bestimmt euren Schulort als Ausgangspunkt. Stellt euch dann an euren Geburtsorten auf.
2. Was bedeutet für dich „Heimat"? Notiere zu jedem der Buchstaben (H-E-I-M-A-T) einen Begriff, der dir dabei einfällt.
3. Diskutiert anschließend in der Klasse über eure Herkunft und über eure Heimat.

11

#Einwanderung nach Deutschland – Chance und Herausforderung

Habt ihr neue Mitschüler oder Mitschülerinnen in eurer Klasse? Was tut ihr und was tun sie dafür, damit sie ihren Platz in der Klassengemeinschaft finden können? Ähnliche Fragen stellen sich auch bei Menschen, die aus dem Ausland nach Deutschland ziehen.
Einwanderung prägt unser Land. Sie zeigt neue Perspektiven auf und eröffnet Chancen. Sie birgt aber auch die Herausforderung der Integration. Die Bereitschaft und der Wille aller sind gefragt, damit sie gelingt.

Was lernst du in diesem Kapitel?

... die Erscheinungsformen und Gründe von Migration zu beschreiben.
... die Bevölkerungsstruktur im Hinblick auf Einwanderergruppen zu untersuchen.
... Möglichkeiten des Rechts auf Asyl für Einwandernde zu erläutern.
... die Bedeutung von Einwanderung für die Wirtschaft zu begründen.
... Merkmale einer guten Integration darzustellen.
... die Schule als Integrationsort zu bewerten.

Wir organisieren ein Erzählcafé zum Thema „Einwanderung nach Deutschland“

In einem Erzählcafé ladet ihr Menschen ein, die ihren Zuhörern zu einem bestimmten Bereich aus ihrer Lebenserfahrung berichten. Das Thema habt ihr euch vorher im Unterricht erarbeitet. Ihr könnt auch eigene Beiträge für das Erzählcafé vorbereiten. Für die Durchführung gestaltet ihr eine Umgebung wie in einem Café, indem ihr z. B. Tische dekoriert und für etwas zu essen und zu trinken sorgt. Die Veranstaltung liegt meistens außerhalb der regulären Schulzeit, z. B. nachmittags oder abends, dauert ca. 1,5–2 Stunden und ist für Gäste geöffnet.

Geht dabei so vor:
Setzt euch zuerst mit den Grundbegriffen, den Fakten und den Diskussionen zur Einwanderungsthematik auseinander. Findet heraus, ob ihr zu einer Einwanderergruppe gehört. Überlegt anschließend, wer euch Informationen aus erster Hand liefern könnte. Ladet eine oder mehrere Personen zu einem Erzählcafé ein, das ihr vorbereitet und gestaltet.

Start

1. Informiert euch in Gruppen über die Themen des Kapitels. Jede Gruppe bearbeitet ein Teilkapitel. Anschließend veranschaulicht ihr euer Thema und fasst vor der Klasse die wichtigsten Erkenntnisse zusammen.

2. Erarbeitet eure eigene Familiengeschichte. Beantwortet die Frage: „Habe ich einen ‚Migrationshintergrund‘?“ Ihr könnt hierfür einen Stammbaum erstellen (→ Kap. 11.1, M1-M6).

3. Überlegt in euren Gruppen, wer aus dem Familien- oder Bekanntenkreis für ein „Erzählcafé“ in die Schule kommen könnte. Fragt nach, ob diese Personen bereit wären, euch von ihren Migrationserfahrungen zu erzählen. Entscheidet dann in der Klasse, wer zum Erzählcafé eingeladen werden soll.

4

Überlegt euch zusammen mit eurer Lehrkraft, wo und wann das Erzählcafe stattfinden soll. Denkt auch an alle anderen wichtigen Personen, die dazu informiert werden müssen, z. B. die Schulleitung und der Hausmeister oder die Hausmeisterin. Versucht ein Datum zu finden, an dem möglichst viele der Gäste kommen können.

5

Verteilt nun die Aufgaben zur Vorbereitung des Erzählcafés auf die Gruppen: Wer moderiert? Wer bereitet einen Schülerbeitrag vor? Wer gestaltet Einladungsflyer und verteilt diese? Wer schreibt einen Beitrag für die Schülerzeitung oder die Schulhomepage? Einigt euch auf einen zeitlichen Rahmen für die Vorbereitung. MK

6

Während des Erzählcafés: Jetzt könnt ihr eure vorbereiteten Fragen stellen. Macht euch auch Notizen zu den verschiedenen Beiträgen und Gesprächsthemen.

Ziel

7

Wertet eure Eindrücke vom Erzählcafé im Unterricht aus. Dies kann in mündlicher und/oder in schriftlicher Form geschehen.

11.1 Deutschland – ein Einwanderungsland

Migration – immer aktuell?

Impulsvideo: Ben zu Migration

Mediencode: 70062-51

Die Geschichte der Migration ist so alt wie die Menschheit selbst. Europa war einst von Auswanderung geprägt. Wer sind diejenigen, die heute einen neuen Ort zum Leben suchen?

M1 Migration damals und heute

Mitte 19. Jahrhundert

a Mein kleines Stück Land gibt nicht genug her zum Überleben für meine Familie und mich. Wir können uns keine weitere Missernte leisten. Ich habe keine andere Wahl, als mit meiner Familie fortzugehen.

Auswandererschiff Mitte des 19. Jahrhunderts

b Hierzulande kämpfte ich für Freiheit und Demokratie – vergebens. Jetzt droht dem der Tod, der sich gegen die Herrschenden auflehnt. Ich hoffe, in der Neuen Welt in Freiheit leben zu können.

Anfang 21. Jahrhundert

c Mein Unternehmen ist weltweit tätig. Für ein paar Jahre werde ich mit meiner Familie an einem ausländischen Standort der Firma arbeiten. Meine Kinder können in eine deutsche Schule gehen und mein Mann kann von überall aus arbeiten.

d Bei mir zu Hause gibt es keine Perspektiven. Viele meiner Freunde sind entweder arbeitslos oder arbeiten im Ausland. In Deutschland habe ich die Chance, einen Beruf zu lernen und Arbeit zu finden.

Unbegleitete minderjährige Flüchtlinge backen mit ihren Betreuerinnen Plätzchen, Garmisch-Partenkirchen 2015

Begriff Migranten und Flüchtlinge – logo! erklärt

Mediencode: 70062-44

regulär
hier: die Regeln und Gesetze zur Einwanderung beachtend

irregulär
hier: ohne Erlaubnis in ein Land einwandern bzw. sich länger als erlaubt dort aufhalten

MIGRATION

Migration (von lat. migratio = Wanderung; Auswanderung) bezeichnet einen langfristigen Wohnortwechsel einer Person oder Gruppe.
Wenn eine Person oder Gruppe ihren Heimatort verlässt, um sich dauerhaft an einem anderen Ort niederzulassen, wird dies Migration genannt. Migration kann freiwillig oder unfreiwillig (d. h. Fluchtmigration), regulär oder irregulär geschehen.
Die Vereinten Nationen (UNO) schätzen, dass etwa 3,5 % der Weltbevölkerung Migrantinnen und Migranten im Ausland sind, das sind mehr als 270 Mio. Menschen. Um ein Vielfaches höher ist die Zahl der Binnenmigranten, also derjenigen, welche innerhalb eines Landes wandern.

M2 Europa als Einwanderungskontinent

Europa war lange von Auswanderung, vor allem nach Amerika, geprägt. Ihren Höhepunkt erreichte sie am Ende des 19. und am Anfang des 20. Jahrhunderts. Gleichzeitig begann auch die Geschichte Europas als Einwanderungskontinent, zu dem er nach dem Zweiten Weltkrieg endgültig wurde. Das hing einerseits damit zusammen, dass viele Menschen aus den ehemaligen Kolonien vor allem in Städte wie London, Paris oder Brüssel kamen. Andererseits gab es in Westeuropa einen Wirtschaftsaufschwung, für den die dortigen Regierungen sogenannte Gastarbeiter und Gastarbeiterinnen in Südeuropa anwarben, die später ihre Familien nachholten. Schließlich flohen oder übersiedelten auch viele Menschen aus den Ländern der damaligen kommunistischen Staaten in Osteuropa in den Westen. Nach den demokratischen Revolutionen in Osteuropa ab 1989 stieg deren Zahl stark an.

Nach: Rosa Luxemburg Stiftung: Atlas der Migration. 3. Auflage. In: www.rosalux.de, S. 10, Abruf am 10.05.2021

Migration aktuell – interaktive Weltkarte

Mediencode: 70062-43

M3 Formen von Migration heute

Die Zahl der Migranten steigt beständig seit Jahrzehnten: Kriege und Konflikte zwingen Menschen zur Flucht, die globalisierte Wirtschaft lässt sie für Arbeit oder in Hoffnung auf eine solche migrieren. Hinzukommen diejenigen, welche aus Umweltgründen (z. B. Dürren, Überschwemmungen) ihren Wohnort verlassen müssen.

Migration ist aber noch mehr als die dauerhafte Aus- oder Einwanderung: Für viele geht es nach einer gewissen Zeit im Ausland wieder zurück, z. B. werden „Expats" oft von ihrem Unternehmen für eine bestimmte Zeit an ausländische Standorte entsendet. Andere Migranten ziehen weiter in ein anderes Land und wieder andere pendeln immer wieder zwischen Herkunft- und Zielländern hin und her. Bekannt wurden in den letzten Jahren die „digitalen Nomaden", die nur mit Laptop und Internet ausgestattet von überall aus in der Welt arbeiten können.

Basierend auf: Rosa Luxemburg Stiftung: Atlas der Migration.3. Auflage. In: www.rosalux.de, S. 12, Abruf am 10.05.2021

Expats, kurz für „Expatriates" engl. Bezeichnung für im Ausland arbeitende Menschen

AUFGABEN

1. Arbeitet zu zweit.
   a) Nennt die Gründe, weshalb die Menschen auswandern (**M1**).
   b) Glaubt ihr, dass es heute andere Gründe gibt auszuwandern als früher? Begründet eure Entscheidung (**M1**, **#Migration**).
2. Erläutert, woher die meisten nach Europa Einwandernden nach dem Zweiten Weltkrieg stammen (**M2**).
3. a) Erstellt eine Übersicht zu den Migrationsformen in der heutigen Zeit (**M3**, **#Migration**).
   b) Ordnet die Beispiele aus **M1** + **M2** den Formen (**M3**) begründet zu.
4. Diskutiert: „Migration ist immer ein aktuelles Thema." (**M1-M3**)
5. Arbeitet mit der interaktiven Weltkarte (s. Randspalte). Wählt ein oder zwei Länder aus und präsentiert deren wichtigste Fakten zur Migration. MK

F **zu Aufgabe 2** Überlege, warum sie einwanderten.

Wer lebt in Deutschland?

Migration sorgt dafür, dass sich in unserer Gesellschaft viele Nationen und Kulturen wiederfinden. Viele Menschen können über ihre Herkunft eine Geschichte erzählen.

M4 Was heißt hier „deutsch"?

a Hallo, mein Name ist Esra, ich bin 13 Jahre alt und in Deutschland geboren. Meine Großeltern sind vor mehr als vierzig Jahren aus der Türkei nach Deutschland eingewandert. Meine anderen Großeltern sind auch aus der Türkei nach Deutschland gekommen, leben aber wieder dort, seit sie im Ruhestand sind.

b Hallo, mein Name ist Bartosz, ich bin 13 Jahre alt und lebe in Deutschland, seit ich ein kleines Kind bin. Meine Mutter ist Polin und mein Vater Deutscher. Sie hat ihn bei der Arbeit in Deutschland kennengelernt und ist mit ihm zusammengezogen. Geboren wurde ich in Polen und ich bin deutsch und polnisch.

c Und welche Geschichte kannst du erzählen?

?

M5 Mit oder ohne Migrationshintergrund?

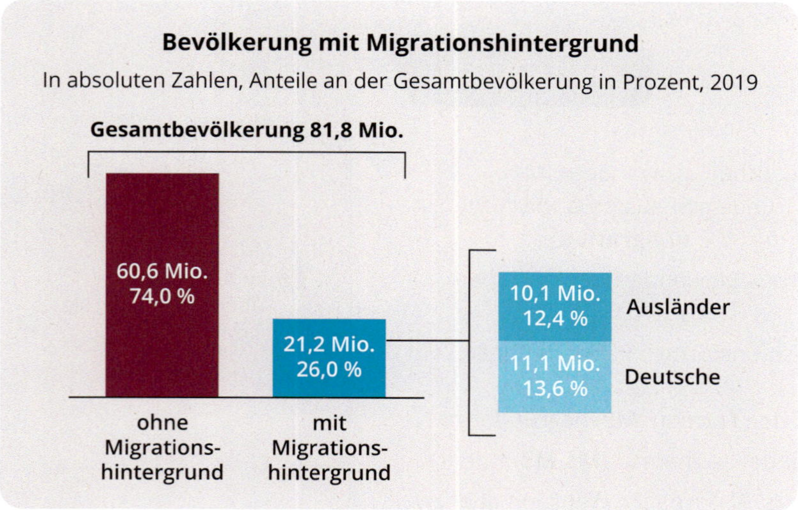

Bundeszentrale für politische Bildung, Quelle: Statistisches Bundesamt

Als Deutsche werden in der Statistik die Menschen bezeichnet, die deutsche Staatsangehörige sind. Wer selbst Deutscher ist und wessen Mutter oder Vater mit einer anderen Staatsangehörigkeit geboren wurde, der gilt als Deutscher mit Migrationshintergrund. Diese Gruppe machte 2019 13,6 % der Bevölkerung aus (s. u.). In Deutschland leben auch viele Menschen dauerhaft, ohne dass sie deutsche Staatsangehörige sind. Sie haben andere Nationalitäten und werden in die Gruppe der Ausländer eingeordnet. Sie zählen ebenso zu der Bevölkerung mit Migrationshintergrund.

M6 Woher kommt die ausländische Bevölkerung Deutschlands?

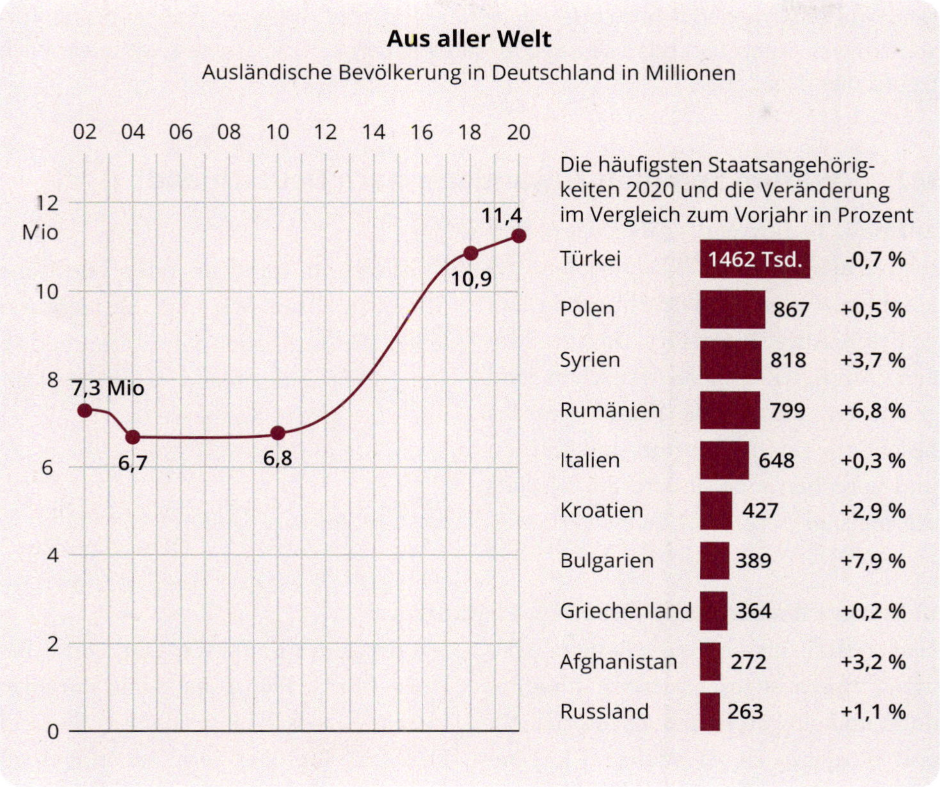

Globus Grafik 14577; Quelle: Ausländerzentralregister, Statistisches Bundesamt

AUFGABEN

1. Seht euch die Aussagen der beiden Kinder an (**M4**). Führt anschließend ein rotierendes Partnergespräch durch, in dem ihr euch gegenseitig eure „Geschichte" erzählt.
2. a) Benenne die Bevölkerungsgruppen aus **M5**.
   b) Vergleiche die prozentualen Anteile dieser Gruppen an der Gesamtbevölkerung.
3. a) Nennt die Hauptherkunftsländer ausländischer Mitbürgerinnen und Mitbürger im Jahr 2020 und ihre jeweilige Anzahl (**M6**).
   b) Formuliere in drei Sätzen die zentralen Aussagen der Grafik **M6**.
4. a) Macht eine Abfrage: Wie viele Staatsangehörigkeiten gibt es in eurer Klasse?
   b) Beurteilt gemeinsam, ob sich in eurer Klasse ein Querschnitt der Gesellschaft zeigt (**M4-M6**).

F zu Aufgabe 2b
Könnt ihr euch einer der Gruppen zuordnen? Erkläre.

Einwanderung nach Deutschland: Welche Gründe gibt es dafür?

Niemand entscheidet sich leichtfertig, seine Heimat zu verlassen. Kannst du dir vorstellen, was Menschen dazu bewegt, ihr altes Leben zurückzulassen, wenn sie nach Deutschland ziehen?

M7 Warum kommen Zuwanderer nach Deutschland?

a) Ehab, 14 Jahre alt, aus Syrien, Schüler

Ich bin aus Syrien nach Deutschland gekommen. In Syrien herrscht schon lange Krieg. Alles ist zerstört, Häuser, Straßen, Autos. Und viele Menschen sind gestorben. Für meine Familie war es besonders gefährlich: wir sind Kurden und sprechen eine andere Sprache als die meisten Syrer. [...] Es ist verboten, Kurdisch zu sprechen oder kurdische Musik zu hören. Wir konnten nicht frei leben. Darum haben wir Syrien verlassen. [...] In Deutschland zu leben, ist für mich die größte Freiheit.

Hinrichs, Anne: Mit dem Rücken zur Heimat. In: Die Zeit, 23.10.2014 (Name geändert)

b) Maria Plieva aus Süd-Ossetien, IT-Kauffrau

Nach der klassischen Ballettausbildung, einem abgeschlossenen Jura-Studium und einigen Jahren als Journalistin und Bloggerin ist [IT-Kauffrau] [...] bereits das vierte Berufsziel. Nach Morddrohungen musste die kritische Reporterin und Friedensaktivistin 2012 aus ihrer Heimat fliehen. Für ein Jahr war sie Gast der Hamburger Stiftung für politisch Verfolgte. Jetzt baut sich die junge Frau ein neues Leben auf. Der Anfang war schwer: Unerreichbar die in der „ehemaligen Heimat" zurückgebliebenen Eltern, die Freunde und die geliebten Berge des Kaukasus. Ohne Sprache. Aber Maria Plieva hat sich durchgebissen. Inzwischen spricht sie fließend Deutsch. Tagsüber lernt sie für ihren neuen Beruf. In der Freizeit hilft sie Geflüchteten bei der Ankunft in Deutschland. Und neue Freunde – aus aller Herren Länder – hat sie auch. „Hamburg habe ich alles zu verdanken. Hier ist meine neue Heimat, meine berufliche Zukunft. In Hamburg bin ich zu Hause."

von Dohnanyi, Johannes: Zusammenhalt der Gesellschaft. In: change. Das Magazin der Bertelsmann-Stiftung, 01/2016, S. 54

c) Ismail C. aus der Türkei, Gießereiarbeiter

Ich kam 1972 nach Schwäbisch Hall, aus der Türkei, aus Samsun am Schwarzen Meer – wegen der Arbeit. Zunächst kam ich alleine, drei Monate später kam meine Frau nach. Zwei Jahre habe ich bei einer Möbelfirma gearbeitet, danach in einer Baumwollfabrik (bis 1978). Seitdem bin ich bei der Firma Mahle. [...] Ich lebe länger in Schwäbisch Hall als in der Türkei, ich bin 55 Jahre alt, 33 Jahre bin ich hier. Das ist meine Heimat. [...] Ich habe drei Kinder, die sind hier geboren und wollen natürlich hier bleiben.

Häuser, Iris/Witthoeft, Maren: Meine Heimat ist in mir. Stuttgart: Landeszentrale für politische Bildung 2006, S. 46

d) Sotirios Goulas aus Griechenland, Arzt

„Sotirios – das heißt Retter. Passender könnte der Vorname von Sotirios Goulas (39) also nicht sein. Der Gefäßchirurg aus Griechenland ist ein Glücksfall für seinen Arbeitgeber, das St.-Josef-Hospital in Bad Driburg. In der ostwestfälischen Kleinstadt ist der Ärztemangel deutlich spürbar. Die Versorgung in dem Akutkrankenhaus kann nur noch gewährleistet werden, weil Mediziner wie Goulas in die Lücke springen. Circa 30 Prozent der Arztstellen sind mit Ausländern besetzt [...]. Das St.-Josef-Hospital bietet Goulas vieles, von dem er im griechischen Gesundheitswesen nur träumen kann: ein sicheres, gutes Einkommen und ein unbefristetes Arbeitsverhältnis.

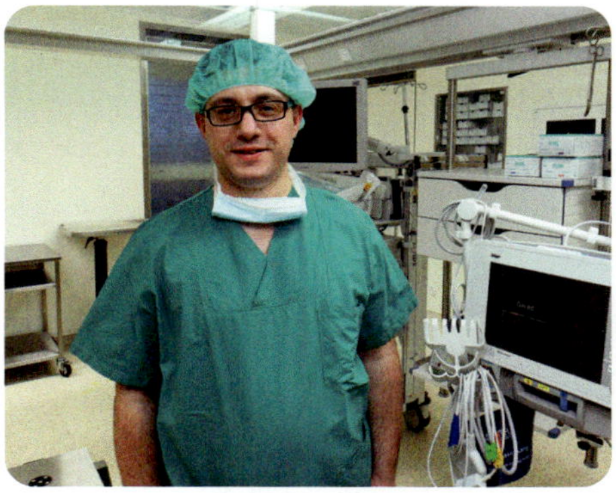

Sotirios Goulas hat wegen der Wirtschaftskrise in Griechenland keine Anstellung gefunden.

Hibbeler, Birgit: Fachkräftemangel: Ausländische Ärzte schließen die Lücke. In: Deutsches Ärzteblatt 110/5, S. 172

 # MIGRATIONSURSACHEN

Es gibt verschiedene Ursachen, warum Menschen eine neue Heimat suchen. Einige Gründe liegen im Heimatland. Diese nennt man auch push-Faktoren (von to push = schieben). Andere Gründe liegen im Zielland. Diese nennt man auch pull-Faktoren (von to pull = ziehen).

Beispiele für push-Faktoren sind Gewalt und Verfolgung, Arbeitslosigkeit, Armut oder eine zerstörte Umwelt. Als pull-Faktoren können z. B. Sicherheit, Frieden, Bildung oder die Aussicht auf Arbeit und Wohlstand genannt werden.

Grafik zur Vertiefung: Zuwanderung und Abwanderung von ausländischen Staatsangehörigen 2000-2019

Mediencode: 70062-45

EU-Binnenmigration bezeichnet die Wanderungen innerhalb der EU-Staaten. Jeder EU-Bürger hat das Recht, sich frei in einem der EU-Staaten niederzulassen, meistens geschieht dies aus familiären oder beruflichen Gründen.

Familiennachzug bezeichnet den Nachzug von im Ausland lebenden Familienangehörigen. Er ist auf die Kernfamilie – also Ehepartner und minderjährige Kinder – begrenzt.

Erwerbsmigration bezeichnet die Einwanderung aus Nicht-EU-Staaten („Drittstaaten“) mit dem Ziel, eine Arbeitsstelle in Deutschland anzutreten oder zu suchen.

M8 Zuwanderung nach Deutschland in Gruppen und Zahlen

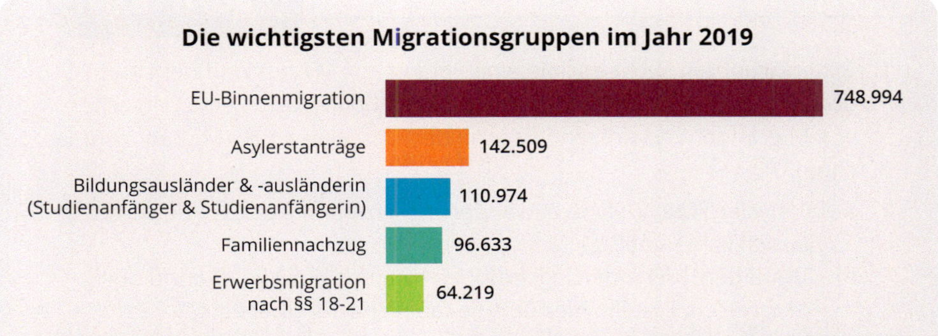

Eine Addition der Zuwanderungsgruppen zu einer Gesamtsumme ist aufgrund unterschiedlicher Erhebungskriterien (z. B. Fall- vs. Personenstatisitk und Doppelzählungen) nicht möglich.

Quelle: Statistisches Bundesamt, BAMF, Ausländerzentralregister. In: Migrationsbericht der Bundesregierung 2019, S. 59

M9 Migration als Chance

Was bewegt Menschen zur Migration? Wie sind sie ausgebildet und ausgestattet? Wissenschaftler haben dazu Umfragen aus mehr als hundert Ländern ausgewertet. Befragt wurden Menschen, die bereit waren, auszuwandern.

Selten [sind es] die Ärmsten [..], die diesen Schritt machen. Das Einkommen derjenigen, die angeben, auswandern zu wollen, liegt 30 Prozent über dem Landesdurchschnitt, das Bildungsniveau um 14 Prozent. Die naheliegende Erklärung dafür: Wer mehr Geld hat und besser gebildet ist, dem fällt es leichter, die Risiken einer Auswanderung auf sich zu nehmen.

Die meisten Befragten nehmen Migration als Chance und Investition wahr. Solange Arbeit und Wohlstand eher im Ausland als zuhause winken, zieht es Menschen dorthin. [...] Migration ist kein Übel, das es zu verhindern gilt, sondern lediglich Ergebnis einer allzu ungerechten internationalen Wohlstandsverteilung.

Drescher, Sebastian: Migration als Investition. In: Welt.Sichten, 18.08.2020

Mitglieder einer Qualifizierungsklasse für junge Flüchtlinge 2017 in Berlin im Werk Schöneweide der S-Bahn. Teilnehmer der Konferenz zur Arbeitsmarktintegration von Geflüchteten in Deutschland und anderen OECD-Mitgliedstaaten hatten das Werk besucht. 2017 werden bei der Deutschen Bahn 120 Flüchtlinge ausgebildet. Die jungen Männer sind Teilnehmer des Programms "Chance Plus für Flüchtlinge", in dem die Grundlagen für eine künftige Ausbildung gelegt werden.

F zu Aufgabe 2
Arbeitet zu zweit mit der Statistik „Zuwanderung und Abwanderung 2000 – 2019“ (Mediencode). Vergleicht die Werte von 2019 mit denen aus **M8**. Vermutet, welche Gründe hinter der Abwanderung stehen könnten.

F zu Aufgabe 3
Was könnte in dem letzten Satz „ungerechte internationale Wohlstandsverteilung“ bedeuten? Erläutere den Zusammenhang zur Migration.

AUFGABEN

1. Bildet Gruppen: Sucht euch je eine Person aus **M7** aus und berichtet über sie. Erstellt dann gemeinsam ein Schaubild zum Thema „Ursachen von Migration“ und präsentiert es in der Klasse (s. auch #Migrationsursachen).
2. a) Analysiere **M8**: Welche Zuwanderungsgruppen gibt es? Wie verhalten sie sich zahlenmäßig?
   b) Ordne den Zuwanderungsgruppen (**M8**) mögliche push- und pull-Faktoren zu. Erstelle hierfür eine tabellarische Übersicht.
3. a) Erläutere die Ergebnisse der Umfrage (**M9**).
   b) Beurteile, warum Migration von vielen als Chance gesehen wird. Was könnte mit den „Risiken“ gemeint sein?

Deutschland als Fluchtziel: Wer darf bleiben?

Vielleicht weißt du, dass im Jahr 2015 sehr viele Geflüchtete über den Landweg nach Deutschland kamen. Aus Kriegsgebieten aufgebrochen, bietet Deutschland ihnen Sicherheit und die Aussicht auf ein besseres Leben. Wer aber darf dauerhaft hierbleiben?

M10 Warum musste Bivsi gehen?

Eine Familie wird von der Polizei zur Abschiebung abgeholt.

Vor einigen Tagen wurde in Duisburg die vierzehnjährige Bivsi von Polizeibeamten aus dem Unterricht geholt. Noch am selben Tag wurden sie und ihre Eltern nach Nepal abgeschoben. Ein solches Erlebnis ist natürlich vor allem für die betroffenen Kinder selbst eine schlimme Situation. Aber auch für ihre Mitschülerinnen und Mitschüler ist es oft schwer zu verstehen, wenn eine Schulfreundin nun nicht mehr in Deutschland leben darf. Dahinter steckt eine Vielzahl rechtlicher Vorschriften – und nicht zuletzt die Entscheidung einzelner Personen.

Kinder, die in Deutschland leben, dürfen hier auch zur Schule gehen. Das gilt nicht nur für Kinder von deutschen oder europäischen Staatsbürgern, sondern auch für geflüchtete Kinder. In den meisten Bundesländern unterliegen sie inzwischen der Schulpflicht, sie müssen also sogar zur Schule gehen. Das gilt auch, wenn ihr Asylverfahren noch nicht abgeschlossen ist und noch nicht feststeht, ob sie hierbleiben können. Sie haben noch keinen gesicherten Aufenthaltstitel, heißt das in der Behördensprache. Doch solche Asylverfahren können sich über einen langen Zeitraum hinziehen. Deswegen kann es passieren, dass Kinder, die schon mehrere Jahre mit ihren Mitschülern zusammen im Klassenzimmer gelernt haben, plötzlich verschwinden – weil ihr Asylantrag abgelehnt wurde und sie mit ihren Familien abgeschoben werden. So wie bei Bivsi.

Kinder teilen das „aufenthaltsrechtliche Schicksal ihrer Eltern", wie es offiziell heißt. Werden die Eltern abgeschoben, müssen ihre Kinder mit ihnen gehen. Denn die Eltern sind ja die Erziehungsberechtigten.

Anders sieht es bei Minderjährigen aus, die alleine nach Deutschland geflüchtet sind. Diese Kinder und Jugendlichen werden so gut wie nie abgeschoben, weil man dafür sicher sein müsste, sie in ihrem Heimatland an einen Erziehungsberechtigten übergeben zu können.

Riese, Dinah: Wieso Mitschüler abgeschoben werden können. In: www.faz.net, Abruf am 19.03.2021

ASYL = ZUFLUCHT, UNTERSCHLUPF

Unter Asyl versteht man die zeitlich begrenzte Aufenthaltserlaubnis in einem anderen Land für Menschen, die in ihrem Heimatland verfolgt werden.
In Deutschland gehört das Recht auf Asyl zu den Grundrechten (vgl. Kap. 1.2). Die Prüfung des Asylantrags dauert mehrere Monate oder länger. Drohen am Ende des gewährten Asylzeitraums von drei Jahren im Herkunftsland weiterhin Verfolgung oder ernsthafter persönlicher Schaden, wird die Aufenthaltsgenehmigung in Deutschland dauerhaft. Außer dem Asylstatus gibt es noch andere Möglichkeiten, eine zunächst befristete Aufenthaltserlaubnis als Schutzsuchender in Deutschland zu bekommen.

Unter bestimmten Voraussetzungen kann man schließlich deutsche Staatsbürgerin oder deutscher Staatsbürger werden (→ Kap. 6.2).

M11 Was zieht Geflüchtete nach Deutschland? Pull-Faktoren

IAB-BAMF-SOEP-Befragung von Geflüchteten 2016. In: http://refugee11.de, Abruf am 08.09.2020

M12 Freiheit, Arbeit, Fortbildung

[...] Seine ersten Worte wählt er mit Bedacht – als habe er Angst, zu viel von sich preiszugeben. Pressezensur, Fotoverbot und militärische Konflikte in Eritrea. Deshalb ist Habteab kamerascheu. [...] Der junge Afrikaner erzählt von hohen Kosten und viel Aufwand, den Bildungswillige auf sich nehmen mussten; als Jugendlicher zieht er für das Studium zu seinen Großeltern nach Asmara – der Hauptstadt Eritreas. [...] Er macht den Abschluss in Maschinenbau. „Ich bin der Einzige mit Bildung in der Familie." [...] Zu dieser Zeit erreicht Habteab einen Wendepunkt [...]. Sein Vater stirbt mit 56 – „Because of terrible sickness". Jahrelang diente er als Soldat in den Grenzkonflikten Eritreas. Jetzt sorgt sich Habteabs Mutter um die sechs Schwestern und vier Brüder. Sie ist Hausfrau, seine Brüder arbeiten als Farmer auf den eigenen Feldern. Alles ist darauf ausgelegt, die Familie zu versorgen. [...] Nüchtern spricht er über seinen Alltag in Deutschland. Ohne die Bewilligung seines Asylantrages kann Habteab seiner Tätigkeit als Maschinenbauer nicht nachkommen. [...] Lernen, studieren, arbeiten – sein Erfolgsrezept: Bildung. Zurückzukehren nach Eritrea kommt für ihn nicht in Frage. Auch dann nicht, wenn es mit dem Asylantrag in Deutschland nicht klappen sollte. Viel zu wichtig ist ihm der Gedanke von Freiheit, Arbeit und Fortbildung. [...] Und wer weiß, vielleicht kann er seine Familie eines Tages zu sich holen [...].

Meyer, Alina/Weyermanns, Michaela: WENDE-FLUCHTPUNKT. In: Unsere Geschichten und Gesichter der Migration, Arbeiterwohlfahrt Bezirksverband Westliches Westfalen e.V., S. 52ff.

Für viele Einwanderer entscheidet sich ihre Zukunft nach dem Ausgang des Asylverfahrens.

Zur Vertiefung: Wie hat sich Einwanderung in die Bundesrepublik Deutschland verändert?

Mediencode: 70062-46

AUFGABEN

1. a) Führt ein Blitzlicht durch: Was wäre euch als Mitschülerin oder Mitschüler in dem Moment durch den Kopf gegangen, in dem Bivsi aus dem Unterricht geholt wurde (**M10**)?
   b) Besprecht gemeinsam, was „Asyl" bedeutet, und warum Bivsi abgeschoben werden sollte (**M10**, **#Asyl**).
2. Nenne Gründe, warum es Geflüchtete nach Deutschland zieht (**M11**).
3. a) Beschreibe, angesichts welcher Situation sich Habteab entscheidet, Eritrea zu verlassen (**M12**).
   b) Erläutere, auf welche Chancen Habteab in Deutschland hofft (**M11**, **M12**).
   c) Beurteile, welche Rolle das Recht auf Asyl in Deutschland für Habteabs Zukunft hat (**M12**, **#Asyl**).
4. Kurz nach seiner Ankunft meldet sich Habteab bei seiner Mutter am Telefon. Warum ist er nach Deutschland gegangen? Wird er in Deutschland bleiben dürfen? Bereitet hierzu zu zweit ein Rollenspiel vor.

F zu Aufgabe 2
Erläutere einige dieser Gründe in eigenen Worten.

F zu Aufgabe 4
Formuliere eine E-Mail, in der sich Habteab seiner Mutter erklärt.

DEUTSCHLAND – EIN EINWANDERUNGSLAND

M5, M6 ··→ #

DEUTSCHE MIT UND OHNE MIGRATIONSHINTERGRUND

Mehr als ein Viertel der Menschen, die in Deutschland leben (ca. 21 Mio.), hat einen Migrationshintergrund. Dies bedeutet, dass sie entweder selbst oder ihre Eltern oder Großeltern nach Deutschland eingewandert sind.
Nicht alle Menschen mit Migrationshintergrund sind deutsche Staatsbürger: In unserem Land leben rund 10 Mio. Menschen zahlreicher anderer Nationalitäten.

M1, M3, M7 ··→ #

MIGRATIONSURSACHEN UND -FORMEN

Es hat immer schon Migration gegeben. Europa und Deutschland sind erst seit der Mitte des 20. Jahrhunderts Einwanderungsziele geworden, nachdem sie lange von Abwanderung geprägt waren. Die Gründe für Migration sind heute im Wesentlichen nicht anders als damals: Push-Faktoren sind etwa Krieg, Verfolgung und Armut. Pull-Faktoren sind z. B. Arbeit, Sicherheit, Bildung.
Neu ist jedoch, dass sehr viele Menschen aufgrund von Kriegen oder Perspektivlosigkeit fliehen. Ebenfalls neu ist die Mobilität für den Beruf, also dass viele Menschen – zeitweise und dauerhaft – in anderen Ländern als der eigenen Heimat arbeiten.

M10, M12 ··→ #

ASYL UND BLEIBEPERSPEKTIVE

Ein wichtiges Grundrecht in Deutschland ist das Recht auf Asyl. Jeder Mensch, der vor Verfolgung oder aus Angst um Leib und Leben geflohen ist, hat ein Anrecht darauf, dass ihm in Deutschland ein sicherer Ort zum Leben garantiert wird. Hierzu wird ein Asylantrag gestellt und geprüft. Das Asyl wird zeitlich befristet gewährt. Sollte der Grund für das Asyl wegfallen, droht nach drei Jahren eine Abschiebung in das Herkunftsland. Für Geflüchtete, die in Deutschland bleiben möchten, bleibt ihre Zukunft unsicher, bis sie eine unbegrenzte Aufenthaltserlaubnis erhalten.

11.2 Chancen und Herausforderungen der Einwanderung

Braucht Deutschland Zuwanderung?

Stell dir vor, in deinem Unternehmen fehlt der Nachwuchs. Du kannst frei werdende Stellen nicht oder nur nach langer Zeit neu besetzen. Dein Geschäft ist bedroht. Eine Möglichkeit ist es, auf ausländische Fachkräfte zu setzen.

M1 Personalnot in der Pflege

Auf 100 offene Stellen in der Altenpflege kommen 26 arbeitslos gemeldete Pflegefachkräfte, in der Krankenpflege sind es 60. In der Summe bedeutet das: Derzeit [2019] fehlen in Deutschland rund 38.000 Pfleger. Und die Lücke wächst. Die Bundesregierung rechnet damit, dass die Zahl der Pflegebedürftigen von heute 3,3 Millionen Menschen bis zum Jahr 2050 auf insgesamt 5,3 Millionen wachsen dürfte.

Emmrich, Julia: Pflege – Welche Rezepte helfen gegen den Personalnotstand. In: www.morgenpost.de, 28.01.2019

In der Alten- und Krankenpflege fehlen sehr viele Fachkräfte, viele Stellen können nicht besetzt werden.

M2 Fachkräftebedarf und demografischer Wandel

Warum ist es in vielen Branchen schwierig, Arbeitskräfte zu finden? Das hat einerseits mit der Ausbildungssituation zu tun: Es gibt z. B. zu wenige junge Menschen, die sich für einen Pflegeberuf interessieren. Andererseits ist die Bevölkerungsentwicklung – der demografische Wandel – schuld. Auf die Arbeitswelt bezogen heißt das: Es gibt weniger junge Berufseinsteiger als Arbeitnehmer, die in den kommenden Jahren in Rente gehen.

Zu den von Fachkräfteengpässen besonders betroffenen Bereichen zählen unter anderem:

- Akademische Berufsgruppen in den Bereichen Medizin, Ingenieurwesen im Maschinen- und Fahrzeugbau, Elektrotechnik, IT und Softwareentwicklung/ Programmierung.
- Handwerk: Elektroinstallation und -montage, Zerspanungstechnik, Kunststoffverarbeitung, Rohrleitungsbau, Schweißtechnik, Maschinenbau.
- Pflege: Gesundheits-, Kranken- und Altenpflege.

Ü67
Die Über-67-Jährigen: Ab diesem Alter gilt man als Rentenempfänger und nicht mehr als Erwerbsperson

Vier Zahlen zum demografischen Wandel und Fachkräftemangel

30-45
Prozent Anstieg des Anteils der Ü67-Jährigen an allen Erwerbstätigen zwischen 20-67 bis 2034.

1/3
weniger Erwerbspersonen bis 2060 (oder bis zu 16 Mio. Personen), wenn Deutschland keine Zuwanderung zulassen würde.

352
von 801 Berufsgattungen sind aktuell mit Fachkräfteengpässen konfrontiert.

55
Prozent der Unternehmen sehen Fachkräftemangel bereits heute als Risiko.

Bundesministerium für Wirtschaft und Energie: Fachkräfte für Deutschland. gekürzt. In: https://www.bmwi.de/Redaktion/DE/Dossier/fachkraeftesicherung.html, Abruf am 22.03.2021, Creative Commons Namensnennung – Keine Bearbeitung 3.0 Deutschland Lizenz

M3 Bedarf: 260.000 Fachkräfte pro Jahr

Angenommen, es gäbe keine Zuwanderung nach Deutschland. Bis zum Jahr 2060 würde es dann 16 Mio. weniger Arbeitskräfte als heute geben. Dies durch einen Renteneintritt mit z.B. erst 70 Jahren auszugleichen oder durch eine längere Arbeitszeit würde höchstens ein Viertel des Rückgangs ersetzen. Und dieses Problem besteht in ähnlicher Weise in vielen europäischen Staaten. Deswegen können Fachkräfte langfristig nur aus außereuropäischen Staaten erfolgreich angeworben werden. Berechnungen der Bertelsmann Stiftung zufolge braucht die deutsche Wirtschaft bis 2060 jährlich 260.000 neue Fachkräfte.

Nach: Dallmann, Mischa: Deutschland braucht 260.000 Zuwanderer im Jahr. In: www.deutschlandfunk.de, Abruf am 30.10.2020

AUFGABEN

1. Beschreibe das Problem, das in **M1** aufgezeigt wird. Inwiefern ist die Politik hier gefragt?
2. a) Beschreibe die aktuelle Fachkräftesituation in Deutschland (**M2**).
   b) Erläutere, welche Entwicklung sich in den nächsten Jahren abzeichnet (**M2**, **M3**).
3. a) Beratet zu zweit über Möglichkeiten der Politik, dem Fachkräftemangel entgegenzuwirken.
   b) Welche Rolle spielt die Einwanderung (**M3**)? Diskutiert in der Klasse.

Ist Migration die Lösung für den Fachkräftemangel?

Viele Unternehmen sind auf Zuwanderer angewiesen, um freie Stellen zu besetzen. Für Zuwanderer ist es gleichzeitig nicht immer leicht, sich in den Arbeitsmarkt zu integrieren.

M4 Anwerbung von ausländischem Pflegepersonal

a) Eine philippinische Pflegekraft in Deutschland

Vanessa ist eine philippinische Pflegekraft. Mit Unterstützung der GIZ [Gesellschaft für Internationale Zusammenarbeit] und der Bundesagentur für Arbeit hat sie heute nach einer intensiven Ausbildung eine feste Stelle an einem Krankenhaus in Frankfurt. Ein Gewinn für alle Seiten: für die Pflegebedürftigen in dem Krankenhaus, dem es an qualifiziertem Personal mangelt. Für Vanessa, die ihren beruflichen und persönlichen Horizont erweitert. Und für ihr Herkunftsland, wo es mehr Fachkräfte als freie Stellen gibt und ihre Familie von den Geldsendungen profitiert.

Vanessa Preclaro, Krankenpflegerin von den Philippinen

Deutsche Gesellschaft für Internationale Zusammenarbeit: Philippinnen: Vanessa Preclaro, Krankenpflegerin. In www. giz.de, Abruf am 28.05.2021

b) Triple Win – ein Gewinn für alle Seiten

Triple Win lautet der Name für eine Vermittlungsinitiative von Pflegekräften aus Nicht-EU-Staaten, die seit 2013 besteht. Sie wird von der Bundesagentur für Arbeit und der Deutschen Gesellschaft für Internationale Zusammenarbeit durchgeführt. Die Idee ist es, eine Win-Win-Situation für alle Beteiligten zu schaffen: für die Pflegeeinrichtungen, für die Pflegekräfte und für die Herkunftsländer der Fachkräfte.

Vorteile der Initiative „Triple Win"

Für Pflegekräfte:
- berufliche und persönliche Perspektive
- faires und transparentes Vermittlungsverfahren
- Gleichbehandlung mit deutschem Personal (z. B. kein Lohndumping)

Für Pflegeeinrichtungen:
- sprachlich und fachlich gut vorbereitete Fachkräfte
- Unterstützung bei der Rekrutierung und dem Anerkennungsprozess
- Begleitung bei der Integration der Zugewanderten

Für Herkunftsstaaten:
- Entlastung des Arbeitsmarktes (Fachkräfteüberschuss)
- verbindliche und transparente Absprachen mit Deutschland über das Anwerbungsverfahren
- Geldrücksendungen der Fachkräfte sorgen für wirtschaftliche Impulse

Basierend auf: Bundesagentur für Arbeit: Über Triple Win. In: www.arbeitsagentur.de, Abruf am 10.08.2021

M5 Qualifikation von Migrantinnen und Migranten

Ein Problem beim Zugang zum deutschen Arbeitsmarkt liegt darin, dass Migrantinnen und Migranten aus Nicht-EU-Staaten unterschiedliche Ausbildungswege und Arbeitserfahrungen mit sich bringen. Es ist schwierig festzustellen, welche Kompetenzen Einwandernde mitbringen, um sie in den deutschen Arbeitsmarkt zu vermitteln. Die Arbeitgeberinnen und Arbeitgeber sind deswegen zurückhaltend und unsicher. So kommt es, dass eine relativ hohe Anzahl von Migrantinnen und Migranten keine Beschäftigung in dem Beruf findet, den sie gelernt haben. Die Erwerbstätigenquote und der Verdienst sind im Vergleich mit der deutschen Bevölkerung niedriger, die Arbeitslosigkeit höher.

Fachkraft
eine Person mit abgeschlossener Berufsausbildung oder Studium

Geringqualifizierte
eine Person ohne formale Berufsqualifikation (möglicherweise aber mit langjähriger, spezialisierter Arbeitserfahrung)

Drittstaat
Hier: Staat außerhalb der Europäischen Union

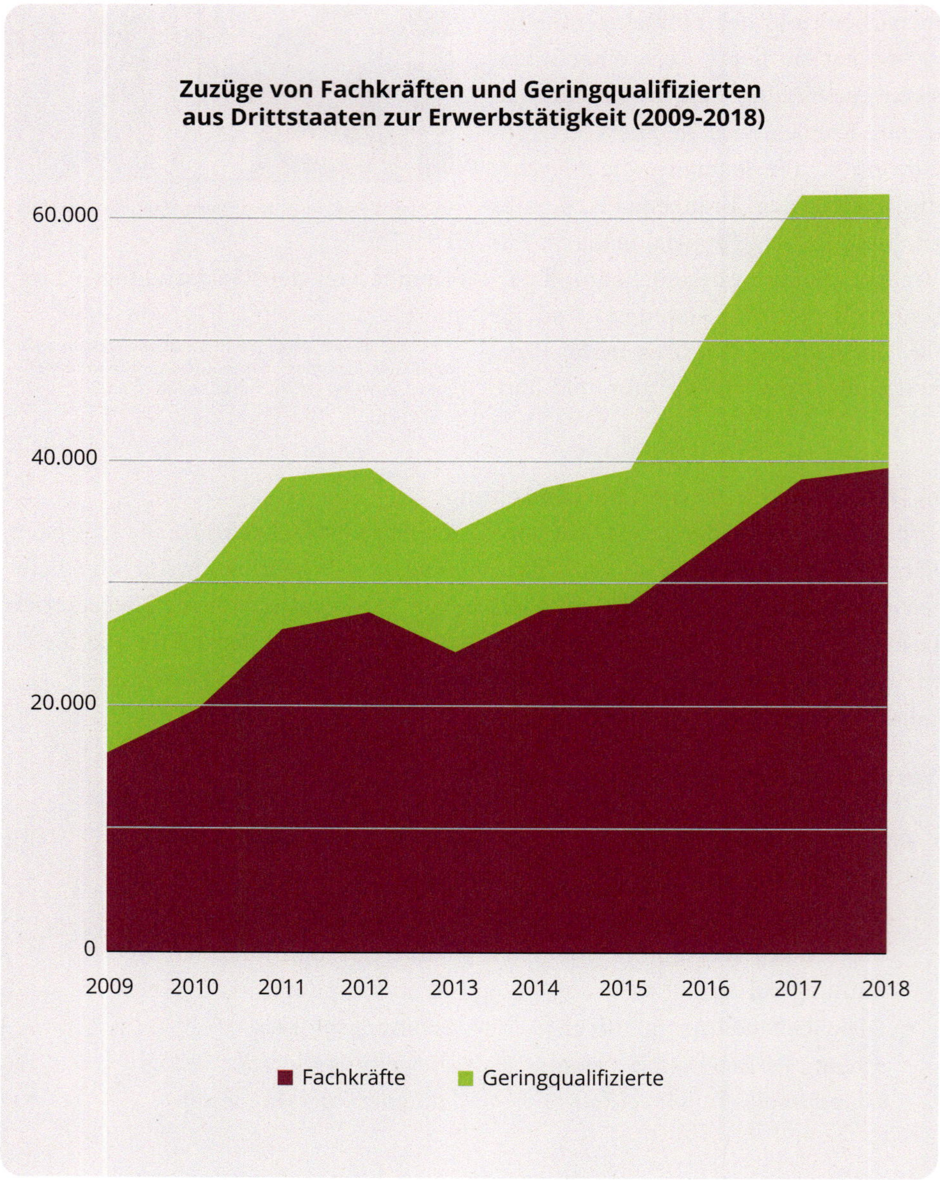

Bertelsmann Stiftung: Factsheet Migration 10.2019: Migration fair gestalten, S. 7.; Quelle: BMI und BAMF

M6 Welche Folgen kann Erwerbsmigration haben? Sie ...

a ... sichert den Wohlstand des Landes, da neue Menschen in das Land kommen, welche arbeiten und Steuern zahlen.

b ... schafft neue Arbeitsplätze, da Migranten sich selbstständig machen und z. B. Geschäfte eröffnen.

c ... ermöglicht kulturellen Austausch durch das Zusammenleben von Menschen mit unterschiedlichen kulturellen Hintergründen.

d ... gibt Migranten und Migrantinnen Aufstiegschancen.

e ... wird von Populisten genutzt, um Ängste zu schüren.

f ... begünstigt die wirtschaftliche Ausbeutung von Arbeitskräften (Lohndumping).

g ... führt zum Brain-Drain in den Herkunftsländern.

h ... wirkt dem Fachkräftemangel in bestimmten Berufsgruppen entgegen.

Brain-Drain
(engl.) Verlust für ein Land, wenn gut ausgebildete Bürgerinnen und Bürger auswandern

Populist, Populistin
Personen mit politischen Zielen, welche sich die Ängste der Bevölkerung zunutze machen, um mehr Einfluss zu bekommen

AUFGABEN

1. Beratet zu zweit: Welche Chancen bietet die Einwanderung von Fachkräften wie Vanessa (**M4**)?
2. a) Erläutere die Gründe, warum qualifizierte Eingewanderte in Deutschland häufig in einem anderen Beruf arbeiten als dem, den sie gelernt haben (**M5**).
   b) Beschreibe, wie viele Menschen aus Nicht-EU-Staaten zum Arbeiten nach Deutschland kommen (**M5**).
   c) Vergleiche die Anzahl der Zugewanderten zur Erwerbstätigkeit (**M5**) mit der Vorhersage zu benötigten Fachkräften (**M3**).
3. a) Ist Erwerbsmigration positiv oder negativ zu bewerten? Sortiere die Aussagen in **M6**.
   b) Erstelle eine Übersicht der Chancen und der Probleme der Erwerbsmigration aus Sicht der Migranten und aus Sicht der Deutschen (**M1-M6**). Stellt eure Ergebnisse vor.
4. Der Zuzug von Migranten ist die Lösung für den Fachkräftemangel in Deutschland. Würdest du dieser Aussage zustimmen? Begründe in einer kurzen Stellungnahme (ca. 5-10 Sätze).

H zu Aufgabe 2b
Gehe beispielhaft auf drei Jahre in dem Diagramm ein.

F zu Aufgabe 2b
Unterscheide dabei, welche Qualifikation die Menschen mitbringen.

F zu Aufgabe 2c
Welche Folgerungen ergeben sich für dich hieraus? Beachte dazu auch **M8** aus Kap. 11.1.

H zu Aufgabe 3b
Nutze hierfür eine Tabelle.

F zu Aufgabe 3b
Formuliert gemeinsam, wie eine gute Einwanderungspolitik aussehen müsste.

Integration – wie kann sie gelingen?

Integration soll Gemeinschaft ermöglichen. Neben der Sprache ist es wichtig, dass es Regeln gibt, die verstanden und akzeptiert werden. Jeder kann dazu beitragen, dass Integration gelingt.

M7 Wann ist man integriert?

Eine Person ist in die deutsche Gesellschaft integriert, …	Zustimmung	Ablehnung
wenn sie einen Schulabschluss hat.		
wenn sie gut Deutsch spricht.		
wenn sie eine Berufsausbildung hat.		
wenn sie überwiegend deutsche Freunde hat.		
wenn sie Alkohol trinkt.		
wenn sie sich politisch engagiert.		
wenn sie die deutsche Staatsbürgerschaft besitzt.		
wenn ihre Kinder gut Deutsch sprechen.		
wenn ihre Kinder in den Kindergarten gehen.		
wenn sie Weihnachten und Ostern feiert.		
…		

Bitte ins Heft!

INTEGRATION

Integration heißt, dass Zuwandernde in der Lage sind, am öffentlichen Leben in ihrem Zielland teilzuhaben.
Integration kann dabei als Wunschzustand verstanden werden. Sie wird aber auch als sozialer Prozess, als persönliche Entwicklung, gesehen, die ein Mensch durchläuft. Integriert ist, wer an verschiedenen Bereichen des öffentlichen Lebens teilhaben kann. Das können z. B. ein sicherer Arbeitsplatz, die Teilnahme an Wahlen, neue Freundschaften oder das Interesse an Kultur und Geschichte des Landes sein. Ein Schlüssel für die Integration sind Sprache und Bildung. Nicht zuletzt ist die Bereitschaft der Gesellschaft von Bedeutung, Zuwandernde zu integrieren.

M8 Integration = Anpassung?

Damit Integration gut gelingt, müssen beide Seiten bereit sein, sich darauf einzulassen – die Zugewanderten ebenso wie die Aufnehmenden. Möglicherweise gibt es in der aufnehmenden Gesellschaft andere *Rechte, Pflichten und Bräuche* als die, welche den Zugewanderten bekannt sind. Rechte und Pflichten gilt es einzuhalten. Wie sieht es mit Bräuchen und Sitten aus, was denkst du?

Bräuche/Sitten
überlieferte, allgemein akzeptierte Handlungen, die einen festen Ablauf und bestimmte Symbole haben (z. B. Begrüßungsrituale, Ablauf religiöser oder weltlicher Feste, etc.)

Auszüge aus einer Willkommensbroschüre für Geflüchtete in der Gemeinde Ense:

1 Müllentsorgung | Bitte Müll trennen!
Es gibt verschiedene Mülltonnen für unterschiedlichen Müll. Diese werden von der Müllabfuhr regelmäßig abgeholt. Dafür müssen die Tonnen/Säcke am Abend vor der Abholung an die Straße gestellt werden (siehe Müllkalender). [...]

2 Religion und Kirchen
In Deutschland gibt es die Religionsfreiheit. Das bedeutet, dass jeder seinen frei gewählten Glauben leben und ausüben darf. Das bedeutet damit auch, dass wir andere Religionen neben der eigenen respektieren. [...]

3 Gleichberechtigung
Diskriminierung aufgrund von Geschlecht, Hautfarbe, Religion oder sexueller Orientierung ist in Deutschland verboten. Männer und Frauen genießen in Deutschland die gleichen Rechte. [...]

4 Wichtige Tage im Februar
Valentinstag (14. Februar)
Überall sieht man Herzen in den Läden: Verliebte Paare schenken sich an diesem Tag gegenseitig Blumen oder Süßigkeiten als Zeichen für ihre Liebe.

5 Haustiere
Viele Deutsche halten Hunde und Katzen, die ihnen sehr viel bedeuten und zum Teil sogar als Familienmitglieder angesehen werden. Sie haben Namen, bekommen eigenes Futter und es wird sich mit ihnen beschäftigt. Es geht von diesen Tieren in der Regel keine Gefahr aus, weil sie erzogen werden und beim Tierarzt geimpft und entwurmt sind. Freilaufende Tiere dürfen auf keinen Fall einfach mitgenommen werden. [...]

6 Karneval (Weiberfastnacht, Rosenmontag)
An diesen Tagen im Februar, manchmal auch im März, sieht man Menschen, die sich mit lustigen Kostümen verkleiden. Damit soll der Winter vertrieben werden. Die Menschen amüsieren sich, tanzen, singen und erzählen Witze. [...] Rosenmontag haben viele [Kinder] schulfrei.

7 Aschermittwoch (zwei Tage nach Rosenmontag)
Die Karnevalszeit ist nun zu Ende und die 40-tägige Fastenzeit bis Ostern beginnt. An dem Tag wird im Gottesdienst oft ein Aschekreuz auf die Stirn gemalt, mit der Asche der Palmzweige des Vorjahres.

Nach: Bürgerinitiative Flüchtlinge werden Nachbarn in Ense: Willkommen in Ense, 2016, S.24 ff., Abruf am 22.02.2021

Staatsangehörigkeit
Als Staatsbürger besitzt man bestimmte Rechte und Pflichten in dem jeweiligen Land. So darf man wählen oder gewählt werden, muss aber auch Steuern bezahlen. Wie man die Staatsbürgerschaft erlangt, regeln Staaten ganz unterschiedlich.

Doppelte Staatsbürgerschaft als EU-Bürger
Mitglieder der Europäischen Union müssen ihre ausländische Staatsangehörigkeit nicht aufgeben. Sie können auf Dauer eine doppelte Staatsbürgerschaft behalten, wenn ihr Heimatland bei der Einbürgerung von Deutschen ebenso verfährt.

M9 Wege zur deutschen Staatsangehörigkeit

Die deutsche Staatsangehörigkeit wird erworben durch ...

Abstammung von deutschen Eltern

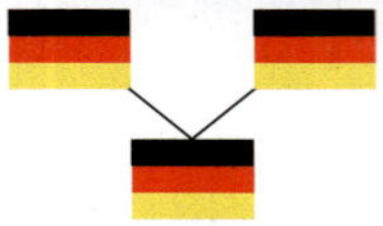

Ein Kind, bei dem mindestens ein Elternteil deutscher Staatsbürger ist, erhält mit der Geburt die deutsche Staatsangehörigkeit.

Geburt in Deutschland

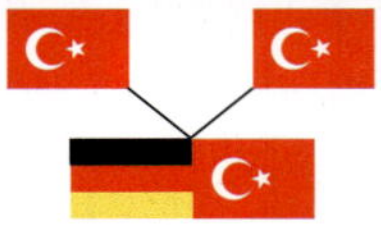

Ein Kind ausländischer Eltern, die dauerhaft in Deutschland leben, erhält mit der Geburt die deutsche Staatsangehörigkeit und außerdem meist die Staatsangehörigkeit der Eltern (doppelte Staatsbürgerschaft).

Für Kinder, die in Deutschland geboren und aufgewachsen sind, entfällt seit 2014 die Optionspflicht zur Entscheidung zwischen zwei Staatsbürgerschaften.

Einbürgerung

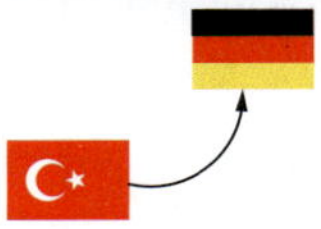

Nachträglicher Erwerb der deutschen Staatsbürgerschaft auf Antrag. Voraussetzungen dafür sind unter anderem:

mindestens 8 Jahre Aufenthalt in Deutschland, Bekenntnis zum Grundgesetz, gesicherter Familienunterhalt, ausreichende Deutschkenntnisse, Straflosigkeit, Aufgabe der bisherigen Staatsangehörigkeit, Kenntnisse über die deutsche Rechts- und Gesellschaftsordnung (Einbürgerungstest)

Bergmoser + Höller Verlag AG, Aachen – 130 385

Einbürgerungstest selbst ausprobieren

Mediencode: 70062-47

AUFGABEN

1. a) Bearbeite **M7** zunächst in Einzelarbeit.
b) Bildet im Klassenraum zu den einzelnen Aussagen eine Positionslinie.
c) Erarbeitet gemeinsam ein Schaubild zur Begriffsklärung von „Integration“ (**#Integration**).

2. a) Findet weitere Beispiele für **M8** aus eurem Alltag.
b) Ordnet die Beispiele aus **M8** zu: Handelt es sich um einen Brauch, ein Recht oder eine Pflicht?
c) Listet auf, welche Rechte, Pflichten und Bräuche ihr als wichtig für die Integration erachtet – und welche eher nicht. Begründet eure Auswahl (Methode „Begründetes Urteil“, vgl. Kap. 1.2).
d) Überflüssig oder notwendig? Sollten Gemeinden wie Ense neu Zugewanderte durch eine „Willkommensbroschüre“ begrüßen? Diskutiert darüber in der Gruppe.

3. a) Nenne die drei „Wege zur deutschen Staatsangehörigkeit“ (**M9**).
b) Erläutere die Voraussetzungen für eine Einbürgerung sowie den Status der „doppelten Staatsbürgerschaft“.
c) Erörtere, ob die Staatsbürgerschaft auch ein Merkmal von Integration ist. Wie lautet eure persönliche Meinung hierzu?

4. Arbeitet in Projektgruppen: Wie gelingt Integration in eurer Gemeinde? Führt hierzu eine Erkundung durch und stellt die Ergebnisse vor (**Methode**).

F zu Aufgabe 1a
Ergänze weitere Vorschläge.

H zu Aufgabe 3c
Geht dafür noch einmal auf die Merkmale von „Integration“ und die „Wege zur Staatsbürgerschaft“ ein.

Integrationsprojekte vor Ort erkunden

Worum geht es?

Erkundet in Arbeitsgruppen, wie die Integration von zugewanderten Jugendlichen und Erwachsenen in eurer Gemeinde gelingt. Bereitet hierfür einen Ortstermin bei einem Integrationsprojekt vor und wertet anschließend eure Erfahrungen aus.

Geht dabei so vor:

1. Schritt: Zusammenarbeit und Zeitrahmen klären

Bildet Arbeitsgruppen, die jeweils ein Integrationsprojekt aus eurer Gemeinde erkunden und vorstellen. Besprecht in der Klasse, welchen Zeitaufwand die Vorbereitung, die Durchführung und die Auswertung haben sollen. Klärt die Verantwortlichkeiten und die Fristen innerhalb der Gruppe.

2. Schritt: Sich informieren und einen Termin vereinbaren

Recherchiert Orte und Institutionen, die sich um die Integration von Zuwanderern kümmern, z. B. Schulen, Arbeitskreis Asyl, Sportvereine, eine Beratungsstelle in der Gemeindeverwaltung, der AWO (Arbeiterwohlfahrt) oder einer Kirche. Hier solltet ihr nun einen geeigneten Ansprechpartner ausfindig machen, euer Anliegen formulieren und einen Termin vereinbaren.

3. Schritt: Erkundung vorbereiten und durchführen

Macht euch klar, was ihr durch die Erkundung erfahren wollt. Haltet dies schriftlich in Leitfragen fest („Was möchten wir gerne wissen?"). Fragt bei eurem Ortstermin hierzu gezielt nach und haltet die Antworten stichpunktartig fest. Vielleicht dürft ihr auch Bilder machen für die spätere Vorstellung.

4. Schritt: Ergebnisse präsentieren

Erstellt eine Präsentation oder ein Plakat. Orientiert euch bei der Gliederung an euren Leitfragen. Stellt auch die Einrichtung vor, über die ihr berichtet. Verfasst am Ende eine persönliche Bewertung zu eurer Erkundung („Ist dies ein gutes Beispiel für Integration?"). (Tipp: Euren Vortrag könnt ihr auch öffentlich, z. B. in einem Erzählcafé (siehe „Gemeinsam aktiv"), halten).

Praxisbeispiele für Integrationsprojekte aus NRW

Mediencode: 70062-48

Wie können Schulen die Integration fördern?

Was ist dir wichtig, wenn du dich in einem fremden Land zurechtfinden musst? Ganz oben steht sicherlich das Beherrschen der Sprache. Dann möchtest du vielleicht neue Freunde finden. Für neu Zugewanderte ist es deswegen entscheidend, dass sie zur Schule gehen können, dort mitkommen und akzeptiert werden.

M10 Als Zehnjähriger nach Deutschland

Als Zehnjähriger kam Marvin mit seinem Vater aus Ghana nach Dortmund. Das war im Jahr 2000. Schon nach drei Monaten konnte er sich gut auf Deutsch verständigen. Heute studiert er Lehramt und arbeitet als Co-Trainer der U-14-Mannschaft von Borussia Dortmund.

„Wenn man in ein neues Land kommt, muss man auch was dafür tun. Sprache ist wichtig. Man muss aus sich herauskommen und offen sein für andere Leute."

„Meine Antwort auf jeden Satz war: ja, ja, ja, ja." […] „Ich war in einer Förderklasse, der 3e. Das war ganz cool, weil wir gezwungen waren, deutsch zu sprechen."

Schachtsiek, Tom/Flüs, Marwin: HOLZFUß. In: Unsere Geschichten und Gesichter der Migration, Arbeiterwohlfahrt Bezirksverband Westliches Westfalen e.V., S. 12ff.

M11 Geflüchtete Kinder in der Schule

1 Schwierige Ausgangslage

Alle Kinder der Welt haben ein Recht auf Bildung. Kinder, die geflüchtet sind, haben aber besonders schwierige Voraussetzungen, um in der Schule erfolgreich zu sein. Oft belastet sie ihre Fluchtgeschichte, sie können ihren Wohn- und Schulort nicht selber aussuchen und leben anfangs in Gemeinschaftsunterkünften, wo sich wenige Rückzugsmöglichkeiten zum Lernen bieten. Dass sie anfangs kaum deutsche Sprachkenntnisse haben, kann sich negativ auf ihre schulischen Leistungen auswirken – mit Folgen für den späteren Schulabschluss.

2 Schulbesuch

Aus einer Erhebung unter nach Deutschland Geflüchteten wird deutlich, dass geflüchtete Kinder beim Wechsel von der Grund- auf eine weiterführende Schule häufig älter sind als die anderen Kinder. Unter den weiterführenden Schulen besuchen sie häufiger Haupt- oder Realschulen – was auch daran liegt, dass an diesen Schulen öfter Vorbereitungsklassen angeboten werden als etwa an Gymnasien.

So viele geflüchtete Kinder (10-17 Jahre) besuchen …	Angaben in %
eine Hauptschule	23
eine Realschule	19
eine Gesamtschule	22
ein Gymnasium	14
eine Berufsschule	6
Sonstiges (Ausbildung, Wartezeit, kein Schulbesuch)	5

Zahlen: BAMF (2019)

3 Möglichkeiten
Obwohl sie schwierigere Voraussetzungen haben, bringen geflüchtete Kinder ihr jeweiliges Vorwissen und – vor allem wenn die Eltern unterstützen können – auch eine hohe Motivation mit, in der Schule erfolgreich zu sein. Soll Integration in der Schule gelingen, muss ihnen dabei geholfen werden, ihre Fluchterfahrungen zu verarbeiten und möglichst effektiv die neue Sprache zu erlernen.

Basierend auf: De Paivo Lareiro, Cristina: Ankommen im deutschen Bildungssystem. In: BAMF-Kurzanalyse 2/2019, S. 8

M12 Schule als Integrationsort

In Nordrhein-Westfalen erhielten 2020 etwa 85.000 neu zugewanderte Schülerinnen und Schüler eine Deutschförderung. Für neu zugewanderte Kinder und Jugendliche gibt es in vielen Schulen dafür internationale Vorbereitungsklassen (IVK). Schule ist nicht nur ein Bildungs-, sondern auch ein zentraler Integrationsort. Die Lise-Meitner-Gesamtschule in Köln-Porz hat mehr als zwanzig Jahre Erfahrung damit.

Zusammensetzung einer IVK: Schülerinnen und Schüler aus dem Irak, Syrien, Marokko, Serbien, Mazedonien, dem Kosovo, Albanien, Russland, Spanien, Ungarn, Italien und Indien

Organisation: Im Teilintegrationsmodell wird jedes Kind der IVK auch einer Regelklasse zugewiesen. Vollständiger Übergang in die Klasse nach fortgeschrittenem Spracherwerb.

Schulische Einbettung: Die Lise-Meitner-Gesamtschule trägt den Titel „Schule ohne Rassismus, Schule mit Courage" und fördert das Miteinander von Schülerinnen und Schülern aus allen Kulturkreisen.

Verschiedene Fahnen stehen in einer Vorbereitungsklasse in einem Glas. Die Flagge Syriens und des Irak stehen im Vordergrund. Hier werden Flüchtlingskinder auf die Teilnahme am regulären Schulunterricht vorbereitet (Stuttgart 2015).

Leitziele für eine erfolgreiche Integration an unserer Schule

Baustein 1: Sprachlernprozess
Erwerb der Sprachkompetenz in Deutsch im Hörverstehen, Sprechen, Lesen und Schreiben

Baustein 2: Kulturelle Kenntnisse
Brauchtum und Tradition in Deutschland, auch im Vergleich mit der Herkunftstradition der Kinder

schulische, kulturelle und soziale Integration
Stärkung des Selbstwertgefühls

Baustein 3: Gefühl des „Beheimatet-Seins"
- Schule als Raum der Sicherheit erleben
- Abbau der Sprachbarriere
- klare Bezugspersonen in einem kleinen Team aus Lehrerinnen und Lehrern

Baustein 4: Klassenraumgestaltung
- Dekoration
- gute Ausstattung (z.B. Wörterbücher, Grammatiken, Lernmaterialien)
- individuelle Lernpläne
- Ablagefächer
- einfache Lektüren

Basierend auf: Lise-Meitner-Gesamtschule: Internationale Vorbereitungsklasse (IVK). In: www.lmgporz.de, Abruf am 01.11.2020

AUFGABEN

1. Stimmt ihr den Aussagen von Marvin zu (**M10**)? Nehmt Stellung dazu, welche Rolle die Schule für neu zugewanderte Kinder spielt.

2. a) Beschreibe die Verteilung geflüchteter Kinder auf die unterschiedlichen Schulformen (**M11**).
b) Erkläre, warum geflüchtete Kinder eine besondere Förderung in der Schule benötigen (**M11**).

3. a) Beschreibe, was eine Internationale Vorbereitungsklasse ist und welches Ziel damit verfolgt wird (**M12**).
b) Erläutere, wie die Lise-Meitner-Gesamtschule in Köln-Porz ihre Internationalen Vorbereitungsklassen organisiert (**M12**).
c) Diskutiert, ob Internationale Vorbereitungsklassen ein sinnvolles Mittel sind, um neu zugewanderte Mitschüler und Mitschülerinnen zu integrieren.

F zu Aufgabe 3
Findet heraus, wie an eurer Schule neu zugewanderte Schülerinnen und Schüler integriert werden und berichtet darüber.

WELCHE CHANCEN UND HERAUSFORDERUNGEN HAT MIGRATION?

MIGRATION UND FACHKRÄFTEBEDARF

← M2, M3, M5

In bestimmten Branchen kann bereits heute der Fachkräftebedarf nicht mehr durch deutsche Arbeitnehmerinnen und Arbeitnehmer gedeckt werden (z. B. in Handwerks-, Pflege- und Gesundheitsberufen). Weil die Bevölkerung in Deutschland weiter schrumpft, muss in Zukunft die Erwerbsmigration eine größere Bedeutung bekommen. Viele Menschen aus Nicht-EU-Staaten, die in Deutschland gerne arbeiten möchten, haben die Schwierigkeit, mit ihren Ausbildungsabschlüssen eine passende Stelle zu bekommen.

INTEGRATION

← M7, M9

Integration bezeichnet die Eingliederung von Einzelnen oder Gruppen in ein großes Ganzes. Sie zeichnet sich auch dadurch aus, ob bzw. in welchem Maße man am Alltagsleben in dem neuen Land teilhaben kann. Sie ist nicht mit Anpassung gleichzusetzen, obwohl man sich an die Gesetze und an bestimmte Regeln halten muss. Damit Integration gelingt, ist es wichtig, dass beide Seiten – die der Zuwandernden und die der Aufnehmenden – dazu bereit sind und daran mitarbeiten.

Mit der deutschen Staatsbürgerschaft ist man rechtlich gesehen Deutsche/r und hat beispielsweise das Recht, an Wahlen teilzunehmen. In Deutschland galt lange, dass Kinder die Staatsbürgerschaft ihrer Eltern annehmen. Mittlerweile bekommen auch Kinder von Nicht-Deutschen bei Geburt in Deutschland die deutsche Staatsangehörigkeit, wenn die Eltern dauerhaft in Deutschland leben.

Auch wer mehr als acht Jahre in Deutschland lebt, kann sich einbürgern lassen.

SCHULE ALS INTEGRATIONSORT

← M11

Die Schule ist für ausländische Kinder und Jugendliche der wichtigste Ort, um sich in eine neue Gesellschaft zu integrieren. Ohne zuerst die Sprache zu lernen und die Kultur kennenzulernen, geht es aber nicht. Viele Schulen haben deswegen ihre eigenen Konzepte entwickelt, wie z. B. „Internationale Vorbereitungsklassen". Befragungen zeigen aber, dass der Bildungserfolg stark davon abhängt, welches Vorwissen und welche Erlebnisse man aus seiner alten Heimat mitbringt und wie gut die Eltern unterstützen können.

Fall 1: Einwanderungsland Deutschland: Weißt du Bescheid?

Dein Nachbar von einer anderen Schule hat sich noch nicht mit dem Thema Migration beschäftigt, hat aber viele Fragen.

1. Kannst du ihm seine Fragen beantworten?

Stimmt es, dass es vor allem in Deutschland viele Migranten gibt?

Warum werden in der deutschen Wirtschaft Arbeitskräfte aus dem Ausland benötigt?

Was haben Schulen eigentlich mit Integration zu tun?

2. Formuliere nun drei Fragen, welche du selbst noch an das Thema hast. Stelle sie einem Mitschüler oder einer Mitschülerin, vielleicht findet ihr gemeinsam Antworten.

?

Fall 2: Amira wird Deutsche

Amira ist mit ihren Eltern als Kind nach Deutschland gezogen. Nun ist sie volljährig und möchte einen Antrag auf Einbürgerung stellen, damit sie deutsche Staatsbürgerin wird und z. B. an allen Wahlen teilnehmen darf. Bei der Vorbereitung auf den Einbürgerungstest stößt sie auf folgende Fragen, die sie nicht beantworten kann:

a) Welches Grundrecht gilt in Deutschland nur für Ausländer/Ausländerinnen?

1. Schutz der Familie
2. Meinungsfreiheit
3. Menschenwürde
4. Asyl

b) Pfingsten ist ein ...

1. ... deutscher Gedenktag.
2. ... christlicher Feiertag.
3. ... bayerischer Brauch.
4. ... internationaler Trauertag.

Aufgaben

1. Hilf Amira, die richtige Antwort zu finden.
2. Beschreibe die verschiedenen Wege, die zur deutschen Staatsbürgerschaft führen.
3. Findest du es wichtig, dass jemand die Fragen des Einbürgerungstests beantworten kann, wenn er oder sie Deutsche(r) werden möchte? Begründe deine Meinung.

F **zu Aufgabe 1**
Beantworte weitere Fragen aus dem Test. Siehe Mediencode: 70062-47.

Du hast dich damit beschäftigt, aus welchen Gründen Menschen nach Deutschland kommen und welche Faktoren es ihnen erschweren können, sich hier heimisch zu fühlen. Hier kannst du einschätzen, wie sicher du dich in diesem Bereich auskennst.

Ich kann ...	Das klappt schon ...	Hier kann ich noch üben ...
... Migration weltweit, in Europa und in Deutschland beschreiben.		Kap. 11.1: M1-M3, #Migration, Grundwissen
... verschiedene Migrationsformen und Migrationsgründe unterscheiden.		Kap. 11.1: M3; M1-M3, M4, M7-M9, M10-M12, #Migrationsursachen, Grundwissen
... Anzahl und Gruppen von Menschen nennen, die nach Deutschland einwandern.		Kap. 11.1: M8, Grundwissen
... den Begriff „Asyl" erklären.		Kap. 11.1: M10; #Asyl, Grundwissen
... die Bedeutung von Zuwanderung aus wirtschaftlicher Sicht darstellen.		Kap. 11.2: M2-M3, Grundwissen
... die Herausforderungen und Chancen bei der Integration von Migrantinnen und Migranten in den Arbeitsmarkt darlegen.		Kap. 11.2: M4-M6, Grundwissen
... verschiedene Dimensionen von Integration nennen.		Kap. 11.2: M7, M10, M11; #Integration, Grundwissen
... Integration von Anpassung unterscheiden.		Kap. 11.2: M8
... Wege und Voraussetzungen zum Erlangen der deutschen Staatsangehörigkeit beschreiben.		Kap. 11.2: M9, Grundwissen

Richtig lesen: die 5-Phasen-Methode

Worum geht es?

In deinem Alltag musst du viele Texte lesen und verstehen. Das Lesen klappt sicherlich bereits gut. Doch hast du auch den Inhalt verstanden? Dazu gibt es Schritte, die dir dabei helfen.

Gehe dabei so vor:

1. Schritt: Orientiere dich im Text

Überfliege den Text und suche das Thema.

↓ ↓ ↓

2. Schritt: Suche Verstehen-Inseln

- Suche bekannte Begriffe und Formulierungen.
- Finde Gedanken, die du schon gut nachvollziehen kannst.

↓ ↓ ↓

3. Schritt: Erschließe dir den Text Abschnitt für Abschnitt

- Lies genau und beachte Wortangaben.
- Markiere oder notiere dir Wörter, die du erfragen oder nachschlagen musst.
- Versuche das, was du schon verstanden hast, mit den neuen Informationen zu verbinden.

↓ ↓ ↓

4. Schritt: Suche nach dem roten Faden

- Verbinde in Gedanken die Abschnitte miteinander – was ist der inhaltliche „rote Faden" des Textes?
- Erstelle z. B. eine Gliederung und fasse den Text für dich in kurzen Sätzen zusammen.

↓ ↓ ↓

5. Schritt: Überprüfe dein Textverständnis

- Suche den Sinn des Textes.
- Denke darüber nach, ob und wie du den Text verstanden hast.
- Schreibe den Text in einen anderen Text um (z. B. Lexikonartikel, ausgedachtes Interview).

Ein Rollenspiel durchführen

Worum geht es?

Bei einem Rollenspiel könnt ihr in einer vorgegebenen Situation in Rollen schlüpfen, die zwar durch Rollenkarten vorgeschrieben sind, aber zusätzlich von euch selbst ausgestaltet werden können.
Dabei geht es darum, möglichst rollengerecht zu handeln, wie es in der Rollenbeschreibung vorgesehen ist. Ihr spielt, als ob ihr eine bestimmte Person in einer bestimmten Situation seid. Dabei könnt ihr eigene Einstellungen und Gefühle erkennen und verstehen, aber auch die anderen Interessen und Sichtweisen erfahren.

Geht dabei so vor:

1. Schritt: Rollenvergabe

1. Klärt, wie viele Rollen in eurem Rollenspiel vergeben werden sollen.
2. Verteilt die Rollen auf möglichst gleichgroße Gruppen in der Klasse. Jede Gruppe übernimmt jeweils eine Rolle. Achtet darauf, dass die Rollen unterschiedliche Aufgaben übernehmen und unterschiedliche Recherchen erfordern.

↓ ↓ ↓

2. Schritt: Inhaltliche Vorbereitung auf die einzelnen Rollen

1. Macht euch mit eurer Rolle vertraut, indem ihr euch in der Gruppe über die Rolle austauscht.
2. Recherchiert im Schulbuch, im Internet, in Bibliotheken oder bei Experten nach weiteren Informationen zu euren Rollen. Zum Beispiel: Welche weiteren Argumente gibt es für eure Position?
3. Besprecht eure Rolle, tauscht euch mit eurem Wissen aus und erweitert die Rolle mit euren eigenen Ideen.
4. Bestimmt außerdem die Person, die für eure Gruppe die Rolle im Rollenspiel übernimmt.
5. Der Rest eurer Gruppe wird Beobachter.

↓ ↓ ↓

3. Schritt: Durchführung des Rollenspiels + Reflexion

1. Führt das Rollenspiel durch. Baut euer Klassenzimmer dafür entsprechend um.
2. Beantwortet nach dem Rollenspiel in der Klasse folgende Fragen:
   - Welche Rolle konnte wie überzeugen?
   - Wie lautet das Ergebnis des Rollenspiels?
   - Wurde ein Ergebnis gefunden, das alle Rollen vertreten können?
   - Welche Besonderheiten sind euch im Allgemeinen aufgefallen?

Eine Positionslinie bilden

Worum geht es?

Mit Hilfe einer Positionslinie können Einstellungen körperlich zum Ausdruck gebracht werden. Dies kann in jedem größeren Raum geschehen, z. B. in eurem Klassenraum.

Geht dabei so vor:

1. Schritt: Vorbereitung

Auf einer gedachten oder durch einen Klebestreifen auf dem Boden markierten Linie positionieren sich die Schüler zu einer Frage oder zu einem Problem. Die Enden dieser Linie stellen alternative Pole (ja/nein; stimmt/stimmt nicht), der Abstand zwischen diesen Punkten entsprechend abgestufte Positionen dar.

2. Schritt: Durchführung

Die Schüler werden dann aufgefordert, ihre Positionen zu begründen und sich auch argumentativ aufeinander zu beziehen.

Scholz, Lothar: Spielerisch Politik lernen. Methoden des Kompetenzerwerbs im Politik- und Sozialkundeunterricht, Frankfurt/M, 2003, S. 114

Ein Wandplakat erstellen

Worum geht es?

Ein Wandplakat bietet die Möglichkeit gelernten Inhalt zu visualisieren.

Geht dabei so vor:

1. Schritt: Vorbereitung

Haltet das Wichtigste fest. Hierbei können euch folgende Materialien helfen:

- Bilder, Tabellen, Fotos ...
- Kurze Informationstexte

2. Schritt: Gestaltung

- Klare, saubere, deutliche Schrift
- Keine Rechtschreibfehler
- Farben verwenden, die auch von weitem gut erkennbar sind
- Raum gut aufteilen (nicht dicht gedrängt)

Nach: Klippert, Heinz: Methodentraining. Übungsbausteine für den Unterricht, Weinheim und Basel: Beltz Verlag 1999, S. 168

Präsentation in einem Galeriespaziergang

Worum geht es?

So könnt ihr aus eurer Schule eine Galerie machen: Einzelne von euch oder Gruppen stellen Ergebnisse aus, die sie zuvor in einer Arbeitsphase erarbeitet haben. Die anderen haben die Möglichkeit, einen „Galeriespaziergang“ zu unternehmen. Dabei könnt ihr an den ausgestellten Ergebnissen vorbeispazieren, die Ergebnisse betrachten und vielleicht auch Fragen dazu stellen.

Geht dabei so vor:

1. Schritt: Vorbereitung

- Nummeriert eure Bilder, damit ihr sie in der Auswertungsphase gut auseinanderhalten könnt.
- Wählt dazu einen Gruppensprecher, der in der Nähe von eurem Bild steht und es bei Bedarf erklären kann. Wechselt euch zwischendrin ab, damit jeder auch die anderen Ergebnisse anschauen kann.
- Verabredet eine Zeit, z. B. 20 Minuten, die ihr für euren Galeriespaziergang nutzen wollt. Haltet diese verabredete Zeit unbedingt ein, damit ihr anschließend gemeinsam ein Auswertungsgespräch führen könnt.

2. Schritt: Eindrücke notieren

Damit ihr im Anschluss an euren Galeriespaziergang nicht alles vergessen habt, ist es sinnvoll, sich ein paar Notizen zu machen (siehe Tabelle in der Randspalte). Ihr könnt weitere Kriterien ergänzen.

	Bild 1	Bild 2	Bild 3	...
Layout				
Idee / Originalität				
Aussage				
...				

Bitte ins Heft!

3. Schritt: Bilder ausstellen

Hängt nun eure Bilder im Klassenzimmer oder zum Beispiel im Flur eurer Schule aus. Ihr solltet den Platz so wählen, dass er frei zugänglich ist, d. h. jeder sollte sich problemlos davorstellen und die Bilder betrachten können. Der Galeriespaziergang kann beginnen.

4. Schritt: Bilder beurteilen

Nun könnt ihr auf der Basis der eigenen Notizen entscheiden, welche(s) Poster in Bezug auf die Aufgabenstellung besonders gut gelungen ist bzw. sind. Bedenkt, dass einem Urteil immer eine sachliche Begründung zugrunde liegen sollte.

Ein Szenario erstellen

Worum geht es?

Obwohl es niemand weiß, wie unsere Zukunft einmal aussehen wird, hat fast jeder eine Vorstellung davon, wie sie aussehen könnte. Diese Vorstellung nennt man auch Szenario. Szenarien müssen gut durchdacht sein und können im Anschluss der Klasse vorgestellt werden.

Geht dabei wie folgt vor:

1. Schritt: Ein Thema finden und Fragen stellen

- Überlegt in der Klasse, zu welchem Thema ihr ein Szenario erstellen möchtet. Achtet darauf, dass ihr ein Jahr festlegt, in dem euer Szenario stattfinden soll (z. B. 2050).
- Überlegt euch, welche Lebensbereiche in eurem Szenario betrachtet werden sollen. Ihr könntet z. B. den zukünftigen Verkehr, eure Wohnsituation, oder die Entwicklung des Klimas betrachten.

2. Schritt: In die Zukunft schauen – die Zeitreise beginnt

Beschreibt, wie die Menschen in den einzelnen Bereichen eures Szenarios (aus Schritt 1) leben werden. Verfasst dazu wenige treffende Sätze. Eurer Fantasie sollten keine Grenzen gesetzt sein. Entscheidet euch zunächst für eine besonders gute oder eine besonders schlechte Zukunft.

3. Schritt: Denke an das Gegenteil (nur für Expertinnen und Experten)

Verfasst zu dem aus Schritt 2 gewählten Szenario ein (besonders gutes oder besonders schlechtes) gegenteiliges Szenario.

4. Schritt: Vergleiche deine Zukunft

In eurer Klasse habt ihr verschiedene gute oder schlechte Szenarien beschrieben. Die tatsächliche Entwicklung ist meistens weder extrem gut noch extrem schlecht, sondern eine Mischung aus beiden Möglichkeiten. Diskutiert nun in der Klasse, wie die Zukunft im von euch ausgewählten Jahr aussehen könnte.

Portfolio – die Dokumentation meiner Berufswahl

Worum geht es?

Ein Portfolio ist eine persönliche Mappe oder ein Ordner zu einem bestimmten Thema. Du dokumentierst darin deine Arbeit und beschreibst, was du gelernt hast, was du für besonders wichtig an diesem Thema hältst und was du dir merken möchtest.
In diesem Portfolio zu deiner Berufswahl sammelst du alles, was du im Unterricht dazu bearbeitet hast. Außerdem zeigst du, wie du dich außerhalb des Unterrichts mit dem Thema auseinander gesetzt hast. Es unterstützt dich also dabei, einen Beruf zu finden – du kannst jederzeit in deinem Portfolio nachblättern. Gleichzeitig kann dein Lehrer nachvollziehen, wie du gearbeitet hast.

Geht dabei so vor:

1. Schritt: Inhalt des Portfolios

I. **Deckblatt**
Dein Ordner sollte ein Deckblatt mit folgenden Stichpunkten haben: Name, Klasse, Anschrift, Schuljahr, evtl. Zeitraum des Betriebspraktikums, Anschrift des Praktikumsbetriebs

II. **Inhaltsverzeichnis**

III. **Inhalt:**

Themen	Fragestellungen
Was kann ich, was will ich? Welche Wege kann ich einschlagen?	Worin liegen deine Interessen und Stärken? Welche Berufe kommen für dich in Frage? Wie sieht der mögliche Weg in diesen Beruf aus?
	Hefte alle Dokumente aus dem BORS-Unterricht ab (u. a. Lebenslauf, Anschreiben an den Praktikumsbetrieb ...).
Dokumentiere dein Berufspraktikum	Erläutere, warum du dich für diesen Beruf entschieden hast. Formuliere deine Erwartungen. Stelle den Betrieb vor und erläutere, warum du dich für diesen Betrieb entschieden hast. Stelle den von dir gewählten Beruf ausführlich vor (Voraussetzungen, Ausbildung, Tätigkeiten, Arbeitszeiten, Verdienst, Zukunft des Berufs, Weiterbildungsmöglichkeiten). Beschreibe auch typische Arbeitsvorgänge in diesem Beruf. Erstelle für jeden Tag im Praktikum ausführliche Tagesberichte. Bewerte dabei, was dir gut gefallen hat und was nicht. Führe ein Interview mit einer Person, die den Beruf ausübt, den du im Praktikum kennenlernst.
Reflektiere dein Berufspraktikum	Reflektiere dein Berufspraktikum (Wie hat dir dein Praktikum gefallen, was hat es für deine Berufswahl bedeutet, welchen Eindruck hast du vom Arbeitsleben bekommen?) Denke daran zu begründen! Erstelle einen Zeitplan, wie es für dich nach der Schule weitergeht.

2. Schritt: Gestaltung des Portfolios

- Gestalte alle Seiten deines Portfolios ordentlich! Verwende wenige Schriftfarben und hebe Überschriften hervor.
- Verwende gut lesbare Schriftarten (z. B. Arial, Times New Roman oder Calibri, Zeilenabstand 1,5) und achte auf eine gut leserliche Handschrift.
- Ordne Texte und Materialien übersichtlich an.
- Hefte auch die Materialien ab, die du außerhalb der Schule bekommen hast.

Im Internet recherchieren

Worum geht es?

Suchmaschinen bieten oft viele Tausend verschiedene Internetseiten an. Eine Recherche im Internet muss daher strukturiert angegangen werden.

Geht dabei so vor:

1. Schritt: Suche eingrenzen und Begriffe finden

Ihr solltet die Suchanfrage genau eingrenzen. Am besten schreibt ihr passende Begriffe so genau wie möglich in das Suchfeld. Durch das +-Zeichen sucht die Suchmaschine nach Internetseiten, in denen alle Begriffe vorkommen, durch Anführungsstriche könnt ihr Begriffe verbinden, die Suchmaschine sucht dann nur nach dieser Kombination (z. B. „Neugliederung Bundesgebiet Grundgesetz“). Wenn ihr bei der ersten Eingabe nicht erfolgreich wart, könnt ihr einen oder mehrere Suchbegriffe wieder herausnehmen oder austauschen.

2. Schritt: Suchergebnis auswählen

Als Ergebnis erhaltet ihr in der Regel eine lange Liste an Treffern von Internetseiten. Wenn die ersten Angaben eurer Suche entsprechen, lest die kurze Beschreibung unter der Überschrift. Die URL (fängt mit „www.“ an und wird häufig in grüner Schrift dargestellt) gibt oft darüber Auskunft, wer der Anbieter der Internetseite ist. Einrichtungen, Ministerien, Tageszeitungen u. Ä. verwenden in der Regel ihren Namen als URL, sodass ihr gleich wisst, dass ihr euch auf die Informationen verlassen könnt. Klickt die Seite an, die am besten zu eurer Suche passt, und überfliegt den Inhalt. War die Seite nicht richtig für euch, geht im Browser (wahrscheinlich arbeitet ihr mit dem Internet Explorer oder Mozilla Firefox) oben links auf den Pfeil nach links (zurück).

3. Schritt: Internetseiten bewerten

Ihr könnt die Identität des Verfassers beispielsweise über das Impressum oder die Rubrik „Wir über uns“ herausfinden. Auch der Hintergrund des Autors sollte bekannt sein, d. h. in welchem Umfeld die Website veröffentlicht wurde (z. B. Universität, Unternehmen, Organisation). Schließlich sollte der Text aktuell sein. Dabei kann ein Blick auf weiterführende Links helfen.

4. Schritt: Ergebnisse sichern

Sichert vor dem Schließen der Browserfenster eure Ergebnisse (z. B. durch Ausdrucken, Link speichern ...).

Diagramme und Schaubilder analysieren MK

Worum geht es?

Die Statistik ist eine Zusammenfassung vieler verschiedener Daten. Die Daten können zum Beispiel sein: Anzahl von Menschen, Deutschen, Kindern, Frauen, Männern oder Höhe von Einkommen, Schulden, Taschengeld und vieles mehr.
Die Zusammenfassung der Daten (Statistik) wird mithilfe von Diagrammen oder Schaubildern dargestellt. Sie sind oft unterschiedlich aufgebaut.

Geht dabei so vor:

1. Thema und Darstellungsform bestimmen

- Bestimmung des Themas: Schaut zunächst auf die Überschrift des Diagramms/des Schaubilds. Hier finden sich meist die gesuchten Informationen.
- Bestimmung der Darstellungsform: Es gibt verschiedene Arten von Diagrammen:
  a) **Balken- und Säulendiagramme**: Diese Diagramme können verschiedene Zahlenwerte gut miteinander vergleichen,
  b) **Linien- und Kurvendiagramme:** Diese Diagramme können zeitliche Entwicklungen gut darstellen.
  c) **Kreis-, Kuchen- oder Tortendiagramme**: Diese Diagramme können unterschiedliche Anteile an der Gesamtmenge gut aufzeigen.

2. Beschreibung der Diagramme und Schaubilder

- In welcher Maßeinheit sind die Zahlenwerte angegeben? Handelt es sich um absolute Zahlen? Dann steht dort z. B. „in Tausend“ oder „in Millionen“.
- Welcher Zeitpunkt oder Zeitraum ist dargestellt?
- Woher kommen die Zahlen, was ist als Quelle der Darstellung angegeben?

3. Analyse und Beurteilung der Diagramme und Schaubilder

Was zeigen die Zahlen und Daten? Gibt es Besonderheiten oder Auffälligkeiten?
- Ist die Form der Darstellung korrekt?
- Wie ist die Aussage des Schaubilds/Diagramms in das Thema einzuordnen?

a)

Balkendiagramm

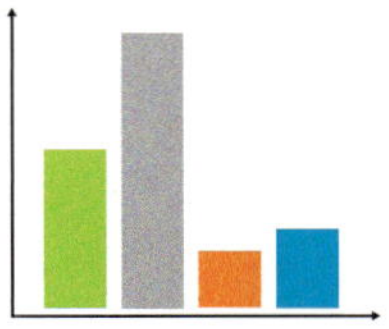

Säulendiagramm

b)

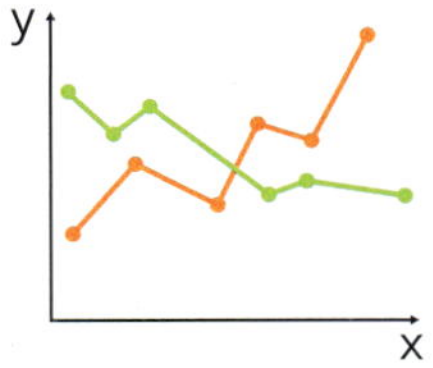

Liniendiagramm

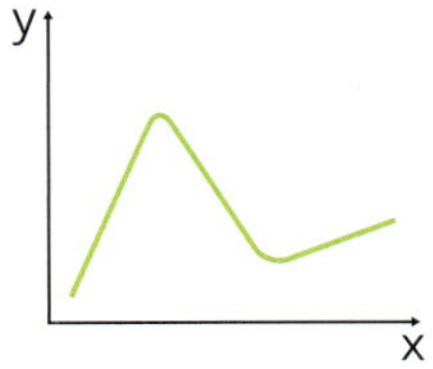

Kurvendiagramm

c)

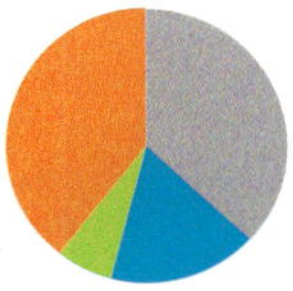

Kreis-/Kuchen-/Tortendiagramm

Ein Ampelspiel durchführen

Worum geht es?

Das Ampelspiel dient dazu, euch eine eindeutige eigene Position zu bilden. Durch eine von drei Farbkarten (rot, gelb, grün) könnt ihr zu erkennen geben, ob ihr spontan einer bestimmten Aussage zustimmt, ob ihr unentschlossen seid oder ob ihr sie ablehnt. Mithilfe dieses Spiels macht ihr eure (Vor-)Ansichten deutlich, die dann in einer weiteren Arbeitsphase reflektiert werden können.

Geht dabei so vor:

1. Schritt: Vorbereitung

- Die Lehrkraft trägt verschiedene zugespitzte Aussagen bzw. Thesen vor.

2. Schritt: Durchführung

- Jeder von euch hat drei Karten: eine grüne, gelbe und rote Karte
- Bei jeder Aussage hebt ihr eine dieser Karten:
  Rot = Ablehnung,
  Gelb = Enthaltung / Unentschiedenheit,
  Grün = Zustimmung.

3. Schritt: Abschluss

- Nach einer kurzen Zeit der Beobachtung könnt ihr euch darüber austauschen: Fragt euch gegenseitig nach Gründen und besprecht, wo und warum ihr euch unsicher wart.

Einen Flyer gestalten

Worum geht es?

Auf einem Flyer werden Informationen kurz, präzise und anschaulich dargestellt. Hierzu müssen kurze Texte formuliert und das Papier ansprechend gestaltet werden.

Geht dabei so vor:

1. Schritt: Computer oder von Hand?

Entscheide, ob du den Flyer mit der Hand (a) oder am Computer (b) gestaltest.
(a) Nimm ein Papier oder eine Pappe im DIN A4-Format. Wähle eine Farbe aus, die zu deinem Thema passt und auf der man die Schrift gut lesen kann.
Falte das Blatt entlang der langen Seite so, dass drei gleichgroße Spalten entstehen. Du kannst die Knickfalten auch mit einem Lineal ausmessen.
(b) In einem Computerprogramm zur Textverarbeitung kann man das Seitenlayout des Dokuments einstellen: Wähle das Querformat und drei Textspalten. So kannst du den DIN A4-Ausdruck im Anschluss einfach falten.

2. Schritt: Inhalte anordnen

Der Flyer hat eine Vorder- und eine Rückseite und vier Innenseiten.
Die Vorderseite muss ansprechend gestaltet sein und das Thema bzw. die Fragestellung zeigen. Auf der Rückseite kannst du einen Appell an die Leser richten oder die Namen der Autorinnen und Autoren nennen. Wenn beide Außenseiten aufgeklappt sind, bleiben drei Innenspalten nebeneinander, die Platz für größere Zusammenhänge bieten können.

3. Schritt: Inhalte erstellen

Formuliere einen ansprechenden Titel. Erstelle eine grobe Gliederung der Inhalte und entscheide, was wo stehen soll. Formuliere anschließend die Inhalte vollständig.
Wichtig: Auf einem Flyer ist nicht viel Platz. Nutze (Zwischen)Überschriften, kurze Sätze und möglichst wenig Text.

4. Schritt: Flyer gestalten

Die Handschrift muss leserlich sein, die Schriftgröße am Computer mindestens 12pt groß. Die Überschriften sollten sich in Größe und Farbe von dem übrigen Text abheben. Ergänze passende Bilder oder Illustrationen.
Nenne unter Texten und Bildern die Quellen, die du genutzt hast.

Ein Interview führen: Die Vorbereitung MK

Worum geht es?

Mit einem Interview könnt ihr von Experten oder Betroffenen Informationen über ein Thema aus erster Hand bekommen. Sie können über ihr Wissen, ihre Erfahrungen und Einschätzungen berichten. Ein Interview sollte geplant sein, damit ihr möglichst viele Informationen erhaltet, mit denen ihr nach dem Interview weiterarbeiten könnt.

Geht dabei so vor:

1. Schritt: Das Thema festlegen

Arbeitsschritt: Formuliert eine Überschrift auf eurem Interviewbogen.
Beispiele: a) „Zocken – zwischen Spaß und Sucht"; b) „Cybermobbing – ein Problem an unserer Schule?"
Hinweis/Tipps: Versucht, das Thema so genau wie möglich zu formulieren: Worum geht es, und was möchtest du herausfinden?

2. Schritt: Interviewpartner suchen

Arbeitsschritt: Sucht Personen, die viel über das Thema berichten können.
Beispiele: a) Vertrauenslehrer, Mitarbeiterin einer Beratungsstelle, Betroffene....; b) Jahrgangsstufenleiter, SV, Medienscouts, Streitschlichter...
Hinweis/Tipps: Überlegt, wer von euch jemanden kennt oder Kontakte zu Interviewpartnern herstellen könnte. Fragt die Person höflich nach einem Termin (Ort, Uhrzeit). Erkundigt euch, ob die Gesprächspartner Informationsmaterialien mitbringen können.

3. Schritt: Fragen formulieren

Arbeitsschritt: Sammelt im Brainstorming Fragen, stellt sie euch gegenseitig vor und einigt euch auf die besten. Haltet die Fragen in eurem Interviewbogen fest, indem ihr sie schriftlich notiert.
Beispiele: a) Spielen Sie selbst Computerspiele? Was macht Ihnen Sorgen an Computerspielen?; b) Welcher Fall von Cybermobbing ist Ihnen am meisten in Erinnerung, und warum? Was sollten insbesondere jüngere Schülerinnen und Schüler in Sozialen Netzwerken beachten?
Hinweis/Tipps: Lest euch zunächst in das Thema ein. Welche Informationen möchtet ihr nun von der Interviewpartnerin erhalten? Formuliert möglichst kurze und eindeutige Fragen. Kontrolliert eure Fragen: Sind sie verständlich?

4. Schritt: Medien festlegen

Arbeitsschritt: Entscheidet, wie ihr die Antworten festhalten möchtet.
Beispiele: Aufzeichnung mit dem Smartphone, Diktiergerät oder Notizen per Handschrift
Hinweis/Tipps: Prüft und testet die digitalen Geräte: Funktioniert alles und steht genügend Speicherplatz zur Verfügung?

Ein Interview führen: Durchführung und Auswertung MK

Worum geht es?

Nach einer gründlichen Vorbereitung müsst ihr auch bei der Durchführung und Auswertung eines Interviews auf einige Punkte achten.

Geht dabei so vor:

1. Schritt: Begrüßung

Arbeitsschritt: Stellt die Fragen klar und deutlich.
Beispiele: Nennt eure Namen, eure Schule, euer Thema und das Ziel, welches ihr mit dem Interview verfolgt.
Hinweis/Tipps: Fragt euren Gesprächspartner, ob er bereit ist, die Fragen zu beantworten und ggf., ob ihr das Gespräch aufzeichnen dürft.

↓ ↓ ↓

2. Schritt: Fragen stellen

Arbeitsschritt: Begrüßt euren Gesprächspartner, stellt euch freundlich vor und benennt das Thema des Interviews.
Hinweis/Tipps: Verteilt im Vorfeld Rollen:
- wer spricht
- wer notiert die Antworten
- wer behält die Zeit im Blick...

↓ ↓ ↓

3. Schritt: Verabschiedung

Arbeitsschritt: Kontrolliert, ob ihr alle Fragen gestellt habt und bedankt euch für das Interview.
Beispiele: „Vielen Dank für die Antworten und dass Sie Zeit für uns hatten."
Hinweis/Tipps: Bedankt euch und verabschiedet euch vom Gesprächspartner.

↓ ↓ ↓

4. Schritt: Auswertung

Arbeitsschritt: Fasst die Antworten zusammen und stellt die Ergebnisse dar.
Beispiele: Gestaltet zum Beispiel eine Mindmap oder eine Wandzeitung.
Hinweis/Tipps: Lasst auch dem Gesprächspartner euer Ergebnis zukommen.

Arbeitsschritt: Präsentiert eure Ergebnisse.
Beispiele: Haltet z. B. einen Vortrag mithilfe eurer visualisierten Ergebnisse.
Hinweis/Tipps: Reflektiert die Erfahrungen und notiert, was ihr verbessern könnt.

Ein Lerntempoduett durchführen

Worum geht es?

Diese Unterrichtsmethode ist eine Kombination aus Einzel- und Partnerarbeit. Sie eignet sich vor allem gut, um dem unterschiedlichen Arbeitstempo der Schülerinnen und Schüler bei der Erarbeitung eines Themengebiets gerecht zu werden. Sie wird auch als Think (Aneignung von Wissen in Einzelarbeit) – Pair (Austausch in Partnerarbeit) – Share (Präsentation der Ergebnisse) Methode bezeichnet.

Geht dabei so vor:

1. Schritt: Erarbeite dir die Inhalte in Einzelarbeit

Bearbeite das Thema zuerst in Einzelarbeit. Mache dir Notizen, um das Erlernte festzuhalten. Nimm dir dabei die Zeit, die du benötigst, um die Aufgabe gründlich zu bearbeiten.

2. Schritt: Bildet Lernteams mit ähnlichen Arbeitsgeschwindigkeiten

Wenn ihr mit der Bearbeitung eurer Aufgabe fertig seid, steht auf oder geht zu einer „Haltestelle" in eurem Klassenzimmer. Wartet bis ein anderer Schüler oder eine andere Schülerin ebenfalls aufsteht und schließt euch zusammen.

3. Schritt: Tauscht euch im Lernteam aus

Tauscht euch jetzt zu zweit über eure Ergebnisse der bearbeiteten Aufgabe(n) aus. Ergänzt gegenseitig Inhalte und stellt euch Verständnisfragen. Gegebenenfalls sollt ihr noch weitere Aufgaben zur Vertiefung des Themas bearbeiten. Bereitet eure Arbeitsergebnisse gemeinsam so auf, dass ihr sie im Anschluss in der Klasse vorstellen könnt.

4. Schritt: Präsentiert eure Arbeitsergebnisse

Als Lernteam präsentiert ihr jetzt eure Arbeitsergebnisse im Plenum. Im Plenum werden noch weitere Verständnislücken geklärt und von den anderen Schülerinnen und Schülern weitere Inhalte ergänzt.

Nach: Bungert-Müller, Anette: Lerntempoduett. Formen des kooperativen Lernens. Bildungsserver Rheinland-Pfalz, www.heterogenitaet.bildung-rp.de, abgerufen am 18.05.20

Eine Mindmap erstellen

Worum geht es?

Eine Mindmap (englisch: mind map; auch: Gedanken[land]karte, Gedächtnis[land]karte) erstellen, ist eine Technik, die für das Erschließen oder das visuelle Darstellen eines Themengebietes oft zum Einsatz kommt. Hierbei sollen Gedanken freien Lauf erhalten und so die Fähigkeit des Gehirns zur Kategorienbildung genutzt werden.

Geht dabei so vor:

1. Schritt: Das Thema bestimmen

Zuerst gilt es, ein möglichst konkretes Thema bzw. einen bestimmten Begriff zu bestimmen. Schreibt dieses Thema/diesen Begriff in die Mitte eines Papiers.

2. Schritt: Hauptäste setzen

Zieht Linien/Hauptäste von dem Thema/Begriff in verschiedene Richtungen. Schreibt dann Oberbegriffe in Großbuchstaben am Ende der Hauptäste. Mit diesen Oberbegriffen strukturiert ihr das Thema/den Begriff grundlegend, überlegt hier also genau, welche Begriffe ihr für die Hauptäste wählt.

3. Schritt: Erweiterung und Abschluss

Ergänze nun Nebenarme mit einer zweiten (und evtl. dritten) Gedankenebene.

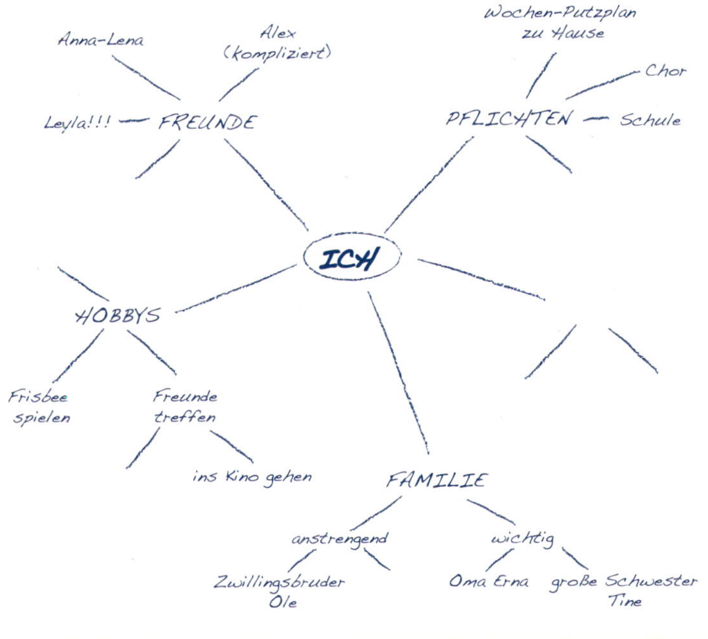

Ein Partnerpuzzle durchführen

Worum geht es?

Diese Unterrichtsmethode ist eine arbeitsteilige Form der Partnerarbeit. Am einfachsten lässt sie sich durchführen, wenn die Schülerinnen und Schüler zu viert an Gruppentischen zusammensitzen. Aber auch bei einer frontalen Sitzordnung lässt sie sich mit der entsprechenden Vorbereitung anwenden. Sie eignet sich vor allem dann für die Aneignung von Wissen, wenn es zwei gleichwertige Themengebiete gibt, die nicht aufeinander aufbauen.

Geht dabei so vor:

1. Schritt: Vorbereitung

- Bildet Gruppen mit jeweils vier Schülerinnen und Schülern.
- Jeweils zwei Schülerinnen und Schüler der Gruppe bearbeiten Aufgabe A, die anderen zwei Aufgabe B.

2. Schritt: Erarbeite dir die Inhalte in Einzelarbeit

- Nachdem dir deine Aufgabe zugewiesen wurde, bearbeite das Thema zuerst in Einzelarbeit. Mache dir Notizen, um das Erlernte festzuhalten.

Einzelarbeit

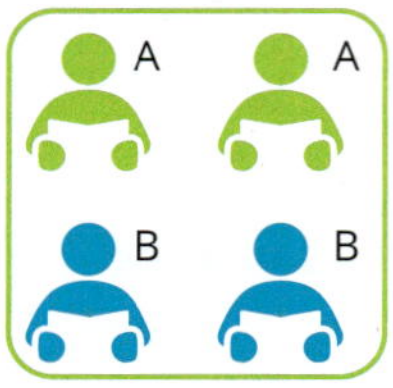

3. Schritt: Tauscht euch als Experten zu eurem Thema aus

- Schließt euch nun als Experten mit derselben Aufgabe zusammen.
- Vergleicht die Ergebnisse eurer Erarbeitung: Korrigiert euch gegenseitig und ergänzt jeweils Wissen zu eurem Thema.
- Bereitet euch darauf vor, euer Thema den anderen Schülerinnen und Schülern zu erklären: Markiert die wichtigsten Informationen, die ihr weitergeben wollt und überlegt euch, wie ihr diese Informationen am besten vermitteln könnt. Ihr seid die Experten für euer Thema, also seid gut vorbereitet.

Partnerarbeit

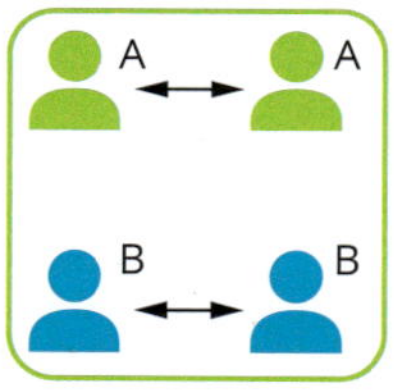

4. Schritt: Vermittelt den jeweils anderen Experten euer Thema

- Jeweils eine Schülerin oder ein Schüler mit der Aufgabe A schließt sich jetzt mit einer Schülerin oder einem Schüler der Aufgabe B zusammen.
- Der Experte A vermittelt nun die wichtigsten Inhalte seiner Aufgabe und erklärt wichtige Zusammenhänge. Experte B muss an dieser Stelle die wichtigsten Informationen festhalten (Sicherung).
- Im Anschluss vermittelt Experte B dem Experten A seine Inhalte auf die gleiche Weise.

Vermittlung

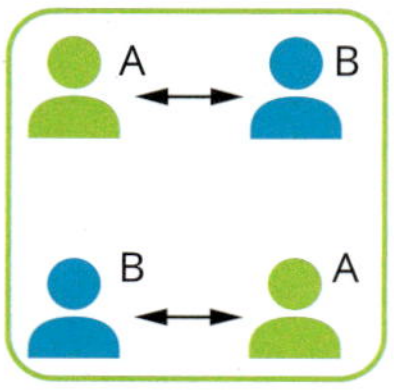

5. Schritt: Kehrt zurück in euer Expertenpaar

- Zum Schluss könnt ihr euch in eurem Expertenpaar nochmals gegenseitig überprüfen. Habt ihr alle Inhalte, die euch vom anderen Experten vermittelt wurden richtig verstanden?

Nach: Brüning, Ludger und Tobias Saum: Erfolgreich Unterrichten durch Kooperatives Lernen 1. Strategien zur Schüleraktivierung, Essen 2007

Ein Placemat erstellen

Worum geht es?

Mithilfe der Placemat-Methode könnt ihr in Kleingruppen verschiedene Ideen zu einem Thema mit grafischer Unterstützung zusammenführen. Das Placemat-Verfahren hilft, eigene Arbeitsergebnisse mit Gruppenergebnissen zu vereinen.

Geht dabei so vor:

1. Schritt: Gruppen bilden und Placemat vorbereiten

- Bildet Vierergruppen und versammelt euch an einem Gruppentisch.
- Nehmt ein weißes Blatt Papier und zeichnet die nebenstehende Grafik nach.
- Legt die Grafik mitten auf den Gruppentisch.

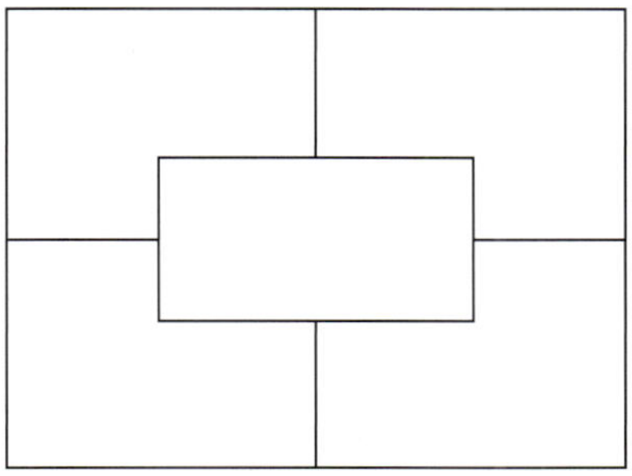

2. Schritt: Durchführung des Placemat-Verfahrens

- Jede Schülerin und jeder Schüler hat einen Außenbereich in der Grafik für sich. In diesen Bereich könnt ihr eure Ideen zu einem bestimmten Thema stichpunktartig eintragen.
- Wenn alle ihre Felder ausgefüllt haben, tauscht euch über eure Einträge aus. Dreht hierfür das Placemat einfach immer ein Stück weiter. So erfahrt ihr die Ideen der anderen.
- Ihr könnt die Ideen der anderen auch mit eigenen Ideen ergänzen.
- Wenn das Placemat wieder in der Ausgangsposition liegt, könnt ihr lesen, was eure Mitschülerinnen und Mitschüler in eure Felder hinzugefügt haben.
- Nun werden die Einträge in der Gruppe diskutiert. Einigt euch auf 3 Ideen/Punkte, die im leeren Feld in der Mitte notiert werden.

3. Schritt: Vorstellung

- Stellt eure Ergebnisse in der Klasse vor.
- Vergleicht eure Ergebnisse mit den Ergebnissen der anderen Gruppen. Gibt es Gemeinsamkeiten oder Unterschiede?

Ein Spontanurteil begründen

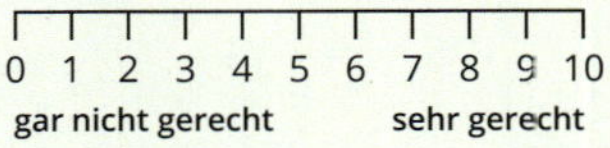

Worum geht es?

Findest du manchmal etwas gar nicht schlimm, was ein anderer sehr schlimm findet und du kannst nicht nachvollziehen, warum das so ist?
Unterschiedliche Einschätzungen von Situationen und Problemen sind abhängig von deiner Sichtweise. Menschen haben ein unterschiedliches Verständnis von „gerecht“. Die folgenden Schritte helfen dir, deine Einschätzungen und die der anderen besser zu verstehen.

Geht dabei so vor:

1. Schritt: Spontanurteil fällen

Bilde dir zu dem Problem zunächst ein ganz spontanes Urteil aus dem Bauch heraus. Ordne dein spontanes Urteil auf einer Skala von 0 (gar nicht gerecht) bis 10 (sehr gerecht) ein.

2. Schritt: Begründungen finden

Finde Begründungen, warum du die Situation als „gerecht“ oder „gar nicht gerecht“ einschätzt.

3. Schritt: Regeln überprüfen

Überprüfe, ob in der Situation Regeln verletzt werden und wer durch die Situation Nachteile hat. Sind die entstandenen Nachteile und Probleme schwerwiegend?

4. Schritt: Einordnung und Begründung

Ordne das Problem nun erneut auf der Skala von 0-10 ein und begründe dein Urteil.

Eine Pro-Kontra-Tabelle erstellen

Worum geht es?

Bei strittigen Themen sollte man die Argumente beider Seiten im Blick haben. Eine Möglichkeit, diese übersichtlich darzustellen, ist die Pro-Kontra-Tabelle.

Geht dabei so vor:

1. Schritt: Tabelle anlegen

Erstelle eine zweispaltige Tabelle.

Für den Vorschlag spricht	Gegen den Vorschlag spricht
Kinder haben im Vergleich zu ihren Eltern viel Freizeit.	Kinder sollen auch noch Zeit zum Spielen haben.
…	…

2. Schritt: Argumente ordnen

Schreibe alle Argumente in die entsprechende Spalte der Tabelle.

3. Schritt: Entscheidung treffen

Prüfe, welche Argumente dich mehr überzeugen. Triff deine Entscheidung.

Eine Präsentation halten

Worum geht es?

Eine Präsentation ist ein Vortrag über ein Thema, der in einer begrenzten Zeit (etwa 10-15 Minuten) gehalten wird. Die häufigsten Formen sind mündliche Berichte, Kurzreferate bei Seminaren oder Übungsreferate in der Schule. Eine gute Vorbereitung für einen Vortrag ist wichtig, damit du am Ende etwas flüssig und auf interessante Art und Weise vortragen und die Zeit einhalten kannst.

Geht dabei so vor:

Der erste Eindruck ist entscheidend! ...

... Der letzte Eindruck bleibt!

1. Schritt: Vorbereitung und Einleitung

Eine gelungene Eröffnung des Vortrags ist die beste Möglichkeit, um beim Publikum Interesse für die Darbietung zu wecken. Du kannst deinem Thema entsprechend verschiedene Einstiegsvarianten auswählen.
Sicher kennst du die schlechteste Variante aus eigener Erfahrung: „Wir wollen heute einen Vortrag zum Thema ... halten.“ Und schon habt ihr das Desinteresse der Zuhörer auf eurer Seite. Also solltet ihr einen Einstieg wählen, der das Publikum
• visuell einstimmt, • provoziert, • persönlich anspricht, • durch eine kluge Fragestellung einbezieht, • mit einem Vergleich konfrontiert, • spontan anspricht, • überrascht oder • erheitert

2. Schritt: Durchführung

1. Interessiert sich dein Publikum erst einmal für euer Thema, kannst du Thema und Gliederung vorstellen. Damit beginnst du den Hauptteil des Referats – das eigentliche „Filetstück“.
2. Deine Gliederung als „Fahrplan“ der Darbietung schreibst du am besten auf eine Folie oder bringst sie vor Beginn des Referates auf einer Flipchart oder Tafel an. So kann das Publikum dem Inhalt deiner Präsentation gut folgen.
3. Plane den Hauptteil wie eine Regieanweisung. Plane die Übergänge zwischen den einzelnen Gliederungspunkten genau.

3. Schritt: Abschluss

1. Der Schluss fasst die wesentlichen Aspekte eures Referates zusammen.
2. Gut ist es, wenn Einstieg und Schluss einen gewissen Rahmen des Referates bilden.
3. Der Schluss ist auch dazu geeignet, offene Fragen zu formulieren und an das Publikum zur Diskussion weiterzugeben.

Nach: Deparade, Elke: Planung und Durchführung der Präsentation, Methodenlernen in der gymnasialen Oberstufe, Bamberg 2013, S. 97 f.

Nachrichten auf Seriosität prüfen MK

Worum geht es?

Über Facebook, WhatsApp, Instagram oder andere Netzwerke verbreiten sich schnell unzählige Meldungen, Posts, Videos oder Twitter-Nachrichten. Bevor du diesen traust und Meldungen weiter verbreitest, solltest du folgende Aspekte geprüft haben.

Geht dabei so vor:

1. Schritt: Quelle prüfen

Informiere dich zunächst, woher die Meldung stammt.

- Wie lautet die Internetadresse?
  Nützlicher Link: https://www.mimikama.at
- Wird der Name des Autors genannt? Findest du Informationen über den Autor?
  Nützlicher Link: Fake News Check-App
- Was und wo hat der Verfasser bereits anderes veröffentlicht?

Speziell in Sozialen Medien:

- Wie lange ist der Verfasser bereits aktiv?
- Wie viele Freunde oder Follower hat er?
- Wer und wie viele Leute haben die Beiträge geteilt?
- Hat der Twitter-Account einen blauen Verifizierungshaken?
  Nützlicher Link: https://www.mimikama.at

2. Schritt: Fakten prüfen

Gerade in Sozialen Medien werden viele Fake News verbreitet. Hier solltest du die Fakten prüfen. Du kannst z. B. Schlüsselbegriffe der Meldung in eine Suchmaschine eingeben.

- Wird die Nachricht auch über andere Medien verbreitet?
  Nützlicher Link: https://swrfakefinder.de
- Ist die Nachricht auf Seiten von öffentlich-rechtlichen Sendern veröffentlicht?
  Nützlicher Link: https://hoaxmap.org
- Geben andere Medien Zusatzinformationen?
  Nützlicher Link: https://correctiv.org/faktencheck/
- Liefern andere Medien andere Informationen?
- Wie aktuell ist die Nachricht? Hat das Ereignis aktuell stattgefunden oder wird eine alte Meldung wieder aufgegriffen?
- Prüfe die Rechtschreibung und Zeichensetzung.

3. Schritt: Bilder und Videos überprüfen

Auch Bilder und Videos können Falschmeldungen enthalten. Mithilfe von Programmen können Bilder leicht gefälscht und Videos zusammengeschnitten werden, um Perspektiven zu verändern. Ebenso können Bilder benutzt werden und in einem anderen thematischen Kontext verwendet werden.

- Wann wurde das Bild/das Video veröffentlicht?
- Gibt es Angaben, wer das Bild/das Video erstellt hat?
- Prüfe mithilfe von tineye, auf welcher Homepage das Bild/das Video veröffentlicht wurde.
  Nützlicher Link: https://tineye.com

Lexikon für Politik

A

Arbeit
Der Begriff umschreibt in erster Linie Erwerbsarbeit. Diese sichert die Lebensgrundlage der Arbeitnehmerinnen und Arbeitnehmer und ihrer Familien. Wurde sie in früheren Zeiten vor allem als Mühsal und Plage empfunden, so ist die Arbeit heute ein wichtiger Bestandteil der Identität, denn in der Arbeit kann der Mensch seine Fähigkeiten unter Beweis stellen. Arbeit verleiht dem Leben einen Sinn.

Arbeitsteilung
Aufspaltung der Güterproduktion. Dabei wird ein Produkt nicht mehr von einer Person hergestellt, sondern die Produktion wird in Teilverrichtungen zerlegt, die dann von verschiedenen Personen erledigt werden. Diese Personen können innerhalb eines Betriebes, in verschiedenen Betrieben oder gar in verschiedenen Ländern an der Erstellung eines Produktes arbeiten (innerbetriebliche, zwischenbetriebliche, internationale Arbeitsteilung). Die Arbeitsteilung führt zu einer Steigerung der Produktivität.

Armut
Von absoluter Armut spricht man, wenn eine Person weniger als 1,25 US-Dollar (ca. 1 Euro) pro Tag zur Verfügung steht. Von relativer Armut spricht man, wenn das Einkommen weniger als 50 % des Durchschnittseinkommens in einem Land (Staat) beträgt.

B

Bedürfnis
Bedürfnis ist der Wunsch, einen Mangel zu beseitigen. So liegt dem Bedürfnis zu trinken Durst als Mangelempfinden zugrunde.

Beruf
Tätigkeit, die ein Mensch in der Regel gegen Entgelt erbringt bzw. für die er ausgebildet, erzogen oder berufen ist. Im Allgemeinen dient die Ausübung eines Berufes der Sicherung des Lebensunterhaltes.

Bund (Bundesstaat)
Der Zusammenschluss mehrerer Staaten zu einem Gesamtstaat, zum Beispiel die Bundesrepublik Deutschland mit allen Bundesländern.

Bundestag
Name des deutschen Parlaments, s. dort.

D

Demokratie
Das Wort stammt aus dem Griechischen und bedeutet Herrschaft des Volkes. Die Beteiligung aller Bürgerinnen und Bürger an allen Abstimmungen kann nur in sehr kleinen Staatsgesellschaften verwirklicht werden (direkte Demokratie). Wo dies nicht möglich ist, wählt das Volk Vertreter (Repräsentanten), die für das Volk handeln (repräsentative Demokratie).

Dienstleistung
Eine Dienstleistung ist eine Arbeit, die für den Kunden ein Problem löst oder ihm eine Aufgabe abnimmt. Diese Arbeit dient nicht der Produktion von materiellen Gütern. Stattdessen wird eine Arbeit direkt am Kunden gegen Bezahlung geleistet. Die Kindertagestätte ist zum Beispiel ein Dienstleister, weil die Betreuer auf die Kinder aufpassen, während ihre Eltern arbeiten.

E

Einkommen
Allgemein meint man damit das Arbeitseinkommen für Erwerbstätig-

keit (Lohn, Gehalt, Gewinn). Darüber hinaus gibt es auch Einkommen als Entgelt für die Bodennutzung (Miete, Pacht) oder als Entgelt für die Nutzung von Kapital (Sparzinsen, Kreditzinsen). Einkommen, die der Staat ohne Gegenleistung bezahlt, nennt man Transfereinkommen.

Exekutive
Die ausführende Gewalt, d. h. Regierung und Verwaltung.

F

Föderalismus
Gliederung eines Staates in Gliedstaaten (in der Bundesrepublik Deutschland die Bundesländer) mit eigener Verfassung, Regierung und Parlament. Bezeichnet auch das Bestreben, die Rechte der Gliedstaaten zu wahren.

G

Geld
Geld ist ein allgemein anerkanntes und gültiges Zahlungsmittel, mit dem man Waren oder Dienstleistungen erwerben kann. Geld ist Tauschmittel, Wertaufbewahrungsmittel, Wertübertragungsmittel und Recheneinheit.

Gemeinde
Die Gemeinden (Kommunen) bilden das unterste politische Gemeinwesen in der Bundesrepublik Deutschland. Gemeinden besitzen das Recht der Selbstverwaltung (Art. 28 GG) und regeln im Rahmen der Gesetze alle Angelegenheiten der örtlichen Gemeinschaft in eigener Verantwortung.

Generation
Damit meint man alle innerhalb eines bestimmten Zeitabschnitts geborenen Menschen. Der Abstand zwischen zwei Generationen ist der Abstand zwischen den Geburtsjahren von Großeltern, Eltern und Kindern.

Gerechtigkeit
Einstellung, Prinzip, Zustand, bei dem jede Person das erhält, was ihr zusteht. Wie dieser Zustand zu erreichen ist, ist umstritten. So unterscheidet man Chancengerechtigkeit, Leistungsgerechtigkeit, Bedarfsgerechtigkeit und Teilhabegerechtigkeit.

Gesellschaft
Eine Gesellschaft bezeichnet einen relativ dauerhaften Verbund von Gemeinschaften/Gruppen, die innerhalb einer politischen und wirtschaftlichen Ordnung leben und gemeinsame Normen und Werte teilen.

Gesetz
Ein Gesetz ist eine verbindliche Vorschrift, die das Ziel hat, das Zusammenleben der Menschen zu regeln. Es muss in einem dafür vorgesehenen Verfahren rechtmäßig zustande kommen. Gesetze werden von den Parlamenten (Bundestag, Landtag, Gemeindevertretung) beschlossen.

Gewaltenteilung
Verteilung der drei Gewalten Gesetzgebung (Legislative), Verwaltung (Exekutive) und Gerichtsbarkeit (Judikative) auf verschiedene, voneinander unabhängige Staatsorgane. In der Regel sind dies Parlament, Regierung und Verwaltung und eine unabhängige Richterschaft. In der Bundesrepublik Deutschland ist die klassische Gewaltenteilung teilweise durchbrochen (Gewaltenverschränkung).

Grundgesetz
Das Grundgesetz ist die Verfassung

der Bundesrepublik Deutschland. Sie regelt den Aufbau, die Aufgaben und das Zusammenspiel der Staatsorgane. Im Grundgesetz werden auch die Grundrechte garantiert, die jedem Einzelnen gewährt werden, wie zum Beispiel die Meinungsfreiheit, die Versammlungsfreiheit und die Menschenwürde.

Grundrechte
In der Verfassung garantierte Rechte, die für jeden Einzelnen gewährleistet werden, wie zum Beispiel die Meinungsfreiheit, die Versammlungsfreiheit und die Menschenwürde.

Gruppen
Eine Gruppe ist ein „sozialer Verband" von mehreren Menschen, die durch ein bestimmtes „Wir-Gefühl" miteinander verbunden sind. Es gibt Gruppen, in die man hineingeboren wird (Familie), und welche, die man sich nicht aussuchen kann (z. B. Schulklasse), sogenannte Zwangsgruppen. Für Jugendliche ist der Freundeskreis besonders wichtig. Er übt auch Einfluss auf die eigene Entwicklung aus (sog. Peergroup).

Gruppendruck/Gruppenzwang
Er entsteht, wenn die Mitglieder einer Gruppe auf andere Mitglieder der Gruppe Druck ausüben, um das Verhalten oder die Meinung desjenigen zu verändern und an die Gruppe anzupassen. Es kann durchaus passieren, dass man unter dem Gruppendruck Dinge tut, die man eigentlich nicht tun möchte. Dem Gruppendruck zu widerstehen erfordert Mut.

H

Haushaltsplan
Die genaue Aufstellung der geplanten Einnahmen und Ausgaben für einen bestimmten Zeitraum (meist das kommende Jahr). Die Einnahmen werden nach den Quellen unterschieden, die Ausgaben nach dem Zweck der Verwendung.

I

Integration
Im allgemeinen Sprachgebrauch versteht man darunter die Eingliederung oder Einbindung eines (fremden) Einzelnen oder einer Minderheit in eine größere Gruppe.

J

Judikative
Die rechtsprechende Gewalt; sämtliche Gerichte der Bundesrepublik Deutschland.

Jugendschutzgesetz
Eine Sammlung von Gesetzen, die zum Ziel hat, Kinder zu schützen. Dazu gehört z. B. das Jugendarbeitsschutzgesetz, das in fast allen Fällen verbietet, dass Kinder unter 15 Jahren arbeiten.

Jugendstrafrecht
Das Jugendstrafrecht ist ein besonderes Strafrecht für Jugendliche, das im Jugendgerichtsgesetz (JGG) geregelt ist. Es findet Anwendung auf Jugendliche zwischen 14 und 18 Jahren. Auf Heranwachsende zwischen 18 und 21 Jahren kann es angewendet werden. Kinder unter 14 Jahre sind strafunmündig. Während Erwachsene mit Haft- oder Geldstrafen bestraft werden, sieht das JGG einen breiten Katalog von Strafmöglichkeiten vor, der Strafzweck der Erziehung steht im Vordergrund.

K

Kaufvertrag
Wird beim Kauf zwischen Verkäufer und Käufer geschlossen. Er besteht

in dem Austausch von Sachen gegen Geld. Der Verkäufer muss dem Käufer das Eigentum verschaffen und dieser den vereinbarten Kaufpreis zahlen und den Gegenstand abnehmen.

Koalition
Zusammenschluss zweier oder mehrerer Parteien, die gemeinsam eine Regierung bilden und Gesetzentwürfe ausarbeiten.

Konflikt
Ein Konflikt ist ein Spannungszustand zwischen zwei oder mehreren Personen. Er entsteht dadurch, dass es zwischen den Personen oder Personengruppen unterschiedliche Zielvorstellungen und Interessen gibt, die zunächst unvereinbar gegenüber stehen. Wenn man einige Regeln beim Streiten beachtet, können Konflikte leichter gelöst werden.

Kredit
Ein Gläubiger überlässt einem Schuldner Geld unter der Voraussetzung der Rückzahlung.

L

Legislative
Die gesetzgebende Gewalt; sie wird in der Bundesrepublik Deutschland von Bundestag und Bundesrat ausgeübt (auf Landesebene von den Länderparlamenten).

M

Markt
Der reale oder virtuelle Ort, an dem Angebot und Nachfrage nach Gütern und Leistungen aufeinandertreffen und Preise gebildet werden (z. B. Automarkt, Börse). Das Grundprinzip des Marktes ist der Tausch.

Marktwirtschaft
In der Marktwirtschaft steuern Angebot und Nachfrage, Wettbewerb und freie Preisbildung den Wirtschaftsprozess. Das Privateigentum an den Produktionsmitteln wird garantiert.

Massenmedien
Sammelbezeichnung für Presse, Rundfunk, Fernsehen und Internet. Allgemein Kommunikationsmittel, mit denen Informationen durch Schrift, Ton oder Bild einseitig an ein sehr breites Publikum übermittelt werden können.

Migration
Im Laufe der Geschichte haben sich immer wieder kleinere oder größere Gruppen von Menschen oder ganze Völker auf Wanderungen begeben. Dies hatte ganz unterschiedliche Gründe: So wurden die Menschen aus religiösen oder politischen Motiven verfolgt, andere waren arm und sahen für sich und ihre Kinder keine Zukunft mehr in ihrer Heimat. Alle diese Wanderungen (lat. migrare = wandern) nennt man Migration.

Mobbing
Mobbing bedeutet, dass jemand z. B. in der Schule schikaniert, belästigt, drangsaliert, beleidigt, ausgegrenzt wird. Wenn man eine negative Handlung als Mobbing bezeichnen möchte, dann muss diese häufig und wiederholt auftreten und sich über einen längeren Zeitraum erstrecken. Das Mobbingopfer ist der Situation häufig hilflos ausgeliefert und leidet stark unter der Situation.

N

Nachhaltigkeit
Der Begriff bedeutet, dass man nicht mehr von einem Rohstoff (der Natur) verbrauchen soll, als nachwachsen kann. In Bezug auf die Umwelt heißt das, dass man den Ausgangs-

zustand für die folgenden Generationen bewahren soll und die Umwelt nicht durch Abgase und Müll irreparabel schädigen darf.

P

Parlament
Die Versammlung der vom Volk gewählten Abgeordneten. Das Parlament regt Gesetze an, bewilligt sie und kontrolliert die Regierung. In einer parlamentarischen Demokratie nimmt vor allem die Opposition die Kontrollfunktion wahr, da die Mehrheit im Parlament die Regierung trägt.

Peergroup
Menschen im gleichen Alter haben oft Gemeinsamkeiten, wie zum Beispiel ähnliche Erlebnisse, Probleme und Vorstellungen. Sie bilden eine Peergroup. Peegroups sind wichtige Bezugsgruppen, in denen Menschen eine soziale Orientierung finden.

Preisbildung
Prozess, in dem sich in einer Marktwirtschaft auf den Märkten die Preise bilden. Preisbildung ist abhängig von Marktform und Anzahl der Anbieter und Nachfrager. Sie vermittelt zwischen Produktion und der Befriedigung bestehender Bedürfnisse.

Produktionsfaktoren
Dies sind Güter und (Dienst-)Leistungen, die eingesetzt werden, um andere Güter und (Dienst-)Leistungen herzustellen bzw. zu erbringen. Die klassischen Produktionsfaktoren sind Arbeit, Kapital und Boden. Im betriebswirtschaftlichen Fertigungsprozess unterscheidet man diese Produktionsfaktoren: Betriebsmittel (z. B. Maschinen), Werkstoffe (werden verarbeitet), Arbeit und Informationen.

Produktion
Bezeichnet den Prozess der Herstellung von Produkten durch den Einsatz betrieblicher Produktionsfaktoren. Dies können im weiteren Sinne auch Dienstleistungen (Haarschnitt beim Friseur) sein.

R

Rasse
Menschen haben unterschiedliche äußerliche Merkmale, wie zum Beispiel ihre Hautfarbe. Es gab eine Zeit, da wurde angenommen, dass diese Merkmale Anzeichen sind für verschiedene „Rassen" beim Menschen, wie es zum Beispiel bei Hunden ist. Doch das ist falsch, und deshalb ist dieser Begriff veraltet.

Rassismus
Rassismus ist eine Diskriminierung oder Herabsetzung von Menschen, weil diese anders aussehen oder einer anderen Kultur angehören. Diese Art der Diskriminierung zeigt, wer in einer Gesellschaft die Macht hat.

Rechtsstaat
Ein Rechtsstaat ist ein Staat, in dem die öffentliche Gewalt an eine objektive Rechtsordnung gebunden ist. In einem Rechtsstaat ist die Macht des Staates begrenzt, um die Bürger vor gesetzloser Willkür zu schützen.

Rolle
Das menschliche Verhalten, das andere Menschen in bestimmten Situationen erwarten. Eng damit verbunden ist der Begriff des Rollenkonflikts, der dann eintritt, wenn an eine Person, die eine Rolle einnimmt, unterschiedliche und auch sich widersprechende Erwartungen gestellt werden.

S

Soziale Marktwirtschaft

Die Soziale Marktwirtschaft ist eine Wirtschaftsordnung, die den Grundsatz der Freiheit auf dem Markt mit dem des sozialen Ausgleichs verbindet.

Sozialstaat

Bezeichnung für einen Staat, der seinen Bürgern ein Existenzminimum sichert, wenn sie in Not geraten sind, und für einen gerechten Ausgleich zwischen Reichen und Bedürftigen sorgt. In Deutschland geschieht dies z. B. durch staatliche Unterstützung, wie die Sozialhilfe, Kindergeld oder Ausbildungs- und Arbeitsförderung.

Soziales Netzwerk

Der Begriff soziales Netzwerk bezeichnet ein Beziehungsgeflecht, das Menschen mit anderen Menschen verbindet. Menschen sind untereinander zum Beispiel durch Beziehungen in der Familie und Verwandtschaft sowie im Freundeskreis, aber auch mit der Nachbarschaft und in der Arbeitswelt verletzt. Soziale Netzwerke werden zunehmend im Internet gebildet

Staat

Mit dem Begriff bezeichnet man eine Vereinigung vieler Menschen (Staatsvolk) innerhalb eines durch Grenzen bestimmten geografischen Raumes (Staatsgebiet) unter einer unabhängigen (souveränen) Staatsgewalt, die von den Staatsorganen (Regierung, Parlamente, Gerichte, Polizei) ausgeübt wird.

Staatsangehörigkeit

Zugehörigkeit zu einem Staat. Als Staatsbürger besitzt man bestimmte Rechte und Pflichten in dem jeweiligen Land. So darf man wählen oder gewählt werden, muss aber auch Steuern bezahlen oder zum Beispiel Wehr- oder Zivildienst leisten.

Steuern

Steuern sind Zwangsabgaben, die der Staat von seinen Bürgern und Unternehmen ohne eine spezielle Gegenleistung erhebt. Sie sind die Haupteinnahmequelle des Staates.

Subsidiaritätsprinzip

Prinzip, nach dem ein Problem auf der Ebene gelöst werden soll, auf der es entsteht. „Was der Einzelne tun kann, sollen nicht andere für ihn tun." Erst wenn auf dieser Ebene keine Abhilfe möglich ist, soll die nächsthöhere Ebene sich des Problems annehmen (Familie, Gemeinde, Land, Bund, EU).

T

Transfereinkommen

Das ist ein Einkommen, das durch den Staat oder andere Institutionen bereitgestellt wird. Dabei gibt es keine konkreten Gegenleistungen. Transfereinkommen sind zum Beispiel Sozialhilfe, Arbeitslosengeld II, ...

Tarifvertragsparteien

Dazu zählen Gewerkschaften und Arbeitgeberverbände. Gewerkschaften vertreten die Arbeitnehmer und die Arbeitgeberverbände vertreten die Arbeitgeber. Im Rahmen der Tarifautonomie handeln sie ohne Einmischung des Staates Tarifverträge aus. In diesen Verträgen werden die Löhne, Arbeitszeiten und andere Arbeitsbedingungen festgelegt.

U

Unternehmen

Dauerhafte organisatorische Einheit zur Produktion bzw. zur Erbringung von Dienstleistungen, die mehrere Betriebe umfassen kann. Je nach Träger werden private, öffentliche oder gemeinwirtschaftliche Unternehmen unterschieden, je nach Rechtsform Einzel-, Personen- und Kapitalgesellschaften.

V

Verbraucherschutz

Maßnahmen zum Schutz der Gesundheit der Verbraucher und zur Stärkung ihrer Rechte als Konsumenten. Mit bestimmten Gesetzen (z. B. zur Kennzeichnung von Lebensmitteln oder zur Gewährleistung), aber auch durch eine verbesserte Information und Aufklärung (z. B. durch Produktsiegel und Warentests) soll die Position der Verbraucher gegenüber den Anbietern verbessert werden.

W

Wahlen

Verfahren der Berufung von Personen in bestimmte Ämter durch Stimmabgabe einer Wählerschaft. In Demokratien werden die wichtigsten Staatsämter durch Wahlen besetzt. Demokratische Wahlen müssen die Bedingungen allgemein, frei, gleich und geheim erfüllen. Das genaue Wahlverfahren (Verhältniswahl, Mehrheitswahl) ist meist in Wahlgesetzen geregelt.

Werbung

Im wirtschaftlichen Sinne die Bekanntmachung von Gütern oder Dienstleistungen mit der Absicht, bei den Konsumenten eine Kaufhandlung auszulösen. Wird dies versteckt gemacht, spricht man von Schleichwerbung.

Wirtschaftssektoren

Die Wirtschaftswissenschaften unterteilen die Produktionsbereiche einer Volkswirtschaft in drei Wirtschaftssektoren: Der primäre Sektor beinhaltet die Produktgewinnung der Land- und Forstwirtschaft sowie Fischerei. Im sekundären Sektor werden Produkte hergestellt oder verarbeitet (Industrie und Handwerk, Bergbau und Baugewerbe). Der tertiäre Sektor umfasst die Dienstleistungen, zum Beispiel Handel, Verkehr, Kultur, Bildung und Gesundheitswesen.

Formulierungshilfen für Diskussionen und Stellungnahmen

Einen Standpunkt äußern

- Ich bin der Meinung, dass...
- Meiner Auffassung nach...
- Ich finde, dass...
- Aus meiner Sicht ist entscheidend, dass...
- Ich bin überzeugt, dass...
- Ich persönlich denke, ...
- Meine Meinung ist...
- Es scheint mir...

Eine Behauptung durch Argumente begründen

- Ein wichtiger Grund dafür ist...
- Ein wichtiges Argument in diesem Zusammenhang ist...
- Ein weiterer Grund, warum ...
- Nicht zu vergessen ist, dass...
- Ein Vorteil/Nachteil besteht darin, dass...
- Vor allem...
- Am wichtigsten ist mir aber...

Argumente entkräften

- Es lässt sich nicht bestreiten...
- Im Gegensatz dazu...
- Ich kann das Argument zwar verstehen, aber trotzdem finde ich...
- Aber trotzdem bin ich der Meinung, dass...
- Diese Aussage ist für mich nicht nachvollziehbar und deshalb...
- Dem stimme ich nicht zu, denn...
- Wenn ich beide Seiten vergleiche, ...
- Einerseits..., aber andererseits...
- Auf der einen Seite..., auf der anderen Seite...

Beispiele anführen

- Als Beispiel dafür möchte ich anführen, dass...
- Nehmen wir zum Beispiel...
- Mein Beispiel veranschaulicht sehr gut...

Abschluss

- Zum Schluss möchte ich gerne...
- Deshalb komme ich zu folgendem Fazit...
- Abschließend möchte ich sagen, dass...

#Operatoren

Viele Aufgaben in #Politik enthalten sogenannte Operatoren. Operatoren sind bestimmte Verben, die euch in den Aufgaben mitteilen, welche Tätigkeiten und welche Lösungsvorstellungen von euch erwartet werden. Die Operatoren werden den Anforderungsbereichen I bis III zugeordnet. Die Anforderungen steigen, je höher der Bereich ist.
Damit es zu keinen Missverständnissen kommt, was ihr genau machen sollt, wenn ihr in den Aufgaben unterschiedliche Operatoren lest, findet ihr in der nachfolgenden Übersicht genaue Beschreibungen zu den wichtigsten Operatoren, die in diesem Lehrbuch verwendet werden.

Was muss ich tun, wenn in der Aufgabe steht …

Anforderungsbereich I:

Arbeitsanweisung in der Aufgabe	Was ist genau zu tun?	Was dir zusätzlich helfen kann
beschreiben	Du gibst die wichtigsten Merkmale in ganzen Sätzen und eigenen Worten wieder. Die Beschreibung kann sich auf Dinge beziehen, die du möglicherweise bereits weißt oder auf Bilder, Grafiken, Texte usw.	Bei Bildern, Karikaturen, Grafiken kannst du zum Beispiel folgende Formulierungen verwenden: *„Hier ist abgebildet …“* *„Hier sieht man …“* *„Das Bild/die Grafik/die Karikatur zeigt …“*
(be)nennen	Du sollst knapp die gefragten Begriffe oder Informationen aufzählen. Es kann sich dabei um Dinge handeln, die du bereits weißt oder die du zuvor einem Text oder einer Grafik entnehmen musst.	Wenn es Stichworte sind, dann kann es sinnvoll sein, deiner Antwort eine Struktur zu geben, z. B.: *1. …, 2. …, 3. … usw.*

Anforderungsbereich II:

Arbeitsanweisung in der Aufgabe	Was ist genau zu tun?	Was dir zusätzlich helfen kann
erklären	Beim Erklären geht es z. B. darum, ein Thema, einen Begriff oder Zusammenhang deutlich zu machen. Dabei sollst du eigene Worte und Fachbegriffe verwenden und Beispiele benennen.	Wichtig ist, dass dem Leser oder Zuhörer klar wird, was du ihm/ihr mitteilen möchtest. Formuliere einfach und klar mit kurzen Sätzen.
erläutern	Wenn du einen Sachverhalt ausführlich mit zusätzlichen Informationen und Beispielen erklären sollst, steht in der Aufgabenstellung der Operator „erläutern“.	Überlege dir, wie du die einzelnen Schritte deiner Erläuterung strukturierst. Gib zur Veranschaulichung Beispiele an. Formuliere deine Erläuterung möglichst einfach und klar mit kurzen Sätzen.
auswerten	Beim Auswerten von bestimmten Materialien, wie z. B. Grafiken, sollst du verschiedene Daten oder Einzelergebnisse aus dem Material herausarbeiten. Wenn du dir einen Überblick über einzelne Daten bzw. Informationen verschafft hast, sollst du am Schluss daraus Schlüsse ziehen bzw. ein zentrales Ergebnis formulieren.	Schau dir dazu die Beschreibung der Methode zur Analyse von Diagrammen und Schaubildern an.

herausarbeiten	Lautet deine Aufgabe, dass du bestimmte Informationen z. B. aus einem Text herausarbeiten sollst, musst du aus dem Material Sachverhalte herausfinden. In der Regel steht in der Aufgabe, um welche Informationen es sich dabei handelt. Wenn du die einzelnen Informationen herausgearbeitet hast, musst du abschließend Zusammenhänge zwischen ihnen herstellen. Formuliere in eigenen Worten und in sinnvoller Reihenfolge.	Lies den Text ganz gezielt mit Blick auf die entsprechende Aufgabenstellung. Markiere dir die verlangten Informationen und notiere sie anschließend mit eigenen Worten. Achtung: Textstellen abschreiben ist nicht gewünscht.
analysieren	Wenn du Materialien wie Texte oder Grafiken analysieren sollst, geht es nicht nur darum, alle Besonderheiten des Materials aufzuzählen. Du musst die Informationen, die du dem Material entnimmst, ordnen, auswerten und in einen logischen Zusammenhang bringen.	Schau dir z. B. die Beschreibung der Methode zur Analyse von Diagrammen und Schaubildern an.
darstellen	Deine Aufgabe ist es, Informationen zu einem Begriff oder Thema in einem logischen Zusammenhang wiederzugeben. Dabei sollst du auch Fachwörter verwenden. Das Darstellen von zusammenhängenden Informationen kann auch anhand eines Schaubilds erfolgen.	Hilfreich ist hierfür, dir zunächst Stichpunkte zu den wichtigsten Aspekten/Fachbegriffen zu machen und zu überlegen, in welchem Zusammenhang sie stehen. Aus deiner Stichwortliste kannst du dann z. B. ein Schaubild oder auch eine Mindmap erstellen.
vergleichen	Vergleichen bedeutet, dass du Sachverhalte bzw. Informationen gegenüberstellen sollst, um Gemeinsamkeiten, Ähnlichkeiten bzw. Unterschiede herauszufinden.	Hier könntest du dir z. B. eine Pro- und Contra-Tabelle anlegen oder ein Venn-Diagramm erstellen, in dem du Unterschiede, aber auch Gemeinsamkeiten notierst.

Anforderungsbereich III:

Arbeitsanweisung in der Aufgabe	Was ist genau zu tun?	Was dir zusätzlich helfen kann
begründen	Etwas zu begründen heißt, zu einer Aussage passende, logische Argumente zu formulieren.	Folgende Formulierungen können dir bei einer Begründung helfen: *„Dafür/dagegen spricht …"* *„Ein Grund dafür ist …"*
Stellung nehmen	Du sollst Stellung nehmen zu einer Aussage von anderen oder zu einem bestimmten Sachverhalt. Dabei geht es darum herauszufinden, ob die Aussage überzeugend und somit logisch oder z. B. gerecht ist. Gib dabei die Gründe für dein Urteil an.	Folgende Formulierungen kannst du verwenden: *„Ich halte die Aussage für überzeugend, weil …"* *„Weniger/nicht überzeugend ist, dass …"* *„Ich halte das für richtig (bzw. falsch), weil …"*
diskutieren	Im Unterricht setzt du dich mit verschiedenen Sachverhalten, Problemstellungen oder Konzepten auseinander. Beim Diskutieren geht es um einen Austausch von Argumenten bzw. verschiedenen Sichtweisen zu bestimmten Dingen, um sich am Schluss eine begründete Meinung dazu bilden zu können.	Diese Formulierungen kannst du verwenden: *„Dafür spricht …"* *„Dagegen spricht …"* *„Ich bin der Meinung, dass …"* *„Bei diesem Punkt muss ich dir widersprechen, weil …"*
(über)prüfen	Überlege dir auf Grundlage deiner Kenntnisse oder mithilfe zusätzlicher Materialien, ob du eine Aussage, eine Vermutung oder einen bestimmten Sachverhalt richtig findest oder teilst, oder nicht. Begründe dein Ergebnis mit Fachwissen.	Folgende Formulierungen kannst du verwenden: *Nachdem ich mich den beiden Standpunkten/Aspekten beschäftigt habe, komme ich zu dem Schluss, dass…* *Ich teile diese Auffassung/Ansicht (nicht), weil…* *Am meisten überzeugt hat mich….* *Wenn es auch gute Argumente gibt, die dafür/dagegen sprechen, bin ich insgesamt trotzdem der Meinung/Ansicht, dass…*

Register

H

I

J

K

L

M

N

O

P

R

Bildnachweis

AdobeStock / anatoliycherkas – S. 160; - / bodnarphotos – S. 244; - / eldarnurkovic – Cover; - / Jürgen Fälchle – S. 163; - / GrafKoks – S. 72; - / Sandor Jackal – S. 248; - / janvier – Cover, S. 92; - / jjfarq – S. 90; - / Robert Kneschke – S. 319; - / nmann77 – S. 133; - / Marcel Paschertz – S. 253; - / PhotoPlus+ - S. 160; - / Joshua Resnick – S. 160; - / RoseStudio – S. 265; - / william87 – S. 65; Akg-images – S. 327 (3); - / Fotostudio Klauss – S. 68; Alamy Stock Photo / Klaus Ohlenschlaeger – S. 63; - / Panther Media GmbH – S. 329; Holger Appenzeller, Stuttgart – S. 48; Baaske Cartoons / Gerhard Mester – S. 30, 263; - / Thomas Plaßmann – S. 118; Harm Bengen / toonpool.com – S. 242, 289; Bergmoser + Höller Verlag AG, Aachen – S. 99, 108, 202, 358; Bitkom, Berlin – S. 127; Bundesministerium für Familie, Senioren, Frauen und Jugend, Berlin – S. 310; Bundesverband VdK Deutschland – S. 228; Bundeszentrale für politische Bildung, Bonn – S. 14, 303; BUNDjugend, Berlin – S. 154; dpa Infografik – S. 285, 291, 343; dpa Picture Alliance – S. 136; - / AA / Muhammad Reza – S. 224; - / akg-images – S. 22, 142, 340; - / Becker & Bredel – S. 21; - / Bertelsmann – S. 184; - / Tim Brakemeier – S. 319; - / CSU Archives / Everett Collection – S. 22; - / Arne_Dedert – S. 34; - / DFB – S. 329; - / dieKLEINERT.de / Markus Grolik – S. 126; - / dpa-Report / Angelika Warmuth – S. 180; - / dpa Themendienst / Christin Klose – S. 80; - / Peter Endig – S. 184; - / epa ansa Lannino – S. 284; - / Moritz Frankenberg – S. 207; - / imageBROKER / MrLogoLogo – S. 184 (4); - / imageBROKER / Luca Renner – S. 184, 192; - / imageBROKER / Moritz Wolf – S. 184; - / Wolfram Kastl – S. 361; - / Daniel Naupold – S. 244; - / NurPhoto / Ying Tang – S. 43, 270; - / Klaus Ohlenschaeger – S. 130; - / Chrstoph Reichwein – S. 199; - / Revierfoto – S. 111; - / Winfried Rothermel – S. 270; - / Frank Rumpenhorst – S. 120; - / Soeren Stache – S. 346; - / Wolfram Steinberg – S. 205; - / SULUPRESS.de / Vladimir Menck – S. 36; - / SULUPRESS.de / Marc Vorwerk – S. 184; - / Angelika Warmuth – S. 340; - / Roland Weihrauch – S. 106; - / Georg Wendt – S. 205; - / ZB / arifoto UG / Michael Reichel – S. 349; - / ZB / Jens Büttner – S. 125; - / ZB / Thomas Eisenhuth – S. 224; - / ZB / Peter Endig – S. 205; - / ZB / Sascha Steinach – S. 205; - / ZB / Sebastian Willnow – S. 347; - / ZB / Jan Woitas – S. 331; Elly-Heuss-Knapp Realschule, Köln – S. 42; Foto: Land NRW / Laurence Chaperon – S. 112; Foto: Schälte / Landtag NRW – S. 109, 113; Fotolia / EmRDB – S. 336; - / Daniel Ernst – S. 204; Getty Images Plus / Cultura / Photo_Concepts – S. 131; - / DigitalVision / Steve Baccon – S. 319; - / DigitalVision / Ryan McVay – S. 253; - / DigitalVision / Thomas Northcut – S. 319; - / DigitalVision / Christopher Robbins – S. 264; - / DigitalVision / Siri Stafford – S. 264; - / Editorial / franconiaphoto – S. 36; - / Goodshoot RF – S. 81; - / iStock Editorial / huettenhoelscher – S. 153; - / iStock Editorial / Lukas Wunderlich – S. 133; - / iStockphoto / 13ree_design – S. 126; - / iStockphoto / AntonioGuillem – S. 127, 318; - / iStockphoto / AVIcons – S. 126; - / iStockphoto / berezko – S. 255; - / iStockphoto / burakkarademir – S. 13; - / iStockphoto / caimacanul – S. 56; - / iStockphoto / Chainarong Prasertthai – S. 65; - / iStockphoto / Chalabala – S. 199; - / iStockphoto / chayathonwong – S. 296; - / iStockphoto / Daisy-Daisy – S. 85, 316; - / iStockphoto / ddukan – S. 81; - / iStockphoto / dennisvdw – S. 137; - / iStockphoto / Diy13 – S. 248; - / iStockphoto / f4– S. 309; - / iStockphoto / fasphotographic – S. 44; - / iStockphoto / fermate – S. 36; - / iStockphoto / firina – S. 309; - / iStockphoto / fizkes – S. 65, 204, 323; - / iStockphoto / FlamingoImages – S. 264; - / iStockphoto / Florin1605 – S. 56; - /

iStockphoto / gopixa – S. 180; - / iStockphoto / gorodenkoff – S. 296; - / iStockphoto / Grassetto – S. 71 (2); - / iStockphoto / JackF – S. 280; - / iStockphoto / Kritchanut – S. 125; - / iStockphoto / kzenon – S. 302, 319, 331; - / iStockphoto / leaf – S. 180; - / iStockphoto / Leonid Eremeychuk – S. 195; - / iStockphoto / Lothar Brademann – S. 207; - / iStockphoto / Lydie_B – S. 270; - / iStockphoto / MangoStar_Studio – S. 58; - / iStockphoto / Riccarod Lennart Niels Mayer – S. 248; - / iStockphoto / michaelpuche – S. 130; - / iStockphoto / microolga – S. 131; - / iStockphoto / monkeybusinessimages – S. 56, 331 (2); - / iStockphoto / Motortion – S. 44; - / iStockphoto / NanoStockk – S. 280; - / iStockphoto / nickvlarson974 – S. 126; - / iStockphoto / nubtis – S. 125; - / iStockphoto / oska25 – S. 304; - / iStockphoto / Peshkova – S. 66; - / iStockphoto / petrunjela – S. 296; - / iStockphoto / photobac – S. 56, 120; - / iStockphoto / Pogonici – S. 125; - / iStockphoto / projects3d – S. 66; - / iStockphoto / Prostock-Studio – S. 312; - / iStockphoto / psychoschlumpf – S. 248; - / iStockphoto / Ralf Geithe – S. 331; - / iStockphoto / Rawpixel – S. 87, 342; - / iStockphoto / richcarey – S. 248; - / iStockphoto / Ridofranz – S. 60; - / iStockphoto / RobertPetrovic – S. 280; - / iStockphoto / Sanghwan Kim – S. 251; - / iStockphoto / shironosov – S. 296; - / iStockphoto / simpson33 – S. 60; - / iStockphoto / StephenChing – S. 260; - / iStockphoto / stockfour – S. 65; - / iStockphoto / Tanya St – S. 126; - / iStockphoto / Tatabrada – S. 66; - / iStockphoto / tcsaba – S. 66; - / iStockphoto / undefined undefined – S. 186; - / iStockphoto / urfinguss – S. 253; - / iStockphoto / vadimguzhva – S. 131; - / iStockphoto / vladacanon – S. 137; - / iStockphoto / vojtechvlk – S. 279; - / iStockphoto / Wavebreakmedia – S. 180; - / iStockphoto / welcomia – S. 296; - / iStockphoto / xieyuliang – S. 180; - / iStockphoto / youngyut – S. 331; - / iStockphoto / Drazen Zigic – S. 301; - / Stockbyte / Comstock Images – S. 316; - / Vetta / Clerkenwell – S. 120; GIZ / Foto: Tristan Vostry – S. 353; Handelsverband Deutschland (HDE), Berlin – S. 190; Helios Klinikum Duisburg – S. 163; Chaz Hutton, Selbstklebende Wahrheiten © 2017 für die deutsche Ausgabe: DuMont Buchverlag, Köln, S. 14 – S. 304; iStockphoto / AntonioGuillam – S. 302; - / ARTindividual – S. 342; - / burakkarademir – S. 152; - / PeopleImages – S. 160; - / shironosov – S. 153; - / skynesher – S. 231; - / South_agency – S. 154; - / Wavebreakmedia – S. 351; Kostas Koufogiorgos / toonpool.com – S. 235; Kostas Koufogiorgos, Stuttgart – S. 227, 286; Achim Kuhn-Osius, Bad Driburg – S. 345; Mario Lars / Farbfiguren – S. 214; Malteser Hilfsdienst e.V., Köln – S. 153; mauritius images / Ana Maria Tudor / Alamy – S. 22; - / BY – S. 248; - / Byswat / Alamy – S. 18; - / Cultura / Emma Kim – S. 81; - / Manfred Habel – S. 120; - / McPHOTO – S. 72; - / MrLogoLogo / imageBROKER – S. 72; - / Daniel Rudolf / Alamy – S. 36; - / Roger tillberg / Alamy – S. 22;Otto-Brenner-Stiftung, Frankfurt a. M. – S. 24; Oxfam International – S. 138; Pixabay / Gerd Altmann – S. 83; - / FiveFlowersForFamilyFirst – S. 78 (3); - / Laci Molnár – S. 78; - / Elias Schäfer – S. 184; Thomas Plaßmann, Essen – S. 169; Presse- und Informationsamt der Bundesregierung, Berlin – S. 254; schule-ohne-rassimus.org / Aktion Courage e.V., Berlin – S. 45; Schwarwel, Leipzig – S. 142; Staatskanzlei Nordrhein-Westfalen / Zeichner: Jacques Tilly – S. 97; Statista GmbH, Hamburg – S. 150, 202, 242, 249; Statistisches Bundesamt, Wiesbaden – S. 172, 185, 342, 345; Klaus Stuttmann, Berlin – S. 140; Umweltbundesamt, Dessau-Roßlau – S. 261; VIRAGO SPRING, Vanessa Schwenk, München – S. 278; Visum Foto GmbH / Holde Schneider – S. 58 (3); www.ebay.de – S. 130; www.feuerwehren.niedersachsen.de – S. 312; www.wikimedia.org / DesertEagle – S. 130.